权威·前沿·原创

皮书系列为
"十二五""十三五"国家重点图书出版规划项目

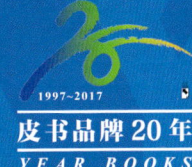

皮书系列

2017年

智库成果出版与传播平台

社会科学文献出版社

社长致辞

2017年正值皮书品牌专业化二十周年之际，世界每天都在发生着让人眼花缭乱的变化，而唯一不变的，是面向未来无数的可能性。作为个体，如何获取专业信息以备不时之需？作为行政主体或企事业主体，如何提高决策的科学性让这个世界变得更好而不是更糟？原创、实证、专业、前沿、及时、持续，这是1997年"皮书系列"品牌创立的初衷。

1997~2017，从最初一个出版社的学术产品名称到媒体和公众使用频率极高的热点词语，从专业术语到大众话语，从官方文件到独特的出版型态，作为重要的智库成果，"皮书"始终致力于成为海量信息时代的信息过滤器，成为经济社会发展的记录仪，成为政策制定、评估、调整的智力源，社会科学研究的资料集成库。"皮书"的概念不断延展，"皮书"的种类更加丰富，"皮书"的功能日渐完善。

1997~2017，皮书及皮书数据库已成为中国新型智库建设不可或缺的抓手与平台，成为政府、企业和各类社会组织决策的利器，成为人文社科研究最基本的资料库，成为世界系统完整及时认知当代中国的窗口和通道！"皮书"所具有的凝聚力正在形成一种无形的力量，吸引着社会各界关注中国的发展，参与中国的发展。

二十年的"皮书"正值青春，愿每一位皮书人付出的年华与智慧不辜负这个时代！

社会科学文献出版社社长
中国社会学会秘书长

2016年11月

社会科学文献出版社简介

社会科学文献出版社成立于1985年,是直属于中国社会科学院的人文社会科学学术出版机构。成立以来,社科文献出版社依托于中国社会科学院和国内外人文社会科学界丰厚的学术出版和专家学者资源,始终坚持"创社科经典,出传世文献"的出版理念、"权威、前沿、原创"的产品定位以及学术成果和智库成果出版的专业化、数字化、国际化、市场化的经营道路。

社科文献出版社是中国新闻出版业转型与文化体制改革的先行者。积极探索文化体制改革的先进方向和现代企业经营决策机制,社科文献出版社先后荣获"全国文化体制改革工作先进单位"、中国出版政府奖·先进出版单位奖,中国社会科学院先进集体、全国科普工作先进集体等荣誉称号。多人次荣获"第十届韬奋出版奖""全国新闻出版行业领军人才""数字出版先进人物""北京市新闻出版广电行业领军人才"等称号。

社科文献出版社是中国人文社会科学学术出版的大社名社,也是以皮书为代表的智库成果出版的专业强社。年出版图书2000余种,其中皮书350余种,出版新书字数5.5亿字,承印与发行中国社科院院属期刊72种,先后创立了皮书系列、列国志、中国史话、社科文献学术译库、社科文献学术文库、甲骨文书系等一大批既有学术影响又有市场价值的品牌,确立了在社会学、近代史、苏东问题研究等专业学科及领域出版的领先地位。图书多次荣获中国出版政府奖、"三个一百"原创图书出版工程、"五个'一'工程奖"、"大众喜爱的50种图书"等奖项,在中央国家机关"强素质·做表率"读书活动中,入选图书品种数位居各大出版社之首。

社科文献出版社是中国学术出版规范与标准的倡议者与制定者,代表全国50多家出版社发起实施学术著作出版规范的倡议,承担学术著作规范国家标准的起草工作,率先编撰完成《皮书手册》对皮书品牌进行规范化管理,并在此基础上推出中国版芝加哥手册——《SSAP学术出版手册》。

社科文献出版社是中国数字出版的引领者,拥有皮书数据库、列国志数据库、"一带一路"数据库、减贫数据库、集刊数据库等4大产品线11个数据库产品,机构用户达1300余家,海外用户百余家,荣获"数字出版转型示范单位""新闻出版标准化先进单位""专业数字内容资源知识服务模式试点企业标准化示范单位"等称号。

社科文献出版社是中国学术出版走出去的践行者。社科文献出版社海外图书出版与学术合作业务遍及全球40余个国家和地区并于2016年成立俄罗斯分社,累计输出图书500余种,涉及近20个语种,累计获得国家社科基金中华学术外译项目资助76种、"丝路书香工程"项目资助60种、中国图书对外推广计划项目资助71种以及经典中国国际出版工程资助28种,被商务部认定为"2015-2016年度国家文化出口重点企业"。

如今,社科文献出版社拥有固定资产3.6亿元,年收入近3亿元,设置了七大出版分社、六大专业部门,成立了皮书研究院和博士后科研工作站,培养了一支近400人的高素质与高效率的编辑、出版、营销和国际推广队伍,为未来成为学术出版的大社、名社、强社,成为文化体制改革与文化企业转型发展的排头兵奠定了坚实的基础。

经 济 类

经济类皮书涵盖宏观经济、城市经济、大区域经济，提供权威、前沿的分析与预测

经济蓝皮书
2017年中国经济形势分析与预测

李扬/主编　2017年1月出版　定价：89.00元

◆ 本书为总理基金项目，由著名经济学家李扬领衔，联合中国社会科学院等数十家科研机构、国家部委和高等院校的专家共同撰写，系统分析了2016年的中国经济形势并预测2017年中国经济运行情况。

中国省域竞争力蓝皮书
中国省域经济综合竞争力发展报告（2015～2016）

李建平　李闽榕　高燕京/主编　2017年5月出版　定价：198.00元

◆ 本书融多学科的理论为一体，深入追踪研究了省域经济发展与中国国家竞争力的内在关系，为提升中国省域经济综合竞争力提供有价值的决策依据。

城市蓝皮书
中国城市发展报告No.10

潘家华　单菁菁/主编　2017年9月出版　估价：89.00元

◆ 本书是由中国社会科学院城市发展与环境研究中心编著的，多角度、全方位地立体展示了中国城市的发展状况，并对中国城市的未来发展提出了许多建议。该书有强烈的时代感，对中国城市发展实践有重要的参考价值。

皮书系列重点推荐

经济类

人口与劳动绿皮书
中国人口与劳动问题报告 No.18

蔡昉 张车伟/主编　2017年10月出版　估价：89.00元

◆ 本书为中国社会科学院人口与劳动经济研究所主编的年度报告，对当前中国人口与劳动形势做了比较全面和系统的深入讨论，为研究中国人口与劳动问题提供了一个专业性的视角。

世界经济黄皮书
2017年世界经济形势分析与预测

张宇燕/主编　2017年1月出版　定价：89.00元

◆ 本书由中国社会科学院世界经济与政治研究所的研究团队撰写，2016年世界经济增速进一步放缓，就业增长放慢。世界经济面临许多重大挑战同时，地缘政治风险、难民危机、大国政治周期、恐怖主义等问题也仍然在影响世界经济的稳定与发展。预计2017年按PPP计算的世界GDP增长率约为3.0%。

国际城市蓝皮书
国际城市发展报告（2017）

屠启宇/主编　2017年2月出版　定价：79.00元

◆ 本书作者以上海社会科学院从事国际城市研究的学者团队为核心，汇集同济大学、华东师范大学、复旦大学、上海交通大学、南京大学、浙江大学相关城市研究专业学者。立足动态跟踪介绍国际城市发展时间中，最新出现的重大战略、重大理念、重大项目、重大报告和最佳案例。

金融蓝皮书
中国金融发展报告（2017）

王国刚/主编　2017年2月出版　定价：79.00元

◆ 本书由中国社会科学院金融研究所组织编写，概括和分析了2016年中国金融发展和运行中的各方面情况，研讨和评论了2016年发生的主要金融事件，有利于读者了解掌握2016年中国的金融状况，把握2017年中国金融的走势。

农村绿皮书
中国农村经济形势分析与预测（2016~2017）

魏后凯 杜志雄 黄秉信/主编　2017年4月出版　估价：89.00元

◆ 本书描述了2016年中国农业农村经济发展的一些主要指标和变化，并对2017年中国农业农村经济形势的一些展望和预测，提出相应的政策建议。

西部蓝皮书
中国西部发展报告（2017）

徐璋勇/主编　2017年7月出版　估价：89.00元

◆ 本书由西北大学中国西部经济发展研究中心主编，汇集了源自西部本土以及国内研究西部问题的权威专家的第一手资料，对国家实施西部大开发战略进行年度动态跟踪，并对2017年西部经济、社会发展态势进行预测和展望。

经济蓝皮书·夏季号
中国经济增长报告（2016~2017）

李扬/主编　2017年9月出版　估价：98.00元

◆ 中国经济增长报告主要探讨2016~2017年中国经济增长问题，以专业视角解读中国经济增长，力求将其打造成一个研究中国经济增长、服务宏微观各级决策的周期性、权威性读物。

就业蓝皮书
2017年中国本科生就业报告

麦可思研究院/编著　2017年6月出版　估价：98.00元

◆ 本书基于大量的数据和调研，内容翔实，调查独到，分析到位，用数据说话，对中国大学生就业及学校专业设置起到了很好的建言献策作用。

皮书系列
重点推荐

社会政法类

社会政法类

社会政法类皮书聚焦社会发展领域的热点、难点问题，提供权威、原创的资讯与视点

社会蓝皮书
2017年中国社会形势分析与预测

李培林 陈光金 张翼 / 主编　2016年12月出版　定价：89.00元

◆ 本书由中国社会科学院社会学研究所组织研究机构专家、高校学者和政府研究人员撰写，聚焦当下社会热点，对2016年中国社会发展的各个方面内容进行了权威解读，同时对2017年社会形势发展趋势进行了预测。

法治蓝皮书
中国法治发展报告 No.15（2017）

李林　田禾 / 主编　2017年3月出版　定价：118.00元

◆ 本年度法治蓝皮书回顾总结了2016年度中国法治发展取得的成就和存在的不足，对中国政府、司法、检务透明度进行了跟踪调研，并对2017年中国法治发展形势进行了预测和展望。

社会体制蓝皮书
中国社会体制改革报告 No.5（2017）

龚维斌 / 主编　2017年3月出版　定价：89.00元

◆ 本书由国家行政学院社会治理研究中心和北京师范大学中国社会管理研究院共同组织编写，主要对2016年社会体制改革情况进行回顾和总结，对2017年的改革走向进行分析，提出相关政策建议。

社会政法类　　皮书系列 重点推荐

社会心态蓝皮书
中国社会心态研究报告（2017）

王俊秀　杨宜音 / 主编　2017 年 12 月出版　估价：89.00 元

◆ 本书是中国社会科学院社会学研究所社会心理研究中心"社会心态蓝皮书课题组"的年度研究成果，运用社会心理学、社会学、经济学、传播学等多种学科的方法进行了调查和研究，对于目前中国社会心态状况有较广泛和深入的揭示。

生态城市绿皮书
中国生态城市建设发展报告（2017）

刘举科　孙伟平　胡文臻 / 主编　2017 年 7 月出版　估价：118.00 元

◆ 报告以绿色发展、循环经济、低碳生活、民生宜居为理念，以更新民众观念、提供决策咨询、指导工程实践、引领绿色发展为宗旨，试图探索一条具有中国特色的城市生态文明建设新路。

城市生活质量蓝皮书
中国城市生活质量报告（2017）

中国经济实验研究院 / 主编　2017 年 7 月出版　估价：89.00 元

◆ 本书对全国 35 个城市居民的生活质量主观满意度进行了电话调查，同时对 35 个城市居民的客观生活质量指数进行了计算，为中国城市居民生活质量的提升，提出了针对性的政策建议。

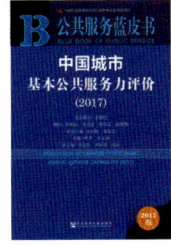

公共服务蓝皮书
中国城市基本公共服务力评价（2017）

钟君　刘志昌　吴正杲 / 主编　2017 年 12 月出版　估价：89.00 元

◆ 中国社会科学院经济与社会建设研究室与华图政信调查组成联合课题组，从 2010 年开始对基本公共服务力进行研究，研创了基本公共服务力评价指标体系，为政府考核公共服务与社会管理工作提供了理论工具。

行业报告类

行业报告类皮书立足重点行业、新兴行业领域，提供及时、前瞻的数据与信息

企业社会责任蓝皮书
中国企业社会责任研究报告（2017）

黄群慧　钟宏武　张蒽　翟利峰 / 著　2017年10月出版　估价：89.00元

◆ 本书剖析了中国企业社会责任在2016～2017年度的最新发展特征，详细解读了省域国有企业在社会责任方面的阶段性特征，生动呈现了国内外优秀企业的社会责任实践。对了解中国企业社会责任履行现状、未来发展，以及推动社会责任建设有重要的参考价值。

新能源汽车蓝皮书
中国新能源汽车产业发展报告（2017）

中国汽车技术研究中心　日产（中国）投资有限公司
东风汽车有限公司 / 编著　2017年7月出版　估价：98.00元

◆ 本书对中国2016年新能源汽车产业发展进行了全面系统的分析，并介绍了国外的发展经验。有助于相关机构、行业和社会公众等了解中国新能源汽车产业发展的最新动态，为政府部门出台新能源汽车产业相关政策法规、企业制定相关战略规划，提供必要的借鉴和参考。

杜仲产业绿皮书
中国杜仲橡胶资源与产业发展报告（2016～2017）

杜红岩　胡文臻　俞锐 / 主编　2017年4月出版　估价：85.00元

◆ 本书对2016年杜仲产业的发展情况、研究团队在杜仲研究方面取得的重要成果、部分地区杜仲产业发展的具体情况、杜仲新标准的制定情况等进行了较为详细的分析与介绍，使广大关心杜仲产业发展的读者能够及时跟踪产业最新进展。

企业蓝皮书
中国企业绿色发展报告 No.2（2017）

李红玉 朱光辉 / 主编　　2017年8月出版　　估价：89.00元

◆ 本书深入分析中国企业能源消费、资源利用、绿色金融、绿色产品、绿色管理、信息化、绿色发展政策及绿色文化方面的现状，并对目前存在的问题进行研究，剖析因果，谋划对策，为企业绿色发展提供借鉴，为中国生态文明建设提供支撑。

中国上市公司蓝皮书
中国上市公司发展报告（2017）

张平　王宏淼 / 主编　　2017年10月出版　　估价：98.00元

◆ 本书由中国社会科学院上市公司研究中心组织编写的，着力于全面、真实、客观反映当前中国上市公司财务状况和价值评估的综合性年度报告。本书详尽分析了2016年中国上市公司情况，特别是现实中暴露出的制度性、基础性问题，并对资本市场改革进行了探讨。

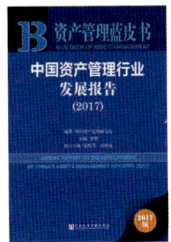

资产管理蓝皮书
中国资产管理行业发展报告（2017）

智信资产管理研究院 / 编著　　2017年6月出版　　估价：89.00元

◆ 中国资产管理行业刚刚兴起，未来将成为中国金融市场最有看点的行业。本书主要分析了2016年度资产管理行业的发展情况，同时对资产管理行业的未来发展做出科学的预测。

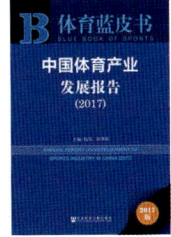

体育蓝皮书
中国体育产业发展报告（2017）

阮伟　钟秉枢 / 主编　　2017年12月出版　　估价：89.00元

◆ 本书运用多种研究方法，在体育竞赛业、体育用品业、体育场馆业、体育传媒业等传统产业研究的基础上，并对2016年体育领域内的各种热点事件进行研究和梳理，进一步拓宽了研究的广度、提升了研究的高度、挖掘了研究的深度。

皮书系列 重点推荐　　国别与地区类

国际问题类

国际问题类皮书关注全球重点国家与地区，
提供全面、独特的解读与研究

美国蓝皮书
美国研究报告（2017）

郑秉文　黄平 / 主编　2017 年 6 月出版　估价：89.00 元

◆ 本书是由中国社会科学院美国研究所主持完成的研究成果，它回顾了美国 2016 年的经济、政治形势与外交战略，对 2017 年以来美国内政外交发生的重大事件及重要政策进行了较为全面的回顾和梳理。

日本蓝皮书
日本研究报告（2017）

杨伯江 / 主编　2017 年 5 月出版　估价：89.00 元

◆ 本书对 2016 年日本的政治、经济、社会、外交等方面的发展情况做了系统介绍，对日本的热点及焦点问题进行了总结和分析，并在此基础上对该国 2017 年的发展前景做出预测。

亚太蓝皮书
亚太地区发展报告（2017）

李向阳 / 主编　2017 年 4 月出版　估价：89.00 元

◆ 本书是中国社会科学院亚太与全球战略研究院的集体研究成果。2017 年的"亚太蓝皮书"继续关注中国周边环境的变化。该书盘点了 2016 年亚太地区的焦点和热点问题，为深入了解 2016 年及未来中国与周边环境的复杂形势提供了重要参考。

国别与地区类 皮书系列 重点推荐

德国蓝皮书
德国发展报告（2017）

郑春荣 / 主编　2017 年 6 月出版　估价：89.00 元

◆ 本报告由同济大学德国研究所组织编撰，由该领域的专家学者对德国的政治、经济、社会文化、外交等方面的形势发展情况，进行全面的阐述与分析。

日本经济蓝皮书
日本经济与中日经贸关系研究报告（2017）

张季风 / 编著　2017 年 5 月出版　估价：89.00 元

◆ 本书系统、详细地介绍了 2016 年日本经济以及中日经贸关系发展情况，在进行了大量数据分析的基础上，对 2017 年日本经济以及中日经贸关系的大致发展趋势进行了分析与预测。

俄罗斯黄皮书
俄罗斯发展报告（2017）

李永全 / 编著　2017 年 7 月出版　估价：89.00 元

◆ 本书系统介绍了 2016 年俄罗斯经济政治情况，并对 2016 年该地区发生的焦点、热点问题进行了分析与回顾；在此基础上，对该地区 2017 年的发展前景进行了预测。

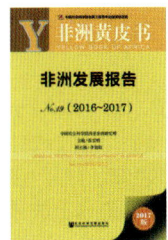

非洲黄皮书
非洲发展报告 No.19（2016～2017）

张宏明 / 主编　2017 年 8 月出版　估价：89.00 元

◆ 本书是由中国社会科学院西亚非洲研究所组织编撰的非洲形势年度报告，比较全面、系统地分析了 2016 年非洲政治形势和热点问题，探讨了非洲经济形势和市场走向，剖析了大国对非洲关系的新动向；此外，还介绍了国内非洲研究的新成果。

皮书系列重点推荐　地方发展类

地方发展类

地方发展类皮书关注中国各省份、经济区域，提供科学、多元的预判与资政信息

北京蓝皮书
北京公共服务发展报告（2016~2017）

施昌奎/主编　2017年3月出版　定价：79.00元

◆ 本书是由北京市政府职能部门的领导、首都著名高校的教授、知名研究机构的专家共同完成的关于北京市公共服务发展与创新的研究成果。

河南蓝皮书
河南经济发展报告（2017）

张占仓　完世伟/主编　2017年4月出版　估价：89.00元

◆ 本书以国内外经济发展环境和走向为背景，主要分析当前河南经济形势，预测未来发展趋势，全面反映河南经济发展的最新动态、热点和问题，为地方经济发展和领导决策提供参考。

广州蓝皮书
2017年中国广州经济形势分析与预测

庾建设　陈浩钿　谢博能/主编　2017年7月出版　估价：85.00元

◆ 本书由广州大学与广州市委政策研究室、广州市统计局联合主编，汇集了广州科研团体、高等院校和政府部门诸多经济问题研究专家、学者和实际部门工作者的最新研究成果，是关于广州经济运行情况和相关专题分析、预测的重要参考资料。

 文化传媒类

文化传媒类

文化传媒类皮书透视文化领域、文化产业，探索文化大繁荣、大发展的路径

新媒体蓝皮书
中国新媒体发展报告 No.8（2017）

唐绪军/主编　2017年6月出版　估价：89.00元

◆ 本书是由中国社会科学院新闻与传播研究所组织编写的关于新媒体发展的最新年度报告，旨在全面分析中国新媒体的发展现状，解读新媒体的发展趋势，探析新媒体的深刻影响。

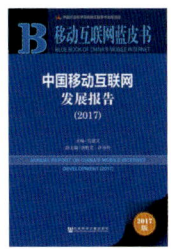

移动互联网蓝皮书
中国移动互联网发展报告（2017）

官建文/主编　2017年6月出版　估价：89.00元

◆ 本书着眼于对2016年度中国移动互联网的发展情况做深入解析，对未来发展趋势进行预测，力求从不同视角、不同层面全面剖析中国移动互联网发展的现状、年度突破及热点趋势等。

传媒蓝皮书
中国传媒产业发展报告（2017）

崔保国/主编　2017年5月出版　估价：98.00元

◆ "传媒蓝皮书"连续十多年跟踪观察和系统研究中国传媒产业发展。本报告在对传媒产业总体以及各细分行业发展状况与趋势进行深入分析基础上，对年度发展热点进行跟踪，剖析新技术引领下的商业模式，对传媒各领域发展趋势、内体经营、传媒投资进行解析，为中国传媒产业正在发生的变革提供前瞻行参考。

经济类

"三农"互联网金融蓝皮书
中国"三农"互联网金融发展报告(2017)
著(编)者:李勇坚 王弢　2017年8月出版 / 估价:98.00元
PSN B-2016-561-1/1

G20国家创新竞争力黄皮书
二十国集团(G20)国家创新竞争力发展报告(2016~2017)
著(编)者:李建平 李闽榕 赵新力 周天勇
2017年8月出版 / 估价:158.00元
PSN Y-2011-229-1/1

产业蓝皮书
中国产业竞争力报告(2017)No.7
著(编)者:张其仔　2017年12月出版 / 估价:98.00元
PSN B-2010-175-1/1

城市创新蓝皮书
中国城市创新报告(2017)
著(编)者:周天勇 旷建伟　2017年11月出版 / 估价:89.00元
PSN B-2013-340-1/1

城市蓝皮书
中国城市发展报告 No.10
著(编)者:潘家华 单菁菁　2017年9月出版 / 估价:89.00元
PSN B-2007-091-1/1

城乡一体化蓝皮书
中国城乡一体化发展报告(2016~2017)
著(编)者:汝信 付崇兰　2017年7月出版 / 估价:85.00元
PSN B-2011-226-1/2

城镇化蓝皮书
中国新型城镇化健康发展报告(2017)
著(编)者:张占斌　2017年8月出版 / 估价:89.00元
PSN B-2014-396-1/1

创新蓝皮书
创新型国家建设报告(2016~2017)
著(编)者:詹正茂　2017年12月出版 / 估价:89.00元
PSN B-2009-140-1/1

创业蓝皮书
中国创业发展报告(2016~2017)
著(编)者:黄群慧 赵卫星 钟宏武等
2017年11月出版 / 估价:89.00元
PSN B-2016-578-1/1

低碳发展蓝皮书
中国低碳发展报告(2016~2017)
著(编)者:齐晔 张希良　2017年3月出版 / 估价:98.00元
PSN B-2011-223-1/1

低碳经济蓝皮书
中国低碳经济发展报告(2017)
著(编)者:薛进军 赵忠秀　2017年6月出版 / 估价:85.00元
PSN B-2011-194-1/1

东北蓝皮书
中国东北地区发展报告(2017)
著(编)者:姜晓秋　2017年2月出版 / 定价:79.00元
PSN B-2006-067-1/1

发展与改革蓝皮书
中国经济发展和体制改革报告No.8
著(编)者:邹东涛 王再文　2017年4月出版 / 估价:98.00元
PSN B-2008-122-1/1

工业化蓝皮书
中国工业化进程报告(2017)
著(编)者:黄群慧　2017年12月出版 / 估价:158.00元
PSN B-2007-095-1/1

管理蓝皮书
中国管理发展报告(2017)
著(编)者:张晓东　2017年10月出版 / 估价:98.00元
PSN B-2014-416-1/1

国际城市蓝皮书
国际城市发展报告(2017)
著(编)者:屠启宇　2017年2月出版 / 定价:79.00元
PSN B-2012-260-1/1

国家创新蓝皮书
中国创新发展报告(2017)
著(编)者:陈劲　2017年12月出版 / 估价:89.00元
PSN B-2014-370-1/1

金融蓝皮书
中国金融发展报告(2017)
著(编)者:王国刚　2017年2月出版 / 定价:79.00元
PSN B-2004-031-1/6

京津冀金融蓝皮书
京津冀金融发展报告(2017)
著(编)者:王爱俭 李向前
2017年4月出版 / 估价:89.00元
PSN B-2016-528-1/1

京津冀蓝皮书
京津冀发展报告(2017)
著(编)者:文魁 祝尔娟　2017年4月出版 / 估价:89.00元
PSN B-2012-262-1/1

经济蓝皮书
2017年中国经济形势分析与预测
著(编)者:李扬　2017年1月出版 / 定价:89.00元
PSN B-1996-001-1/1

经济蓝皮书·春季号
2017年中国经济前景分析
著(编)者:李扬　2017年6月出版 / 估价:89.00元
PSN B-1999-008-1/1

经济蓝皮书·夏季号
中国经济增长报告(2016~2017)
著(编)者:李扬　2017年9月出版 / 估价:98.00元
PSN B-2010-176-1/1

经济信息绿皮书
中国与世界经济发展报告(2017)
著(编)者:杜平　2017年12月出版 / 估价:89.00元
PSN G-2003-023-1/1

就业蓝皮书
2017年中国本科生就业报告
著(编)者:麦可思研究院　2017年6月出版 / 估价:98.00元
PSN B-2009-146-1/2

皮书系列 2017全品种

就业蓝皮书
2017年中国高职高专生就业报告
著(编)者：麦可思研究院　2017年6月出版 / 估价：98.00元
PSN B-2015-472-2/2

科普能力蓝皮书
中国科普能力评价报告（2017）
著(编)者：李富 强李群　2017年8月出版 / 估价：89.00元
PSN B-2016-556-1/1

临空经济蓝皮书
中国临空经济发展报告（2017）
著(编)者：连玉明　2017年9月出版 / 估价：89.00元
PSN B-2014-421-1/1

农村绿皮书
中国农村经济形势分析与预测（2016~2017）
著(编)者：魏后凯 杜志雄 黄秉信
2017年4月出版 / 估价：89.00元
PSN G-1998-003-1/1

农业应对气候变化蓝皮书
气候变化对中国农业影响评估报告 No.3
著(编)者：矫梅燕　2017年8月出版 / 估价：98.00元
PSN B-2014-413-1/1

气候变化绿皮书
应对气候变化报告（2017）
著(编)者：王伟光 郑国光　2017年6月出版 / 估价：89.00元
PSN G-2009-144-1/1

区域蓝皮书
中国区域经济发展报告（2016~2017）
著(编)者：赵弘　2017年6月出版 / 估价：89.00元
PSN B-2004-034-1/1

全球环境竞争力绿皮书
全球环境竞争力报告（2017）
著(编)者：李建平 李闽榕 王金南
2017年12月出版 / 估价：198.00元
PSN G-2013-363-1/1

人口与劳动绿皮书
中国人口与劳动问题报告 No.18
著(编)者：蔡昉 张车伟　2017年11月出版 / 估价：89.00元
PSN G-2000-012-1/1

商务中心区蓝皮书
中国商务中心区发展报告 No.3（2016）
著(编)者：李国红 单菁菁　2017年4月出版 / 估价：89.00元
PSN B-2015-444-1/1

世界经济黄皮书
2017年世界经济形势分析与预测
著(编)者：张宇燕　2017年1月出版 / 定价：89.00元
PSN Y-1999-006-1/1

世界旅游城市绿皮书
世界旅游城市发展报告（2017）
著(编)者：宋宇　2017年4月出版 / 估价：128.00元
PSN G-2014-400-1/1

土地市场蓝皮书
中国农村土地市场发展报告（2016~2017）
著(编)者：李光荣　2017年4月出版 / 估价：89.00元
PSN B-2016-527-1/1

西北蓝皮书
中国西北发展报告（2017）
著(编)者：高建龙　2017年4月出版 / 估价：89.00元
PSN B-2012-261-1/1

西部蓝皮书
中国西部发展报告（2017）
著(编)者：徐璋勇　2017年7月出版 / 估价：89.00元
PSN B-2005-039-1/1

新型城镇化蓝皮书
新型城镇化发展报告（2017）
著(编)者：李伟 宋敏 沈体雁　2017年4月出版 / 估价：98.00元
PSN B-2014-431-1/1

新兴经济体蓝皮书
金砖国家发展报告（2017）
著(编)者：林跃勤 周文　2017年12月出版 / 估价：89.00元
PSN B-2011-195-1/1

长三角蓝皮书
2017年新常态下深化一体化的长三角
著(编)者：王庆五　2017年12月出版 / 估价：88.00元
PSN B-2005-038-1/1

中部竞争力蓝皮书
中国中部经济社会竞争力报告（2017）
著(编)者：教育部人文社会科学重点研究基地
南昌大学中国中部经济社会发展研究中心
2017年12月出版 / 估价：89.00元
PSN B-2012-276-1/1

中部蓝皮书
中国中部地区发展报告（2017）
著(编)者：宋亚平　2017年12月出版 / 估价：88.00元
PSN B-2007-089-1/1

中国省域竞争力蓝皮书
中国省域经济综合竞争力发展报告（2017）
著(编)者：李建平 李闽榕 高燕京
2017年2月出版 / 定价：198.00元
PSN B-2007-088-1/1

中三角蓝皮书
长江中游城市群发展报告（2017）
著(编)者：秦尊文　2017年9月出版 / 估价：89.00元
PSN B-2014-417-1/1

中小城市绿皮书
中国中小城市发展报告（2017）
著(编)者：中国城市经济学会中小城市经济发展委员会
中国城镇化促进会中小城市发展委员会
《中国中小城市发展报告》编纂委员会
中小城市发展战略研究院
2017年11月出版 / 估价：128.00元
PSN G-2010-161-1/1

中原蓝皮书
中原经济区发展报告（2017）
著(编)者：李英杰　2017年6月出版 / 估价：88.00元
PSN B-2011-192-1/1

自贸区蓝皮书
中国自贸区发展报告（2017）
著(编)者：王力　2017年7月出版 / 估价：89.00元
PSN B-2016-559-1/1

社会政法类

北京蓝皮书
中国社区发展报告（2017）
著(编)者：于燕燕　2017年4月出版 / 估价：89.00元
PSN B-2007-083-5/8

殡葬绿皮书
中国殡葬事业发展报告（2017）
著(编)者：李伯森　2017年4月出版 / 估价：158.00元
PSN G-2010-180-1/1

城市管理蓝皮书
中国城市管理报告（2016~2017）
著(编)者：刘林　刘承水　2017年5月出版 / 估价：158.00元
PSN B-2013-336-1/1

城市生活质量蓝皮书
中国城市生活质量报告（2017）
著(编)者：中国经济实验研究院
2018年7月出版 / 估价：89.00元
PSN B-2013-326-1/1

城市政府能力蓝皮书
中国城市政府公共服务能力评估报告（2017）
著(编)者：何艳玲　2017年4月出版 / 估价：89.00元
PSN B-2013-338-1/1

慈善蓝皮书
中国慈善发展报告（2017）
著(编)者：杨团　2017年6月出版 / 估价：89.00元
PSN B-2009-142-1/1

党建蓝皮书
党的建设研究报告No.2（2017）
著(编)者：崔建民　陈东平　2017年4月出版 / 估价：89.00元
PSN B-2016-524-1/1

地方法治蓝皮书
中国地方法治发展报告No.3（2017）
著(编)者：李林　田禾　2017年4出版 / 估价：108.00元
PSN B-2015-442-1/1

法治蓝皮书
中国法治发展报告No.15（2017）
著(编)者：李林　田禾　2017年3月出版 / 定价：118.00元
PSN B-2004-027-1/1

法治政府蓝皮书
中国法治政府发展报告（2017）
著(编)者：中国政法大学法治政府研究院
2017年4月出版 / 估价：98.00元
PSN B-2015-502-1/2

法治政府蓝皮书
中国法治政府评估报告（2017）
著(编)者：中国政法大学法治政府研究院
2017年11月出版 / 估价：98.00元
PSN B-2016-577-2/2

法治蓝皮书
中国法院信息化发展报告No.1（2017）
著(编)者：李林　田禾　2017年2月出版 / 定价：108.00元
PSN B-2017-604-3/3

反腐倡廉蓝皮书
中国反腐倡廉建设报告No.7
著(编)者：张英伟　2017年12月出版 / 估价：89.00元
PSN B-2012-259-1/1

非传统安全蓝皮书
中国非传统安全研究报告（2016~2017）
著(编)者：余潇枫　魏志江　2017年6月出版 / 估价：89.00元
PSN B-2012-273-1/1

妇女发展蓝皮书
中国妇女发展报告No.7
著(编)者：王金玲　2017年9月出版 / 估价：148.00元
PSN B-2006-069-1/1

妇女教育蓝皮书
中国妇女教育发展报告No.4
著(编)者：张李玺　2017年10月出版 / 估价：78.00元
PSN B-2008-121-1/1

妇女绿皮书
中国性别平等与妇女发展报告（2017）
著(编)者：谭琳　2017年12月出版 / 估价：99.00元
PSN G-2006-073-1/1

公共服务蓝皮书
中国城市基本公共服务力评价（2017）
著(编)者：钟君　刘志昌　吴正杲　2017年12月出版 / 估价：89.00元
PSN B-2011-214-1/1

公民科学素质蓝皮书
中国公民科学素质报告（2016~2017）
著(编)者：李群　陈雄　马宗文
2017年4月出版 / 估价：89.00元
PSN B-2014-379-1/1

公共关系蓝皮书
中国公共关系发展报告（2017）
著(编)者：柳斌杰　2017年11月出版 / 估价：89.00元
PSN B-2016-580-1/1

公益蓝皮书
中国公益慈善发展报告（2017）
著(编)者：朱健刚　2018年4月出版 / 估价：118.00元
PSN B-2012-283-1/1

国际人才蓝皮书
中国国际移民报告（2017）
著(编)者：王辉耀　2017年4月出版 / 估价：89.00元
PSN B-2012-304-3/4

国际人才蓝皮书
中国留学发展报告（2017）No.5
著(编)者：王辉耀　苗绿　2017年10月出版 / 估价：89.00元
PSN B-2012-244-2/4

海洋社会蓝皮书
中国海洋社会发展报告（2017）
著(编)者：崔凤　宋宁而　2017年7月出版 / 估价：89.00元
PSN B-2015-478-1/1

社会政法类　皮书系列 2017全品种

行政改革蓝皮书
中国行政体制改革报告（2017）No.6
著(编)者：魏礼群　2017年5月出版／估价：98.00元
PSN B-2011-231-1/1

华侨华人蓝皮书
华侨华人研究报告（2017）
著(编)者：贾益民　2017年12月出版／估价：128.00元
PSN B-2011-204-1/1

环境竞争力绿皮书
中国省域环境竞争力发展报告（2017）
著(编)者：李建平　李闽榕　王金南
2017年11月出版／估价：198.00元
PSN G-2010-165-1/1

环境绿皮书
中国环境发展报告（2017）
著(编)者：刘鉴强　2017年4月出版／估价：89.00元
PSN G-2006-048-1/1

基金会蓝皮书
中国基金会发展报告（2016~2017）
著(编)者：中国基金会发展报告课题组
2017年4月出版／估价：85.00元
PSN B-2013-368-1/1

基金会绿皮书
中国基金会发展独立研究报告（2017）
著(编)者：基金会中心网　中央民族大学基金会研究中心
2017年6月出版／估价：88.00元
PSN G-2011-213-1/1

基金会透明度蓝皮书
中国基金会透明度发展研究报告（2017）
著(编)者：基金会中心网　清华大学廉政与治理研究中心
2017年12月出版／估价：89.00元
PSN B-2015-509-1/1

家庭蓝皮书
中国"创建幸福家庭活动"评估报告（2017）
国务院发展研究中心"创建幸福家庭活动评估"课题组著
2017年8月出版／估价：89.00元
PSN B-2015-508-1/1

健康城市蓝皮书
中国健康城市建设研究报告（2017）
著(编)者：王鸿春　解树江　盛继洪
2017年9月出版／估价：89.00元
PSN B-2016-565-2/2

教师蓝皮书
中国中小学教师发展报告（2017）
著(编)者：曾晓东　鱼霞　2017年6月出版／估价：89.00元
PSN B-2012-289-1/1

教育蓝皮书
中国教育发展报告（2017）
著(编)者：杨东平　2017年4月出版／估价：89.00元
PSN B-2006-047-1/1

科普蓝皮书
中国基层科普发展报告（2016~2017）
著(编)者：赵立　新陈玲　2017年9月出版／估价：89.00元
PSN B-2016-569-3/3

科普蓝皮书
中国科普基础设施发展报告（2017）
著(编)者：任福君　2017年6月出版／估价：89.00元
PSN B-2010-174-1/3

科普蓝皮书
中国科普人才发展报告（2017）
著(编)者：郑念　任嵘嵘　2017年4月出版／估价：98.00元
PSN B-2015-512-2/3

科学教育蓝皮书
中国科学教育发展报告（2017）
著(编)者：罗晖　王康友　2017年10月出版／估价：89.00元
PSN B-2015-487-1/1

劳动保障蓝皮书
中国劳动保障发展报告（2017）
著(编)者：刘燕斌　2017年9月出版／估价：188.00元
PSN B-2014-415-1/1

老龄蓝皮书
中国老年宜居环境发展报告（2017）
著(编)者：党俊武　周燕珉　2017年4月出版／估价：89.00元
PSN B-2013-320-1/1

连片特困区蓝皮书
中国连片特困区发展报告（2017）
著(编)者：游俊　冷志明　丁建军
2017年4月出版／估价：98.00元
PSN B-2013-321-1/1

流动儿童蓝皮书
中国流动儿童教育发展报告（2016）
著(编)者：杨东平　2017年1月出版／定价：79.00元
PSN B-2017-600-1/1

民调蓝皮书
中国民生调查报告（2017）
著(编)者：谢耘耕　2017年12月出版／估价：98.00元
PSN B-2014-398-1/1

民族发展蓝皮书
中国民族发展报告（2017）
著(编)者：郝时远　王延中　王希恩
2017年4月出版／估价：98.00元
PSN B-2006-070-1/1

女性生活蓝皮书
中国女性生活状况报告 No.11（2017）
著(编)者：韩湘景　2017年10月出版／估价：98.00元
PSN B-2006-071-1/1

汽车社会蓝皮书
中国汽车社会发展报告（2017）
著(编)者：王俊秀　2017年12月出版／估价：89.00元
PSN B-2011-224-1/1

皮书系列 2017全品种

社会政法类

青年蓝皮书
中国青年发展报告（2017）No.3
著(编)者：廉思 等　2017年4月出版 / 估价：89.00元
PSN B-2013-333-1/1

青少年蓝皮书
中国未成年人互联网运用报告（2017）
著(编)者：李文革 沈洁 季为民
2017年11月出版 / 估价：89.00元
PSN B-2010-165-1/1

青少年体育蓝皮书
中国青少年体育发展报告（2017）
著(编)者：郭建军 杨桦　2017年9月出版 / 估价：89.00元
PSN B-2015-482-1/1

群众体育蓝皮书
中国群众体育发展报告（2017）
著(编)者：刘国永 杨桦　2017年12月出版 / 估价：89.00元
PSN B-2016-519-2/3

人权蓝皮书
中国人权事业发展报告 No.7（2017）
著(编)者：李君如　2017年9月出版 / 估价：98.00元
PSN B-2011-215-1/1

社会保障绿皮书
中国社会保障发展报告（2017）No.8
著(编)者：王延中　2017年1月出版 / 估价：98.00元
PSN G-2001-014-1/1

社会风险评估蓝皮书
风险评估与危机预警评估报告（2017）
著(编)者：唐钧　2017年8月出版 / 估价：85.00元
PSN B-2016-521-1/1

社会管理蓝皮书
中国社会管理创新报告 No.5
著(编)者：连玉明　2017年11月出版 / 估价：89.00元
PSN B-2012-300-1/1

社会蓝皮书
2017年中国社会形势分析与预测
著(编)者：李培林 陈光金 张翼
2016年12月出版 / 定价：89.00元
PSN B-1998-002-1/1

社会体制蓝皮书
中国社会体制改革报告 No.5（2017）
著(编)者：龚维斌　2017年3月出版 / 定价：89.00元
PSN B-2013-330-1/1

社会心态蓝皮书
中国社会心态研究报告（2017）
著(编)者：王俊秀 杨宜音　2017年12月出版 / 估价：89.00元
PSN B-2011-199-1/1

社会组织蓝皮书
中国社会组织发展报告（2016~2017）
著(编)者：黄晓勇　2017年1月出版 / 定价：89.00元
PSN B-2008-118-1/2

社会组织蓝皮书
中国社会组织评估发展报告（2017）
著(编)者：徐家良 廖鸿　2017年12月出版 / 估价：89.00元
PSN B-2013-366-1/1

生态城市绿皮书
中国生态城市建设发展报告（2017）
著(编)者：刘举科 孙伟平 胡文臻
2017年9月出版 / 估价：118.00元
PSN G-2012-269-1/1

生态文明绿皮书
中国省域生态文明建设评价报告（ECI 2017）
著(编)者：严耕　2017年12月出版 / 估价：98.00元
PSN G-2010-170-1/1

土地整治蓝皮书
中国土地整治发展研究报告 No.4
著(编)者：国土资源部土地整治中心
2017年7月出版 / 估价：89.00元
PSN B-2014-401-1/1

土地政策蓝皮书
中国土地政策研究报告（2017）
著(编)者：高延利 李宪文
2017年12月出版 / 定价：89.00元
PSN B-2015-506-1/1

医改蓝皮书
中国医药卫生体制改革报告（2017）
著(编)者：文学国 房志武　2017年11月出版 / 估价：98.00元
PSN B-2014-432-1/1

医疗卫生绿皮书
中国医疗卫生发展报告 No.7（2017）
著(编)者：申宝忠 韩玉珍　2017年4月出版 / 估价：85.00元
PSN G-2004-033-1/1

应急管理蓝皮书
中国应急管理报告（2017）
著(编)者：宋英华　2017年9月出版 / 估价：98.00元
PSN B-2016-563-1/1

政治参与蓝皮书
中国政治参与报告（2017）
著(编)者：房宁　2017年9月出版 / 估价：118.00元
PSN B-2011-200-1/1

宗教蓝皮书
中国宗教报告（2016）
著(编)者：邱永辉　2017年4月出版 / 估价：89.00元
PSN B-2008-117-1/1

行业报告类

SUV蓝皮书
中国SUV市场发展报告（2016~2017）
著(编)者：靳军　2017年9月出版／估价：89.00元
PSN B-2016-572-1/1

保健蓝皮书
中国保健服务产业发展报告 No.2
著(编)者：中国保健协会　中共中央党校
2017年7月出版／估价：198.00元
PSN B-2012-272-3/3

保健蓝皮书
中国保健食品产业发展报告 No.2
著(编)者：中国保健协会
　　　　　中国社会科学院食品药品产业发展与监管研究中心
2017年7月出版／估价：198.00元
PSN B-2012-271-2/3

保健蓝皮书
中国保健用品产业发展报告 No.2
著(编)者：中国保健协会
　　　　　国务院国有资产监督管理委员会研究中心
2017年4月出版／估价：198.00元
PSN B-2012-270-1/3

保险蓝皮书
中国保险业竞争力报告（2017）
著(编)者：项俊波　2017年12月出版／估价：99.00元
PSN B-2013-311-1/1

冰雪蓝皮书
中国滑雪产业发展报告（2017）
著(编)者：孙承华　伍斌　魏庆华　张鸿俊
2017年8月出版／估价：89.00元
PSN B-2016-560-1/1

彩票蓝皮书
中国彩票发展报告（2017）
著(编)者：益彩基金　2017年4月出版／估价：98.00元
PSN B-2015-462-1/1

餐饮产业蓝皮书
中国餐饮产业发展报告（2017）
著(编)者：邢颖　2017年6月出版／估价：98.00元
PSN B-2009-151-1/1

测绘地理信息蓝皮书
新常态下的测绘地理信息研究报告（2017）
著(编)者：库热西　买合苏提
2017年12月出版／估价：118.00元
PSN B-2009-145-1/1

茶业蓝皮书
中国茶产业发展报告（2017）
著(编)者：杨江帆　李闽榕　2017年10月出版／估价：88.00元
PSN B-2010-164-1/1

产权市场蓝皮书
中国产权市场发展报告（2016～2017）
著(编)者：曹和平　2017年5月出版／估价：89.00元
PSN B-2009-147-1/1

产业安全蓝皮书
中国出版传媒产业安全报告（2016~2017）
著(编)者：北京印刷学院文化产业安全研究院
2017年4月出版／估价：89.00元
PSN B-2014-384-13/14

产业安全蓝皮书
中国文化产业安全报告（2017）
著(编)者：北京印刷学院文化产业安全研究院
2017年12月出版／估价：89.00元
PSN B-2014-378-12/14

产业安全蓝皮书
中国新媒体产业安全报告（2017）
著(编)者：北京印刷学院文化产业安全研究院
2017年12月出版／估价：89.00元
PSN B-2015-500-14/14

城投蓝皮书
中国城投行业发展报告（2017）
著(编)者：王晨艳　丁伯康　2017年11月出版／估价：300.00元
PSN B-2016-514-1/1

电子政务蓝皮书
中国电子政务发展报告（2016~2017）
著(编)者：李季　杜平　2017年7月出版／估价：89.00元
PSN B-2003-022-1/1

杜仲产业绿皮书
中国杜仲橡胶资源与产业发展报告（2016～2017）
著(编)者：杜红岩　胡文臻　俞锐
2017年4月出版／估价：85.00元
PSN G-2013-350-1/1

房地产蓝皮书
中国房地产发展报告 No.14（2017）
著(编)者：李春华　王业强　2017年5月出版／估价：89.00元
PSN B-2004-028-1/1

服务外包蓝皮书
中国服务外包产业发展报告（2017）
著(编)者：王晓红　刘德军
2017年6月出版／估价：89.00元
PSN B-2013-331-2/2

服务外包蓝皮书
中国服务外包竞争力报告（2017）
著(编)者：王力　刘春生　黄育华
2017年11月出版／估价：85.00元
PSN B-2011-216-1/2

工业和信息化蓝皮书
世界网络安全发展报告（2016~2017）
著(编)者：洪京一　2017年4月出版／估价：89.00元
PSN B-2015-452-5/5

工业和信息化蓝皮书
世界信息化发展报告（2016~2017）
著(编)者：洪京一　2017年4月出版／估价：89.00元
PSN B-2015-451-4/5

皮书系列 2017全品种 — 行业报告类

工业和信息化蓝皮书
世界信息技术产业发展报告（2016~2017）
著(编)者：洪京一　2017年4月出版 / 估价：89.00元
PSN B-2015-449-2/5

工业和信息化蓝皮书
移动互联网产业发展报告（2016~2017）
著(编)者：洪京一　2017年4月出版 / 估价：89.00元
PSN B-2015-448-1/5

工业和信息化蓝皮书
战略性新兴产业发展报告（2016~2017）
著(编)者：洪京一　2017年4月出版 / 估价：89.00元
PSN B-2015-450-3/5

工业设计蓝皮书
中国工业设计发展报告（2017）
著(编)者：王晓红　于炜　张立群
2017年9月出版 / 估价：138.00元
PSN B-2014-420-1/1

黄金市场蓝皮书
中国商业银行黄金业务发展报告（2016~2017）
著(编)者：平安银行　2017年4月出版 / 估价：98.00元
PSN B-2016-525-1/1

互联网金融蓝皮书
中国互联网金融发展报告（2017）
著(编)者：李东荣　2017年9月出版 / 估价：128.00元
PSN B-2014-374-1/1

互联网医疗蓝皮书
中国互联网医疗发展报告（2017）
著(编)者：宫晓东　2017年9月出版 / 估价：89.00元
PSN B-2016-568-1/1

会展蓝皮书
中外会展业动态评估年度报告（2017）
著(编)者：张敏　2017年4月出版 / 估价：88.00元
PSN B-2013-327-1/1

金融监管蓝皮书
中国金融监管报告（2017）
著(编)者：胡滨　2017年6月出版 / 估价：89.00元
PSN B-2012-281-1/1

金融蓝皮书
中国金融中心发展报告（2017）
著(编)者：王力　黄育华　2017年11月出版 / 估价：85.00元
PSN B-2011-186-6/6

建筑装饰蓝皮书
中国建筑装饰行业发展报告（2017）
著(编)者：刘晓一　葛道顺　2017年7月出版 / 估价：198.00元
PSN B-2016-554-1/1

客车蓝皮书
中国客车产业发展报告（2016~2017）
著(编)者：姚蔚　2017年10月出版 / 估价：85.00元
PSN B-2013-361-1/1

旅游安全蓝皮书
中国旅游安全报告（2017）
著(编)者：郑向敏　谢朝武　2017年5月出版 / 估价：128.00元
PSN B-2012-280-1/1

旅游绿皮书
2016~2017年中国旅游发展分析与预测
著(编)者：宋瑞　2017年2月出版 / 定价：89.00元
PSN G-2002-018-1/1

煤炭蓝皮书
中国煤炭工业发展报告（2017）
著(编)者：岳福斌　2017年12月出版 / 估价：85.00元
PSN B-2008-123-1/1

民营企业社会责任蓝皮书
中国民营企业社会责任报告（2017）
著(编)者：中华全国工商业联合会
2017年12月出版 / 估价：89.00元
PSN B-2015-510-1/1

民营医院蓝皮书
中国民营医院发展报告（2017）
著(编)者：庄一强　2017年10月出版 / 估价：85.00元
PSN B-2012-299-1/1

闽商蓝皮书
闽商发展报告（2017）
著(编)者：李闽榕　王日根　林琛
2017年12月出版 / 估价：89.00元
PSN B-2012-298-1/1

能源蓝皮书
中国能源发展报告（2017）
著(编)者：崔民选　王军生　陈义和
2017年10月出版 / 估价：98.00元
PSN B-2006-049-1/1

农产品流通蓝皮书
中国农产品流通产业发展报告（2017）
著(编)者：贾敬敦　张东科　张玉玺　张鹏毅　周伟
2017年4月出版 / 估价：89.00元
PSN B-2012-288-1/1

企业公益蓝皮书
中国企业公益研究报告（2017）
著(编)者：钟宏武　汪杰　顾一　黄晓娟　等
2017年12月出版 / 估价：89.00元
PSN B-2015-501-1/1

企业国际化蓝皮书
中国企业国际化报告（2017）
著(编)者：王辉耀　2017年11月出版 / 估价：98.00元
PSN B-2014-427-1/1

企业蓝皮书
中国企业绿色发展报告 No.2（2017）
著(编)者：李红玉　朱光辉　2017年8月出版 / 估价：89.00元
PSN B-2015-481-2/2

企业社会责任蓝皮书
中国企业社会责任研究报告（2017）
著(编)者：黄群慧　钟宏武　张蒽　翟利峰
2017年11月出版 / 估价：89.00元
PSN B-2009-149-1/1

企业社会责任蓝皮书
中资企业海外社会责任研究报告（2016~2017）
著(编)者：钟宏武　叶柳红　张蒽
2017年1月出版 / 定价：79.00元
PSN B-2017-603-2/2

皮书系列 2017全品种

行业报告类

汽车安全蓝皮书
中国汽车安全发展报告（2017）
著(编)者：中国汽车技术研究中心
2017年7月出版 / 估价：89.00元
PSN B-2014-385-1/1

汽车电子商务蓝皮书
中国汽车电子商务发展报告（2017）
著(编)者：中华全国工商业联合会汽车经销商商会
　　　　北京易观智库网络科技有限公司
2017年10月出版 / 估价：128.00元
PSN B-2015-485-1/1

汽车工业蓝皮书
中国汽车工业发展年度报告（2017）
著(编)者：中国汽车工业协会 中国汽车技术研究中心
　　　　丰田汽车（中国）投资有限公司
2017年4月出版 / 估价：128.00元
PSN B-2015-463-1/2

汽车工业蓝皮书
中国汽车零部件产业发展报告（2017）
著(编)者：中国汽车工业协会 中国汽车工程研究院
2017年10月出版 / 估价：98.00元
PSN B-2016-515-2/2

汽车蓝皮书
中国汽车产业发展报告（2017）
著(编)者：国务院发展研究中心产业经济研究部
　　　　中国汽车工程学会 大众汽车集团（中国）
2017年8月出版 / 估价：98.00元
PSN B-2008-124-1/1

人力资源蓝皮书
中国人力资源发展报告（2017）
著(编)者：余兴安 2017年11月出版 / 估价：89.00元
PSN B-2012-287-1/1

融资租赁蓝皮书
中国融资租赁业发展报告（2016~2017）
著(编)者：李光荣 王力 2017年8月出版 / 估价：89.00元
PSN B-2015-443-1/1

商会蓝皮书
中国商会发展报告No.5（2017）
著(编)者：王钦敏 2017年7月出版 / 估价：89.00元
PSN B-2008-125-1/1

输血服务蓝皮书
中国输血行业发展报告（2017）
著(编)者：朱永明 耿鸿武 2016年8月出版 / 估价：89.00元
PSN B-2016-583-1/1

社会责任管理蓝皮书
中国上市公司社会责任能力成熟度报告（2017）No.2
著(编)者：肖红军 王晓光 李伟阳
2017年12月出版 / 估价：98.00元
PSN B-2015-507-2/2

社会责任管理蓝皮书
中国企业公众透明度报告(2017)No.3
著(编)者：黄速建 熊梦 王晓光 肖红军
2017年4月出版 / 估价：98.00元
PSN B-2015-440-1/2

食品药品蓝皮书
食品药品安全与监管政策研究报告（2016~2017）
著(编)者：唐民皓 2017年6月出版 / 估价：89.00元
PSN B-2009-129-1/1

世界能源蓝皮书
世界能源发展报告（2017）
著(编)者：黄晓勇 2017年6月出版 / 估价：99.00元
PSN B-2013-349-1/1

水利风景区蓝皮书
中国水利风景区发展报告（2017）
著(编)者：谢婵才 兰思仁 2017年5月出版 / 估价：89.00元
PSN B-2015-480-1/1

碳市场蓝皮书
中国碳市场报告（2017）
著(编)者：定金彪 2017年11月出版 / 估价：89.00元
PSN B-2014-430-1/1

体育蓝皮书
中国体育产业发展报告（2017）
著(编)者：阮伟 钟秉枢 2017年12月出版 / 估价：89.00元
PSN B-2010-179-1/4

网络空间安全蓝皮书
中国网络空间安全发展报告（2017）
著(编)者：惠志斌 唐涛 2017年4月出版 / 估价：89.00元
PSN B-2015-466-1/1

西部金融蓝皮书
中国西部金融发展报告（2017）
著(编)者：李忠民 2017年8月出版 / 估价：85.00元
PSN B-2010-160-1/1

协会商会蓝皮书
中国行业协会商会发展报告（2017）
著(编)者：景朝阳 李勇 2017年4月出版 / 估价：99.00元
PSN B-2015-461-1/1

新能源汽车蓝皮书
中国新能源汽车产业发展报告（2017）
著(编)者：中国汽车技术研究中心
　　　　日产（中国）投资有限公司 东风汽车有限公司
2017年7月出版 / 估价：98.00元
PSN B-2013-347-1/1

新三板蓝皮书
中国新三板市场发展报告（2017）
著(编)者：王力 2017年6月出版 / 估价：89.00元
PSN B-2016-534-1/1

信托市场蓝皮书
中国信托业市场报告（2016~2017）
著(编)者：用益信托研究院
2017年1月出版 / 定价：198.00元
PSN B-2014-371-1/1

信息化蓝皮书
中国信息化形势分析与预测（2016~2017）
著(编)者：周宏仁 2017年8月出版 / 估价：98.00元
PSN B-2010-168-1/1

皮书系列 2017全品种 — 行业报告类

信用蓝皮书
中国信用发展报告(2017)
著(编)者：章政 田侃　2017年4月出版 / 估价：99.00元
PSN B-2013-328-1/1

休闲绿皮书
2017年中国休闲发展报告
著(编)者：宋瑞　2017年10月出版 / 估价：89.00元
PSN G-2010-158-1/1

休闲体育蓝皮书
中国休闲体育发展报告(2016~2017)
著(编)者：李相如 钟炳枢　2017年10月出版 / 估价：89.00元
PSN G-2016-516-1/1

养老金融蓝皮书
中国养老金融发展报告(2017)
著(编)者：董克用 姚余栋
2017年8月出版 / 估价：89.00元
PSN B-2016-584-1/1

药品流通蓝皮书
中国药品流通行业发展报告(2017)
著(编)者：佘鲁林 温再兴　2017年8月出版 / 估价：158.00元
PSN B-2014-429-1/1

医院蓝皮书
中国医院竞争力报告(2017)
著(编)者：庄一强 曾益新　2017年3月出版 / 定价：108.00元
PSN B-2016-529-1/1

邮轮绿皮书
中国邮轮产业发展报告(2017)
著(编)者：汪泓　2017年10月出版 / 估价：89.00元
PSN G-2014-419-1/1

智能养老蓝皮书
中国智能养老产业发展报告(2017)
著(编)者：朱勇　2017年10月出版 / 估价：89.00元
PSN B-2015-488-1/1

债券市场蓝皮书
中国债券市场发展报告(2016~2017)
著(编)者：杨农　2017年10月出版 / 估价：89.00元
PSN B-2016-573-1/1

中国节能汽车蓝皮书
中国节能汽车发展报告(2016~2017)
著(编)者：中国汽车工程研究院股份有限公司
2017年9月出版 / 估价：98.00元
PSN B-2016-566-1/1

中国上市公司蓝皮书
中国上市公司发展报告(2017)
著(编)者：张平 王宏淼
2017年10月出版 / 估价：98.00元
PSN B-2014-414-1/1

中国陶瓷产业蓝皮书
中国陶瓷产业发展报告(2017)
著(编)者：左和平 黄速建　2017年10月出版 / 估价：98.00元
PSN B-2016-574-1/1

中国总部经济蓝皮书
中国总部经济发展报告(2016~2017)
著(编)者：赵弘　2017年9月出版 / 估价：89.00元
PSN B-2005-036-1/1

中医文化蓝皮书
中国中医药文化传播发展报告(2017)
著(编)者：毛嘉陵　2017年7月出版 / 估价：89.00元
PSN B-2015-468-1/1

装备制造业蓝皮书
中国装备制造业发展报告(2017)
著(编)者：徐东华　2017年12月出版 / 估价：148.00元
PSN B-2015-505-1/1

资本市场蓝皮书
中国场外交易市场发展报告(2016~2017)
著(编)者：高峦　2017年4月出版 / 估价：89.00元
PSN B-2009-153-1/1

资产管理蓝皮书
中国资产管理行业发展报告(2017)
著(编)者：智信资产管理研究院
2017年6月出版 / 估价：89.00元
PSN B-2014-407-2/2

文化传媒类 皮书系列 2017全品种

文化传媒类

传媒竞争力蓝皮书
中国传媒国际竞争力研究报告（2017）
著(编)者：李本乾 刘强
2017年11月出版 / 估价：148.00元
PSN B-2013-356-1/1

传媒蓝皮书
中国传媒产业发展报告（2017）
著(编)者：崔保国　2017年5月出版 / 估价：98.00元
PSN B-2005-035-1/1

传媒投资蓝皮书
中国传媒投资发展报告（2017）
著(编)者：张向东 谭云朗
2017年6月出版 / 估价：128.00元
PSN B-2015-474-1/1

动漫蓝皮书
中国动漫产业发展报告（2017）
著(编)者：卢斌 郑玉明 牛兴侦
2017年9月出版 / 估价：89.00元
PSN B-2011-198-1/1

非物质文化遗产蓝皮书
中国非物质文化遗产发展报告（2017）
著(编)者：陈平　2017年5月出版 / 估价：98.00元
PSN B-2015-469-1/1

广电蓝皮书
中国广播电影电视发展报告（2017）
著(编)者：国家新闻出版广电总局发展研究中心
2017年7月出版 / 估价：98.00元
PSN B-2006-072-1/1

广告主蓝皮书
中国广告主营销传播趋势报告 No.9
著(编)者：黄升民 杜国清 邵华冬 等
2017年10月出版 / 估价：148.00元
PSN B-2005-041-1/1

国际传播蓝皮书
中国国际传播发展报告（2017）
著(编)者：胡正荣 李继东 姬德强
2017年11月出版 / 估价：89.00元
PSN B-2014-408-1/1

国家形象蓝皮书
中国国家形象传播报告（2016）
著(编)者：张昆　2017年3月出版 / 定价：98.00元
PSN B-2017-605-1/1

纪录片蓝皮书
中国纪录片发展报告（2017）
著(编)者：何苏六　2017年9月出版 / 估价：89.00元
PSN B-2011-222-1/1

科学传播蓝皮书
中国科学传播报告（2017）
著(编)者：詹正茂　2017年7月出版 / 估价：89.00元
PSN B-2008-120-1/1

两岸创意经济蓝皮书
两岸创意经济研究报告（2017）
著(编)者：罗昌智 林咏能
2017年10月出版 / 估价：98.00元
PSN B-2014-437-1/1

媒介与女性蓝皮书
中国媒介与女性发展报告（2016~2017）
著(编)者：刘利群　2017年9月出版 / 估价：118.00元
PSN B-2013-345-1/1

媒体融合蓝皮书
中国媒体融合发展报告（2017）
著(编)者：梅宁华 宋建武　2017年7月出版 / 估价：89.00元
PSN B-2015-479-1/1

全球传媒蓝皮书
全球传媒发展报告（2017）
著(编)者：胡正荣 李继东 唐晓芬
2017年11月出版 / 估价：89.00元
PSN B-2012-237-1/1

少数民族非遗蓝皮书
中国少数民族非物质文化遗产发展报告（2017）
著(编)者：肖远平（彝）柴立（满）
2017年8月出版 / 估价：98.00元
PSN B-2015-467-1/1

视听新媒体蓝皮书
中国视听新媒体发展报告（2017）
著(编)者：国家新闻出版广电总局发展研究中心
2017年7月出版 / 估价：98.00元
PSN B-2011-184-1/1

文化创新蓝皮书
中国文化创新报告（2017）No.7
著(编)者：于平 傅才武　2017年7月出版 / 估价：98.00元
PSN B-2009-143-1/1

文化建设蓝皮书
中国文化发展报告（2016~2017）
著(编)者：江畅 孙伟平 戴茂堂
2017年6月出版 / 估价：116.00元
PSN B-2014-392-1/1

文化科技蓝皮书
文化科技创新发展报告（2017）
著(编)者：于平 李凤亮　2017年11月出版 / 估价：89.00元
PSN B-2013-342-1/1

文化蓝皮书
中国公共文化服务发展报告（2017）
著(编)者：刘新成 张永新 张旭
2017年12月出版 / 估价：98.00元
PSN B-2007-093-2/10

文化蓝皮书
中国公共文化投入增长测评报告（2017）
著(编)者：王亚南　2017年2月出版 / 定价：79.00元
PSN B-2014-435-10/10

皮书系列 2017全品种

文化传媒类·地方发展类

文化蓝皮书
中国少数民族文化发展报告（2016~2017）
著(编)者：武翠英 张晓明 任乌晶
2017年9月出版 / 估价：89.00元
PSN B-2013-369-9/10

文化蓝皮书
中国文化产业发展报告（2016~2017）
著(编)者：张晓明 王家新 章建刚
2017年4月出版 / 估价：89.00元
PSN B-2002-019-1/10

文化蓝皮书
中国文化产业供需协调检测报告（2017）
著(编)者：王亚南 2017年2月出版 / 定价：79.00元
PSN B-2013-323-8/10

文化蓝皮书
中国文化消费需求景气评价报告（2017）
著(编)者：王亚南 2017年2月出版 / 定价：79.00元
PSN B-2011-236-4/10

文化品牌蓝皮书
中国文化品牌发展报告（2017）
著(编)者：欧阳友权 2017年5月出版 / 估价：98.00元
PSN B-2012-277-1/1

文化遗产蓝皮书
中国文化遗产事业发展报告（2017）
著(编)者：苏杨 张颖岚 王宇飞
2017年8月出版 / 估价：98.00元
PSN B-2008-119-1/1

文学蓝皮书
中国文情报告（2016~2017）
著(编)者：白烨 2017年5月出版 / 估价：49.00元
PSN B-2011-221-1/1

新媒体蓝皮书
中国新媒体发展报告No.8（2017）
著(编)者：唐绪军 2017年6月出版 / 估价：89.00元
PSN B-2010-169-1/1

新媒体社会责任蓝皮书
中国新媒体社会责任研究报告（2017）
著(编)者：钟瑛 2017年11月出版 / 估价：89.00元
PSN B-2014-423-1/1

移动互联网蓝皮书
中国移动互联网发展报告（2017）
著(编)者：官建文 2017年6月出版 / 估价：89.00元
PSN B-2012-282-1/1

舆情蓝皮书
中国社会舆情与危机管理报告（2017）
著(编)者：谢耘耕 2017年9月出版 / 估价：128.00元
PSN B-2011-235-1/1

影视蓝皮书
中国影视产业发展报告（2017）
著(编)者：司若 2017年4月出版 / 估价：138.00元
PSN B-2016-530-1/1

地方发展类

安徽经济蓝皮书
合芜蚌国家自主创新综合示范区研究报告（2016~2017）
著(编)者：黄家海 王开玉 蔡宪
2017年7月出版 / 估价：89.00元
PSN B-2014-383-1/1

安徽蓝皮书
安徽社会发展报告（2017）
著(编)者：程桦 2017年4月出版 / 估价：89.00元
PSN B-2013-325-1/1

澳门蓝皮书
澳门经济社会发展报告（2016~2017）
著(编)者：吴志良 郝雨凡 2017年6月出版 / 估价：98.00元
PSN B-2009-138-1/1

北京蓝皮书
北京公共服务发展报告（2016~2017）
著(编)者：施昌奎 2017年3月出版 / 定价：79.00元
PSN B-2008-103-7/8

北京蓝皮书
北京经济发展报告（2016~2017）
著(编)者：杨松 2017年6月出版 / 估价：89.00元
PSN B-2006-054-2/8

北京蓝皮书
北京社会发展报告（2016~2017）
著(编)者：李伟东 2017年6月出版 / 估价：89.00元
PSN B-2006-055-3/8

北京蓝皮书
北京社会治理发展报告（2016~2017）
著(编)者：殷星辰 2017年5月出版 / 估价：89.00元
PSN B-2014-391-8/8

北京蓝皮书
北京文化发展报告（2016~2017）
著(编)者：李建盛 2017年4月出版 / 估价：89.00元
PSN B-2007-082-4/8

北京律师绿皮书
北京律师发展报告No.3（2017）
著(编)者：王隽 2017年7月出版 / 估价：88.00元
PSN G-2012-301-1/1

北京旅游蓝皮书
北京旅游发展报告（2017）
著(编)者：北京旅游学会 2017年4月出版 / 估价：88.00元
PSN B-2011-217-1/1

地方发展类 皮书系列 2017全品种

北京人才蓝皮书
北京人才发展报告（2017）
著(编)者：于淼　2017年12月出版 / 估价：128.00元
PSN B-2011-201-1/1

北京社会心态蓝皮书
北京社会心态分析报告（2016~2017）
著(编)者：北京社会心理研究所
2017年8月出版 / 估价：89.00元
PSN B-2014-422-1/1

北京社会组织管理蓝皮书
北京社会组织发展与管理（2016~2017）
著(编)者：黄江松　2017年4月出版 / 估价：88.00元
PSN B-2015-446-1/1

北京体育蓝皮书
北京体育产业发展报告（2016~2017）
著(编)者：钟秉枢　陈杰　杨铁黎
2017年9月出版 / 估价：89.00元
PSN B-2015-475-1/1

北京养老产业蓝皮书
北京养老产业发展报告（2017）
著(编)者：周明明　冯喜良　2017年8月出版 / 估价：89.00元
PSN B-2015-465-1/1

滨海金融蓝皮书
滨海新区金融发展报告（2017）
著(编)者：王爱俭　张锐钢　2017年12月出版 / 估价：89.00元
PSN B-2014-424-1/1

城乡一体化蓝皮书
中国城乡一体化发展报告·北京卷（2016~2017）
著(编)者：张宝秀　黄序　2017年5月出版 / 估价：89.00元
PSN B-2012-258-2/2

创意城市蓝皮书
北京文化创意产业发展报告（2017）
著(编)者：张京成　王国华　2017年10月出版 / 估价：89.00元
PSN B-2012-263-1/7

创意城市蓝皮书
天津文化创意产业发展报告（2016~2017）
著(编)者：谢思全　2017年6月出版 / 估价：89.00元
PSN B-2016-537-7/7

创意城市蓝皮书
武汉文化创意产业发展报告（2017）
著(编)者：黄永林　陈汉桥　2017年9月出版 / 估价：99.00元
PSN B-2013-354-4/7

创意上海蓝皮书
上海文化创意产业发展报告（2016~2017）
著(编)者：王慧敏　王兴全　2017年8月出版 / 估价：89.00元
PSN B-2016-562-1/1

福建妇女发展蓝皮书
福建省妇女发展报告（2017）
著(编)者：刘群英　2017年11月出版 / 估价：88.00元
PSN B-2011-220-1/1

福建自贸区蓝皮书
中国（福建）自由贸易实验区发展报告（2016~2017）
著(编)者：黄茂兴　2017年4月出版 / 估价：108.00元
PSN B-2017-532-1/1

甘肃蓝皮书
甘肃经济发展分析与预测（2017）
著(编)者：安文华　罗哲　2017年1月出版 / 定价：79.00元
PSN B-2013-312-1/6

甘肃蓝皮书
甘肃社会发展分析与预测（2017）
著(编)者：安文华　包晓霞　谢增虎
2017年1月出版 / 定价：79.00元
PSN B-2013-313-2/6

甘肃蓝皮书
甘肃文化发展分析与预测（2017）
著(编)者：王俊莲　周小华　2017年1月出版 / 定价：79.00元
PSN B-2013-314-3/6

甘肃蓝皮书
甘肃县域和农村发展报告（2017）
著(编)者：朱智文　包东红　王建兵
2017年1月出版 / 定价：79.00元
PSN B-2013-316-5/6

甘肃蓝皮书
甘肃舆情分析与预测（2017）
著(编)者：陈双梅　张谦元　2017年1月出版 / 定价：79.00元
PSN B-2013-315-4/6

甘肃蓝皮书
甘肃商贸流通发展报告（2017）
著(编)者：张应华　王福生　王晓芳
2017年1月出版 / 定价：79.00元
PSN B-2016-523-6/6

广东蓝皮书
广东全面深化改革发展报告（2017）
著(编)者：周林生　涂成林　2017年12月出版 / 估价：89.00元
PSN B-2015-504-3/3

广东蓝皮书
广东社会工作发展报告（2017）
著(编)者：罗观翠　2017年6月出版 / 估价：89.00元
PSN B-2014-402-2/3

广东外经贸蓝皮书
广东对外经济贸易发展研究报告（2016~2017）
著(编)者：陈万灵　2017年8月出版 / 估价：98.00元
PSN B-2012-286-1/1

广西北部湾经济区蓝皮书
广西北部湾经济区开放开发报告（2017）
著(编)者：广西北部湾经济区规划建设管理委员会办公室
　　　　　广西社会科学院广西北部湾发展研究院
2017年4月出版 / 估价：89.00元
PSN B-2010-181-1/1

巩义蓝皮书
巩义经济社会发展报告（2017）
著(编)者：丁同民　朱军　2017年4月出版 / 估价：58.00元
PSN B-2016-533-1/1

广州蓝皮书
2017年中国广州经济形势分析与预测
著(编)者：庾建设　陈浩钿　谢博能
2017年7月出版 / 估价：85.00元
PSN B-2011-185-9/14

皮书系列 2017全品种
地方发展类

广州蓝皮书
2017年中国广州社会形势分析与预测
著(编)者：张强 陈怡霓 杨秦　2017年6月出版 / 估价：85.00元
PSN B-2008-110-5/14

广州蓝皮书
广州城市国际化发展报告（2017）
著(编)者：朱名宏　2017年8月出版 / 估价：79.00元
PSN B-2012-246-11/14

广州蓝皮书
广州创新型城市发展报告（2017）
著(编)者：尹涛　2017年7月出版 / 估价：79.00元
PSN B-2012-247-12/14

广州蓝皮书
广州经济发展报告（2017）
著(编)者：朱名宏　2017年7月出版 / 估价：79.00元
PSN B-2005-040-1/14

广州蓝皮书
广州农村发展报告（2017）
著(编)者：朱名宏　2017年8月出版 / 估价：79.00元
PSN B-2010-167-8/14

广州蓝皮书
广州汽车产业发展报告（2017）
著(编)者：杨再高 冯兴亚　2017年7月出版 / 估价：79.00元
PSN B-2006-066-3/14

广州蓝皮书
广州青年发展报告（2016~2017）
著(编)者：徐柳 张强　2017年9月出版 / 估价：79.00元
PSN B-2013-352-13/14

广州蓝皮书
广州商贸业发展报告（2017）
著(编)者：李江涛 肖振宇 荀振英
2017年7月出版 / 估价：79.00元
PSN B-2012-245-10/14

广州蓝皮书
广州社会保障发展报告（2017）
著(编)者：蔡国萱　2017年8月出版 / 估价：79.00元
PSN B-2014-425-14/14

广州蓝皮书
广州文化创意产业发展报告（2017）
著(编)者：徐咏虹　2017年7月出版 / 估价：79.00元
PSN B-2008-111-6/14

广州蓝皮书
中国广州城市建设与管理发展报告（2017）
著(编)者：董皞 陈小钢 李江涛
2017年7月出版 / 估价：85.00元
PSN B-2007-087-4/14

广州蓝皮书
中国广州科技创新发展报告（2017）
著(编)者：邹采荣 马正勇 陈爽
2017年7月出版 / 估价：79.00元
PSN B-2006-065-2/14

广州蓝皮书
中国广州文化发展报告（2017）
著(编)者：徐俊忠 陆志强 顾涧清
2017年7月出版 / 估价：79.00元
PSN B-2009-134-7/14

贵阳蓝皮书
贵阳城市创新发展报告No.2（白云篇）
著(编)者：连玉明　2017年10月出版 / 估价：89.00元
PSN B-2015-491-3/10

贵阳蓝皮书
贵阳城市创新发展报告No.2（观山湖篇）
著(编)者：连玉明　2017年10月出版 / 估价：89.00元
PSN B-2011-235-1/1

贵阳蓝皮书
贵阳城市创新发展报告No.2（花溪篇）
著(编)者：连玉明　2017年10月出版 / 估价：89.00元
PSN B-2015-490-2/10

贵阳蓝皮书
贵阳城市创新发展报告No.2（开阳篇）
著(编)者：连玉明　2017年10月出版 / 估价：89.00元
PSN B-2015-492-4/10

贵阳蓝皮书
贵阳城市创新发展报告No.2（南明篇）
著(编)者：连玉明　2017年10月出版 / 估价：89.00元
PSN B-2015-496-8/10

贵阳蓝皮书
贵阳城市创新发展报告No.2（清镇篇）
著(编)者：连玉明　2017年10月出版 / 估价：89.00元
PSN B-2015-489-1/10

贵阳蓝皮书
贵阳城市创新发展报告No.2（乌当篇）
著(编)者：连玉明　2017年10月出版 / 估价：89.00元
PSN B-2015-495-7/10

贵阳蓝皮书
贵阳城市创新发展报告No.2（息烽篇）
著(编)者：连玉明　2017年10月出版 / 估价：89.00元
PSN B-2015-493-5/10

贵阳蓝皮书
贵阳城市创新发展报告No.2（修文篇）
著(编)者：连玉明　2017年10月出版 / 估价：89.00元
PSN B-2015-494-6/10

贵阳蓝皮书
贵阳城市创新发展报告No.2（云岩篇）
著(编)者：连玉明　2017年10月出版 / 估价：89.00元
PSN B-2015-498-10/10

贵州房地产蓝皮书
贵州房地产发展报告No.4（2017）
著(编)者：武廷方　2017年7月出版 / 估价：89.00元
PSN B-2014-426-1/1

贵州蓝皮书
贵州册亨经济社会发展报告（2017）
著(编)者：黄德林　2017年3月出版 / 估价：89.00元
PSN B-2016-526-8/9

地方发展类

皮书系列
2017全品种

贵州蓝皮书
贵安新区发展报告（2016~2017）
著(编)者：马长青 吴大华　2017年6月出版 / 估价：89.00元
PSN B-2015-459-4/9

贵州蓝皮书
贵州法治发展报告（2017）
著(编)者：吴大华　2017年5月出版 / 估价：89.00元
PSN B-2012-254-2/9

贵州蓝皮书
贵州国有企业社会责任发展报告（2016~2017）
著(编)者：郭丽 周航 万强
2017年12月出版 / 估价：89.00元
PSN B-2015-511-6/9

贵州蓝皮书
贵州民航业发展报告（2017）
著(编)者：申振东 吴大华　2017年10月出版 / 估价：89.00元
PSN B-2015-471-5/9

贵州蓝皮书
贵州民营经济发展报告（2017）
著(编)者：杨静 吴大华　2017年4月出版 / 估价：89.00元
PSN B-2016-531-9/9

贵州蓝皮书
贵州人才发展报告（2017）
著(编)者：于杰 吴大华　2017年9月出版 / 估价：89.00元
PSN B-2014-382-3/9

贵州蓝皮书
贵州社会发展报告（2017）
著(编)者：王兴骥　2017年6月出版 / 估价：89.00元
PSN B-2010-166-1/9

贵州蓝皮书
贵州国家级开放创新平台发展报告（2017）
著(编)者：申晓庆 吴大华 李泓
2017年6月出版 / 估价：89.00元
PSN B-2016-518-1/9

海淀蓝皮书
海淀区文化和科技融合发展报告（2017）
著(编)者：陈名杰 孟景伟　2017年5月出版 / 估价：85.00元
PSN B-2013-329-1/1

杭州都市圈蓝皮书
杭州都市圈发展报告（2017）
著(编)者：沈翔 戚建国　2017年5月出版 / 估价：128.00元
PSN B-2012-302-1/1

杭州蓝皮书
杭州妇女发展报告（2017）
著(编)者：魏颖　2017年6月出版 / 估价：89.00元
PSN B-2014-403-1/1

河北经济蓝皮书
河北省经济发展报告（2017）
著(编)者：马树强 金浩 张贵
2017年4月出版 / 估价：89.00元
PSN B-2014-380-1/1

河北蓝皮书
河北经济社会发展报告（2017）
著(编)者：郭金平　2017年1月出版 / 定价：79.00元
PSN B-2014-372-1/2

河北蓝皮书
京津冀协同发展报告（2017）
著(编)者：陈路　2017年1月出版 / 定价：79.00元
PSN B-2017-601-2/2

河北食品药品安全蓝皮书
河北食品药品安全研究报告（2017）
著(编)者：丁锦霞　2017年6月出版 / 估价：89.00元
PSN B-2015-473-1/1

河南经济蓝皮书
2017年河南经济形势分析与预测
著(编)者：王世炎　2017年3月出版 / 定价：79.00元
PSN B-2007-086-1/1

河南蓝皮书
2017年河南社会形势分析与预测
著(编)者：刘道兴 牛苏林　2017年4月出版 / 估价89.00元
PSN B-2005-043-1/8

河南蓝皮书
河南城市发展报告（2017）
著(编)者：张占仓 王建国　2017年5月出版 / 估价：89.00元
PSN B-2009-131-3/8

河南蓝皮书
河南法治发展报告（2017）
著(编)者：丁同民 张林海　2017年5月出版 / 估价：89.00元
PSN B-2014-376-6/8

河南蓝皮书
河南工业发展报告（2017）
著(编)者：张占仓 丁同民　2017年5月出版 / 估价：89.00元
PSN B-2013-317-5/8

河南蓝皮书
河南金融发展报告（2017）
著(编)者：河南省社会科学院
2017年6月出版 / 估价：89.00元
PSN B-2014-390-7/8

河南蓝皮书
河南经济发展报告（2017）
著(编)者：张占仓 完世伟　2017年4月出版 / 估价：89.00元
PSN B-2010-157-4/8

河南蓝皮书
河南农业农村发展报告（2017）
著(编)者：吴海峰　2017年4月出版 / 估价：89.00元
PSN B-2015-445-8/8

河南蓝皮书
河南文化发展报告（2017）
著(编)者：卫绍生　2017年4月出版 / 估价：88.00元
PSN B-2008-106-2/8

河南商务蓝皮书
河南商务发展报告（2017）
著(编)者：焦锦淼 穆荣国　2017年6月出版 / 估价：88.00元
PSN B-2014-399-1/1

黑龙江蓝皮书
黑龙江经济发展报告（2017）
著(编)者：朱宇　2017年1月出版 / 定价：79.00元
PSN B-2011-190-2/2

皮书系列重点推荐 — 地方发展类

黑龙江蓝皮书
黑龙江社会发展报告（2017）
著(编)者：谢宝禄　2017年1月出版 / 定价：79.00元
PSN B-2011-189-1/2

湖北文化蓝皮书
湖北文化发展报告（2017）
著(编)者：吴成国　2017年10月出版 / 估价：95.00元
PSN B-2016-567-1/1

湖南城市蓝皮书
区域城市群整合
著(编)者：童中贤　韩未名
2017年12月出版 / 估价：89.00元
PSN B-2006-064-1/1

湖南蓝皮书
2017年湖南产业发展报告
著(编)者：梁志峰　2017年5月出版 / 估价：128.00元
PSN B-2011-207-2/8

湖南蓝皮书
2017年湖南电子政务发展报告
著(编)者：梁志峰　2017年5月出版 / 估价：128.00元
PSN B-2014-394-6/8

湖南蓝皮书
2017年湖南经济展望
著(编)者：梁志峰　2017年5月出版 / 估价：128.00元
PSN B-2011-206-1/8

湖南蓝皮书
2017年湖南两型社会与生态文明发展报告
著(编)者：梁志峰　2017年5月出版 / 估价：128.00元
PSN B-2011-208-3/8

湖南蓝皮书
2017年湖南社会发展报告
著(编)者：梁志峰　2017年5月出版 / 估价：128.00元
PSN B-2014-393-5/8

湖南蓝皮书
2017年湖南县域经济社会发展报告
著(编)者：梁志峰　2017年5月出版 / 估价：128.00元
PSN B-2014-395-7/8

湖南蓝皮书
湖南城乡一体化发展报告（2017）
著(编)者：陈文胜　王文强　陆福兴　邝奕轩
2017年6月出版 / 估价：89.00元
PSN B-2015-477-8/8

湖南县域绿皮书
湖南县域发展报告 No.3
著(编)者：袁准　周小毛　黎仁寅
2017年3月出版 / 定价：79.00元
PSN G-2012-274-1/1

沪港蓝皮书
沪港发展报告（2017）
著(编)者：尤安山　2017年9月出版 / 估价：89.00元
PSN B-2013-362-1/1

吉林蓝皮书
2017年吉林经济社会形势分析与预测
著(编)者：邵汉明　2016年12月出版 / 定价：79.00元
PSN B-2013-319-1/1

吉林省城市竞争力蓝皮书
吉林省城市竞争力报告（2016~2017）
著(编)者：崔岳春　张磊　2016年12月出版 / 定价：79.00元
PSN B-2015-513-1/1

济源蓝皮书
济源经济社会发展报告（2017）
著(编)者：喻新安　2017年4月出版 / 估价：89.00元
PSN B-2014-387-1/1

健康城市蓝皮书
北京健康城市建设研究报告（2017）
著(编)者：王鸿春　2017年8月出版 / 估价：89.00元
PSN B-2015-460-1/2

江苏法治蓝皮书
江苏法治发展报告 No.6（2017）
著(编)者：蔡道通　龚廷泰　2017年8月出版 / 估价：98.00元
PSN B-2012-290-1/1

江西蓝皮书
江西经济社会发展报告（2017）
著(编)者：张勇　姜玮　梁勇　2017年10月出版 / 估价：89.00元
PSN B-2015-484-1/2

江西蓝皮书
江西设区市发展报告（2017）
著(编)者：姜玮　梁勇　2017年10月出版 / 估价：79.00元
PSN B-2016-517-2/2

江西文化蓝皮书
江西文化产业发展报告（2017）
著(编)者：张圣才　汪春翔
2017年10月出版 / 估价：128.00元
PSN B-2015-499-1/1

街道蓝皮书
北京街道发展报告No.2（白纸坊篇）
著(编)者：连玉明　2017年8月出版 / 估价：98.00元
PSN B-2016-544-7/15

街道蓝皮书
北京街道发展报告No.2（椿树篇）
著(编)者：连玉明　2017年8月出版 / 估价：98.00元
PSN B-2016-548-11/15

街道蓝皮书
北京街道发展报告No.2（大栅栏篇）
著(编)者：连玉明　2017年8月出版 / 估价：98.00元
PSN B-2016-552-15/15

街道蓝皮书
北京街道发展报告No.2（德胜篇）
著(编)者：连玉明　2017年8月出版 / 估价：98.00元
PSN B-2016-551-14/15

街道蓝皮书
北京街道发展报告No.2（广安门内篇）
著(编)者：连玉明　2017年8月出版 / 估价：98.00元
PSN B-2016-540-3/15

地方发展类

街道蓝皮书
北京街道发展报告No.2（广安门外篇）
著(编)者：连玉明　2017年8月出版 / 估价：98.00元
PSN B－2016－547－10/15

街道蓝皮书
北京街道发展报告No.2（金融街篇）
著(编)者：连玉明　2017年8月出版 / 估价：98.00元
PSN B－2016－538－1/15

街道蓝皮书
北京街道发展报告No.2（牛街篇）
著(编)者：连玉明　2017年8月出版 / 估价：98.00元
PSN B－2016－545－8/15

街道蓝皮书
北京街道发展报告No.2（什刹海篇）
著(编)者：连玉明　2017年8月出版 / 估价：98.00元
PSN B－2016－546－9/15

街道蓝皮书
北京街道发展报告No.2（陶然亭篇）
著(编)者：连玉明　2017年8月出版 / 估价：98.00元
PSN B－2016－542－5/15

街道蓝皮书
北京街道发展报告No.2（天桥篇）
著(编)者：连玉明　2017年8月出版 / 估价：98.00元
PSN B－2016－549－12/15

街道蓝皮书
北京街道发展报告No.2（西长安街篇）
著(编)者：连玉明　2017年8月出版 / 估价：98.00元
PSN B－2016－543－6/15

街道蓝皮书
北京街道发展报告No.2（新街口篇）
著(编)者：连玉明　2017年8月出版 / 估价：98.00元
PSN B－2016－541－4/15

街道蓝皮书
北京街道发展报告No.2（月坛篇）
著(编)者：连玉明　2017年8月出版 / 估价：98.00元
PSN B－2016－539－2/15

街道蓝皮书
北京街道发展报告No.2（展览路篇）
著(编)者：连玉明　2017年8月出版 / 估价：98.00元
PSN B－2016－550－13/15

经济特区蓝皮书
中国经济特区发展报告（2017）
著(编)者：陶一桃　2017年12月出版 / 估价：98.00元
PSN B－2009－139－1/1

辽宁蓝皮书
2017年辽宁经济社会形势分析与预测
著(编)者：曹晓峰　梁启东
2017年4月出版 / 估价：79.00元
PSN B－2006－053－1/1

洛阳蓝皮书
洛阳文化发展报告（2017）
著(编)者：刘福兴　陈启明　2017年7月出版 / 估价：89.00元
PSN B－2015－476－1/1

南京蓝皮书
南京文化发展报告（2017）
著(编)者：徐宁　2017年10月出版 / 估价：89.00元
PSN B－2014－439－1/1

南宁蓝皮书
南宁法治发展报告（2017）
著(编)者：杨维超　2017年12月出版 / 估价：79.00元
PSN B－2015－509－1/3

南宁蓝皮书
南宁经济发展报告（2017）
著(编)者：胡建华　2017年9月出版 / 估价：79.00元
PSN B－2016－570－2/3

南宁蓝皮书
南宁社会发展报告（2017）
著(编)者：胡建华　2017年9月出版 / 估价：79.00元
PSN B－2016－571－3/3

内蒙古蓝皮书
内蒙古反腐倡廉建设报告 No.2
著(编)者：张志华　无极　2017年12月出版 / 估价：79.00元
PSN B－2013－365－1/1

浦东新区蓝皮书
上海浦东经济发展报告（2017）
著(编)者：沈开艳　周奇　2017年2月出版 / 定价：79.00元
PSN B－2011－225－1/1

青海蓝皮书
2017年青海经济社会形势分析与预测
著(编)者：陈玮　2016年12月出版 / 定价：79.00元
PSN B－2012－275－1/1

人口与健康蓝皮书
深圳人口与健康发展报告（2017）
著(编)者：陆杰华　罗乐宣　苏杨
2017年11月出版 / 估价：89.00元
PSN B－2011－228－1/1

山东蓝皮书
山东经济形势分析与预测（2017）
著(编)者：李广杰　2017年7月出版 / 估价：89.00元
PSN B－2014－404－1/4

山东蓝皮书
山东社会形势分析与预测（2017）
著(编)者：张华　唐洲雁　2017年6月出版 / 估价：89.00元
PSN B－2014－405－2/4

山东蓝皮书
山东文化发展报告（2017）
著(编)者：涂可国　2017年11月出版 / 估价：98.00元
PSN B－2014－406－3/4

山西蓝皮书
山西资源型经济转型发展报告（2017）
著(编)者：李志强　2017年7月出版 / 估价：89.00元
PSN B－2011－197－1/1

皮书系列重点推荐　地方发展类

陕西蓝皮书
陕西经济发展报告（2017）
著(编)者：任宗哲 白宽犁 裴成荣
2017年1月出版 / 定价：69.00元
PSN B-2009-135-1/5

陕西蓝皮书
陕西社会发展报告（2017）
著(编)者：任宗哲 白宽犁 牛昉
2017年1月出版 / 定价：69.00元
PSN B-2009-136-2/5

陕西蓝皮书
陕西文化发展报告（2017）
著(编)者：任宗哲 白宽犁 王长寿
2017年1月出版 / 定价：69.00元
PSN B-2009-137-3/5

上海蓝皮书
上海传媒发展报告（2017）
著(编)者：强荧 焦雨虹　2017年2月出版 / 定价：79.00元
PSN B-2012-295-5/7

上海蓝皮书
上海法治发展报告（2017）
著(编)者：叶青　2017年6月出版 / 估价：89.00元
PSN B-2012-296-6/7

上海蓝皮书
上海经济发展报告（2017）
著(编)者：沈开艳　2017年2月出版 / 定价：79.00元
PSN B-2006-057-1/7

上海蓝皮书
上海社会发展报告（2017）
著(编)者：杨雄 周海旺　2017年2月出版 / 定价：79.00元
PSN B-2006-058-2/7

上海蓝皮书
上海文化发展报告（2017）
著(编)者：荣跃明　2017年2月出版 / 定价：79.00元
PSN B-2006-059-3/7

上海蓝皮书
上海文学发展报告（2017）
著(编)者：陈圣来　2017年6月出版 / 估价：89.00元
PSN B-2012-297-7/7

上海蓝皮书
上海资源环境发展报告（2017）
著(编)者：周冯琦 汤庆合
2017年2月出版 / 定价：79.00元
PSN B-2006-060-4/7

社会建设蓝皮书
2017年北京社会建设分析报告
著(编)者：宋贵伦 冯虹　2017年10月出版 / 估价：89.00元
PSN B-2010-173-1/1

深圳蓝皮书
深圳法治发展报告（2017）
著(编)者：张骁儒　2017年6月出版 / 估价：89.00元
PSN B-2015-470-6/7

深圳蓝皮书
深圳经济发展报告（2017）
著(编)者：张骁儒　2017年7月出版 / 估价：89.00元
PSN B-2008-112-3/7

深圳蓝皮书
深圳劳动关系发展报告（2017）
著(编)者：汤庭芬　2017年6月出版 / 估价：89.00元
PSN B-2007-097-2/7

深圳蓝皮书
深圳社会建设与发展报告（2017）
著(编)者：张骁儒 陈东平　2017年7月出版 / 估价：89.00元
PSN B-2008-113-4/7

深圳蓝皮书
深圳文化发展报告(2017)
著(编)者：张骁儒　2017年7月出版 / 估价：89.00元
PSN B-2016-555-7/7

丝绸之路蓝皮书
丝绸之路经济带发展报告（2017）
著(编)者：任宗哲 白宽犁 谷孟宾
2017年1月出版 / 定价：75.00元
PSN B-2014-410-1/1

法治蓝皮书
四川依法治省年度报告 No.3（2017）
著(编)者：李林 杨天宗 田禾
2017年3月出版 / 定价：118.00元
PSN B-2015-447-1/1

四川蓝皮书
2017年四川经济形势分析与预测
著(编)者：杨钢　2017年1月出版 / 定价：98.00元
PSN B-2007-098-2/7

四川蓝皮书
四川城镇化发展报告（2017）
著(编)者：侯水平 陈炜　2017年4月出版 / 估价：85.00元
PSN B-2015-456-7/7

四川蓝皮书
四川法治发展报告（2017）
著(编)者：郑泰安　2017年4月出版 / 估价：89.00元
PSN B-2015-441-5/7

四川蓝皮书
四川企业社会责任研究报告（2016~2017）
著(编)者：侯水平 盛毅 翟刚
2017年4月出版 / 估价：89.00元
PSN B-2014-386-4/7

四川蓝皮书
四川社会发展报告（2017）
著(编)者：李羚　2017年5月出版 / 估价：89.00元
PSN B-2008-127-3/7

四川蓝皮书
四川生态建设报告（2017）
著(编)者：李晟之　2017年4月出版 / 估价：85.00元
PSN B-2015-455-6/7

皮书系列 重点推荐

地方发展类·国际问题类

四川蓝皮书
四川文化产业发展报告（2017）
著(编)者：向宝云 张立伟
2017年4月出版 / 估价：89.00元
PSN B-2006-074-1/7

体育蓝皮书
上海体育产业发展报告（2016～2017）
著(编)者：张林 黄海燕
2017年10月出版 / 估价：89.00元
PSN B-2015-454-4/4

体育蓝皮书
长三角地区体育产业发展报告（2016～2017）
著(编)者：张林 2017年4月出版 / 估价：89.00元
PSN B-2015-453-3/4

天津金融蓝皮书
天津金融发展报告（2017）
著(编)者：王爱俭 孔德昌
2017年12月出版 / 估价：98.00元
PSN B-2014-418-1/1

图们江区域合作蓝皮书
图们江区域合作发展报告（2017）
著(编)者：李铁 2017年6月出版 / 估价：98.00元
PSN B-2015-464-1/1

温州蓝皮书
2017年温州经济社会形势分析与预测
著(编)者：潘忠强 王春光 金浩
2017年4月出版 / 估价：89.00元
PSN B-2008-105-1/1

西咸新区蓝皮书
西咸新区发展报告（2016~2017）
著(编)者：李扬 王军 2017年6月出版 / 估价：89.00元
PSN B-2016-535-1/1

扬州蓝皮书
扬州经济社会发展报告（2017）
著(编)者：丁纯 2017年12月出版 / 估价：98.00元
PSN B-2011-191-1/1

长株潭城市群蓝皮书
长株潭城市群发展报告（2017）
著(编)者：张萍 2017年12月出版 / 估价：89.00元
PSN B-2008-109-1/1

中医文化蓝皮书
北京中医文化传播发展报告（2017）
著(编)者：毛嘉陵 2017年5月出版 / 估价：79.00元
PSN B-2015-468-1/2

珠三角流通蓝皮书
珠三角商圈发展研究报告（2017）
著(编)者：王先庆 林至颖
2017年7月出版 / 估价：98.00元
PSN B-2012-292-1/1

遵义蓝皮书
遵义发展报告（2017）
著(编)者：曾征 龚永育 雍思强
2017年12月出版 / 估价：89.00元
PSN B-2014-433-1/1

国际问题类

"一带一路"跨境通道蓝皮书
"一带一路"跨境通道建设研究报告（2017）
著(编)者：郭业洲 2017年8月出版 / 估价：89.00元
PSN B-2016-558-1/1

"一带一路"蓝皮书
"一带一路"建设发展报告（2017）
著(编)者：孔丹 李永全 2017年7月出版 / 估价：89.00元
PSN B-2016-553-1/1

阿拉伯黄皮书
阿拉伯发展报告（2016～2017）
著(编)者：罗林 2017年11月出版 / 估价：89.00元
PSN Y-2014-381-1/1

北部湾蓝皮书
泛北部湾合作发展报告（2017）
著(编)者：吕余生 2017年12月出版 / 估价：85.00元
PSN B-2008-114-1/1

大湄公河次区域蓝皮书
大湄公河次区域合作发展报告（2017）
著(编)者：刘稚 2017年8月出版 / 估价：89.00元
PSN B-2011-196-1/1

大洋洲蓝皮书
大洋洲发展报告（2017）
著(编)者：喻常森 2017年10月出版 / 估价：89.00元
PSN B-2013-341-1/1

皮书系列 重点推荐

国际问题类

德国蓝皮书
德国发展报告(2017)
著(编)者：郑春荣　　2017年6月出版 / 估价：89.00元
PSN B-2012-278-1/1

东盟黄皮书
东盟发展报告(2017)
著(编)者：杨晓强　庄国土
2017年4月出版 / 估价：89.00元
PSN Y-2012-303-1/1

东南亚蓝皮书
东南亚地区发展报告(2016~2017)
著(编)者：厦门大学东南亚研究中心　王勤
2017年12月出版 / 估价：89.00元
PSN B-2012-240-1/1

俄罗斯黄皮书
俄罗斯发展报告(2017)
著(编)者：李永全　　2017年7月出版 / 估价：89.00元
PSN Y-2006-061-1/1

非洲黄皮书
非洲发展报告No.19(2016~2017)
著(编)者：张宏明　　2017年8月出版 / 估价：89.00元
PSN Y-2012-239-1/1

公共外交蓝皮书
中国公共外交发展报告(2017)
著(编)者：赵启正　雷蔚真
2017年4月出版 / 估价：89.00元
PSN B-2015-457-1/1

国际安全蓝皮书
中国国际安全研究报告(2017)
著(编)者：刘慧　　2017年7月出版 / 估价：98.00元
PSN B-2016-522-1/1

国际形势黄皮书
全球政治与安全报告(2017)
著(编)者：张宇燕
2017年1月出版 / 定价：89.00元
PSN Y-2001-016-1/1

韩国蓝皮书
韩国发展报告(2017)
著(编)者：牛林杰　刘宝全
2017年11月出版 / 估价：89.00元
PSN B-2010-155-1/1

加拿大蓝皮书
加拿大发展报告(2017)
著(编)者：仲伟合　　2017年9月出版 / 估价：89.00元
PSN B-2014-389-1/1

拉美黄皮书
拉丁美洲和加勒比发展报告(2016~2017)
著(编)者：吴白乙　　2017年6月出版 / 估价：89.00元
PSN Y-1999-007-1/1

美国蓝皮书
美国研究报告(2017)
著(编)者：郑秉文　黄平　　2017年6月出版 / 估价：89.00元
PSN B-2011-210-1/1

缅甸蓝皮书
缅甸国情报告(2017)
著(编)者：李晨阳　　2017年12月出版 / 估价：86.00元
PSN B-2013-343-1/1

欧洲蓝皮书
欧洲发展报告(2016~2017)
著(编)者：黄平　周弘　江时学
2017年6月出版 / 估价：89.00元
PSN B-1999-009-1/1

葡语国家蓝皮书
葡语国家发展报告(2017)
著(编)者：王成安　张敏　　2017年12月出版 / 估价：89.00元
PSN B-2015-503-1/2

葡语国家蓝皮书
中国与葡语国家关系发展报告·巴西(2017)
著(编)者：张曙光　　2017年8月出版 / 估价：89.00元
PSN B-2016-564-2/2

日本经济蓝皮书
日本经济与中日经贸关系研究报告(2017)
著(编)者：张季风　　2017年5月出版 / 估价：89.00元
PSN B-2008-102-1/1

日本蓝皮书
日本研究报告(2017)
著(编)者：杨伯江　　2017年5月出版 / 估价：89.00元
PSN B-2002-020-1/1

上海合作组织黄皮书
上海合作组织发展报告(2017)
著(编)者：李进峰　吴宏伟　李少捷
2017年6月出版 / 估价：89.00元
PSN Y-2009-130-1/1

世界创新竞争力黄皮书
世界创新竞争力发展报告(2017)
著(编)者：李闽榕　李建平　赵新力
2017年4月出版 / 估价：148.00元
PSN Y-2013-318-1/1

泰国蓝皮书
泰国研究报告(2017)
著(编)者：庄国土　张禹东
2017年8月出版 / 估价：118.00元
PSN B-2016-557-1/1

土耳其蓝皮书
土耳其发展报告(2017)
著(编)者：郭长刚　刘义　　2017年9月出版 / 估价：89.00元
PSN B-2014-412-1/1

亚太蓝皮书
亚太地区发展报告(2017)
著(编)者：李向阳　　2017年4月出版 / 估价：89.00元
PSN B-2001-015-1/1

印度蓝皮书
印度国情报告(2017)
著(编)者：吕昭义　　2017年12月出版 / 估价：89.00元
PSN B-2012-241-1/1

皮书系列重点推荐 — 国际问题类

印度洋地区蓝皮书
印度洋地区发展报告(2017)
著(编)者:汪戎   2017年6月出版 / 估价:89.00元
PSN B-2013-334-1/1

英国蓝皮书
英国发展报告(2016~2017)
著(编)者:王展鹏   2017年11月出版 / 估价:89.00元
PSN B-2015-486-1/1

越南蓝皮书
越南国情报告(2017)
著(编)者:谢林城
2017年12月出版 / 估价:89.00元
PSN B-2006-056-1/1

以色列蓝皮书
以色列发展报告(2017)
著(编)者:张倩红   2017年8月出版 / 估价:89.00元
PSN B-2015-483-1/1

伊朗蓝皮书
伊朗发展报告(2017)
著(编)者:冀开远   2017年10月出版 / 估价:89.00元
PSN B-2016-575-1/1

中东黄皮书
中东发展报告No.19(2016~2017)
著(编)者:杨光   2017年10月出版 / 估价:89.00元
PSN Y-1998-004-1/1

中亚黄皮书
中亚国家发展报告(2017)
著(编)者:孙力 吴宏伟   2017年7月出版 / 估价:98.00元
PSN Y-2012-238-1/1

皮书序列号是社会科学文献出版社专门为识别皮书、管理皮书而设计的编号。皮书序列号是出版皮书的许可证号,是区别皮书与其他图书的重要标志。

它由一个前缀和四部分构成。这四部分之间用连字符"-"连接。前缀和这四部分之间空半个汉字(见示例)。

《国际人才蓝皮书:中国留学发展报告》序列号示例

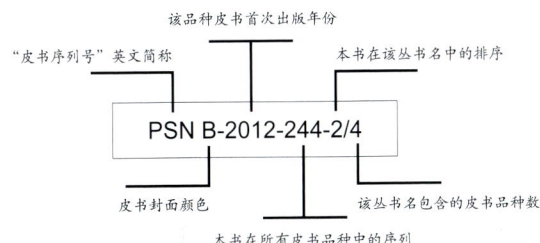

从示例中可以看出,《国际人才蓝皮书:中国留学发展报告》的首次出版年份是2012年,是社科文献出版社出版的第244个皮书品种,是"国际人才蓝皮书"系列的第2个品种(共4个品种)。

社会科学文献出版社　　皮书系列

❖ 皮书起源 ❖

"皮书"起源于十七、十八世纪的英国,主要指官方或社会组织正式发表的重要文件或报告,多以"白皮书"命名。在中国,"皮书"这一概念被社会广泛接受,并被成功运作、发展成为一种全新的出版形态,则源于中国社会科学院社会科学文献出版社。

❖ 皮书定义 ❖

皮书是对中国与世界发展状况和热点问题进行年度监测,以专业的角度、专家的视野和实证研究方法,针对某一领域或区域现状与发展态势展开分析和预测,具备原创性、实证性、专业性、连续性、前沿性、时效性等特点的公开出版物,由一系列权威研究报告组成。

❖ 皮书作者 ❖

皮书系列的作者以中国社会科学院、著名高校、地方社会科学院的研究人员为主,多为国内一流研究机构的权威专家学者,他们的看法和观点代表了学界对中国与世界的现实和未来最高水平的解读与分析。

❖ 皮书荣誉 ❖

皮书系列已成为社会科学文献出版社的著名图书品牌和中国社会科学院的知名学术品牌。2016年,皮书系列正式列入"十三五"国家重点出版规划项目;2012~2016年,重点皮书列入中国社会科学院承担的国家哲学社会科学创新工程项目;2017年,55种院外皮书使用"中国社会科学院创新工程学术出版项目"标识。

中国皮书网
www.pishu.cn

发布皮书研创资讯,传播皮书精彩内容
引领皮书出版潮流,打造皮书服务平台

栏目设置

关于皮书:何谓皮书、皮书分类、皮书大事记、皮书荣誉、
皮书出版第一人、皮书编辑部
最新资讯:通知公告、新闻动态、媒体聚焦、网站专题、视频直播、下载专区
皮书研创:皮书规范、皮书选题、皮书出版、皮书研究、研创团队
皮书评奖评价:指标体系、皮书评价、皮书评奖
互动专区:皮书说、皮书智库、皮书微博、数据库微博

所获荣誉

2008年、2011年,中国皮书网均在全国新闻出版业网站荣誉评选中获得"最具商业价值网站"称号;
2012年,获得"出版业网站百强"称号。

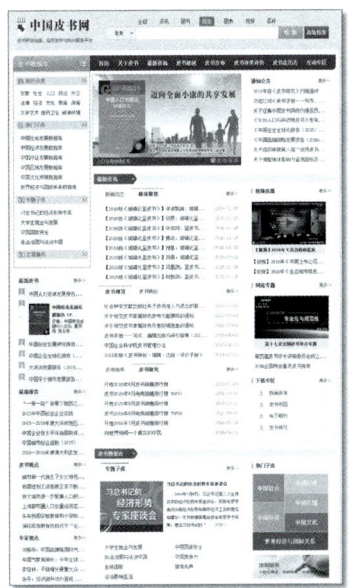

网库合一

2014年,中国皮书网与皮书数据库端口合一,实现资源共享。更多详情请登录www.pishu.cn。

权威报告·热点资讯·特色资源

皮书数据库
ANNUAL REPORT(YEARBOOK) DATABASE

当代中国与世界发展高端智库平台

所获荣誉

- 2016年，入选"国家'十三五'电子出版物出版规划骨干工程"
- 2015年，荣获"搜索中国正能量 点赞2015""创新中国科技创新奖"
- 2013年，荣获"中国出版政府奖·网络出版物奖"提名奖
- 连续多年荣获中国数字出版博览会"数字出版·优秀品牌"奖

成为会员

通过网址www.pishu.com.cn或使用手机扫描二维码进入皮书数据库网站，进行手机号码验证或邮箱验证即可成为皮书数据库会员（建议通过手机号码快速验证注册）。

会员福利

- 使用手机号码首次注册会员可直接获得100元体验金，不需充值即可购买和查看数据库内容（仅限使用手机号码快速注册）。
- 已注册用户购书后可免费获赠100元皮书数据库充值卡。刮开充值卡涂层获取充值密码，登录并进入"会员中心"—"在线充值"—"充值卡充值"，充值成功后即可购买和查看数据库内容。

数据库服务热线：400-008-6695
数据库服务QQ：2475522410
数据库服务邮箱：database@ssap.cn

图书销售热线：010-59367070/7028
图书服务QQ：1265056568
图书服务邮箱：duzhe@ssap.cn

皮书品牌20年
YEAR BOOKS
1997~2017

更多信息请登录

皮书数据库
http://www.pishu.com.cn

中国皮书网
http://www.pishu.cn

皮书微博
http://weibo.com/pishu

皮书博客
http://blog.sina.com.cn/pishu

皮书微信"皮书说"

请到当当、亚马逊、京东或各地书店购买，也可办理邮购

咨询/邮购电话：010-59367028　59367070
邮　　箱：duzhe@ssap.cn
邮购地址：北京市西城区北三环中路甲29号院3号楼
　　　　　华龙大厦13层读者服务中心
邮　　编：100029
银行户名：社会科学文献出版社
开户银行：中国工商银行北京北太平庄支行
账　　号：0200010019200365434

中国社会科学院创新工程学术出版项目

上海蓝皮书
BLUE BOOK OF SHANGHAI

总 编／王 战 于信汇

上海法治发展报告
（2017）

ANNUAL REPORT ON DEVELOPMENT OF THE RULE OF LAW IN SHANGHAI (2017)

主 编／叶必丰
副主编／杜文俊 王海峰 孟祥沛

社会科学文献出版社
SOCIAL SCIENCES ACADEMIC PRESS (CHINA)

图书在版编目(CIP)数据

上海法治发展报告.2017/叶必丰主编.--北京：社会科学文献出版社，2017.9
（上海蓝皮书）
ISBN 978－7－5201－0862－1

Ⅰ.①上… Ⅱ.①叶… Ⅲ.①社会主义法制－研究报告－上海－2017 Ⅳ.①D927.51

中国版本图书馆CIP数据核字（2017）第114773号

上海蓝皮书
上海法治发展报告（2017）

主　　编／叶必丰
副 主 编／杜文俊　王海峰　孟祥沛

出 版 人／谢寿光
项目统筹／郑庆寰
责任编辑／郑庆寰　王　展

出　　版／社会科学文献出版社·皮书出版分社（010）59367127
　　　　　地址：北京市北三环中路甲29号院华龙大厦　邮编：100029
　　　　　网址：www.ssap.com.cn
发　　行／市场营销中心（010）59367081　59367018
印　　装／北京季蜂印刷有限公司

规　　格／开　本：787mm×1092mm　1/16
　　　　　印　张：20.75　字　数：341千字
版　　次／2017年9月第1版　2017年9月第1次印刷
书　　号／ISBN 978－7－5201－0862－1
定　　价／79.00元

皮书序列号／PSN B－2012－296－6/7

本书如有印装质量问题，请与读者服务中心（010－59367028）联系

▲ 版权所有 翻印必究

上海蓝皮书编委会

总　　编　王　战　于信汇

副 总 编　王玉梅　黄仁伟　谢京辉　王　振
　　　　　何建华　张兆安

委　　员　(按姓氏笔画排序)
　　　　　王世伟　石良平　叶　青　叶必丰
　　　　　阮　青　孙福庆　李安方　杨　雄
　　　　　杨亚琴　肖　林　沈开艳　邵　建
　　　　　周冯琦　周振华　周海旺　荣跃明
　　　　　屠启宇　强　荧　蒯大申

《上海法治发展报告（2017）》编委会

主　　任　叶必丰

副 主 任　杜文俊

编　　委（按姓氏笔画排序）
　　　　　　王海峰　邓少岭　孙大伟　肖　军　何　源
　　　　　　张晓栋　孟祥沛　姚　魏　郭　晶　彭　辉

主　　编　叶必丰

副 主 编　杜文俊　王海峰　孟祥沛

主编简介

叶必丰 法学博士,博士生导师。上海社会科学院法学研究所所长,中国行政法学研究会副会长、上海市法学会行政法研究会会长,获国务院政府特殊津贴,入选教育部长江学者特聘教授、中宣部"文化名家"和中组部"万人计划"等人才计划,获聘教育部卓越法律人才计划,上海市人民政府、上海市高级人民法院和上海市人民检察院等咨询专家。曾先后任教于武汉大学法学院和上海交通大学法学院,现为上海交通大学兼职教授。

主持多项国家社科基金、教育部社科基金和上海市哲社基金,获教育部高校人文社科优秀成果二等奖(两项);专著入选国家哲学社会科学成果文库;主持国家级精品课程"行政法与行政诉讼法",教材曾获司法部优秀教材二等奖、上海市普通高校优秀教材一等奖。入选上海市教学名师,获全国优秀教师宝钢奖。代表作有《行政法的人文精神》(北京大学出版社)、《行政行为的效力研究》(中国人民大学出版社)、《行政行为原理研究》(商务印书馆)、《行政法与行政诉讼法》(高等教育出版社)和《区域经济一体化的法律治理》(《中国社会科学》)。

摘　要

《上海法治发展报告（2017）》对2016年上海地方法治建设进行了全方位的考察，反映了上海市法治建设持续深入推进的真实情况，回顾并梳理了上海在依法治市、人大立法、依法行政、司法体制改革等方面取得的进步和面临的挑战。

总报告全面回顾了上海法治建设领域方方面面取得的创新成绩，对上海市人大、政府、法院、检察院工作有专项解读，并对2017年上海法治建设进行了展望。

评估篇主要围绕上海市司法体制改革，从法官、检察官、律师三个角度进行满意度调查，在形成三个调查报告的基础上，进一步形成上海市司法体制改革满意度评估总报告。对司法体制改革在上海的落实情况，进行跟踪研究。

专题篇从多个侧面重点介绍了上海法治建设的现状：上海法院的"数据法院""智慧法院"建设，上海法院全面推进诉讼服务中心建设的探索与实践，聚焦基层刑事执法强化检察监督，服务上海科创中心法治环境建设，法治上海的"压舱石"——人大常委会规范性文件备案审查工作新发展，修改制定基层组织三法，创新超大城市社会治理，为保障上海道路交通有序、安全、顺畅运行而立法——《上海市道路交通管理条例》修订述评，公安体制改革下上海市交通大整治研究，上海律师行业发展及管理情况分析报告，法定机构的立法现状与完善建议。

热点篇重点介绍了上海共享单车的法律规制路径探索，上海住房共享发展状况及规制问题研究，以及对《上海市网络预约出租汽车经营服务管理若干规定》做出客观评析。

案例篇主要反映基层的法治状况，有闵行区住宅小区平安建设评估报告，虹口区人民法院的法官因履职遭受侵害时的维权路径设计，以及浦东新区司法局的多元化纠纷解决机制视野下专业性人民调解工作的浦东实践与探索。

Abstract

"Annual Report on Development of Rule of Law in Shanghai (2017)" investigates the Shanghai local legal construction in 2016, reflects the real situation of the sustainable development of the constructing rule of law in Shanghai, reviews and sorts out the great progress and challenges involving city governance according to law, local legislation, law-based administration, judicial system reform and other aspects.

The "General Report" makes a comprehensive review of the achievements made in all aspects of the construction of the rule of law in Shanghai, and also makes special interpretations the achievements of Shanghai Municipal People's Congress, governments, courts, procuratorates, and finally outlooks to the construction of rule of law in Shanghai in 2017.

There are four reports in "Evaluation Reports", centering on the judicial system reform in Shanghai. "Evaluation Reports" conductsatisfaction survey from three aspects of the judge, prosecutor and lawyer, and form a general report on the evaluation of the satisfaction of the judicial system reform in Shanghai on the basis of the formation of three investigation reports. "Evaluation Reports" conduct a tracking study on the implementation of the judicial system reform in Shanghai.

The "Special Reports" introduce the present situation of the rule of law in Shanghai from many aspects: the development of "Data Court" and "Intelligent court" in Shanghai, the exploration and practice of promoting the construction of Litigation Service Center in Shanghai, serving Shanghai Science Technology Innovation Center legal environment construction, focusing on criminal law enforcement at the grassroots level and strengthening procuratorial supervision, the new development of the normative document filing review in the Standing Committee of Shanghai Municipal People's Congress—the Ballast rock of Rule of law in Shanghai, review on the revision of "Regulations of Shanghai Municipality on the administration of road traffic" to ensure the orderly, safe and smooth operation of Shanghai road traffic, modifying and stipulating the three laws of the grassroots organizations, innovation of mega city social governance, research on Shanghai traffic regulation under the reform of public security system, analysis of the development and management of Shanghai lawyers, legislative status of legal institutions and suggestions for improvement.

The "Report on Hot Issues" mainly focus onstudy on the legal regulation route of Shanghai shared bicycle, study on the development and regulation of shared housing in Shanghai, and making objective evaluation on "Provisions of Shanghai Municipality on the administration of the service of Online Booking Taxi".

The "Report of Case Studies" mainly reflect the rule of law on grass roots, including residential building safety evaluation report of Minhang District, right defense design of judges in Hongkou District people's court when suffering infringement, and the practice and exploration of Pudong people's mediation work in the perspective of the diversified dispute settlement mechanism of Justice Bureau of Pudong New District.

目 录

Ⅰ 总报告

B.1 2016年上海法治建设状况与2017年展望
　　……………………………………《上海法治发展报告》课题组 / 001
　　一　人大工作有序展开 ………………………………………… / 002
　　二　法治政府建设取得新进展 ………………………………… / 007
　　三　公正司法在改革中进一步深化 …………………………… / 015
　　四　依法治市稳步推进 ………………………………………… / 026
　　五　2017年工作展望 …………………………………………… / 043

Ⅱ 评估篇

B.2 上海市司法体制改革满意度评估报告
　　………………………上海社会科学院法学研究所蓝皮书评估组 / 048
B.3 上海市司法体制改革满意度评估之法官篇
　　………………………上海社会科学院法学研究所蓝皮书评估组 / 065
B.4 上海市司法体制改革满意度评估之检察官篇
　　………………………上海社会科学院法学研究所蓝皮书评估组 / 081
B.5 上海市司法体制改革满意度评估之律师篇
　　………………………上海社会科学院法学研究所蓝皮书评估组 / 094

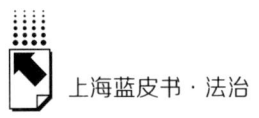

Ⅲ 专题篇

B.6 上海法院的"数据法院""智慧法院"建设 …………… 崔亚东 / 110

B.7 上海法院全面推进诉讼服务中心建设的探索与实践
………………………………… 上海市高级人民法院课题组 / 121

B.8 聚焦基层刑事执法 强化检察监督
——上海社区检察创新的探索和实践
………………………… 上海市人民检察院社区检察指导处课题组 / 131

B.9 服务上海科创中心法治环境建设
——上海检察机关的探索与实践
………………………… 上海市人民检察院金融检察处课题组 / 144

B.10 法治上海的"压舱石"
——人大常委会规范性文件备案审查工作新发展
………………………………………………………… 邓少岭 / 154

B.11 修改制定基层组织三法，创新超大城市社会治理 ……… 肖 军 / 164

B.12 为保障上海道路交通有序、安全、畅通运行而立法
——《上海市道路交通管理条例》修订述评 ………… 姚 魏 / 176

B.13 公安体制改革下上海市交通大整治研究 ……… 王艺超 孙 波 / 191

B.14 上海律师行业发展及管理情况分析 ………………………… 郭 晶 / 206

B.15 法定机构的立法现状与完善建议 ……………… 王海峰 张 亮 / 226

Ⅳ 热点篇

B.16 上海共享单车的规制路径探索 ……………………… 何 源 / 233

B.17 上海住房共享的发展状况及规制问题研究 …… 孙大伟 奚 鹏 / 246

B.18 《上海市网络预约出租汽车经营服务管理若干规定》评析
………………………………………………………… 黄 锫 / 258

Ⅴ 案例篇

B.19 闵行区住宅小区平安建设评估报告 ………………… 彭 辉 / 271

B.20 法官因履职遭受侵害的维权路径设计
——以上海为例 …………… 上海市虹口区人民法院课题组 / 284

B.21 多元化纠纷解决机制视野下专业性人民调解工作的
浦东实践与探索 …………… 上海市浦东新区司法局课题组 / 298

B.22 后 记 ……………………………………………………………… / 307

CONTENTS

I General Report

B.1　The Construction of Rule of Law in Shanghai in 2016 and the
　　　Prospect of 2017
　　　　　　　　　　　　Research Projects' Group of Annual Report on Development
　　　　　　　　　　　　　　　　　　　　　　　of Rule of Law in Shanghai / 001
　　　1. People's congresses work in an orderly manner　　　　　　　　/ 002
　　　2. New progress was made in the Construction of Government Ruled by Law　/ 007
　　　3. Further deepening the reform of just judicature　　　　　　　/ 015
　　　4. The rule of law was steadily promoted　　　　　　　　　　　/ 026
　　　5. The Prospects in 2017　　　　　　　　　　　　　　　　　　/ 043

II Evaluation Reports

B.2　General Report of Satisfaction and Evaluation on the Reform of
　　　Judicial System in Shanghai
　　　　　　　　　　Blue Book Evaluation Group of Institute of Law of SASS / 048
B.3　Judge Report of Satisfaction and Evaluation on the Reform of
　　　Judicial System in Shanghai
　　　　　　　　　　Blue Book Evaluation Group of Institute of Law of SASS / 065
B.4　Prosecutor Reports of Satisfaction and Evaluation on the Reform of
　　　Judicial System in Shanghai
　　　　　　　　　　Blue Book Evaluation Group of Institute of Law of SASS / 081

CONTENTS

B.5 Lawyer Report of Satisfaction and Evaluation on the Reform of Judicial System in Shanghai
Blue Book Evaluation Group of Institute of Law of SASS / 094

Ⅲ Special Reports

B.6 Development of "Data Court" and "Intelligent Court" of Shanghai Courts *Cui Yadong* / 110

B.7 The Exploration and Practice of Promoting the Construction of Litigation Service Center in Shanghai
Research Projects' Group of Shanghai Higher People's Court / 121

B.8 Legal Environment Construction of Serving Shanghai Science Technology Innovation Center
Research Projects' Group of Shanghai People's Procuratorate Community Prosecution Guidance Office / 131

B.9 Focusing on Criminal Law Enforcement at the Grassroots Level and Strengthening Procuratorial Supervision
Research Projects' Group of Shanghai People's Procuratorate Financial Prosecutor's Office / 144

B.10 The New Development of the Normative Document Filing Review in the Standing Committee of Shanghai Municipal People's Congress—the Ballast Rock of Rule of Law in Shanghai
Deng Shaoling / 154

B.11 Review on the Revision of "Regulations of Shanghai Municipality on the Administration of Road Traffic" to Ensure the Orderly, Safe and Smooth Operation of Shanghai Road Traffic
Xiao Jun / 164

B.12 Modifying and Stipulating the Three Laws of the Grassroots Organizations, and Innovating Social Governance of Mega City *Yao Wei* / 176

B.13 Research on Shanghai Traffic Regulation Under the Reform of Public Security System *Wang Yichao, Sun Bo* / 191

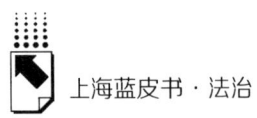

B.14 Analysis of the Development and Management of
Shanghai Lawyers *Guo Jing* / 206

B.15 Legislative Status of Legal Institutions and
Suggestions for its Improvement *Wang Haifeng, Zhang Liang* / 226

Ⅳ Report on Hot Issues

B.16 Study on the Legal Regulation Route of Shanghai Shared Bicycle
He Yuan / 233

B.17 Study on the Development and Regulation of Shared
Housing in Shanghai *Sun Dawei, Xi Peng* / 246

B.18 Evaluation on "Provisions of Shanghai Municipality on the
Administration of the Service of Online Booking Taxi"
Huang Pei / 258

Ⅴ Report of Case Studies

B.19 Evaluation ReportofResidential Building Safety in
Minhang District *Peng Hui* / 271

B.20 Right Defense Design of JudgesWhen Suffering Infringement
Research Projects' Group of Shanghai Hongkou District People's Court / 284

B.21 The Practice and Exploration of Pudong People's Mediation
Work in the Perspective of the Diversified Dispute Settlement
Mechanism of Justice Bureau of Pudong New District
Research Projects' Group of Shanghai Pudong New Area Justice Bureau / 298

B.22 Postscript / 307

总 报 告
General Report

B.1
2016年上海法治建设状况与2017年展望

《上海法治发展报告》课题组*

摘　要： 2016年上海市法治建设工作继续深入推进，在人大立法、法治政府、司法改革和依法治市等方面工作亮点突出，多部关切民生的立法出台，证照分离制度的推行，交通违法大整治的开展，司法体制改革的深化，全力破解执行难的推进，法律监督水平的强化，社会治理手段的创新等，各项工作都取得了明显的成效。然而，面对新形势、新情况，上海的法治建设仍面临着较大的挑战，在工作中依然存在一些问题亟待解决。本文就上海市2016年的法治建设情况进行了回顾与亮点总结，并以此为基础，对2017年的法治建设做了进一步的展望。

---

* 《上海法治发展报告》课题组：组长，杜文俊，上海社会科学院法学研究所学术秘书室主任，副研究员；成员：刘锋、李雪红、刘恋、金梦婕、陈瑶、王玺、李茉、韩君蕊。

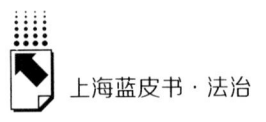

关键词： 人大工作　法治政府　公正司法　依法治市　上海

一　人大工作有序展开

在过去的一年中，上海市人民代表大会及其常委会主要围绕人大立法工作、监督工作、依法行使重大事项决定权、服务保障人大代表履职和自身建设等五大方面展开工作。回顾2016年，上海市人大常委会根据上海市十四届人大四次会议确定的任务，在过去的一年中共对20件法规草案和法律性问题决定草案进行审议，其中的15件得以通过；听取和审议"一府两院"的6项专项工作报告；检查3部法律法规实施情况；严格监督计划预算和规范性文件的备案审查；任免国家机关工作人员313人次。

上海市人大常委会在中共上海市委的领导下，做到了依法积极履职，同时聚焦重点、反映民意，完成了各项既定任务，各方面工作都取得了新进展和新成效，为上海当好全国改革开放领头羊和创新发展先行者提供了有力的民主法制保障。在肯定上海市人大及其常委会在过去一年工作中取得较好成效的同时，也应该看到人大工作在上述各方面还有进一步提升和完善的空间。

（一）2016年人大工作回顾①

1. 立法工作回顾总结

立法权是人大最重要的职权之一，充分行使立法权是衡量人大工作质量的重要指标。具体体现在以下四个方面。

（1）服务改革发展全局。2016年，上海市人大及其常委会积极发挥立法的引领和推动作用，着力保障国家战略和中央重大决策部署的贯彻落实。着重围绕服务自贸区改革、推动科创中心建设、服务"一带一路"战略、贯彻生态文明战略、落实国家审批制度改革等诸多方面进行了重点立法。《关于在中国（上海）自由贸易试验区暂时调整实施本市有关地方性法规规定的决定》

---

① 本节内容依据上海市第十四届人民代表大会第五次会议之《上海市人民代表大会常务委员会工作报告》为蓝本改写而成，谨此说明。

的修改,《促进科技成果转化条例》草案的审议,《推进国际航运中心建设条例》的制定,《环境保护条例》的修订,《养老机构条例》的修改,都是重要的体现。

(2) 立足于社会主义市场经济需要。立法工作是社会主义法治经济的内在要求,秉持着敢为人先的精神,上海市人大及其常委会不断加强经济立法,服务经济发展的需要。回看2016年,上海市人大及其常委会围绕经济领域主要做了如下工作:推出《社会信用条例》草案,在全国率先推动社会信用制度立法尝试;《统计条例》得到修订,保障了统计基础数据的真实;《检验检测条例》的制定,营造了公平竞争的市场环境;《华侨权益保护条例》的制定,使平等保护原则得到进一步贯彻。

(3) 支持依法治市。有法可依是依法治市工作得以顺利展开的必要前提,立法的数量与质量直接关乎城市管理和社会治理的法治化水平。在过去的一年中,上海市人大常委会依法积极履职,充分发挥了立法支持依法治市工作的效用。例如:上海市人大常委会加快了《道路交通管理条例》的修订进程,有力地支持了全市综合交通管理补短板工作。

(4) 聚焦市民健康权益。2016年上海市人大及其常委会在保障市民健康权益方面做了许多值得称赞的工作,为市民的健康权益筑起了法制保障的堤坝。比如,以史上最严的标准修订并通过了《食品安全条例》,保障了人民群众的餐桌安全;率先在全国推出"三位一体"的《急救医疗服务条例》,确保急重病患者得到安全、有效、及时的救治;《公共场所控制吸烟条例》的修改,进一步强化了禁烟工作;《人口与计划生育条例》的修改,接口新的人口环境。

2. 人大监督工作回顾总结

监督职能是人大工作的重要职责,具有其自身的优势。充分发挥好人大的监督权,是评价人大工作成效的重要指标。在过去的一年,上海市人大及其常委会依法行使监督权,围绕全市重点工作、群众切身利益、财政计划与预算三方面展开工作,取得了积极成效。

(1) 对全市重点工作的监督。突出重点是上海市人大及其常委会在2016年开展监督工作的重要特点。在过去的一年,上海市人大及其常委会全覆盖调研了全市28个重点地块,加强监督和专题询问,积极发挥监督实效,推动全市生态环境综合整治工作。比如，组织开展了制造业转型升级专项监督工作，鼓励企业持之以恒走"专精特新"之路；组织开展了新型农业经营体系专项监督工作，加大政策支持力度。

（2）对与群众切身利益相关点的监督。让人民群众的切身利益得到足够重视和保护是人大监督工作的出发点。在过去一年，上海市人大及其常委会积极开展各项执法检查，切实保障群众利益能够得到有效保护。对《住宅物业管理规定》执行的检查，对《老年人权益保障条例》实施情况的调研，以及对社区卫生服务专项监督的调研，切实维护了人民群众的切身利益。

（3）对计划和预算执行情况的监督。上海市人大及其常委会不断加强经济运行情况分析，积极应对经济运行中的问题。连续第三年对财政专项资金开展监督，连续第二年听取和审议审计查出问题整改情况的报告，对违法违规者依法追究责任。

3. 依法行使重大事项决定权

依法行使重大事项决定权是人民代表大会制度落实民主集中制，坚持走群众路线的重要制度安排，有力地保障了人民当家做主的权利。2016 年，上海市人大及其常委会主要审议和决定了三项议题。

一是审议了《上海市城市总体规划（2016~2040）》。在过去的一年，上海市人大常委会认真审议了《上海市城市总体规划（2016~2040）》，提出城市总体规划编制。二是在"六五"普法决议执法检查基础上，做出《关于本市开展第七个五年法治宣传教育的决议》。三是做出《关于撤销崇明县设立崇明区若干问题的决定》。

4. 对区县、乡镇人大换届选举的指导

在深入区县开展调研的基础上，对《区县和乡镇人民代表大会代表直接选举实施细则》进行及时修改，履行指导职责。对设立选举工作委员会、选举时间、区县人大代表名额、新一届区县人大常委会组成人员名额，都提出指导性的建议。选民登记率、参选率和一次选举成功率与往届相比，都得到了提高。

5. 服务代表履职工作回顾总结

服务代表履职、尊重代表主体地位是人大常委会的重要职责。在 2016 年，上海市人大及其常委会在完善履职规范、创新工作机制、拓展履职平台三个方面做出了努力，为代表更好地行使职责提供了有力的保障。

例如，在加强代表联系群众方面，2016年上海市人大及其常委会就道路交通管理、公共场所控烟、食品安全监管等难点问题，组织上千人次的代表听取意见建议，服务立法工作。在加强办理代表议案和督办代表建议方面，2016年上海市人大及其常委会认真审议了市十四届人大四次会议主席团提交的13件代表议案，据统计全年的代表议案已全部办理答复。在加强闭会期间代表履职服务保障方面，根据代表意愿和工作需要，就互联网金融、生活垃圾减量、儿科医联体等20个专题，组织代表开展调研，并积极推介由此而形成的调研报告。

6. 自身建设工作回顾

不断提升履职能力是顺应人民代表大会制度发展完善的必然要求。过去的一年中，上海市人大及其常委会在加强自身建设方面主要做了四个方面的工作：不断加强常委会思想政治建设和组织建设；不断加强区、乡镇人大工作和建设；不断加强人大制度宣传和理论研究；不断加强人大机关工作规范化建设。

例如，在思想引领方面，通过认真开展"两学一做"学习教育，使政治意识、大局意识、核心意识、看齐意识得到加强，党的领导顺利地体现在人大工作的各个方面、各个环节。在组织建设方面，《关于区县、乡镇人民代表大会工作的若干规定》的制定，保证了人民代表大会的会期、质量，并加强了预决算审查监督和行使重大事项决定权。在制度宣传方面，通过报刊广播电视加强对立法监督过程的报道。这一年，组织了2000多位市民走进人大常委会议事厅，增强其对人大制度的感受程度。在健全工作制度方面，编制60余项工作流程，提高机关工作精细化、规范化水平。

此外，一年来，上海市人大常委会还在电影产业促进法、电子商务法等立法调研，道路交通安全法、环境保护法等执法检查方面做了许多工作。

（二）聚焦工作亮点

1. 立法工作敢为人先

总结2016年上海市人大的立法工作特点，可以概括为：敢为人先，敢于担当。在过去的一年中，上海市人大及其常委会围绕国家战略、群众权益、经济发展等诸多方面，率先出台了一批具有示范性质的地方性法规，充分诠释了上海是改革开放的排头兵，创新发展的先行者。

（1）全国首部"急救医疗服务条例"出台。2016年11月，《上海市急救医疗服务条例》（以下简称《条例》）正式实施，明确规定"紧急现场救护行为受法律保护，对患者造成损害的，不承担法律责任"[1]。《条例》鼓励市民的积极性和参与性，率先提出"社会急救免责"，被称赞为"好人法"。《条例》的通过，将上海市急救医疗服务工作纳入了法治化轨道[2]，有很强的操作性、创新性，体现了上海特色。

（2）最严标准确保民生健康。2016年上海市人大及其常委会针对民生健康，在立法工作中予以了高度重视。用最严的标准提请审议了两部地方性法规，一是将史上最严的《上海市食品安全条例》提请审议，二是修改了《公共场所控制吸烟条例》，被称为是"最严控烟令"。

（3）积极开展《上海市社会信用条例》起草和审议工作。该草案创造性地提出社会信用的内涵，对信用信息的采集、归集、共享、查询和失信几个方面做了强力规制，推出了联合惩戒机制，保护了信用主体权益，加强了约束性，防止了信用滥用。

此外，人大常委会还推出了在重点立法项目中实行常委会副主任和政府副市长共同负责的"双组长制"；建立民意直通车，让立法工作更接地气；加强对起草、论证、审议的过程把关；充分重视人大代表、政协委员的意见，对重点项目实行"三审四表决"；增强科学性、合理性，对法规核心条款开展预评估，确保出台后的施行。

2. 监督工作不断创新

推进监督工作机制完善，是人大完善监督职权的重要手段。2016年上海市人大及其常委会在加强执法检查、改进监督调研等方面不断深化创新，取得了积极成效。

（1）加强执法检查创新。在过去的一年中，上海市人大及其常委会不断

---

[1] 《上海急救条例全国首推"急救免责"》，http://news.ifeng.com/a/20161105/50207708_0.shtml?_zbs_baidu_bk，最后访问日期：2016年6月10日。
[2] 《让急救医疗环节对接更畅通》，http://www.spcsc.sh.cn/n1939/n1948/n1949/n2434/u1ai133903.html，最后访问日期：2016年6月10日。

加强执法创新,要求由常委会主任或副主任担任执法检查组组长,必须形成执法检查报告,开展相关法规评估并提出修法建议,向常委会汇报。

(2)监督调研的改进。为强化常委会审议意见的落实,修订《关于贯彻落实监督法的若干意见》,解决"重调研、重审议、轻落实"的问题。调研人员必须出现在第一现场、与一线人员接触,把工作做实。

此外,按照中央"有件必备、有备必审、有错必究"的要求,拓展了规范性文件备案审查范围。

二 法治政府建设取得新进展

法律的生命力在于实施,法律的权威也在于实施。因而,保证法律的实施是落实依法治国的重中之重,党的十八届四中全会提出加快建设职能科学、权责法定、执法严明、公开公正、廉洁高效、守法诚信的法治政府的目标。2016年,上海市政府牢牢盯准这一目标,加快转变政府职能、依法健全行政决策机制、深化行政执法体制改革、加强行政权力监督,并取得了新进展。

(一)2016年法治政府建设工作回顾总结

2016年,上海市在法治政府建设方面取得了新的进展。进一步推进政府职能转变,致力于将发挥政府作用体现在服务质量上,认真履行公共服务、市场监督与管理、社会管理、环境保护等职责。加强依法行政,加快构建系统完备、科学规范、运行有效的依法行政制度体系,进一步提高政府法治化水平。重点提高行政效能,将市场化、社会化、信息化方式运用到服务管理中,从而推动政府高效运转,提高行政效能。进一步改进政府作风,坚持做到"三严三实",抓好作风建设,推动改革发展取得更大的进步。2016年上海市在法治政府建设方面卓有成效,与此同时也存在一些问题亟待改进。

1.进一步转变政府职能

(1)深化行政审批制度改革。改革行政审批制度,实现市级审批事项的全面标准化管理,不断加大行政审批清理力度。制定发布区、乡镇行政权力清单和责任清单,全面推行政府目标管理,推进部门审批事项接入市级网上政务

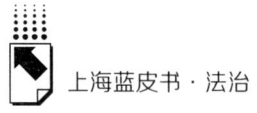

大厅，基本完成与审批相关的中介服务机构与政府部门脱钩。

2016年，上海市政府以深化"放管服"改革为推动政府职能转变的重要方式，全年取消和调整审批事项384项、评估评审142项，全面推行行政审批标准化管理。对市、区、乡镇街道保留的行政审批，推行目录管理、业务手册、办事指南、行政审批电子化信息化、数据共享、监督检查"六位一体"的行政审批标准化管理，进一步统一审批标准，优化审批流程，压缩自由裁量权。持续推进自贸区制度创新，在浦东开展"证照分离"改革试点，以创新市场评价机制、建立新型业界自治平台、发挥第三方专业机构监督作用、完善市场退出机制、率先创新为中心，通过开展"证照分离"改革试点，进一步清理和取消一批行政许可事项，推动一批行政许可事项由审批改为备案，推动一批行政许可事项实行告知承诺制，提高办事行政许可事项的透明度和可预期性，释放企业创新创业活力，增强经济发展动力。完善审批制度，促进了政府职能的改变，有利于政府管理的创新，提高了行政效能，但是行政审批制度改革仍需要进一步深化。

（2）强化事中事后监管。2016年9月26日，上海市人民政府发布《上海市事中事后综合监管平台建设工作方案》以落实国家"证照分离"政策，加强本市事中事后综合监管，加快建立以综合监管为基础、以专业监管为支撑的事中事后监管体系。该体系分为三个阶段进行建设，截至2016年底，上海市市级平台已完成框架搭建，实现了双告知、双随机、日常监管、联合惩戒等主要功能；16个区级子平台建设已经完成，部分区已开展试运行；市、区两级平台通过开展业务应用，归集并产生了一定数量的业务数据。基本完成市级平台与区级子平台建设，建立综合监管业务应用，推动各相关部门协同监管。

（3）保障政务信息公开共享。扩大政府信息公开，规范行政权力运行。2016年上海市政府继续坚持以公开为常态，不公开为例外，在财政信息公开、行政权力清单公开、数据资源开放等方面不断突破。推进财政资金信息公开，除涉密部门外，包括党委、政府、人大、政协、民主党派、司法机关、人民团体等共120家市级预算部门均在"中国上海"门户网站集中公开了部门预算、决算信息和"三公"经费信息，稳步实施部门预决算公开。同时，公开范围同步延伸到区、乡镇，55项财政专项资金在市、区、乡镇联动公开。

扩大信用信息和政府数据资源开放利用。开通上海市公共信用信息服务平台，发布2015版全组织、市信用信息数据清单、行为清单、应用清单等信用"三清单"。"三清单"涉及全市99家单位、3400多项事项。这种信用清单制度有利于加快简政放权，从根本上实现政府职能的转变。与此同时，上海市率先推进公共数据资源开放，上海市政府数据服务网目前已基本涵盖重点领域的数据和信息，46家市级部门通过上海市政府数据服务网累计开放数据资源逾1000项。此外，上海市进一步加大社会组织慈善组织信息、重大建设项目信息、公共服务信息、公共资源配置信息、政府权力信息、食品药品安全信息以及环境保护信息的公开力度。

2. 深入推进科学民主立法

上海市政府加强重点领域规章的制定，为"四个中心"建设提供保障。坚持立法先行，上海市政府向社会公开征集政府规章议题，做好规章草案网上征求意见工作，健全立法协商机制，完善地方性规章草案，规章草案向相关部门、行业协会、社会组织等单位征求意见。健全完善规章草案听证和邀请起草部门专家、领导参加立法草案审议机制，促进政府制定规章质量和效率的提高，开展规章实施后评估工作，总体上立法质量进一步提升。

（1）提交法规草案和制定规章。在过去的一年里，上海市政府向上海市人大常委会提交了《促进科技成果转化条例（草案）》《上海市社会信用条例（草案）》《实施村民委员会组织法办法（草案）》等20件地方性法规草案。上海市政府制定《上海市共有产权保障住房管理办法》《上海国际旅游度假区管理办法》《危险化学品安全管理办法》《上海市重大行政决策程序暂行规定》等9件规章，从内容上看，制定的规章涉及多个领域，重点立足于加强社会治理和城市治理，为上海市探索符合特大城市特点和规律的社会治理新路子提供了保障。

（2）有序修改和清理规章。上海市政府按照《上海市政府规章和行政规范性文件及时清理规定》的清理程序，逐步对现行政策措施中妨碍公平竞争、市场统一的各种规定和做法进行清理。修改了《上海市关于管理外国企业常驻代表机构的规定（试行）》《上海市黄浦江大桥管理办法》《上海市机动车清洗保洁管理暂行规定》等12件政府规章，废止了《上海市个体工商户管理规定》等3件市政府规章。及时清理规章，以保证政府规章的合法性、适应性、

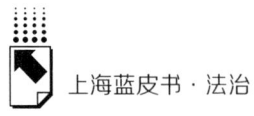

协调性，为上海市社会经济的发展提供良好的法治环境。

（3）从实际出发，规划未来。2016年是《法治上海三年行动计划（2014～2016）》的收官之年，上海市政府全面开展《法治上海三年行动计划》总结评估，实施《法治上海三年行动计划》，全面推进依法治市作为建设"四个中心"、实现"四个率先"的重大战略举措。目前《法治上海三年行动计划》的任务已逐项完成，各项举措也落地生根，法制保障上海创新驱动发展、经济转型升级、自贸试验区和科创中心建设的基础作用更加凸显。

2016年4月28日，上海市政府发布《上海市法治政府建设"十三五"规划》对"十二五"时期上海依法行政情况进行了总结与回顾。"十二五"期间，上海市加快建设法治政府，重点围绕"高度透明、高效服务、少审批、少收费、尊重市场规律、尊重群众创造"的要求，基本完成了《上海市法治政府建设"十二五"规划》确定的工作任务。《上海市法治政府建设"十三五"规划》明确了"十三五"时期本市法治政府建设的主要任务和具体措施，共39项内容、6个建设方向：制度健全度进一步提升，全面促进创新协调绿色开放共享发展；决策法治化进一步完善，显著提升政府治理能力现代化水平；政务透明度进一步提高，保证行政权力在阳光下运行；政府廉洁度进一步提升，实现政府活动全面纳入法治轨道；行政规范度进一步强化，建成一支坚守信念、勤政务实的行政公务员队伍；服务便利化进一步提高，形成一整套符合国际标准的高效便民的管理与服务措施。

3. 制定行政决策规定

（1）出台重大行政决策程序规范。2016年，上海市制定了《上海市重大行政决策程序暂行规定》。根据该规定，当决策事项涉及较大群体利益时，除了需要保密的或者因经济情况要求立即做出决定的情形之外，应当明确公众可参与的决策事项，组织公众参与，对重大行政决策实行终身追责。这体现出上海市政府不断完善行政决策程序，不断加强公众参与重大行政决策的决心。

（2）强化论证和评估对专业性强、技术性强、复杂疑难的行政决策事项，通过专家论证会或者决策咨询机构对决策方案的科学性、合理性、可行性进行论证和评估。政府法制机构在行政决策中的作用得到凸显，政府在做出行政决策前，一般均事先由本级政府的法制机构进行合法性审查并出具法律意见书。

（3）重大行政决策风险评估制度正逐步推广。对直接关系人民群众切身利益且涉及面广、容易引发社会稳定问题的重大政策，特别是重大改革举措等，在做出决策前都要通过风险识别、风险分析、风险等级确定、风险处置措施研究等评估机制。

4. 完善行政执法机制

2016年，上海市继续加强创新社会治理和城市管理，切实保障城市安全，以加强社会治理和城市的综合管理等方面为执法重点，进一步完善行政执法机制。

（1）深化综合执法体制改革，提高行政执法规范度。全面完成市场监管体制改革。先后在浦东新区、中心城区和郊区推进市场监管体制改革，将工商、质监、食药监由垂直管理调整为由区政府分级管理，并与区物价局有关价格监督检查机构职能整合，组建区级市场监督管理局，在各区对应街镇和重点区域设置市场监督管理所，作为区市场监督管理局派出机构，实现监管全覆盖。同时，整合组建市场监管局综合执法大队，统一承担辖区内市场监管执法工作。

（2）深化城管执法体制改革。完成市、区、街镇三级机构改革，各区单独设立城管执法局，作为区政府工作部门，负责辖区内城市管理领域相对集中行政处罚权的具体事务。制定市、区管辖权界定标准，合理确定各级执法部门职责分工，理顺三级城管执法管理体制机制。推进城管执法力量下沉、重心下移，全市246个基层城管执法中队融入街镇，实行"区属街管街用"和"镇属镇管镇用"模式。

（3）切实保障城市安全。2016年，上海市完成1250家生产型工贸企业安全生产标准化达标创建工作，修订完成本市危险化学品安全管理办法。建成追溯平台，对网络餐饮服务食品安全加强监管。开展安全整治，重点落实老旧电梯、燃气管道、危险房屋和严重损坏房屋，以及网络安全的检查。依法管控烟花爆竹，切实保障城市运行安全，严格落实烟花爆竹安全管理条例。

（4）加强城市综合管理。职能部门事务下放，有66个基本管理单元的资源完成配置，城市管理综合执法力量下沉，管理工作站覆盖所有居村。深化公安改革，集中改革突出问题，有效提升了人民群众的安全感、满意度以及公安机关执法公信力。在全市范围开展道路交通违法行为大整治行动，重点整治机

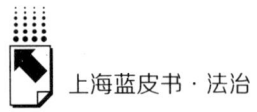

动车乱停放、乱占道、乱变道、乱鸣笛等十大交通违法行为,并取得了明显的阶段性成效;道路交通基础设施逐步优化,道路通行能力有所提高。

(5)提高行政执法效能。2016年上海市网上政务服务"单一窗口"基本建成,截至2016年底,794项市级部门审批事项已全部接入市政府网上政务大厅。自2015年11月市政府网上政务大厅开通运行以来,访问量已突破786万人次,累计网上办理事项近445万件。各区政府在完成市政府统一建设要求外,积极打造富有区域特色的网上政务大厅,并实现16个区共6500项区级审批事项100%接入网上政务大厅。进一步推动服务事项上网,优化了网上办事服务。为实现全市信息化基础设施的共建共用、业务应用的有效协同和数据资源的汇集共享,本市积极推进电子政务云建设工作,明确通过政府采购服务的方式,构建"云网合一、云数联动"的市、区两级云平台,为政府部门和有关单位提供集约、安全、可靠的基础设施、中间平台、通用应用等云服务。

开展政府办公协同平台建设。为有效提升政府系统办公效率和跨部门协同能力,畅通区和市政府各部门的数据共享交换渠道,打破信息"孤岛",开展市政府系统办公协同平台建设研究,形成了平台架构设计方案,进一步优化固化工作流程和制度安排。平台建设以"问题导向、需求导向、统筹谋划、分步实施"为原则,与本市电子政务云建设工作有机结合,并在实践中不断拓展业务范围,放大协同效应。同时电子政务也存在一些问题,"互联网+政务服务"需要从体制机制、管理制度和具体项目等各层全方位推进,各领域大数据应用建设需要进一步加强,跨部门协同应用建设有待深化。

2016年"12345"市民服务热线拓展服务渠道,完善工作机制,加大督察问责力度,着力解决市民来电诉求,进一步服务政府工作。全年共接听市民电话270万个,同比增长37%;网站和手机APP受理11.5万件;共转送工单120万件,工单按时办结率为99.5%;电话回访市民14万件,被回访的市民对办理效率、办理态度、办理结果的综合满意率为93%;承办部门认定的事项平均解决率为82%。在第三方机构对全国"12345"热线服务质量监测中,上海总分第一。"12345"市民服务热线在服务广大市民、提升政府工作水平等方面取得显著成效。"12345"热线日益成为政府工作的重要组成部分,也是政府沟通、服务市民的重要桥梁。

5. 加强行政权力监督

强化对行政权的监督，全面推行行政处罚裁量基准制度，出台具体实施意见，对行政处罚裁量基准制定、完善、备案、公开等进行统一规范指导，已有29家单位报备了裁量基准。逐步推进公共资金、国有资产、国有资源和领导干部履行经济责任情况审计全覆盖。针对行政管理领域制度执行不到位、管理有缺失的现象等问题，全市检察机关向行政机关制发行政审判司法建议132件、检察建议288件，都得到了合理的回复。

（二）法治政府建设工作亮点

1. 推行证照分离制度

2016年1月，上海在浦东开展"证照分离"改革试点，并发布了《上海市开展"证照分离"改革试点总体方案》，改革内容主要包括8个方面、27个条目，涵盖创新市场评价机制；建立新型业界自治平台；发挥第三方专业机构监督作用；完善市场退出机制；率先创新"证照分离"改革116项许可证事项的监管方式；深化浦东新区大部门制改革；以"互联网"和大数据技术为支撑，实施精准监管、建设和完善浦东新区网上政务大厅等。提出按照可操作、可管理的要求，从与企业经营活动密切相关的行政许可事项中，选择审批频次比较高、改革后效果比较明显的116项行政许可事项，先行开展改革试点。

开展"证照分离"改革试点，是推进简政放权、放管结合、优化服务的重要举措，主要解决"先照后证"后市场主体办证难的问题。通过采取改革审批方式和加强综合监管，进一步完善市场准入，使企业办证更加便捷高效。对企业能够自主决策的经营活动，取消行政审批，或改为备案管理；对暂时不能取消审批的行政许可，简化审批方式，实行告知承诺制；对不适合采取告知承诺制的行政许可事项，简化办事流程，公开办事程序，提高审批的透明度和可预期性；对涉及国家安全、公共安全等特定领域，继续强化市场准入管理，加强风险防范。进一步探索加强事中事后监管的有效方式和措施，建立综合监管体系，切实增强监管合力，提升监管效能。

对市场竞争机制能够有效调节，行业组织或中介机构能够有效实现行业自律管理的事项，取消行政审批。对设立刻录光盘生产企业审批等10项行政许可事项，取消审批。对加工贸易合同审批等许可事项取消审批，改为备案政府部门不对备案材料进行核准或许可。发现企业有违法违规行为，通过加强事中事后监管，予以纠正或处罚。对暂时不能取消审批，但通过事中事后监管能够纠正不符合审批条件的行为且不会产生严重后果的行政许可事项，实行告知承诺制，简化其审批，提高审批的透明度和可预期性。实行告知承诺制，其中包括机动车维修经营许可等26项行政许可事项，对暂时不能取消审批，也不适合采取告知承诺制的行政许可事项，简化办事流程，公开办事程序，推进标准化管理和网上办理，明确审批标准和办理时限，以最大程度减少审批的自由裁量权，实现办理过程公开透明、办理结果有明确预期。对涉及公共安全等特定活动的，加强市场准入管理。对直接涉及国家安全、公共安全、生态环境保护以及直接关系人身健康、生命财产安全等特定活动的行政许可事项，按照国际通行规则，加强风险控制，强化市场准入管理，其中包括设立经营性互联网文化单位审批等33项行政许可事项。

开展"证照分离"改革试点的工作，对于理清政府与市场关系、简政放权、创新政府管理方式、强化市场主体地位，有重要意义。通过开展"证照分离"改革试点工作，进一步清理和取消一批行政许可事项，推动一批行政许可事项由审批改为备案，推动一批行政许可事项实行告知承诺制，提高行政许可事项的透明度和可预期性，释放企业创业创新活力，增强经济发展动力。有利于加快政府职能转变，通过开展"证照分离"改革试点，推进转变行政理念，提高监管效能，做到放得更活、管得更好、服务更优。但证照分离制度在现有的改革基础上仍需加大力度，提高改革的含金量，不断加强事中事后监管。

2. 开展交通违法大整治行动

2016年3月24日起，上海市对全市展开道路交通大整治，重点整治机动车乱停、乱占道、乱变道、乱鸣笛等十大交通违法行为，并取得了较为明显的成效。上海道路交通秩序问题成因复杂，其主要因素就是面广量大的交通违法行为。上海以此为出发点和落脚点，确保看到违法行为必须纠正，纠正违法行为后必须处罚，处罚必须从严。此次交通大整治主要采取以下措施：第一，坚持制度与实践相结合，上海市公安机关制定出台了《上海市公安局关于加强本市道路交通安全管理的通告》等规范性文件，推出了14套《执法指引》，大力开展道路交通执法培训。严格执法的同时,推动修订《上海市道路交通管理条例》,为推动交通治理提供法律支撑和执法保障。第二,综合运用各种方法和手段,落实执法、管理措施,加大对违法行为的发现和查处力度。第三,实施交通管理勤务机制改革,建立交通执法责任区,健全队所联勤、队社联动机制。第四,开展广泛的宣传,通过新闻媒体对交通大整治进行宣传报道。第五,形成共建共治齐抓共管的工作格局。针对道路停车、共享单车等带来的交通难题,积极进行解决。如上海已在1200余公里的道路上漆画了禁止停车的黄色实线,针对道路黄色实线如何便民的问题,上海市政府正在加紧调研以采取有效的举措,这进一步体现出政府精细管理的理念。针对近期共享单车如何有序发展问题,上海市已经研究出台关于共享非机动车的管理办法,对于单车的管理,基层执法人员、网格化执法力量等将进行执法联动,对于乱骑行行为,将保持零容忍,严格执法。

上海市作为超大型城市,交通一直是其城市治理的一大难题。而此次交通大整治,使得上海市交通秩序得到了有效改善。开展大整治行动以来,上海市道路违法行为明显减少,交通事故明显减少,交通秩序明显改善。全市交通类110报警数逐月下降,全市道路交通事故数、死亡人数、受伤人数,与上年同期相比分别下降26.13%、16.57%、43.52%。然而,我们也应当看到,上海市距成为交通文明的现代城市还有些许差距,因此交通治理还需要持之以恒地开展,坚持不懈地深入推进。

三 公正司法在改革中进一步深化

法律是治国之重器,而改革和法治如鸟之两翼、车之两轮。全面推进司法体制改革是依法治国方略的必经之路。

2016年是"十三五"规划的开局之年,也是上海市司法改革攻坚克难的一年,上海市法院、检察院稳扎稳打,在改革的背景下,稳步推进各项工作,充分发挥了改革"先行者"的作用,取得了阶段性的成效。然而,不可否认的是,在过去的一年中,司法工作仍然存在很多不足和突出问题,也出现了新情况,需要法院、检察院在2017年的工作中加以解决并进一步完善。

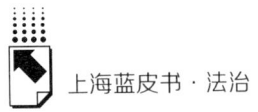

（一）2016年工作回顾

1. 法院工作回顾

2016年，在党和国家的方针政策指引下，上海市法院系统立足本职工作，紧紧围绕深化司法体制改革、破解执行难、推进司法便民服务、加强队伍建设等方面积极开展各项工作。

（1）全面深化司法体制改革。自从上海在全国范围内率先开展司法体制改革的试点工作以来，上海市法院就充分发挥"先行者"的作用，积极推进司法体制改革。2016年是上海推行司法体制改革的第三年，改革工作也逐步进入深水区，上海市法院系统紧紧围绕中央确定的改革试点任务，凝心聚力，稳中求进，全面深化司法体制改革。

一是进一步完善制度体系。上海市高级人民法院在总结改革经验的基础上，为进一步落实司法责任制，构建权责明晰的审判权力运行机制，制定了《关于完善司法责任制的实施意见》以及20余项相关配套规定。法院院长、庭长办案逐步成为常态，据统计，2016年院长、庭长共办理案件14.14万件，同比上升了20.4%。着力推进员额制改革，据了解，当前全市法院已经入额的法官比例是29.3%，其与司法辅助人员的比例已由改革之前的1∶0.75降至1∶1.7，人员分类管理制度逐步完善。在员额制的积极推行下，法官的职业保障制度也有了实质的进展，在全国范围内，上海率先设立并且落实与法官单独职务序列配套的工资制度。

二是继续贯彻落实《人民法院第四个五年改革纲要（2014~2018）》（以下简称《四五改革纲要》）。围绕《四五改革纲要》所确定的改革任务，根据自身的特点，依托上海市第三中级人民法院以及上海市铁路运输法院，稳步推进行政案件集中管辖的试点工作。为充分发挥庭审在司法公正中的关键作用，积极推进以审判为中心的诉讼制度改革，主要以推进庭审实质化、探索建立认罪认罚从宽以及完善证人与鉴定人出庭作证制度等六个方面为改革重点，通过庭审的程序公正确保裁判内容的实体公正，进而有效预防冤假错案，实现对人权的保障。据统计，2016年，有199名刑事案件的证人、鉴定人以及侦查人员出庭作证，有9名被告人被宣告无罪（其中公诉案件2名）。为充分保障当事人的诉权，进一步完善立案登记制改革，全市法院当场立案率位居全国法院之首,达到了99.3%。积极推进多元化纠纷解决机制改革,据统计,在过去的一年中,全市共有23.29万件案件进入法院的诉前调解程序,其中,有8.8万件调解成功,调解成功率达到38%。为妥善解决家事矛盾纠纷,以徐汇区、普陀区、静安区、金山区4家法院作为先行试点单位,上海市法院积极开展家事审判方式与工作机制的改革,建立健全冷静期设置规则、人身保护令审理规则、调解员选聘制度以及家事案件调查员制度等,共有2590件家事案件被审结。全市共有8789件刑事速裁案件被基层法院审结,一审息诉率达到96.4%,按期完成了刑事速裁改革试点任务。通过小额诉讼程序、简易程序等,进一步推进案件的繁简分流,提高诉讼效率。加强人民陪审员制度改革,进一步推进司法民主。

三是建立新型高端司法智库,助力司法改革和发展。上海依据得天独厚的人才技术等优势,成立了上海市高级人民法院发展研究中心,这也是全国首个省级法院新型司法智库,为上海市法院的发展提供了软实力。

(2)践行审判职责,彰显公平正义。积极履行审判职能是法院最基本的职责所在,在审判中维护公平正义也是每一个法院所应积极践行的宗旨。据统计,2016年,上海市法院共受理各类案件71.49万件,其中,有71.09万件被审结,结案标的额1902亿元,分别同比上升14.8%、15.7%、4.9%。不仅如此,审判质量也位居全国前列,其中,一审息诉率达92.4%,二审息诉率达98.9%,9件案件入选最高人民法院公报案例,1件入选指导性案例,分别占全国法院入选数的42.9%和4.8%。办理了一批社会影响较大的案件,如上海福喜食品有限公司等生产销售伪劣产品案以及南海黄岩岛附近海域海滩事故案等,取得了良好的审判效果。与此同时,加大了对电信诈骗、危害食品药品安全、污染环境、非法集资以及职务犯罪等类型案件的惩治力度,维护了社会的和谐稳定。在金山法院以及崇明法院成立了环境资源审判庭,逐步探索环境资源审判新机制。积极落实修改后的《行政诉讼法》,进一步推进行政机关负责人出庭应诉机制,维护行政相对人的合法权益。

虽然每年都能看到数以万计的案件被法院受理和审结,但是在褒奖法官积极践行职责的同时,我们也应该意识到这样一个问题:基于立案登记制等司法改革措施的落实,法院受理的案件数量持续增长,在相关配套制度还不健全的情况下,为了践行审判职责,法官不得不顶住办案压力,超负荷工作,如此一来，是否会间接导致案件审判质量的下滑以及法官队伍的流失？

（3）立足司法职能，服务经济社会发展。为适应经济发展新常态，上海市法院立足司法职能，着力于服务保障经济社会的良好发展。一是逐步推进平安上海建设，以案件的审理为导向，深入热点专项治理，通过发送审判白皮书、司法建议等形式对执法办案中涉及的有关社会治理方面的问题进行处理，为完善超大城市治理体系提供了有力的司法保障。为加强对未成年人的司法保护，开通了全国法院首家"少年司法保护网站"。二是司法服务保障重大战略的实施，在总结经验的基础上，依据自贸区的专业化特征完善审判体制机制，在过去的一年中，共有1.16万件涉及自贸区的案件被审结，同比上升91.9%。同时，制定了《知识产权审判"十三五"规划》，为促进区域经济协调发展，制定了司法服务保障长江经济带发展的专项意见，对推进创新驱动发展起着重要的作用。在供给侧结构性改革进程中，以优化整合企业资源为目的，进一步加强对破产案件的审理。三是司法服务保障法治上海建设，为加强对涉诉信访矛盾的化解，积极推动将涉诉信访纳入法治化轨道以及律师参与代理和化解涉诉信访案件的工作，在上海市法院系统的努力下，2016年，涉诉信访总量同比下降6.2%。加强互联网法治建设，对不正当竞争等涉互联网案严厉予以打击。加强推进法制宣传工作，通过与媒体合作等方式，设立《法院院长在线》等法治精品栏目，宣扬法治理念，弘扬法治精神。

（4）破解执行难，保障当事人的合法权益。明代张居正曾说："天下之事，不难于立法，而难于法之必行。"最高人民法院院长周强也曾表示："执行工作是公平正义最后一道防线的最后一个环节"。在我国的司法程序中，执行程序事关法院生效的裁判能否得以实现，关系当事人的合法权益以及法院的司法公信力，然而长期以来，执行难问题一直是人民法院的心头病。上海是最高人民法院规定的两年内基本解决这一问题的推进地区之一，因此，上海市人大常委会也将上海市法院的执行工作列为2016年的专项监督工作，在此基础上，上海市法院系统明确了执行工作目标，全面向执行难宣战。据统计，在2016年，共有12.87万件执行案件被受理，实际执行率达到62.8%，执行到位标的额达676.4亿元，同比上升59.6%。

对拒不执行判决裁定犯罪、规避执行等行为进行严厉打击。据了解，共有19人因此追究刑事责任，907人因此被司法拘留，上海市法院系统另有限制出境、限制高消费、公布失信等措施。对一些未实际执结的以及"久执未决"的案件进行全面清理,据统计,共有20007件案件被清理完毕,清理率达到99.96%。对于执行案款发放不及时等问题,上海市法院系统积极开展执行案款集中清理专项行动,效果较为明显。另外,为全力破解执行难问题,上海市法院系统形成内外合力,进行执行工作作风整治,持续开展执行工作"五查"① 专项治理,加大对重点环节的监督管理,加强与70多家单位的协作,进一步完善执行联动机制,从内到外着力解决执行难顽疾。

毋庸置疑,2016年,上海市法院系统在案件执行上苦心孤诣,取得了明显的成效。然而,不能忽视的是,在执行过程中,执行作风问题、执行体制机制等方面还有诸多不足,要实现人民群众对破解执行难问题的期待,还任重道远。

(5) 深化司法便民服务,推进阳光司法。不论在什么样的时代,司法为民始终是人民法院的根本宗旨,每一个法院都应该努力让人民群众在每一个司法案件中感受到公平正义,尽量避免当事人"诉累"。基于这样的理念,上海市法院积极践行司法为民理念,构建了以12368诉讼服务平台、上海法院诉讼服务中心以及律师服务平台为代表的便民渠道。其中,为了提升服务质量,上海市法院系统进一步完善了12368诉讼服务平台。同时,上海市法院也进一步加强了诉讼服务中心的建设,如服务大厅的功能拓展、完善网上网下服务、三级法院无缝对接等。另外,为了保障律师的权利,进一步完善了律师服务平台机制。据了解,该平台已被上海市全部从事诉讼业务的律师事务所使用,全年访问量达82.69万次,共有3.79万件案件在线直接登记立案,网上立案成功率达91.8%。

为了进一步推进阳光司法建设,上海市法院通过开通"上海法院庭审公开网"、加强司法公开平台建设、发布司法公信力指数、推进第三方评估、召开新闻发布会等形式,让司法正义以人民群众看得见的方式实现。

(6) 加强队伍建设,完善法院系统工作。拥有一支办案能力过硬的队伍是法院开展各项工作的基础,也是全面深化司法体制改革的题中之义。上海市法院系统秉承从严治党、从严治院的原则,积极加强法院队伍建设,优化系统

---

① 五查:查思想认识、查工作作风、查制度落实、查款物管理、查执行不力。

工作能力，不断完善法院工作。一是加强文化法院及廉政法院建设，围绕党建工作以及党风廉政建设，上海市法院扎实开展"两学一做"学习教育，坚定理想信念，使得向邹碧华等先进典型学习的活动常态化，营造创先争优的良好氛围，强化"一岗双责"，积极推进廉洁司法教育和严明纪律教育，完善了工作制度，对在基层法院巡查中所发现的违纪违法案件坚持从严惩处。二是加强高素质法院队伍建设，根据员额制实行之后不同类型法院工作人员的需求，积极开展分类分级的培训，努力提高各类型工作人员的履职能力。三是建立干警健康档案，高度重视身心健康，从优待警，保障体检、休假等制度。针对侵害法官合法权益的行为，与相关部门联合予以查处，保障法官依法履职。四是加强队伍监督，不断完善法院系统工作，通过专题报告、主动通报、改进联络、抗诉、检察建议、公众开放日等形式，方便各界的监督，及时补足工作中的短板。

从上述队伍建设来看，上海市法院通过多方面多维度的举措来优化法院系统，无论是从内部着手，还是从外部发力，都能看出上海市法院的良苦用心。然而，不可否认的是，在新形势下，目标与现实还存在一定的差距，个别人员的违纪违法行为损害了法院的司法公信力，司法廉政建设依然存有隐患。

2. 检察院工作回顾

回顾2016年，在党和国家的方针政策以及国家战略的指引下，上海市检察机关立足本职工作，紧紧围绕深化司法改革、服务上海改革发展、平安上海建设、强化诉讼监督、加强队伍建设等方面积极开展各项工作。

（1）全面推进司法体制改革。2016年，上海市检察机关始终坚持改革，着力推进各项检察工作，努力让人民群众感到满意。

一是根据"两高三部"联合颁布的《关于推进以审判为中心的刑事诉讼制度改革的意见》，上海市检察机关依法明确工作重点，立足构建新型的检与警、检与法、检与律之间的关系，加强审前主导作用。对835起重大案件提前介入，加强证据审查，收效明显。为律师办案提供便利，向律师提供近万份的电子卷宗。根据繁案、简案的不同特点，完善精办、快办的机制，在过去的一年中，有80%的公诉案件通过简易程序或刑事速裁程序加以办理。

二是深化跨行政区划改革。2016年，上海市检察机关紧紧围绕改革重点，对特殊案件进行专业化监督管理，共受理特殊管辖案件247件，涉及444人，覆盖各类跨行政区划特殊管辖案件。环境资源破坏等特殊管辖的一审案件逐步由上海铁路检察院集中办理,并且建立了33项工作机制,为改革在全国的推广提供了经验。

三是加强对检察官员额的科学动态管理。针对人案比不平衡的实际矛盾,制定了以案定额和以职能定额的双定方式,确保将检察官配置到司法办案一线,实行全市统筹、竞争择优的方式来遴选检察官,并积极探索跨院遴选的方式。据了解,现在上海市共有1580名检察官入额,占队伍编制总数的28.2%。

四是积极落实司法责任制。在过去的一年中,上海市检察院以"谁办案谁负责、谁决定谁负责"的原则,确保检察官依法独立办案,进一步凸显检察官的主体地位,与此同时,为避免权力滋生腐败,上海市检察机关也逐步强化全程监督原则,全年共有8617件案件被复查,其中118项被发现有司法瑕疵,及时通报整改,并记入档案。完善职业保障措施和检察官考评机制,在对检察官办案等情况进行全面考察的同时,积极落实薪酬制度改革。

五是强化司法公开。推进信息公开,据统计,上海市检察院公布法律文书2.6万余份,公开了6万余件案件的程序信息。12309检察服务平台提供各类服务8.8万余次。另外,上海市检察机关积极开展司法办案外部监督评价工作,对查证属实的负面评价进行通报,开展主题多样化的"检察开放日"等活动共计180次,以推进司法透明。

(2)立足检察职能,服务保障改革发展大局。2016年,上海市检察院综合运用多种手段,以检察工作为基点,为"四个中心"建设提供保障服务。

一是司法服务科创中心建设。推出《上海检察机关服务保障科技创新中心建设的意见》,提出五个方面要求,明确20项服务举措。同时,检察机关协同长三角地区共同营造创新创业的优质法治环境,签署并实施《沪苏皖浙检察机关关于保障促进非公有制经济发展科技创新协作的意见》,进一步保障上海科创中心建设。

二是司法服务自贸区建设。随着自贸区面积的扩大、功能深化,检察机关高度关注涉及自贸区的新类型犯罪案件。在检务工作的基础上,检察机关同自贸区的5个区域管理局签订法治建设备忘录。发布了《2015年度涉自贸刑事检察白皮书》。

三是司法服务金融中心建设。一方面,为维护金融秩序的安全,上海市检察机关对于涉众型经济金融类犯罪进行集中整治,尤其关注利用网络进行的金融犯罪，对具有重大社会影响的案件及时提起公诉。另一方面，加大力度打击非法经营股指期货、短线操纵证券市场等新类型犯罪。同时，不断完善业务规范，制定《关于办理涉众型金融犯罪案件风险防控的意见》等，在评估预警、舆情的监控和引导上狠下功夫，及时完成追赃工作，保护国家和人民的财产权益。发布《2015年上海金融检察白皮书》，为上海的改革发展营造良好稳定的金融环境。

（3）聚焦社会治理难题，推进平安上海建设。检务为民，积极保障人民群众的生命财产安全以及城市的公共安全是检察机关履职的基本目标。2016年，上海市检察院聚焦社会治理难题，全力出击，共有26227人被批准逮捕，28224件案件被提起公诉，涉及38030人次。

一是以稳定、维护社会大局为重。对危害国家安全、城市公共安全犯罪以及故意杀人、抢劫等严重暴力犯罪，坚决提起公诉。依法办理浦东机场T2航站楼爆燃案等重大案件。对重点领域、重点行业的犯罪案件加大打击力度，做到同步介入调查，维护了公共安全和社会稳定。

二是服务保障交通大整治。对涉嫌危险驾驶、交通肇事等案件的292名犯罪嫌疑人批准逮捕，对4245起案件提起公诉，共涉及4255人次。坚持宽严相济的刑事政策，严厉打击暴力抗法等妨碍公务的犯罪行为，对情节较轻的犯罪嫌疑人从轻处理。

三是严惩电信网络诈骗犯罪。随着互联网的快速发展，电信网络诈骗犯罪见诸报端，为了维护网络安全，上海市检察机关加强与公安、电信等部门的工作衔接，积极参与打击治理电信网络新型违法犯罪专项行动，统一该类型案件的证据标准，及时介入重大疑难案件的侦查、取证过程，依法实行快捕快诉，同时，加强社会宣传，提高群众的防范意识。

四是加强环境资源与食品药品领域的严管高压。开展专项调查，对"五违四必"环境进行综合整治行动，对56件破坏环境资源的犯罪案件和389件危害食品药品安全的犯罪案件提起公诉，并且专项立案监督。积极探索沪苏皖浙跨省市重大环境污染案件信息通报及办案协作机制，加强对环境的保护。

五是进一步推进社会治安综合治理。在基层检察室，落实专项综合治理，立足解决欠薪追责难以及医保诈骗案等诸多问题。针对校园欺凌事件频发的状况，上海市检察机关构建全国首个未成年人检察社会服务体系，积极开展

"法治进校园"巡讲活动,依法惩治校园欺凌与性侵未成年人犯罪,加强对未成年被害人的司法保护和救助。

(4)加强诉讼监督,提高司法公信力。作为法律监督机关,上海市检察院积极履行监督职责,提升法律监督水平,维护实体正义和程序正义。

一是加强侦查监督。据资料统计,2016年,上海市检察机关监督应立案而不立案和不应立案而立案的案件各103件、65件,立而不侦、久侦不结的20件重点案件得到督办。

二是加强对刑事审判的监督。据了解,2016年,上海市检察机关提出刑事抗诉49件,被法院审结32件,26件被决定改判或发回重审。同时,检察机关加强对同类问题的监督,积极与法院就诉讼行为规范等问题进行研商,统一司法办案标准。

三是加强对民事行政审判的监督。2016年,共办理民事行政监督案件1947件,提出抗诉60件,再审检察建议10件。同时,开展"基层民事行政检察工作推进年"活动。为加强对行政违法行为的监督,依法采取监督起诉等监督方式。

(5)加大反腐力度,惩治和预防职务犯罪。在反腐工作上,上海市检察机关始终保持高压态势,坚持有腐必反、有贪必肃的原则,对283件贪污贿赂案件以及29件渎职侵权案件进行了立案侦查。首次承办最高人民检察院交办的省部级专案,积极开展"2016天网行动",使得8名在逃对象归案。重点办理涉及社会保障、医疗卫生和征地拆迁等领域的案件。在惩治贪污贿赂类犯罪的基础上,上海市检察机关加大对职务犯罪的预防力度,推动建立健全重点领域预防工作机制。在医疗卫生、航务管理等领域开展行贿犯罪查询,全面推行预防告诫机制,从源头加强对职务犯罪的预防。

(6)加强队伍建设,改进和完善检察工作。打铁还需自身硬。上海市检察机关在过去的一年中,一方面,坚持从严治检,积极开展"两学一做""双周政治学习"教育活动,强化检察人员的"四个意识",重视培育检察职业精神,完善宪法宣誓和入职晋级宣誓制度,增强检察官的职业尊荣感。另一方面,加强司法能力建设,加强对检察官的教育培训,采取分类编班、分层施教的培训机制,据统计,共有4183人接受了岗位培训。与此同时,更加注重对知识产权和金融检察人才的培养。据了解,有8人获评全国检察机关业务标兵和能手。另外，加强领导干部与青年队伍建设，成立了机关青年工作委员会，开展多种形式的活动，为青年人才脱颖而出创造条件、搭建平台。对检察队伍进行严格的监督管理，主动接受人大、政协以及社会和舆论的监督，强化自身建设，不断改进和完善检察工作。

3. 司法体制改革回顾

2014年7月，上海在全国范围内率先开展司法体制改革的试点工作，到2015年4月，改革试点工作在全市范围内推开，截至目前，上海推进司法体制改革工作已经进行了将近三年时间。三年来，可以明显看到，整个法院系统发生了巨大的变化，例如，员额制的推行，解决了先前法官队伍庞大、门槛低等问题，通过一定的入额比例，提高了法官的任职门槛，促进了法官队伍的专业化、职业化，为提高案件的审判质量保驾护航；从立案审核制到立案登记制，进一步保障了当事人的诉权等，以上只是司法体制改革所带来改变中的冰山一角。由上海市法学会课题组组织的实践评估，以法官和律师为调查对象，对上海市司法体制改革进行了独立、客观的评估。

三年来，上海市司法体制改革的主要内容有：推行员额制，完善司法人员的分类管理；实行司法责任制，落实"让审理者裁判，让裁判者负责"；探索建立省以下法院、检察院的人财物统一管理体制等举措。根据上海市法学会课题组的实践评估报告，我们知道，无论是法官群体还是律师群体，对此次司法改革总体还是十分满意的，所取得的成效也是有目共睹，司法改革遵循了法治的一般规律，具有鲜明的时代意义和价值。然而，不可忽视的是，在此次司法改革过程中，依然存在不少问题需要在后续的改革过程中加以解决和完善，有一些改革措施的满意度偏低。例如，法官群体对人员分类管理改革满意度评价相对较低。作为此次司法改革的"牛鼻子"，员额制涉及了利益格局的调整，因此在推行过程中可谓困难重重，但上海市法院、检察院依然勇于担当，先行探路，主动"啃硬骨头"，遭到一些质疑甚至阻力，这也是改革阵痛过程中的正常现象。根据实践评估报告，我们了解到，此次司法改革还存在着诸如对于从员额制中分流出的司法工作人员的安置难度较大，法官助理的幸福感有待进一步提高，司法责任制与法律监督的平衡点亟待厘清等问题，因此，在今后的改革过程中，需要进一步改进和完善各项改革举措，合理地进行人员分类管理，完善法官助理、司法行政人员的配套制度建设，逐步提升司法公信力。

（二）2016年工作亮点

1. 法院工作亮点

2016年，上海法院工作的亮点主要体现在破解"执行难"问题以及智慧法院建设上，在这两方面，法院可谓重拳出击，成效也十分明显。

（1）全力破解"执行难"问题。努力推进执行体制的改革，构建了符合司法运行规律的审执分离体制，将执行裁决权和执行实施权分离，并制定了相应的权力清单，规范权力的运作，设立了执行裁判庭、执行局。形成"三统一"[①]以及执行警务保障体制机制，解决执行工作中体制性、机制性和保障性障碍问题，保证执行工作的顺利落实。制定如《执行办案责任制的若干意见》以及《关于确认和终结无财产可供执行案件若干问题的规定》等10部关于执行工作的制度规定。另外，为推进执行难破解工作，上海市法院充分利用大数据等信息技术，加强执行信息化建设，构建了具备执行信息公开和监督等百余项功能的"执行大数据管理系统"，保证执行信息全程公开、全程留痕以及全程监控，落实"一案一人一账号"的管理新机制，研发开通"执行案款管理'E'号通"，从根本上解决执行案款底数不清、发放不及时和管理不规范等问题。

在过去的一年里，针对执行难问题，上海市法院系统高度重视，多措并举，无论是从体制机制上，还是从具体的措施上，都体现了其对破解执行难工作的决心，执行信息化的建设也突出了其工作亮点，取得了良好的反响。

（2）智慧法院建设。随着信息技术的发展，大数据、云计算、物联网等新技术逐渐走进人们的工作生活中，网络数据时代给人们生活带来了极大的便利，数据与文件的便捷整理与汇总大大提高了工作效率，全面且详细的信息网络为法治改革的推进提供了更多可借鉴学习的经验，并将实效及时进行反馈和总结。因此，借助这一优势，上海市法院遵循"让数据说话、让数据跑路"的理念，促进"智慧法院""数据法院"建设。采用移动网络、大数据、云计算、机器学习、神经网络等新技术，构建"上海法院大数据信息系统"，实现标准化大数据库、集约化云平台以及现代化数字机房等基础设施建设，形成了大数据应用格局。据了解，该系统入选了由中央政法媒体联合评选的"2016

---

① 统一管理，统一指挥，统一协调。

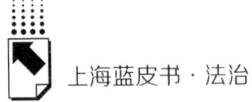

年度互联网+法治建设十大典型案例"。上海"智慧法院"的建设初见成效，上海法院的各项工作也与信息化融为一体，实现了法官办案的智能化。"智慧法院"在法律适用统一、办案质效提高以及案多人少矛盾的缓解上发挥了重大的作用。

2. 检察院工作亮点

回顾过去的一年，上海市检察机关的工作亮点突出，除了积极落实司法改革的各项举措外，在履行法律监督职责方面可谓尽心尽力，不断提升监督水平，促进监督管理的科学化。为全力破解执行难问题，上海市检察院加强与法院的协作，不断强化对执行工作的监督，办理了214件民事执行监督案件，对60件涉及法院执行中法律文书未送达、执行结案不规范等问题制发检察建议。收到法院回函43件，采纳14件。同时，根据"两高"的统一部署，与法院联合开展执行案款专项清理工作，促进解决法院执行案款发还不及时等问题。对不符合减刑、假释以及暂予监外执行条件的，提出检察建议254件。对涉及刑罚交付执行等环节的527起违法行为提出纠正意见，采取羁押必要性审查，审查对象有2151人；提出变更强制措施建议1169人次，采纳1046人次，依法清理149名判处实刑罪犯却未执行的刑罚人员；对76人进行纠正，并加强跟踪监督因患严重疾病、下落不明等未执行刑罚的人；对752人监督执行财产刑6327万元。此外，稳步推进对基层执法活动的监督。依托社区检察室开展20项专项检察，深入派出所开展巡查3848次，提出247件监督意见，办理853件监外执行监督案件，提出428件监督意见，监督68人收监执行。为进一步规范法律监督工作，上海市检察机关发布了《公安派出所刑事执法活动监督白皮书》以及《社区矫正监督白皮书》等文件进行监督指导。

四 依法治市稳步推进

依法治市是全面推进依法治国在地方的生动实践，回头看2016年的依法治市工作，上海市主要从严格依法行政、完善党的领导、完善地方立法、发展民主政治、推进司法改革、加强权力制约、创新治理手段、整合法律资源、宣传法治思维、创新工作思路等十个方面开展了大量实际工作，有力地服务了将上海市建设成为法治完善的社会主义现代化国际大都市这个既定目标。

（一）2016年工作回顾

1. 依法行政继续深入

依法行政是依法治市的组成部分，是建设法治上海的内在要求，依法行政要求行政机关依照法定权限和法定程序合法合理履行职责。在过去的一年中，上海市政府在各项工作中继续深入推动法治政府建设，强化依法行政工作，取得了实效。

（1）坚持政事分开、政社公开。逐步推进承担行政职能事业单位改革，将事业单位的行政职能收归行政机关，或将事业单位转为行政机关下设的行政执法机构。政事分开、政社公开能够明确区分行政机关、事业单位以及社会组织各自的职能，从而建设职能科学的服务型政府。

（2）推动行政审批制度改革。上海市新一轮行政审批改革立足于《行政许可法》及国务院相关文件的框架，认真对待并彻底治理非行政许可审批，严格遵循行政法治原则，进行精细化的改革，即在取消和下放行政审批问题上，贯彻与落实行政审批权的法制化、规范化、科学化，清除非行政许可审批，规范行政审批事项，监督新增行政审批[1]。同时，上海市政府权力清单制度的推进，进一步明确了法律授权的范围，坚持法无授权即禁止，严格依法行政。

（3）扩大政府信息公开。据了解，2016年上海市围绕重大改革举措、经济社会领域以及制度和体系建设三大方向，从上海市自贸试验区相关信息、财政资金和减税降费、决策、执行和落实情况等20个小方向推进政府信息公开[2]。同时，各个政府机关均就各自机关2016年信息公开情况以年报形式进行总结。以《上海市发展和改革委员会政府信息公开年报》为例，分别就主动公开政府信息情况、依申请公开政府信息情况、咨询处理等相关政务公开工作情况以及复议、诉讼和申诉举报等情况列明相关数据，并且就自身信息公开主要问题，提出对应改进措施[3]。尽管上海市在政府信息公开制度的建设方面位居全国前列，但政府信息公开的深度和广度与公众的需求还有一定差距，服

---

[1] 魏琼：《简政放权背景下的行政审批改革》，《政治与法律》2013年第9期，第58页。
[2] 《市政府办公厅关于印发2016年上海市政务公开工作要点的通知》，http://www.shanghai.gov.cn/nw2/nw2314/nw2319/nw12344/u26aw47538.html，最后访问日期：2017年6月10日。
[3] 《2016年上海市发展和改革委员会政府信息公开年报》，http://www.shdrc.gov.cn/gk/xxgkml/xxgknb/27099.htm，最后访问日期：2017年6月10日。

务意识和创新方面仍需要进一步增强。

（4）进一步健全行政决策机制。健全行政决策机制的主要措施是扩大公众参与行政决策的范围、深化专家对于行政决策的评估以及推广重大行政决策风险评估机制。通过互联网、听证会等方式，向公众征求相关行政决策的意见已经成为常态。公众对于行政决策的参与，不仅能够切实的保障相关公民的切身权益，而且能够提高行政机关的公信力。通过专家论证会、决策咨询机构等方式，就专业性强、技术性强、复杂疑难的行政决策事项进行论证和评估，能够有效提升相关决策的合法性、合理性。对重大行政决策事项进行风险评估，能够加强政府官员依法行政的意识，提高官员的依法行政能力[①]。

（5）加强行政复议、行政应诉工作。据统计，2014～2016年底，上海市政府第二届行政复议委员会共召开12次案审会，审议了13起重大复杂疑难案件。上海市政府上网公开了市政府复议决定书330余件。行政复议决定的公正对于当事人权利救济具有重大影响。上海市政府通过行政复议委员会对重大复杂疑难案件进行审议以及将复议决定书上网公开等方式，确保行政复议的公平、公正、公开，从而更好地保障公民的权益不受行政机关侵犯。此外，以新《行政诉讼法》颁布实施为契机，推进行政首长出庭应诉和旁听审理，各级行政机关负责人出庭应诉约600人次。由此看出，行政机关对司法化解决行政争议的重视，以及自身法治思维的增强。但是，不能仅仅追求行政机关负责人出庭率，同时应当关注行政机关负责人出庭的实质意义[②]。

2. 地方立法继续完善

立法工作意义重大，立法水平的高低直接影响依法治市的水平。2016年，上海市充分重视发挥法的引领和推动作用，加强了科学立法，做到了重大改革于法有据，立法主动适应改革和社会发展需要，有力推进了法治上海的建设。

（1）持续有序推进五年立法规划。在过去的一年中，依据五年立法计划，上海市制定、修改《上海市人口与计划生育条例》《上海市烟花爆竹安全管理

---

① 莫于川：《行政法治视野中的社会管理创新》，《法学论坛》2010年第6期，第21页。
② 喻冶如：《功能主义视阈下的行政机关负责人出庭应诉制度》，《法学评论》2016年第5期，第31页。

条例》《上海市公共场所控制吸烟条例》等，至2016年全部出台。其中立法更多考虑到民情民意，服务市民生活。例如《上海市烟花爆竹安全管理条例》与上海市空气质量以及环境保护息息相关，该条例明确外环内禁放，符合市民群众对于环保的期待。《上海市公共场所控制吸烟条例》通过召开各类座谈会、论证会，广泛听取意见，将公共场所控烟的范围限制在较为合理的范围，既给予吸烟者一定自由，也保护非吸烟者的健康。

（2）不断提高政府立法力度。立足于社会发展需要，上海市不断提高政府立法力度。如依据重大改革于法有据的精神，为推进上海市自贸区的建设和发展，制定了《关于发挥上海市自贸试验区制度创新优势开展综合监管试点探索功能监管的实施细则》及《中国（上海）自由贸易试验区实施相对集中行政复议权办法》等一批规范性文件。再如，围绕科创中心建设，修订了《关于进一步深化人才发展体制机制改革　加快推进具有全球影响力和科技创新中心建设的实施意见》（以下简称为《实施意见》）、《上海市居住证积分管理办法》、《上海市海外人才居住证管理办法》。《实施意见》加强成果知识产权保护，营造人才宜居宜业环境，优化创新创业法治环境。上海还通过"一揽子"打包方式，集中修改了27件地方性法规，以适应行政审批制度改革的需要。

（3）继续梳理地方性法规、规章。地方性法规、规章的及时梳理，能够维持法律体系的统一，捍卫法的权威，彰显法的效用。在过去一年中，上海市依据法律、行政法规等上位法的立改废进程，对上海市相关的地方性法规、规章进行及时修正，保障上下位法律之间的衔接。据了解，2014~2016年，跟踪全国人大常委会制定、修改和废止法律53件，根据国务院制定、修改和废止行政法规47件，对所涉72件上海市相关地方性法规进行对照清理，对其中22件存在问题的法规进行研究，17件法规加以修改完善。

（4）努力提高立法质量。立法质量关乎民事民意，上海市在依据现行《上海市制定地方性法规条例》的立法程序要求制定、修改相关法律的同时，通过探索多样化评估方式对已经实施的地方性法规、规章（例如《上海市社会生活噪声污染防治办法》《上海市安全生产事故隐患排查治理办法》等）进行立法后评估，对相关地方性法规、规章的可操作性、适应性、相互衔接性等方面及时进行检测、修订，不断提升立法质量。

3. 民主政治继续开展

依法治市的实质是从制度上保证人民当家做主的权利，实现社会主义民主的制度化、法律化[①]。为深入推进社会主义民主政治，2016年上海市在人民代表大会制度、协商民主制度、基层民主协商等方面取得重大进展。

（1）充分发挥人民代表大会的作用。人民代表大会制度是民主政治的制度保证，在2016年的依法治市工作中，上海市积极服务人大代表履职，充分发挥了人大的作用。首先，2014~2016年，上海市人大常委会组成人员联系市人大代表3291人次，广泛听取人大代表的意见和建议。人大常委会组成人员联系人大代表，有利于促进人大代表积极参与从而发挥代表主体作用，进而使民意更快更全面地表达。其次，落实《关于市人大代表接受原选举单位监督的若干规定》，截至2016年底，70%以上的代表向原选举单位报告履职情况。人大代表向原单位报告履职情况，接受原单位监督，能够更好地促进人大代表依法依规履行职责。但是，仍有三成左右的代表未向原单位报告，未接受原单位监督。最后，人大代表积极主动听取基层单位和组织的意见和建议，通过网络、走访、座谈、视察、问卷调查等多种方式与人民群众联系。

（2）推进协商民主建设。民主协商是依法治市的重要抓手，上海市政府予以了充分重视。比如在2016年，上海市就电信网络新型违法犯罪问题，召开提案协商办理座谈会，听取市公安局、市通信管理局等相关部门的情况介绍，并与7家提案办理部门座谈交流。此次座谈会包含《加大打击诈骗电话和信息、诈骗网站力度》《建立上海市反诈骗中心，提升打防电信诈骗实效》等5件提案[②]。就专项问题进行多方协商，有助于各个机关工作间的协调与配合，提高治理能力与治理强度，加快上海市专项问题的依法有效治理。

（3）推进基层民主协商制度化。上海市通过发挥党的领导作用，推进党领导的驻区单位、社会组织等社区各方力量参加的联席会议等共治平台建设，同时推进以居村党组织为核心，以居村委会为主导，加强居民区民主协商。以坚持党的领导为基础，推进基层民主协商制度化，能够保障基层民主协商制度

[①] 包心鉴：《民主政治与依法治国》，光明新闻网，1999年5月28日，http://www.gmw.cn/01gmrb/1999-05/28/GB/18070%5EGM8-2804.htm。

[②] 许媛：《上海政协促进提升治理电信网络新违法犯罪能力》，http://www.china.com.cn/cppcc/2016-06/08/content_38626362.htm。

的有序发展。同时,应当注意党的领导限于对协商制度方向的把握,不能干预群众具体协商的过程。

4. 继续推进司法体制改革

上海市是全国第一批司法体制改革先行试点省市之一,截至2016年底,人员分类管理、完善司法责任制、健全司法人员职业保障和探索人财物省级统管等四项重大改革任务初步完成。立足于"由点到面"的改革目标,此次司法体制改革不仅要解决上海市的问题,还要始终把工作着力点放在为全国司法体制改革提供可复制、可推广的制度方面[①]。

(1) 完善人员分类管理制度。完善人员分类管理,能够提升司法队伍整体素质,为此上海市从2016年起,实行上海市全市司法人员统一招录制度,逐步统一招录门槛和标准。同时,统一招录司法辅助人员和司法行政人员,为完善司法人员分类管理制度奠定了坚实基础。法官、检察官员额制改革,突出法官、检察官在司法办案工作中的主体地位,明确司法辅助人员、司法行政人员各自的职能,建立以法官、检察官为主体的各类司法人员日常考核机制,不断完善法官、检察官司法业绩档案,努力破解一次入额终身入额、能进不能出的难题。据统计,2016年,入额法官人均办案数量同比增长21.9%,由此可见,法官办案积极性在提高[②]。但是,在关注员额制改革益处的同时,也应当关注法官、检察官员额限制导致的法官、检察官流失加剧问题,妥善处理法院、检察院中没有担任领导职务的业务骨干以及工作不久的法院、检察院工作人员的入额问题[③]。

(2) 完善司法责任制。为增强司法公信力,必须继续完善司法责任制,上海市在过去的一年中主要做了以下几方面的工作。首先,明确法官、检察官独立行使审判权、检察权。在明确法官、检察官在办案组织中承担主持庭审、办案、签发裁判文书、避免程序瑕疵等特定法律职责的同时,明晰法

---

① 杨江:《司法体制改革的上海样本》,http://xmzk.xinminweekly.com.cn/News/Content/5999,最后访问日期:2017年6月10日。
② 陈思:《周强:法官员额制改革完成,产生入额法官11万名》,http://www.chinacourt.org/article/detail/2017/03/id/2577039.shtml,最后访问日期:2017年6月10日。
③ 陈永生、白冰:《法官、检察官员额制改革的限度》,《比较法研究》2016年第2期,第23页。

官、检察官有权独立行使审判权、检察权。例如，2016年上海市检察院制定下发《检察机关落实司法责任制工作细则（试行）》，探索实行独任检察官和检察官办案组两种办案组织形式，形成具有上海市特色的办案组织模式，受到最高检的肯定；上海市法院建立完善独任法官、合议庭办案机制，制定独任法官、合议庭审判规则，规范案件分配、裁判文书签发等审判规则。据统计，改革后直接由独任法官、合议庭裁判的案件比重为99.9%，法官办案主体地位进一步凸显。避免审者不判、判者不审等现象，切实做到让审理者裁判。其次，根据办案实际和岗位职责，上海市法院、检察院从明确责任类型、区分责任性质、设置追责方式、确定追责后果、责任豁免等方面，探索建立法官、检察官办案责任体系和责任追究体系，确保司法责任真正落实到人，具体到案。以较为完善的责任追究机制，保障法官、检察官公正行使审判权、检察权，落实让裁判者负责的制度。

（3）健全职业保障制度。为增强司法人员的职业荣誉感，2016年5月，上海市司法人员薪酬制度改革全面落地。据了解，改革后上海市司法人员工资，以2015年度全市公务员平均工资为基数，法官、检察官和司法辅助人员、司法行政人员工资分别按高于普通公务员50%、20%、10%确定。鉴于司法工作对法官、检察官的教育背景、法律素养、职业能力都有着比普通公务员更高的要求，而且法官、检察官职业所承担的工作强度和审判风险也不同于普通公务员，适度提高法官、检察官薪酬，符合司法裁判工作的特殊性，有利于避免地方对司法的不当干预，有利于法官在面对利益诱惑时坚守廉洁自律底线[1]。并且，司法人员薪酬的提高，可以使司法人员个体感受到自身职业带来的尊荣感[2]。

（4）完善司法办案社会评价机制。不断完善司法办案社会评价机制，为的是倒逼司法公信力提升。据了解，2016年上海市检察机关出台《关于进一步深化检察改革规范司法行为、提高司法公信力的若干意见》，通过制度保障司法公信力的第三方评价。司法公信力的第三方评价能够打破原有法院、检察

---

[1] 叶青：《主审法官依法独立行使审判权的羁绊与出路》，《政治与法律》2015年第1期，第64页。
[2] 徐同武、孟凡立：《论新一轮司法改革背景下司法人员职业保障制度的完善》，《法治论坛》2015年第3期，第57页。

院"自评自"的自我封闭评价模式①，克服顾及声誉的报喜不报忧倾向、为局部利益而使评估过于片面和主观、评估者自身的专业知识和技能等问题②。通过司法办案社会评价机制的不断建立与完善，能够更好地规范法院、检察院行使职能，从而提高司法公信力。

5. 加大权力制约和监督力度

孟德斯鸠曾言"一切不受约束的权力必然腐败"，这是一条亘古不变的规律。让权力在阳光下运行，是把权力关进制度笼子的重要手段。2016年，上海市在惩治和预防腐败体系建设上加大了力度，干部清正、政府清廉、政治清明成为必然过程及终极目标，以确保国家机关的权力能在法律、法规规定的程序和范围内行使。

（1）强化党内监督的持续。强调"党要管党，从严治党"是实现"中国梦"的坚强保证，从严治党的关键是从严治吏③。自中央"六项禁令"、"八项规定"和反"四风"等有关政策规定的颁布，全国各地都加大对国家机构人员腐败行为的查处力度。上海市不断加强党内监督，并积极推动、落实各党委责任，一方面做到及时查漏补缺，围绕责任设计制度，督促各级党委（党组）坚持以问题为导向，以开展调研、上门走访等形式，落实自己的职责；另一方面，加强上海市党内法规与国家法律、法规制度方面的有机衔接。据统计，在2014~2016年，全市各级纪检监察机关共查处违反中央八项规定精神问题事项472项，处理相关责任人员823人，其中给予455人党纪政纪处分。

（2）加强人大监督权的行使。监督权是宪法和法律赋予人大及其常委会的一项重要职权。习总书记指出，"人民代表大会制度的重要原则和制度设计的基本要求，就是任何国家机关及其工作人员的权力都要受到制约和监督"④。

---

① 张斌、邹杰、孙正君：《论基层法院司法公信力第三方评估机制的构建》，《法律社会学评论（第1辑）》，华东理工大学出版社，2014，第61页。
② 齐二石：《公共绩效管理与方法》，天津大学出版社，2007，第90页。
③ 赵娟、谢磊：《"党要管党、从严治党"是实现"中国梦"的坚强保证》，http://cpc.people.com.cn/pinglun/n/2013/1111/c241220-23504509.html，最后访问日期：2017年6月10日。
④ 蒋笃运：《增强地方人大监督实效的思考》，http://www.npc.gov.cn/npc/bmzz/llyjh/2016-06/03/content_1991050.htm，最后访问日期：2017年6月10日。

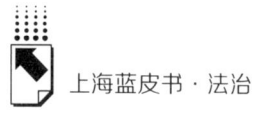

在人大监督方面,一方面,上海市强化制度保障,使监督工作在制度框架内规范运行。2016年以来,上海市围绕城市治理、社会信用制度建设、老年人权益保障和城市道路交通安全等涉及上海市人民群众切身利益的问题,将监督工作落到实处。另一方面,积极组织开展专题调研工作。市人大常委听取了市政府关于"十三五"规划纲要编制情况的通报,组织有关委员会与区县人大联动,围绕重点问题开展专题调研,推进规划纲要编制工作。

(3)强化制约和监督下的行政权力运作。行政权力是宪法和法律赋予行政机关管理经济、文化、社会事务的权力,是国家权力的重要组成部分。必须认清的是,行政权力的行使体现的是人民的意志,所以行政权力的行使必须依法、依规进行,永远受到人民的监督,永远为人民服务。这就要求坚持推进依法治国,精心织就行政权力依法运行的"天罗地网"①。上海市在行政权力监督方面,已出台具体实施意见,并对行政处罚裁量基准制定、完善、备案和公开等进行统一规范指导。使行政权力于法有据、依法行使、受法制约,真正做到"法定职权必须为""法无授权不可为",确保行政权力不越位、不错位、不缺位②。

(二)聚焦工作亮点

1. 强化党的领导

依法治市和制度治党相辅相成。依法治市必须坚持党的领导,上海市建设法治的根本保障就是党的领导,这是全面推进依法治市的必经之路。回顾2016年,上海市从推动党内法治教育工作、制定和修改党内法规、加强依党内法规履职等方面,不断完善党对建设法治上海的领导,是上海依法治市工作的重要亮点。

(1)大力开展党内法治教育工作。2016年,上海市多次通过汇编党内法规、组织专题讲座、制作系列微课等方式,对党员干部进行"三严三实"专题教育和"两学一做"学习教育。党内法治教育包括以党章为核心的党内法

---

① 宁吉喆:《强化对行政权力的制约和监督》,http://www.chinanews.com/fz/2014/12-02/6835190.shtml,最后访问日期:2017年6月10日。
② 宁吉喆:《强化对行政权力的制约和监督》,http://www.chinanews.com/fz/2014/12-02/6835190.shtml,最后访问日期:2017年6月10日。

规制度体系以及现行国家法律教育。通过党内法治教育,深化党员干部对党内法规和国家法律的认识,增强党员干部的法治思维,提高党员干部依法依规办事的能力。同时,通过推动全市217个街镇社区党建服务中心成立社区党校,建成各类远教终端站点共2万余个,组织开展各种学习活动,强化法治理念,培训党员近20万。

(2)完善党内法规体系。党内法规是从严管党治党的依据。据统计,为解决上海市党内法规制度体系中不适应、不协调、不衔接、不一致的问题,截至2016年底,上海市组织全市30多家部门和单位完成了对新中国成立后至2012年6月期间以市委、市委办公厅名义印发的832件党内法规和规范性文件的清理工作。经过相关部门的梳理工作,对新中国成立后至2012年6月期间的党内法规和规范性文件进行较大修正,对其中309件党内法规和规范性文件进行明确废止,对259件党内法规和规范性文件宣布失效,仅264件党内法规和规范性文件持续有效。对党内法规和规范性文件的修订进一步提高了党内法规体系的完整性、系统性以及协调性。

(3)严格依党内法规履职。2016年,上海市依据现有党内法规开展工作。首先,中央"八项规定"出台后,上海市委及时研究出台30条实施办法,各区、各委办局制定了具体落实措施,并依据相关制度规范,实行重要干部重点管理,严格规范领导干部廉洁从政行为。其次,通过上海市基层党建网,及时、全面的公开党建工作的重要信息,切实保障党员的知情权。并且,在党建网站中,开通党员向市委领导提出意见建议的设限平台通道,保障党员的参与权以及监督权。最后,依据《关于进一步规范同民主党派、无党派人士政治协商的意见》,落实政党协商的前置性地位,召开党外人士座谈会、民主协商会、情况通报会等会议并规范会议环节,建立意见反馈机制,保障政党协商制度的有效实施。

2. 创新社会治理手段

上海市作为全国改革开放的排头兵和科学发展先行者,一直致力于走出一条符合超大型城市特点和规律的城市社会治理新路。近年来为贯彻落实《中共中央关于全面深化改革若干重大问题的决定》中关于"推动国家治理体系和治理能力现代化"的要求,上海市更在城市治理方面取得了卓越的成绩,坚持运用社会治理创新手段,顺应城市发展,推进上海市城市建设,全面提升城市治理水平。

(1) 依法管控烟花爆竹和整治道路交通违法行为

上海市最严"禁燃令"的落实。自2016年1月1日起施行《上海市烟花爆竹安全管理条例》，保障了人民生命和公私财产的安全，维护社会秩序。据统计，在2016年春节期间，全市5万名公安干警、消防战士和30多万平安志愿者，共同守护上海市城市安全底线。为能对烟花爆竹常态长效安全管控，上海市还出台了相应的举措，落实"禁燃令"：第一源头管控，实行烟花爆竹购买实名登记制度，警方可从购买信息跟踪购买者，同时加强管控上海市烟花爆竹销售许可证发放；第二巡回检查，组织警力，开展专项行动，织密社会管控网络，并调动公民积极性，组织"市民巡防团"助力城市管理；第三引入征信系统，将管控工作成效与"文明社区"评定等挂钩①，增强公民自觉守法意识②。

深入开展道路交通违法行为大整治。面对机动车乱停、乱占道、乱变道、乱鸣号等交通顽疾，上海市自2016年3月24日起，全力整治道路交通违法行为，整治的重点为乱停、乱占道等十大交通违法行为。自行动开展以来，城市交通类接报案件明显下降。本次交通大整治不仅"治愈"了上海市多年来的交通顽疾，使得城市交通秩序有了进一步改善，更彰显了上海市依法推进社会治理新举措的成效，更为重要的是在一定程度上消除了交通违法者的侥幸心理，真正让违法者体会到什么是"天网恢恢，疏而不漏"③，内心树立起对法律的敬畏之心。

(2) 预防与打击各类违法犯罪案件

建立健全有效的管理模式，打击违法犯罪活动。在信息发达的年代，经济、金融犯罪借助于互联网迅猛发展，电子银行业务、第三方支付、网络理财等互联网金融业务在为金融行业提供发展机遇的同时，也带来了经济犯罪的隐

---

① 上海市安全监管局：《上海市多措并举加强烟花爆竹常态长效安全管控》，http：//www.safehoo.com/News/News/pro/201605/440448.shtml，最后访问日期：2017年6月10日。
② 邹伟、朱翃：《上海"禁燃令"折射社会治理新思路》，http：//news.qq.com/a/20160223/030657.htm，最后访问日期：2017年6月10日。
③ 殷骏：《上海交通大整治：不忘初心 方得始终》，http：//pinglun.eastday.com/p/20160701/u1ai9490283.html，最后访问日期：2017年6月10日。

患。兵法有云"知己知彼，百战不殆"，预防与打击经济犯罪亦是如此，只有摸清违法犯罪的套路，有的放矢建立健全有效的管理机制和管理模式，整顿金融市场，才能遏制犯罪的滋生。

发挥社会群体联动机制，保障城市公共安全。鼓励社会组织、企业与公民等多元主体参与城市安全管理，建设安全守护网。韩正书记指出"新形势下，平安建设最关键靠工作创新，重点是社会管理创新、科技手段应用创新"。目前全市已经组建完善街面治安协勤、企事业单位和居民小区联防、治安反恐信息员三支队伍，并构建常态化工作对接、长效统筹协调、信息处置规范等三大工作机制。从真正意义上调动社会多元主体的积极性，用社会治理创新手段，打造"平安上海"。

(3) 鼓励多元主体参与社会治理

调动多元主体积极参与社会治理。群众、社会组织都是社会治理的依靠力量，调动社会多元主体参与社会治理的积极性，让治理效果最大化。社区是城市综合管理第一线，应充分发挥社区组织协调作用，开展丰富多彩的民主实践活动，调动居民群众参与基层社会服务管理的积极性。发挥社区团队意识，培养公民家园意识，调动居民积极性，提升居民自治意识。在社会治理方面，浦东新区陆家嘴街道是优秀的先行者，自2011年创立"自治金"的概念以来，历时五年探索，"自治金"工作在创设自治载体、培育自治项目、动员居民参与及激发基层活力等方面取得了一定成效。

增强社区自治功能。民主作为法治的重要内容，在基层治理中也扮演了重要的角色，充分发挥基层民主的作用对基层治理的创新具有深远意义，基层协商民主是从管理到治理的重要转变，在原始的治理模式中，政府部门主要是通过管制、强制等方式要求社会民众遵循，现在的治理模式发生了改变，由原来的强制遵循逐步变成了沟通、协商、对话，这是符合现代社会治理要求和需要的体现，是基层治理进步的体现。所以必须把民主选举、民主决策、民主管理和民主监督的实践贯穿于社区建设的全过程和各方面，如加强议事协商、强化权力监督和扩大社区自治参与形式等，推进社区民主协商的制度化、规范化、程序化。

规范各级基层组织以及社会组织建设。据统计，截至2015年年底上海市220个街镇中有160个已完成街镇网络化平台建设。近年来城市管理综合执法体制改革以后，依托网格化平台构建了"1+1+1+X"体系，即"一条热线、

"一个平台、一支队伍、X个行政管理部门"的城市综合管理工作体系。制订了《关于进一步推进社会组织参与社会治理的工作方案》,使社会组织得以健康发展,并发挥社会组织在整个社会中的作用。

3. 创新工作思路

依法治市是事关上海市未来改革发展、稳定全局的一项长久的系统工程。过去一年中,上海市立足于长远的发展目标,充分发挥市、区两级作用,构筑法治上海市、法治政府、法治社会三位一体的格局。同时,积极调动社会各界积极性和主动性,建立健全工作体制机制,创新工作思路,带动社会各界共创法治上海,全面提升了上海市法治工作水平。

(1) 健全依法治市年度综合考评机制。依法治市是一项涉及社会多个领域的大型、系统性的工程,除了需要社会各界齐心协力,也需要优良的工作体系助推各项工作的落实[①]。据了解,自2014年起,行政诉讼败诉率和行政复议纠错率作为考核指标被纳入市级机关(行政部门)和区党政领导班子绩效考核内容中。自2015年起,"全面加强法治建设"作为重点专项考核内容,被纳入市管领导班子和领导干部年度(绩效)考核。同时,将"依法行政"纳入区对市级机关年度考核评价的共性指标。考评机制的建立是检验各行政单位是否依照法律的规定行使权力,是推进依法治市最为有效的方式,是衡量上海市法治建设的重要标尺,同时也是贯彻党的十八届四中全会"把法治建设成效作为衡量各级领导班子和领导干部工作实绩重要内容、纳入政绩考核指标体系"的重要举措[②]。

(2) 深入推进依法治区。上海市各区一展所长,以民为本、大力发展民生经济,智造民生实惠。比如,徐汇区灵活运用"互联网+政务服务"概念,为企业和市民提供便利精准的服务,政府的运作效率、服务能力得到极大的提升,公共产品和行政服务有了新的内涵,使得政府服务体系焕然一新[③];普陀

---

① 刘婉秋、马松华:《建立健全三大体系稳步推进依法治市》,http://legal.people.com.cn/n/2014/1127/c188502 – 26101681.html,最后访问日期:2017年6月10日。
② 刘婉秋、马松华:《建立健全三大体系稳步推进依法治市》,http://legal.people.com.cn/n/2014/1127/c188502 – 26101681.html,最后访问日期:2017年6月10日。
③ 李勇、邹雅婷:《"互联网+政务服务"推动政府自我革新》,http://www.gov.cn/xinwen/2017 – 02/07/content_ 5165981.htm,最后访问日期:2017年6月10日。

区进行专题研究，针对依法治区工作覆盖面宽、顶层设计要求高、全面落实难度大等特点，探索建立了党委领导依法治区工作专题报告制度，作为推动落实依法治区工作的具体抓手；按照市委"1+6"文件要求，奉贤区以促进基层治理法治化为目标，创新推出"村（居）法律顾问"制度，将法律服务免费配送到基层①。

4. 整合全市法律资源

总结2016年上海市的法律服务建设工作，一方面主动积极适应经济发展新常态，如创新拓展自贸区、科创中心等高端法律服务方式，以推进经济社会持续健康发展为主题，深入开展专项法律服务；另一方面坚持以人为本，围绕保障和改善民生目标，加强民生领域法律服务保障，在完善制度的同时，提高服务质量，力求使群众在遇到法律问题或权利受到侵害时能及时获得有效的法律帮助。应该说，过去一年的法律服务工作取得了积极成效，最大程度地发挥了法律服务资源的作用。

（1）普惠型公共法律服务体系框架已初步形成。据了解，上海市各区公共法律服务平台框架初步成型，全市已建成运营的实体窗口达11个。各接待窗口基本涵盖了行政审批、公共法律服务、公益法律服务等三大类功能，并积极拓展网上服务平台。16个区司法局全部成立了以区局主要领导任组长的"12348"公共法律服务平台项目领导小组以及专项办公室，建立相应管理体制，配备了专门工作人员和法律服务队伍，推动普惠型公共法律服务惠及民生。

以百姓需求为最终导向，完善法律援助各项工作机制。通过推进司法行政"一门式"公共法律服务平台，直接对外服务社会。积极主动作为，推进公共法律服务平台新发展。目前上海市在全国率先施行对支出型贫困②家庭提供法律援助，并第三次调整上海市法律援助相关标准，完善了法律援助对象经济困难标准，扩大了法律援助事项范围③。为方便群众能就近获得司法帮助，丰富

---

① 奉贤区律工委：《奉贤区推行"村（居）法律顾问"制度，实现公共法律服务全覆盖》，http://www.lawyers.org.cn/info/4635c16a1b584630 ac3cf0ea9e25cebd，最后访问日期：2017年6月10日。

② 支出型贫困是指家庭成员出现重大疾病、子女就学、突发事件等，导致家庭财力支出远远超出承受能力而造成的绝对生活贫困。

③ 王晓意：《上海将支出型贫困家庭纳入法律援助范围，新增17个援助事项》，http://news.163.com/16/0729/15/BT5DH32100014SEH.html，最后访问日期：2017年6月10日。

法律服务方式，通过律师代理、工作站转交等途径，夯实完善法律援助网络。为配合刑事案件速裁程序试点，上海市于2010年试点在看守所设立法律援助值班律师工作室，目前该制度安排已覆盖全市所有看守所①，并在法院建立法律援助值班联络点。三年来，全市各法律援助机构共办理案件6.26万件。

（2）法律服务工作者保障经济社会发展的职能作用进一步凸显。法律服务工作者身影出没于上海市经济社会发展的各个领域，坚持执业为民和服务社会的理念，发挥专业能力和提供优质法律服务，为上海市经济法律服务保驾护航。自贸区的建设为法律法规的完善提供了良好的契机，也催生了大量法律服务需求，中外律师事务所联营、互派法律顾问，及为企业等提供一站式跨法域法律服务等，共同促进了律师业的发展，营造了良好的经济法律环境。以法律服务助力科技园区创新发展，加强园区企业与律师事务所之间沟通交流，积极推动律所、公证机构与银行等金融机构合作，提供多元化的经济法律服务。以百姓利益诉求为向导，试点开展居民区法律顾问制度，严格落实责任，把建立村（居）法律顾问制度纳入区县司法行政考核的创新项目，鼓励推动落实②。据统计，三年来，全市律师共办理诉讼和非诉讼案件42.04万件，公证机构办理各类公证162.28万件，司法鉴定机构办理各类鉴定26.77万件。

（3）加强法律服务事中事后监督。为提升和改进上海市法律服务质量，以"制度先行、平台保障"为理念，建立以综合监管为基础、以专业监管为支撑、以信息化平台为保障的事中事后监管体系框架。据了解，目前已建立涵盖律师、公证、司法鉴定、法律援助、基层法律服务五个行业的信息法律服务信用平台，探索开展律师行业信用评价体系建设，便于群众及时获取有效的法律援助，并同时引导和促进法律服务工作人员的诚信和职业操守。

5. 全面提升公民法治意识

法制宣传是提高全民素质，推进依法治国基本方略，建设社会主义法治国家的一项基础性工作。上海市作为全国改革开放的排头兵，在过去的一年中不断将法制宣传工作的触角延伸至广大群众，不断探索如何将法制宣传工作做

---

① 王珊：《上海开创看守所法律援助值班律师工作室制度 成效显著》，http://gb.cri.cn/42071/2014/08/18/6071s4656862.htm，最后访问日期：2017年6月10日。
② 邢春梅：《上海市加快推行村（居）法律顾问制度》，http://www.moj.gov.cn/bgt/content/2015-12/28/content_6420482.htm?node=35088，最后访问日期：2017年6月10日。

实,如何让法制宣传工作在信息化、网络化时代更接地气。

(1) 利用互联网提升法制宣传实效。报刊、广播、电视,作为三大传统媒体[①],在过去承担着法制宣传的任务,如《案件聚焦》《法眼看天下》《法治天下》等电视栏目,皆是上海市家喻户晓的普法宣传栏目,且已经成为法治文化品牌。但在信息更替迅速的当下,传统媒体已经无法满足人们对信息的渴望,互联网作为信息提供平台,其快捷、丰富、易存储、可检索等鲜明特性更受公众青睐。上海市也顺势运用新媒体技术,大力进行法制宣传,利用时下社会热点,制作丰富多样的法制题材进行宣传,吸引公众的眼球;利用网络信息更替快速的特性,实时发布最新法制信息,让公众及时了解法制变革的进程;利用网络辐射面广和交互性的特点,通过网络论坛得到公众对热点事件的信息反馈,使法制文化宣传教育的效果和影响最大化[②]。

(2) 坚持法制宣传以提升公民法治意识。普法教育工作辐射范围较广,方式也多样,各自具备优势和特点,并且针对不同人群,普法的方式、接受形式和习惯也不尽相同,因地制宜的普法教育,更能让法治观念深入人心。据统计,上海市三年来开展大小不同的法治主体宣传1000多次,参与市民约900万人次。不仅如此,上海市因地制宜,针对不同人群开展多样普法方式,如为青少年建立60多个法治教育基地;在全市80%的中小学开设了形式多样的法治课程,并组织开展"新沪杯"中学生法律知识竞赛;为一线职工举办"送法律""三下乡"活动,惠及30万职工;为农民工提供"法律夜校"等200多个学法阵地,并取得了一定的成效。

(3) 多措并举打造有特色的法治文化阵地[③]。上海市将法制宣传阵地融入公共空间,利用上海市地铁日均人流量超过千万人次的特点,全面开展"法治文化进地铁工作",推出法治文化专列和法制宣传示范站点,并利用地铁广播、电视普法宣传。以公园、广场、展馆等公众场所为中心,通过大型户外广

---

① 葛冬梅:《运用网络的优势开展法治文化宣传》,http://www.mzyfz.com/cms/fazhiwenhua/html/1533/2012-06-04/content-394318.html,最后访问日期:2017年6月10日。
② 葛冬梅:《运用网络的优势开展法治文化宣传》,http://www.mzyfz.com/cms/fazhiwenhua/html/1533/2012-06-04/content-394318.html,最后访问日期:2017年6月10日。
③ 张玉仙、张凯:《多措并举提高法治文化建设水平》,http://news.xinhuanet.com/city/2014-09/02/c_126946108.htm,最后访问日期:2017年6月10日。

播、电视等形式普法；搭建法律工作平台，评选征集法治作品活动；自制法制宣传小品、影视剧目、公益宣传片，在各大社区、城镇进行巡回演出，寓教于乐。让法治触手可及，并以明快、通俗易懂的方式呈现于公众面前。

6. 积极开展法治论坛

十八届四中全会提出，全面推进依法治国，建设社会主义法治国家。为积极推进法治建设，上海市法学会倾力打造了上海基层治理论坛、上海司法论坛、中国自贸区法治论坛、上海金融法治论坛、上海科创法治论坛、上海航运法治论坛、上海青年法学创新论坛等系列法治论坛，深入探讨上海市的法治建设，共享治理经验，谋求进一步发展。

其一，在第三届中国自贸区法治论坛中，专家学者们不仅深入探讨了宏观层面上自贸区法制建设的过去、现在和未来，还在微观层面上细致剖析了多个具体法律制度，成功地总结并分析了自贸区法制方面可复制、可推广的宝贵经验。其二，以"社区治理与机制创新"为主题的上海市首届基层治理法治论坛在浦东新区人民检察院成功举办，来自上海市各高校及社会各界的专家学者、实务部门负责人、基层街镇和社区干部深入地探讨了基层自治的管理创新与实践探索、基层自治的理论发展与机制建构等问题。其三，在以"全球科创中心建设的法治保障"为主题的首届上海科创法治论坛上，参加者围绕上海加快建设全球科创中心的改革部署，聚焦全球科创中心建设的法学前沿问题，进行了富有成效的交流和研讨。其四，首届上海司法论坛具有从上海司法试验再到上海司法智慧的里程碑意义，形成了"以审判为中心"的核心在于庭审实质化、对刑事案件的繁简分流有助于推进庭审实质化等七点基本共识。其五，在"2016上海航运法治论坛"上，专家学者们围绕"上海国际航运中心建设法治新发展"及其前沿和热点问题进行交流研讨，取得了良好的效果。其六，"2016上海金融法治论坛"在金融创新与交易安全法制保障的关系上形成基本共识，为我国的金融法治建设提供了智力支持和服务保障。其七，以"公司法律风险管理与城市治理创新的比较和借鉴"为主题的第二届上海青年法学创新论坛，聚焦上海经济社会发展的热点法律问题，为大数据时代下城市创新治理与风险管理提供了新思路、新方向。

"治民无常，唯法为治"，这一场场法治领域的"华山论剑"，聚集国内外的研究力量与优势资源，系统开展前瞻性科学研究，强调研究与实务紧密互动、产学研协同创新，打造多视角融合、多团队协同的智库平台，为上海未来的建设提供支撑。

五 2017年工作展望

（一）行胜于言，进一步发挥人大引领作用

上海要想持续深化改革、推进转型升级，2017年是最为重要的一年。在总结以往经验的基础上，必须认识到人大在立法工作、法规落实、以良法促善治方面还大有可为；人大在回应社会关切、增强监督、意见落实等相关问题解决方面还有潜力可挖；人大在代表履职、议案落实和发挥主体作用方面还有更大的空间。

1. 积极履行法定职能

人大立法工作和监督工作是尤为重要的两项法定职能，结合2016年的工作成绩，2017年的人大工作必须继续做好以下两方面。一是坚持科学立法、民主立法。依照工作计划继续审议推进立法审议和修订工作，如继续审议"社会信用条例""促进科技成果转化条例"等法规。二是坚持正确监督、有效监督，包括加强法律实施监督、加强专项工作监督、加强计划预算监督，积极行使听取和审议的法定职权。

2. 加强服务代表履职

继续加强服务代表履职，强化代表工作实效。联系社区工作、议案建议的办理情况，应及时向社会公开，并向原选举单位报告履职情况。对正在解决的事项跟踪督办，推动一批陈年突出问题的解决。加强组织学习，通过研讨交流，以文字的形式传承宝贵履职经验。组织、挖掘、宣传本届和历届市人大代表的良好精神风貌和丰硕履职成果。做好市人大代表换届选举工作。

3. 认真抓好自身建设

"打铁还需自身硬"，上海市人大及其常委会需要不断强化自身建设。具体来说，应继续加强常委会思想政治建设，提高服务大局、调查研究和督促落实的能力。落实全面从严治党要求，做好机关巡视整改工作。加强对新情况新

问题的研究,以及根据上海情况的前瞻研究,为新一届市人大及其常委会顺利开局做好准备。

(二)深化改革,加快推进法治政府建设

展望2017年,上海市政府应当继续深化改革,在推进政府职能转变、加强依法行政、提高行政效能以及改进政府作风等方面加大力度,加快推进法治政府建设。

第一,深入推进政府职能转变。这是一场政府自身的深刻革命,必须用壮士断腕的勇气、披荆斩棘的决心向前推进。上海市政府应当继续深化简政放权、放管结合以及优化服务改革。继续推进行政审批制度改革,进一步深化证照分离改革试点。全面实行市场准入负面清单制度,推进政企分开、事企分开,强化事中事后监管,创新监管方式。深化财政体制改革,提高财政运行透明度,扩大财政信息公开的范围,细化内容。

第二,依法行政。加快构建完备、科学、规范、运行有效的行政制度体系,提高政府法治化水平,以法治思维和法治方法推动法治政府建设。制定重大行政决策征求公众意见的程序规则。全面推行政府法律顾问制度,全面实施行政执法类公务员分类管理。健全行政执法制度,促进规范公正文明。强化监督机制,建立行政权力运行的制约机制,制定行政权力内部控制制度,做到审计全覆盖,试点离任审计制度,对不作为、作为慢等问题问责。构建发布、解读、回应全过程的政务公开新格局。

第三,着力提高行政效能。运用市场化、社会化、信息化方式强化服务管理,提高政府运转效率。要加大政府购买公共服务的规模并形成机制。落实社会信用条例,构建公共信用标准,完善诚信救济措施,扩大信用信息跨地域共享的范围。推广"互联网+政务服务",推进市级电子政务云建设,提高行政工作效率。优化并完善政府运行机制、政府目标管理体系,建立科学的制定、执行、评估等工作制度。在区级政府全面推行目标管理。落实"十三五"规划纲要实施机制,进一步强化"12345"市民服务热线的平台作用。

第四,改进政府作风。坚持从严从实加强政府自身建设,为改革发展持续提供动力。坚定不移地正风肃纪,依据党内政治生活准则、党内监督条例,坚决落实廉洁自律准则和纪律处分条例。持之以恒地反腐倡廉,认真落实全面从

严治党的要求，严格落实"一岗双责"，继续探索完善廉政建设与业务工作的融合机制和权力运行的制约监督机制。把党风廉政建设和反腐败工作不断地深入推进，始终保持反腐高压态势，严肃查处侵害人民群众利益的不正之风和腐败问题。加强公务员的日常考核，逐步实行分级分类培训，提高公务员自身修养，以实干推动发展。

（三）深化司法改革，提升司法公信力

2017年是"十三五"规划的第二年，也是全面深化司法体制改革的决战之年。面对新形势、新问题，在总结以往工作经验和不足的基础上，上海市法院、检察院应持续发力，改进工作中的不足，进一步完善各项举措。

第一，上海市法院要继续抓好执法办案第一要务，依法独立行使审判权，努力让人民群众在每一个案件中感受到公平正义。深化司法体制改革，从根本上破除体制性、机制性以及保障性障碍，当好改革的排头兵。进一步加大案件执行力度，努力改进执行体制机制、执行作风等问题，形成执行长效机制，破解综合治理执行难的问题，致力于将上海打造成为全国执行环境最好、执行效率最高的地区之一。同时加强完善各项司法便民利民的措施，满足人民群众多元化的司法需求。广泛推进"智慧法院"建设，促进审判体系与审判能力的现代化。

第二，上海市检察院系统立足检察职能，以改革为驱动，破解难题、补齐短板，加强法律监督，推进各项工作合法有序展开。强化金融监管，切实维护国家金融安全，依法惩治国际贸易和跨境金融等领域的犯罪。维护经济和社会秩序，依法打击侵犯知识产权、电信网络诈骗、破坏环境资源等犯罪活动，增强人民群众的安全感，保护人民群众的合法权益。进一步落实各项改革举措，推动检察官员额配置的法定化和科学化，完善司法责任认定和追究机制以及检察官司法办案全程监督考核机制。逐步加大正副检察长直接办案的力度，进一步推进内设机构以及检察办案组织的改革。推进开展刑事案件认罪认罚从宽制度的试点工作，提高办案质量，树立司法公信力。强化从侦查、出庭公诉到审判、执行过程中的司法监督职能。围绕有效监督、精准监督，改进民事行政诉讼等监督工作短板，进一步提升法律监督质量，重视法律效果、社会效果相统一，确保办理的案件都能经得起法律检验。加强检察队伍建设，坚持从严治

检，提高专业化队伍素质，开展教育培训，推进对专业化人才的培养。加强电子检务工程建设，提升检察队伍信息化建设与应用水平。

（四）深入推进依法治市

依法治市是推动上海创新驱动、转型发展的重要保障，经济健康发展和社会和谐的重要基础就是法治。目前上海市在法治建设管理、法治思维、法治队伍、法治工作机制等方面走在全国前列，但在不少方面仍有提升的空间。

第一，加大力度创新社会管理。一改往日单一法律手段管理社会的模式，灵活运用多种法律手段应对社会治理中产生的新问题，通过不同的法律手段，有针对性地解决问题。首先，决策机制、决策程序的科学民主是关键，民主决策的必经程序就是广泛听取各方意见，并进行一定期限的公示，以求社会各界对决定批评指正。其次，鼓励民主自治，培养公民自治意识并成为习惯，如自我管理、自我监督、自我教育、自我服务等，通过民主自治让基层群众充分行使宪法赋予的权利。

第二，更加追求司法公正。法律的生命力在于实施，法律的权威也在于实施。法治的原意是指有法律而又被实际遵守的一种状态，法律制定解决的是法律应然的问题，法律实施解决的是法律实然的问题[①]。法律的实施首先依靠的是司法独立，绝不能受非法干预；其次是司法公开，"让暗箱操作没有空间，让司法腐败无法藏身"，让权力在阳光下运行，接受人民和社会的监督、人大和政协的监督；最后是提高司法透明度，让司法工作以人们看得见的方式运行，减少腐败的滋生。

第三，进一步提高政府公信力。这不仅关系政府工作的权威性和有效性，而且能充分体现在人民群众对政府的满意度和信任度上[②]。提高政府公信力不能仅做表面功夫，更多的是要深入群众中，切实了解群众诉求，满足群众所需。政府部门应发挥优势，密切联系群众，保障群众知情权、参与权、表达权、监督权的实现，以此推动政府公信力的提升。

---

① 李宪法：《关于法律实施几个问题的思考与建议》，http://nmgfy.chinacourt.org/article/detail/2014/06/id/1315490.shtml，最后访问日期：2017年6月10日。
② 白志国：《切实提高政府公信力》，http://opinion.people.com.cn/n/2014/0930/c1003-25576536.html，最后访问日期：2017年6月10日。

2017年是上海市深化改革的关键年，在这个重要的发展阶段，多重因素的叠加会影响社会的和谐，必须正视深化改革中出现的问题，加强法治建设，依法治市，解决、协调社会的各种矛盾、各方利益诉求和利益关系，保障法治社会的公平正义和长治久安。上海法治建设在中央和上海市委、市政府的正确领导之下，将一如既往地全面推进科学立法、严格执法、公正司法、全民守法，不断创新社会治理手段，提升城市管理水平，为将上海市建设成为具有全球影响力的国际金融中心而不懈努力和奋斗。

评估篇
Evaluation Reports

B.2
上海市司法体制改革满意度评估报告

上海社会科学院法学研究所蓝皮书评估组*

摘　要： 法官、检察官、律师三大群体对上海司法改革的关注度整体较高，但总体满意度评价很低。司法改革的具体制度、司法公信力建设的满意度评价结果主要分为三类：满意度较高、满意度较低和满意度差异较大。这三类结果在表明上海司法改革取得成效的同时，也说明了司法改革主要存在员额制中人员分类比例设置不合理，部分法官、检察官对体制外选拔司法官制度认识不足，以及司法公信力有待提高等问题。因此有必要提高入额人员比例，加强部分法官、检察官对体制外选拔司法官制度的认识，进一步提高司法公信力以完善司法制度。

关键词： 司法改革　司法公信力　评估满意度　员额制改革

---

* 执笔人：林红鹤，上海社会科学院硕士研究生；彭辉，上海社会科学院法学研究所副研究员。

一 问题的提出

中国社会主义司法制度在中国特色社会主义制度中占有重要地位,为中国特色社会主义事业提供司法保障。因此,进一步深化司法改革具有十分重要的现实意义[①]。2013 年出台的《中共中央关于全面深化改革若干重大问题的决定》规定:"推进法治中国建设……深化司法体制改革,加快建设公正高效权威的社会主义司法制度,维护人民权益,让人民群众在每一个司法案件中都感受到公平正义。"[②] 2014 年 6 月,中央全面深化改革领导小组第三次会议审议通过了《关于司法体制改革试点若干问题的框架意见》《上海市司法改革试点工作方案》[③],标志着司法体制改革的正式启动。

作为司法体制改革先行试点之一的上海,在司法体制改革的成效上处于全国领先地位。《中国司法文明指数报告》显示,2014~2016 年上海的司法文明指数连续三年位列全国之首[④]。虽然上海市司法改革取得了显著成效,但在某些方面依旧存在一定的问题。为了了解当前上海司法改革的现状,更好地推进司法改革,本文将从不同主体视角对法官、检察官和律师三大群体的司法改革满意度调查问卷进行比较分析。

二 评估实施过程

(一)评估指标体系

经过 3 轮评估组设计、修改指标体系过程,以及 2 轮专家论证指标体系过

[①] 孟建柱:《深化司法体制改革》,中国长安网,http://www.chinapeace.gov.cn/2013-11/25/content_9590198.htm,最后访问日期:2017 年 3 月 14 日。
[②] 《中共中央关于全面深化改革若干重大问题的决定》,新华网,http://news.xinhuanet.com/politics/2013-11/15/c_118164235.htm,最后访问日期:2017 年 3 月 14 日。
[③] 《〈关于司法体制改革试点若干问题的框架意见〉出台》,法制网,http://www.legaldaily.com.cn/zt/content/2014-06/30/content_5639330.htm,最后访问日期:2017 年 3 月 14 日。
[④] 《既有司法体制改革成效也有诸多创新之举"上海实践"被多次写入"两高"报告》,新浪网,http://news.sina.com.cn/c/2017-03-13/doc-ifychavf2624049.shtml,最后访问日期:2017 年 3 月 14 日。

程，最终形成"上海司法体制改革评估指标体系"，本评估指标体系由1个一级指标、3个二级指标、17个三级指标、37个四级指标构成（见表1）。

表1 上海司法体制改革评估指标体系

一级指标	二级指标	三级指标	四级指标
上海司法体制改革满意度评价A1	司法权力运行机制改革B1	让审理者裁判C1	制定独任法官、合议庭审判规则及审判人员权力清单D1
			规范案件分配、裁判文书签发等审判规则D2
			建立专业法官会议制度D3
			完善审判委员会工作机制D4
		由裁判者负责C2	制定司法人员责任清单，在职责范围内对办案质量终身负责D5
			在司法工作中，因主观过错依法承担违法责任D6
		司法权监督制约机制C3	制定关于院、庭长行使审判管理权、审判监督权的职责规定D7
			规范院、庭长行使管理权、监督权的职责和方式D8
		司法廉洁监督机制C4	建立案件廉政回访制度和廉政风险环节监督提示系统D9
			健全完善"法官任职回避制度"和"一方退出"机制D10
	人员分类管理改革B2	人员分类管理制度C5	人员分类管理采用公开透明、公平公正、考核考试、差额择优原则D11
			人员分类管理的程序性步骤公开透明D12
		司法官助理体制机制C6	制定法官助理的职责、选拔、任命等制度规定D13
		司法官选拔任用制度C7	制定法官的准入门槛和选拔条件D14
			高、中院的法官从基层法院择优遴选D15
			从优秀律师、法律学者中公开选拔法官D16
		司法官晋升机制C8	法官等级晋升采用按期晋升和择优选升相结合的方式D17
		司法官职业保障制度C9	推动建立与法官单独职务序列配套的薪酬制度D18
		司法官日常考核机制C10	制定法官岗位考核管理办法D19
		高素质司法官培养机制C11	对改革后三类人员实行分类分层培训D20

续表

一级指标	二级指标	三级指标	四级指标
上海司法体制改革满意度评价 A1	司法公信力建设 B3	司法公正建设 C12	当事人权利得到保障 D21
			法官公正办案 D22
			判决结果合法公正 D23
		司法效率建设 C13	案件及时受理 D24
			案件信息及时送达 D25
			案件审理进度较快 D26
			案件执行及时 D27
		司法透明度建设 C14	公众旁听 D28
			"12368"服务平台 D29
			查询案件进度 D30
		司法便民建设 C15	诉讼引导 D31
			休息场地 D32
		司法民主建设 C16	陪审员充分发挥作用 D33
			积极回应群众信访 D34
		司法能力建设 C17	庭审驾驭能力 D35
			证据认定能力 D36
			诉讼调解能力 D37

(二)数据获取方式

本次评估通过科学的调查与统计方法,运用问卷调查方式,收集法官、检察官和律师三类群体对上海司法改革的意见和态度倾向等民意调查主观评价数据。2016年3月底,围绕"上海司法改革推进情况满意度评价指标体系"内容,课题组设计了"上海司法改革推进情况满意度评价"课题调查问卷;3~4月,课题组对法官、检察官[1]及律师[2]三类群体进行问卷调查,并于4月底回

---

[1] 广大法官、检察官是司法改革的参与者、见证者,他们直接参与了司法改革的各项工作,对司法改革的真实状况、内在规律和潜在问题有较为深刻的认识和体验,对上海司法改革能够做出较为专业的自我评价。这类群体对司法改革的问题和解决的措施也有不同的认识和想法,收集和归纳这些信息对改进司法改革工作无疑具有积极的意义。此外,法官、检察官不但对司法改革的实际状况和问题有切身的认识,而且对司法改革的"方向和路径"有自己的需求。改革设计者应当了解和掌握这种需要,使司法改革更加符合司法规律。基于这一理由,法官、检察官是本次调查的重要对象。

[2] 律师思想独立、行动独立、责任独立。律师群体既是法律产品的提供者,又是法律产品的特殊消费者(相对于权力机关和公安机关、司法机关而言),与司法改革有着天然的联系,自然对司法改革有较为深刻的体验。基于这一理由,律师是本次调查的基本对象。

收问卷。问卷调查主要采用多阶抽样的概率抽样方法，结合使用配额抽样，按高院/市检：中院/检察分院：基层法院/基层检察院＝1∶2∶4的比例抽取，即抽取1个高院/市检、2个中院/检察分院、4个基层法院/基层检察院，共发放问卷800份，回收有效问卷713份，有效回收率为89.1%。律师主要采用简单随机抽样方法，在律协网站、律师事务所发放问卷500份，回收有效问卷412份，有效回收率为82.4%。

（三）调查对象基本情况

为了对上海司法改革推进现状进行全面的了解与把握，本次问卷调查活动主要以法官、检察官、律师三大群体为调查对象，其中法官230人、检察官483人、律师412人，但律师问卷缺失3份，由此形成有效调查问卷为1122份。

从调查对象的性别构成来看，男性法官118人，占被调查法官人数的51.3%；女性法官112人，占被调查法官人数的48.7%。男性检察官257人，占被调查检察官人数的53.2%；女性检察官226人，占被调查检察官人数的46.8%。男性律师人数269人，占被调查律师人数的65.8%；女性律师140人，占被调查律师人数的34.2%。总体来看，法官、检察官的性别比例相差不大，律师性别比例相差较大，男女比例接近2∶1。

从调查对象的年龄构成来看，三大群体主要为"70后"和"80后"，法官中"70后"和"80后"人数分别为60人、110人，占被调查法官人数的26.1%和47.8%；检察官中"70后"和"80后"人数分别为104人、224人，占被调查检察官人数的21.5%和46.4%；律师中"70后"和"80后"人数分别为140人、175人，占被调查律师人数的34.2和42.8%。综合来看，这部分调查对象占全部调查对象的70%以上。其他年龄段的人数所占比例较小，"90后"共93人，占被调查者的8.3%；"60后"共140人，占被调查者的12.5%；"50后"共73人，占被调查者的6.5%；"40后"最少，仅有3人，占被调查者的0.3%。

从调查对象的学历构成来看，三大群体的学历主要集中在大学本科和硕士研究生阶段，法官中大学本科学历和硕士研究生学历的人数分别为87人、123人，占被调查法官人数的37.8%和53.5%；检察官中大学本科学历和硕士研究生学历的人数分别为267人、187人，占被调查检察官人数的55.3%和

38.7%；律师中大学本科学历和硕士研究生学历的人数分别为266人、129人，占被调查律师人数的65.0%和31.5%。可见，调查对象的学历水平较高，拥有本科学历和硕士研究生学历者共占全部被调查者的94.4%，拥有博士研究生学历者共42人，占被调查者的3.7%，而拥有专科学历及以下者共21人，仅占被调查者的1.9%（见表2）。

表2 上海市司法改革推进情况满意度调查样本构成

单位：人，%

类别		法官		检察官		律师	
		频数	占比	频数	百分比	频数	占比
性别	男	118	51.3	257	53.2	269	65.8
	女	112	48.7	226	46.8	140	34.2
年龄	90后	21	9.1	52	10.8	20	4.9
	80后	110	47.8	224	46.4	175	42.8
	70后	60	26.1	104	21.5	140	34.2
	60后	34	14.8	60	12.4	46	11.2
	50后	5	2.2	43	8.9	25	6.1
	40后	0	0	0	0	3	0.7
最高学历	大学专科及以下	5	2.2	7	1.4	9	2.2
	大学本科	87	37.8	267	55.3	266	65.0
	硕士研究生	123	53.5	187	38.7	129	31.5
	博士研究生	15	6.5	22	4.6	5	1.2

三 调查结果分析

（一）司法改革整体满意度分析

法官、检察官、律师三大群体对上海司法改革的关注度（包括较为关注、非常关注两个指标，下同）整体较高，法官的关注度为80.0%，检察官的关注度为85.0%，律师的关注度为76.6%（见图1）。

然而三大群体对司法改革的总体满意度（包括较为满意、非常满意两个指标，下同）却很低，法官的满意度为41.3%，检察官的满意度为39.2%，律师的满意度为48.4%（见图2）。

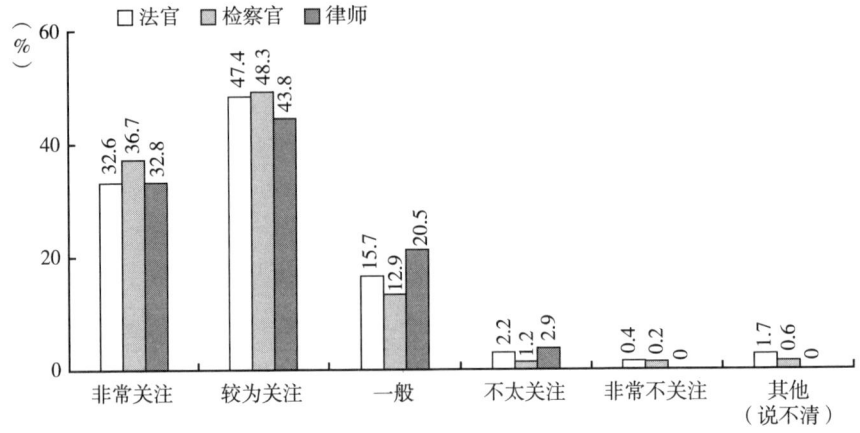

图 1 三大群体对司法改革关注度情况

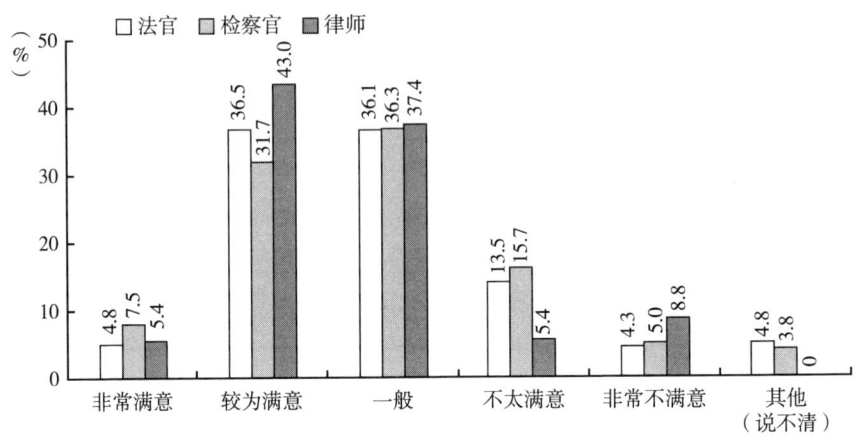

图 2 三大群体对司法改革满意度情况

关注度与满意度的差异,说明了上海司法改革的效果与人们的期待具有一定的差距。因此,上海市必须清晰地认识到司法改革的现状,通过有效的司法改革完善司法制度。

另外,在关注的领域上,法官、检察官与律师存在显著差异。法官最关注的是人员分类问题,达到35.7%;其次是酬薪问题,达到21.7%;再次是司法责任问题,占16.1%;对司法改革的效果关注度不高,仅占10.9%。检察官最关注的是薪酬问题,达到37.9%;其次是司法责任和人员分类问题,分别占21.4%和19.3%；对司法改革的效果关注度也不高，仅占15.9%。而律师最关注的是司法改革的效果，达到56.3%；其次是司法责任，达到35.2%，对于人员分类及酬薪问题关注度很低，分别只占4.9%和2.2%。出现这种差异，是因为司法改革中人员分类与酬薪问题直接关系法官和与检察官的职位与待遇，法官和检察官对这两类问题关注度较高，对其他领域的关注度相对较低；而人员分类与酬薪问题并不涉及律师的利益，对于律师自身而言也就没有关注的必要，他们更愿意关注司法改革的效果与司法责任问题。

（二）司法改革具体制度满意度分析

1. 三大群体满意度较高的制度

在对所有具体制度的满意度评价中，法官、检察官和律师三大群体满意度较高的制度主要有五项，具体又包括七项内容，满意度均在80%左右（见表3）。

表3 三大群体满意度较高的五项制度

单位：%

具体制度	评价要素	法官	检察官	律师
以司法责任制为重心，推进司法权力运行机制改革	加速权责不明、层层审批、请示汇报等去行政化改革	82.6	78.7	82.9
	建立权责明晰、权责统一、监督有序、制约有效的司法权力运行机制	80.0	78.6	81.4
探索建立符合司法规律和职业特点的人员分类管理制度	人员分类管理采用公开透明、公平公正、考核考试、差额择优原则	80.0	81.1	84.3
	人员分类管理的程序性步骤公开透明	77.9	79.5	82.4
探索建立符合职业特点的司法官晋升机制	司法官等级晋升采用按期晋升和择优选升相结合的方式	81.8	78.4	83.9
探索建立符合司法官职业特点的职业保障制度	推动建立与司法官单独职务序列配套的薪酬制度	82.6	78.6	83.8
探索建立高素质司法官培养机制	对改革后三类人员实行分类分层培训	80.4	78.6	82.1

2017年《上海市高级人民法院工作报告》指出，在"以司法责任制为重心，推进司法权力运行机制改革"中，市高院在总结改革试点经验的基础上，

制定了《上海市高级人民法院关于完善司法责任制的实施意见》及20余项配套规定;在人员分类管理制度中,坚持业绩与能力考核考试相结合与严格把关、择优遴选的原则;在完善法官职业保障制度上,上海在全国率先建立并落实与法官单独职务序列配套的工资制度[①]。2017年《上海市人民检察院工作报告》显示,在"探索建立高素质司法官培养机制"改革上,上海市人民检察院主要建立分类编班、分层施教培训机制,开班42期,培训4183人次,并且与华东政法大学签订了知识产权人才三年培养计划,与中欧陆家嘴国际金融研究院合作举办高级研修班[②]。可见,这五项制度在具体实践中取得了良好效果,在保证司法独立和司法公正上具有重要意义。

2. 三大群体满意度相对较低的制度

在所有具体制度的满意度评价中,法官、检察官和律师三大群体对"以落实员额制为重点,推进人员分类管理改革"这一具体制度中的"人员分类比例设置"一项的满意度整体评价最低,法官、检察官、律师的满意度分别为63.4%、57.5%和49.4%。对"省以下法院、检察院的人员统一管理"改革制度中的"司法官统一提名、党委审批、分级任免"一项内容满意度偏低,法官、检察官、律师的满意度分别为70.9%、73.2%和68.8%(见表4)。

表4 三大群体满意度较低的两项制度

单位:%

具体制度	评价要素	法官	检察官	律师
以落实员额制为重点,推进人员分类管理改革	人员分类比例设置(司法人员分为司法官、司法辅助人员、司法行政人员三大类,实行员额制管理)	63.4	57.5	49.4
省以下法院、检察院的人员统一管理	司法官统一提名、党委审批、分级任免	70.9	73.2	68.8

---

① 崔亚东:《上海市高级人民法院工作报告——2017年1月17日在上海市第十四届人民代表大会第五次会议上》,《解放日报》2017年1月24日,第5版。

② 张本才:《上海市人民检察院工作报告——2017年1月17日在上海市第十四届人民代表大会第五次会议上》,《解放日报》2017年1月24日,第8版。

以上结果表明,员额制中"人员分类比例设置"存在一定的不合理之处。在上海司法改革方案中,将法院、检察院工作人员分为法官、检察官,司法辅助人员,行政管理人员三类,其所占比例分别为33%、52%、15%①。司法人员分类管理,在优化人员结构,促进司法官队伍的专业化、精英化上具有重要作用,但是这一人员分类比例的设置没有得到法官、检察官、律师三类群体的认可。有学者认为,司法改革员额制的设计将会面临目标与现实脱离的困境。上海确立的33%的员额比会对现在审判法官与案件结案率之间本来已经紧张的关系造成结构性损伤②,或许33%的比例的危害不至于非常严重,但是就目前上海案件数量以及法院、检察院的情况来看,这样的比例很难满足办案需求。

另外关于"省以下法院、检察院的人员统一管理"改革制度中的"司法官统一提名、党委审批、分级任免"一项内容,虽然满意度在各项制度中处于偏低位置,但是就该制度本身而言,已经达到70%左右,获得了大多数人的认可。

3. 三大群体满意度差异较大的制度

三大群体满意度差异较大的制度主要有两大项,具体又包括三项内容。一是"以落实员额制为重点,推进人员分类管理改革",满意度差异最大。这一制度包括"优化司法人员资源配置,增强司法工作一线实际力量"和"优化司法队伍结构,提升队伍的职业化、专业化水平"两项内容,对于第一项内容,法官、检察官的满意度分别为77.0%和78.2%,律师的满意度为51.8%,比法官、检察官低25%左右;对于第二项内容,法官、检察官的满意度分别为76.1%和78.4%,律师满意度为56.0%,比法官、检察官低20%左右。二是"探索建立符合司法规律和职业特点的司法官选拔任用制度"改革中"从优秀律师、法律学者中公开选拔司法官"一项,法官、检察官的满意度仅为64.8%、66.2%,而律师的满意度为82.5%,较法官、检察官高15%左右(见表5)。

---

① 《中国首批法官助理、检察官助理在上海产生》,http://gov.eastday.com/renda/tyzhzt/n23388/n23405/n23423/n23425/n23426/u1ai6034684.html,最后访问日期:2017年3月14日。
② 宋远升:《精英化与专业化的迷失——法官员额制的困境与出路》,《政法论坛》2017年第2期。

表5　三大群体满意度差异较大的两项制度

单位：%

具体制度	评价要素	法官	检察官	律师
以落实员额制为重点，推进人员分类管理改革	优化司法人员资源配置，增强司法工作一线实际力量	77.0	78.2	51.8
	优化司法队伍结构，提升队伍的职业化、专业化水平	76.1	78.4	56.0
探索建立符合司法规律和职业特点的司法官选拔任用制度	从优秀律师、法律学者中公开选拔司法官	64.8	66.2	82.5

第一项制度的满意度存在差异的原因，与不同主体身份有关。法官、检察官的身份能让其更直接地了解法院、检察院机构内人员分类管理改革的实际运作情况，能够更清楚地认识到司法人员分类管理对"优化司法人员资源配置，增强司法工作一线实际力量"和"优化司法队伍结构，提升队伍的职业化、专业化水平"的作用。而律师看到的是，员额制的设置使得能够办案的司法官数量减少，法官、检察官办案压力增大，很难增强司法工作一线的力量，提升队伍的职业化、专业化水平。

第二项制度的满意度存在差异的原因，与三大群体的身份有关，或者说是与其利益有关。"从优秀律师、法律学者中公开选拔司法官"，显然是为律师、法律学者从事法官、检察官工作提供更便利的机会，得到82.5%的律师的支持在情理之中。而法官、检察官的满意度偏低，是因为目前法官、检察官是通过严格考试、符合准入条件后入职的，如果从律师、法律学者中公开选拔司法官，法官、检察官不免产生律师、法律学者成为司法官较容易的想法；而且，从律师、法律学者中公开选拔司法官也会对其他有意愿成为司法官的人员造成更大的职业压力。另外，法官、检察官对此项制度本身满意度偏低，除了与其身份有关外，还缘于部分法官、检察官对司法官选拔制度认识不充分。

（三）法院、检察院司法公信力建设满意度分析

1. 三大群体整体满意度较高的司法公信力建设

对于司法公信力建设，三大群体整体满意度较高的有四项，其中满意度最高的是司法便民建设，对于该项建设的两项具体内容，法官满意度为87.4%

和86.9%，检察官满意度为72.4%和71.8%，律师满意度为72.8%和70.8%；其次是司法透明度建设中的"案件审理公开度有提升"一项内容，法官的满意度为86.6%，检察官满意度为76.3%，律师的满意度为74.2%；再次是司法能力建设，对于其中的三项具体内容，法官满意度为79.1%~81.7%，检察官满意度为70.4%~72.2%，律师满意度为71.3%~75.3%；最后是司法效率建设中的"法律文书及时送达有提升"一项内容，法官的满意度为79.6%，检察官满意度为74.2%，律师的满意度为74.7%（见表6）。

表6 三大群体整体满意度较高的司法公信力建设

单位：%

公信力建设中的具体方面	评价要素	法官	检察官	律师
司法便民建设	诉讼引导明显完善	87.4	72.4	72.8
	休息场地明显完善	86.9	71.8	70.8
司法透明度建设	案件审理公开度有提升	86.6	76.3	74.2
司法能力建设	庭审驾驭能力有提升	81.7	70.4	75.3
	证据认定能力有提升	79.1	72.2	71.3
	文书制作能力有提升	80.9	71.0	71.9
司法效率建设	法律文书及时送达有提升	79.6	74.2	74.7

三大群体对这几项司法公信力建设的满意度较高，是因为法院、检察院采取了以下措施。一是设立诉讼服务中心、12368/12309服务平台、律师服务平台以满足群众的需要。同时，法院依托信息技术拓展诉讼服务大厅功能（目前具备登记立案、导诉分流、诉前调解、查询案件信息、法律援助等30余项服务功能），建立完善三级法院无缝对接、网上网下服务并举的工作机制[①]。二是设立上海法院庭审公开网，保证庭审公开透明。三是采取严格的法官、检察官入额标准，采取择优遴选的原则，同时建立高素质司法官培养机制，保证了法官、检察官办案能力的提升。

2. 三大群体满意度偏低的司法公信力建设

上海法院、检察院各项司法公信力建设中，三大群体满意度偏低的主要为

---

① 崔亚东：《上海市高级人民法院工作报告——2017年1月17日在上海市第十四届人民代表大会第五次会议上》，《解放日报》2017年1月24日，第5版。

以下三项内容：对司法主体信任与尊重有提升、对司法过程信赖认同有提升、对司法裁判服从与执行有提升。对于这三项内容，法官的满意度的分别为68.7%、70.4%和67.4%，是法官最不满意的；检察官的满意度分别为62.7%、62.1%和60.4%，较法官低近10%；律师除了对"对司法主体信任与尊敬有提升"一项的满意度稍高外（72.6%），其余两项分别是64.1%和58.8%（见图3）。

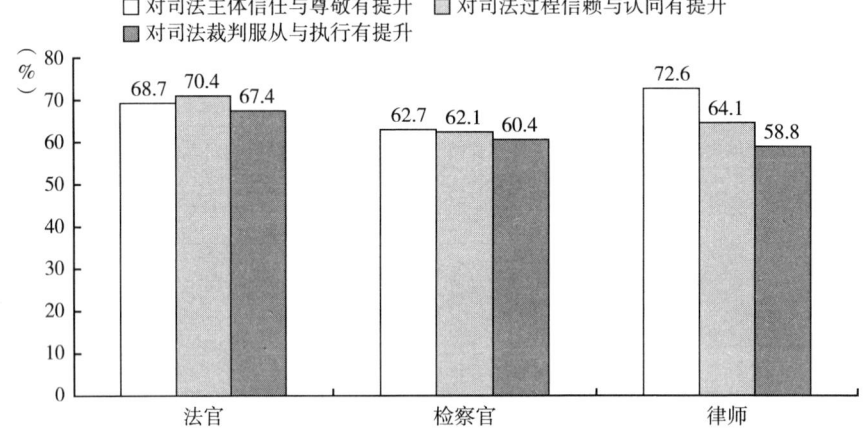

图3 司法公信力建设较为满意的情况

司法公信力高低，是衡量一个国家或地区法治化水平的基本标志，同时也是人民群众对司法期望的体现，是司法建设目的与规律的体现[①]。上海司法公信力有所提高，至2016年9月底，上海法院共27次启动非法证据排除调查程序，排除了2件案件中的非法证据[②]。但是从图3数据来看，三大群体对司法主体、司法过程、司法结果的满意度并不高，可见上海司法公信力有待进一步提高。

3. 三大群体满意度差异较大的司法公信力建设

在上海法院、检察院各项司法公信力建设中，三大群体满意度差异较大的

[①] 龙宗智：《影响司法公正及司法公信力的现实因素及其对策》，《当代法学》2015年第3期。
[②] 简工博：《上海司法改革积极效应正显现》，http：//www.gov.cn/xinwen/2015-12/11/content_5022735.htm，最后访问日期：2017年3月21日。

有四项。差异最大的是司法民主建设,对于其中的两项内容,法官满意度最高,分别为76.5%和80.0%;检察官满意度偏低,分别为63.3%和64.5%;律师满意度最低,分别仅为49.3%和49.1%。其次是司法效率建设中的"案件审理进度有提升"与"案件执行进度有提升",对于这两项内容,法官满意度依旧最高,分别为80.9%、78.7%;检察官的满意度偏低,分别为71.1%和67.5%;律师的满意度最低,分别仅为57.3%和44.8%。再次是司法公正建设中的"司法官公正办案有提升"和"审理结果合法公正有提升"两项,法官的满意度最高,分别为80.4%和79.6%;检察官的满意度偏低,分别为74.0%和73.3%;律师的满意度最低,分别为64.5%和63.9%。最后是司法透明度建设中的"12368/12309服务平台有完善"和"查询案件进度有完善"两项,法官的满意度最高,分别为83.5%和84.3%;检察官的满意度偏低,分别为70.8%和73.3%;律师的满意度最低,分别为65.9%和63.9%(见表7)。

表7 三大群体满意度差异较大的司法公信力建设

单位:%

具体建设	评价要素	法官	检察官	律师
司法民主建设	陪审员/人民监督员作用有提升	76.5	63.3	49.3
	回应群众信访有提升	80.0	64.5	49.1
司法效率建设	案件审理进度有提升	80.9	71.1	57.3
	案件执行进度有提升	78.7	67.5	44.8
司法公正建设	司法官公正办案有提升	80.4	74.0	64.5
	审理结果合法公正有提升	79.6	73.3	63.9
司法透明度建设	12368/12309服务平台有完善	83.5	70.8	65.9
	查询案件进度有完善	84.3	73.3	63.9

以上结果显示,三大群体对法院、检察院司法公信力建设满意度的差异主要表现为两点:第一,法官、检察官较律师满意度高;第二,法官较检察官满意度高。出现以上差异的原因主要包括两个方面。一是法官、检察官作为司法公信力建设的主体,不免会对自己的工作给予较高评价,律师主要是司法公信力建设的关注者,相对于法官、检察官会给予更加客观的评价;二是从司法公信力建设的内容来看,法院比检察院涉及的领域更多,因此不免出现法官比检察官满意度高的情况。

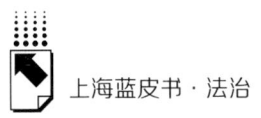

四 思考和建议

（一）适当放宽入额人员比例

为了加强司法官队伍的专业化、精英化建设，我国从2014年启动司法改革试点开始，就对员额比例做出了规定：各地可以根据本地实际情况确定员额比例，但是有一定的限制，即不能高于中央政法专项编制的39%的比例。上海将法官、检察官的入额比例设定为33%，虽然符合国家要求，但是也存在一定的问题，其中最大的问题莫过于办案压力问题。2017年《上海市高级人民法院工作报告》显示，2016年法官人均办案数达228件，同比上升21.9%[1]。可见入额比例设置过低的做法，无疑给入额的法官、检察官施加了更大的压力，这也是导致部分法官、检察官产生辞职想法的重要原因之一。

正如有学者所认为的一样，精英法官道路是西方国家在长期的司法实践中做出的历史选择，在中国不一定同样适用[2]。另外也有学者通过将我国法官、检察官数量与西方国家进行对比研究发现，从法官人均办案数来看，中国似乎比较低，但实际上，这是因为中国与其他国家法院受理案件的标准、诉讼分流机制、法官与司法辅助人员的比例、法官的行政负担等都不同，就法官采用普通程序审理案件的人均办案数而言，我国与其他国家大体持平[3]。因此，我们在追求司法队伍专业化、精英化的同时，也要考虑到案件数量和司法体制的基本情况，适当放宽法官、检察官的入额比例。

（二）加强法官、检察官对"员额外选拔司法官"制度的认识

调查问卷结果显示，法官、检察官对"司法官选拔任用制度"改革中"从优秀律师、法律学者中公开选拔司法官"（员额外选拔司法官）一项的满

---

[1] 崔亚东：《上海市高级人民法院工作报告——2017年1月17日在上海市第十四届人民代表大会第五次会议上》，《解放日报》2017年1月24日，第5版。
[2] 沈广明：《上海司法改革背景下的法官遴选制度考察》，《延边党校学报》2015年第5期。
[3] 陈永生、白冰：《法官、检察官员额制改革的限度》，《比较法研究》2016年第2期。

意度偏低。但是有学者认为，这项制度为法官选任提供了一种精中选精、优中选优的途径①。因此可以说，这一制度的创设对提高法官的专业化、精英化具有促进作用。

关于司法官选拔制度中"员额外选拔司法官"这一项内容，法官、检察官的满意度虽然偏低，分别为64.8%、66.2%，但也说明多数法官、检察官已经认识到了该项制度对促进法官、检察官队伍的专业化、精英化具有十分重要的意义，只是部分法官、检察官因为身份（或利益）或者认识不足，而对此项制度态度持不明或否定态度。因此，政府在鼓励优秀律师、法律学者向法官、检察官队伍流动的同时，可以通过宣传、教育的方式加强这部分法官、检察官对"从优秀律师、法律学者中公开选拔司法官"制度的认识。

（三）进一步提高司法公信力

司法公信力的基本内涵，从权力运行上来看，是司法权在运行过程中获得公众信任的资格和能力；从受众心理上来看，是社会公众对司法主体、过程以及结果尊重、认可及服从的普遍性群体意识②。司法公信力在保证司法价值顺利实现、加快法治社会建设上具有十分重要的作用③。但是，此次问卷调查显示，法官、检察官、律师三大群体对上海司法公信力建设的满意度偏低，主要表现在司法公正建设、司法民主建设、司法效率建设、司法透明度建设上。

因此，要进一步提高司法公信力建设，首先，要保证司法过程公开、公正，提高司法透明度。根据此次调查结果可知，律师对法院、检察院司法透明度建设中的"12368/12309服务平台有完善""查询案件进度有完善"两项满意度偏低，较为满意的人数分别占65.9%和63.9%，因此，可以通过进一步完善服务平台，推进案件查询进度来提升律师对司法透明度建设的满意度。其次，要健全司法民主。虽然法院已经对人民陪审员制度进行了改革，且取得了

---

① 冀祥德、邓超：《司法改革"上海方案"价值评析》，《政法论丛》2014年第6期。
② 公丕祥：《概念与机制：司法公信的价值分析》，《法律适用》2012第11期。
③ 孟军、甄贞：《司法改革中司法公信力问题研究》，《湖北社会科学》2015年第9期。

一定的成效（全年人民陪审员共参与审理 6.59 万件一审案件，占一审案件总数的 95.5%；加大涉诉信访矛盾化解力度，全市法院涉诉信访总量同比下降 6.2%）[1]，但是人民陪审员、监督员在司法实践中并没有充分发挥其自身作用，法院、检察院在回应群众信访工作上也存在瑕疵，因此，法院、检察院在办理案件过程中应该充分发挥陪审员、人民监督员的作用，积极回应群众信访。最后，要提高司法效率。调查结果显示，法院、检察院的司法效率特别是案件审理效率和案件执行效率较低。上海市高级人民法院院长崔亚东认为，法院现阶段依旧存在执行难的问题，执行体制机制、执行环境、执行作风等方面还有很多不足，执行长效机制有待建立[2]。这是执行效率低的重要原因。因此，法院、检察院在保证办案质量的同时，应该注意提高案件审理效率；在执行难的情况下，应该探索有效机制，提高案件执行效率。

---

[1] 崔亚东：《上海市高级人民法院工作报告——2017 年 1 月 17 日在上海市第十四届人民代表大会第五次会议上》，《解放日报》2017 年 1 月 24 日，第 5 版。

[2] 崔亚东：《上海市高级人民法院工作报告——2017 年 1 月 17 日在上海市第十四届人民代表大会第五次会议上》，《解放日报》2017 年 1 月 24 日，第 5 版。

B.3
上海市司法体制改革满意度评估之法官篇

上海社会科学院法学研究所蓝皮书评估组*

摘　要：　法官群体对上海司法改革关注度较高，但总体满意度很低。司法权力运行机制改革、司法人员分类管理改革、司法公信力建设的满意度评价结果主要分为三类：满意度较高的制度、满意度一般的制度、满意度较低的制度。这三类调查结果说明上海司法改革在取得成效的同时，也存在着一些不足。例如，法官的人员分类、未入额法官/法官助理的职责、法官的薪酬方面还存在许多不足。员额制改革的入额比例不能满足法院的办案需求，未入额法官/法官助理的职责设计不合理，法官的薪酬与所担责任不匹配。建议解决未入额法官的定位问题，适当地让渡一部分案件的审判权给部分未入额但已有审判经验的法官，并逐步实现薪酬的增长。

关键词：　法官　问卷调查　司法改革　满意度评估

上海是中央确定的全国首批司法体制改革试点省份之一。2014年6月，中央深改组审议通过《上海市司法改革试点工作方案》。司法改革推进已近三年，上海按照"试点先行、先易后难、于法有据、稳步推进"的工作思路，有侧重地、按部就班地进行改革，取得了一些阶段性成果。员额向年轻人倾斜，一线办案力量增加。审批少了担子重了，百余名法官实现"一方退出"。

---

* 执笔人：陈晓燕，上海社会科学院硕士研究生；彭辉，上海社会科学院法学研究所副研究员。

尊荣感与收入齐增，科学考核打破终身制。司法改革，无论是从司法权力运行机制改革，还是从司法人员分类管理改革，又或者是司法公信力建设，均是从司法系统内部开始改革。如此，司法系统内部群体，尤其是法官群体最先感知，深有体会并且受影响最大。那么法官群体的满意度对于司法改革的评价来说便显得尤为重要。于是我们以法官群体的视角来进行司法改革满意度评估是十分有必要，且具有代表性的。

上海市的司法改革历经3年之久已趋于成熟，对于司法改革的满意度考察势在必行，特别是对居于内部、影响力最大的法官群体的考察当为重中之重。在取得了不错成就的同时，本次司法改革也面临着许多问题和挑战。例如，对人员的分类管理中各类别人员比例的设置问题、员额制下青年法官的职业发展问题、法官群体人才流失问题、从优秀律师法律学者中公开选拔法官问题、司法审判服从与执行问题等，都存在一些争议。本文对一些司法改革举措（包含这些问题）及成果的法官群体满意度做了调查，对其做出分析并提出几点建议。

一 调查对象基本情况

为了多层次、多角度地对上海市司法改革推进情况法律职业群体满意度进行调查和评估，作为上海市司法改革推进情况法律职业群体满意度调查的一个重要组成部分，对法官群体的问卷调查主要以现任法官、审判辅助人员、司法行政人员三类法律职务人员为调查对象，具体构成人员为法官101人、审判辅助人员100人、司法行政人员29人，由此形成230份有效调查问卷。

从调查对象的性别构成来看，男性被调查者占51.3%，女性被调查者占48.7%，性别比例基本均衡。

从调查对象的年龄构成来看，"90后"的被调查者占9.1%，"80后"占47.8%，"70后"占26.1%，"60后"占14.8%，"50后"占2.2%。可见，调查对象主要集中于"80后"和"70后"，这部分调查对象占了全部调查对象的73.9%，尤其是"80后"的被调查者所占比例最大。

从调查对象的学历构成来看，大学专科及以下者占2.2%，大学本科学历者占37.8%，硕士研究生学历者占53.5%，博士研究生学历者占6.5%。可见，调查对象的学历层次普遍较高，本科以上学历者占比高达97.8%，其中主要集中于本科学历和硕士研究生学历，二者相加占全部调查对象的91.3%。

从调查对象的司法改革之人员员额制分类管理来看，入额的占18.7%，未入额的较多，占81.3%。

从调查对象的直系亲属是否正在从事律师职业工作来看，仅有1.7%的法律职务人员是有近亲属正在从事律师职业。

从调查对象的工作单位所在的区域来看，徐汇区法院占0.4%，长宁区法院占4.7%，浦东新区法院占17.0%，一中院占31.3%，高院占0.9%，其中105人为有效数据，占比为45.7%（见表1）。

表1 上海司法改革推进情况满意度调查样本构成

单位：人，%

类别	基本指标	频数	占比	类别	基本指标	频数	占比
性别	男	118	51.3	法律职务	法官	101	43.9
	女	112	48.7		审判辅助人员	100	43.5
年龄	90后	21	9.1		司法行政人员	29	12.6
	80后	110	47.8	是否入额	是	43	18.7
	70后	60	26.1		否	187	81.3
	60后	34	14.8	亲属律师职业	是	4	1.7
	50后	5	2.2		否	226	98.3
工作年限	1~5年	204	88.7	所在区域	黄浦	105	45.7
	6~10年	8	3.5		徐汇	1	0.4
	11~15年	3	1.4		长宁	11	4.7
	16~20年	7	3.0		静安	—	—
	21~25年	4	1.7		普陀	—	—
	26~30年	3	1.3		虹口	—	—
	30年以上	1	0.4		宝山	—	—
最高学历	博士	15	6.5		浦东	39	17.0
	硕士	123	53.5		一中院	72	31.3
	本科	87	37.8		三分院/铁分院	—	—
	专科及以下	5	2.2		高院	2	0.9

二 调查数据及分析

对上海司法体制改革法官群体满意度的调查主要集中在司法权力运行机制改革、司法人员分类管理改革、司法公信力建设三个方面,其调查结果分别反映在表2至表4中。

(一)司法权力运行机制改革评价分析

1. 主要数据分析

表2 司法权力运行机制改革评价

单位:%

调查问题	正面评价占比	中性评价占比	负面评价占比	其他
Q1 本次上海司法改革关注度	80.0	15.7	2.6	1.7
Q3 本次上海司法改革的总体满意度	41.3	36.1	17.8	4.8
Q7.1 加速权责不明、层层审批、请示汇报等去行政化改革	82.6	12.2	1.3	3.9
Q7.3 建立权责明晰、权责统一、监督有序、制约有效的司法权力运行机制	80.0	15.6	1.3	3.1
Q8.1 制定独任法官规则及司法人员权力清单	81.3	14.4	1.7	2.6
Q8.3 规范案件分配、裁判文书签发等司法规则	81.3	13.9	1.7	3.1
Q8.5 建立专业法官会议制度	83.9	11.8	0.8	3.5
Q8.7 完善审判委员会工作机制	80.4	13.5	1.3	4.8
Q9.1 制定司法人员责任清单,在职责范围内对办案质量终身负责	73.9	17.4	4.8	3.9
Q9.3 在司法工作中,因主观过错依法承担违法责任	77.4	15.2	4.8	2.6
Q10.1 制定关于司法领导行使司法权的职责规定	77.8	15.3	1.3	5.6
Q10.3 规范司法领导行使管理权、监督权的职责和方式	77.0	16.9	1.3	4.8
Q11.1 健全完善"法官任职回避制度"和"一方退出"机制	74.3	16.5	5.7	3.5

法官群体对司法权力运行机制改革评价满意度最高的几项分别为"建立专业法官会议制度"、"加速权责不明、层层审批、请示汇报等去行政化改革"、"制定独任法官规则及司法人员权力清单"和"规范案件分配、裁判文书签发等司法规则",分别占所调查总数的83.9%、82.6%、81.3%和81.3%。这说明法官群体对"以审判权为核心,建立完善独任法官、合议庭办案机制,落实'让审理者裁判'"和对"以司法责任制为重心,推进司法权力运行机制"改革的评价是比较高的,说明我们的司法改革推进的三年来,这两方面的工作还是取得了很大的进步。从表2的统计及数据来看,负面评价比较突出的为本次上海司法改革的总体满意度,不满意率达到17.8%,主要原因是对人员分类、薪酬、司法责任、省级以下人财物统管和司法改革效果的不满。

2. 影响因素分析

对司法改革满意度的评价,除了表2、表3、表4的主要调查数据外,我们还调查了法官群体最关注的司法改革领域,以及改革前后的工作内容、要求、标准、难度是否发生变化。目前,法官成员中是否有认真考虑过想要离开司法系统,以及想要离开的主要原因。对于这几项改革的意见也直接影响了司法改革总体满意度的评价。

法官群体对司法改革关注度最高的领域为人员分类,占总调查人数的35.7%;其次为薪酬,占总调查人数的21.7%;然后为司法责任,占总调查人数的16.1%;再次为省级以下人财物统管和司法改革效果,均占总调查人数的10.9%;剩余的是其他领域,占4.7%(见图1)。关于司法人员分类改革方面,法官群体关注度较高,同时这一部分不满意度也是最高的,达12.6%。从前的法官未入额,司法改革后地位不升反降,入额名额又十分有限。未入额的法官及审判辅助人员职责与薪酬的认定等等,都是司法改革需要协调的重头戏。

司法改革前后,所调查群体中认为工作内容、要求、标准、难度发生明显或较大变化的人占比最多,为36.9%;认为发生较小变化或无变化的人员占比为27%(见图2)。

认真考虑过想要离开司法系统的工作人员占所调查人数的24.3%;不想离开司法系统的工作人员占所调查人数的33.0%。可见,想要离开和不想离开的人员差不太多(见图3)。

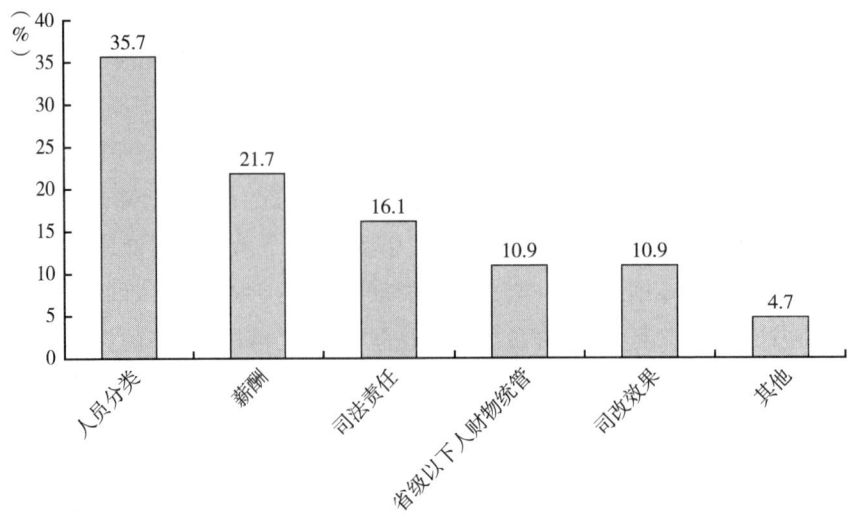

图1　司法改革领域关注度

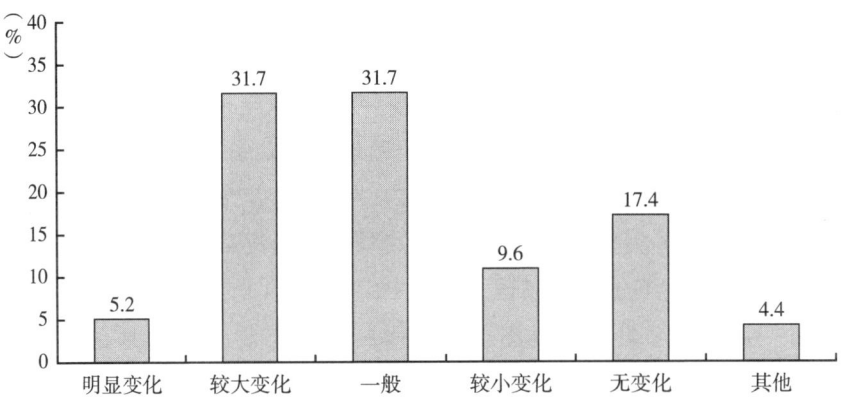

图2　改革前后工作内容、要求、标准、难度变化

法官群体如果想要离开司法系统，薪酬过低这一原因占比最大，占所调查人数的68.7%；还有少部分原因是职业前景不佳、工作压力大，分别占所调查人数的12.6%和7%（见图4）。上海的司法改革试点主要涉及检察院、法院系统。公安民警薪酬待遇的问题另外有公安改革的文件，已经确定了低于军队高于地方的原则。这次改革通过员额制改革等进行了内部人员的分类，法官员额的比例与当前相比减少了不少，按照改革的初衷体现了精英法官入额的特

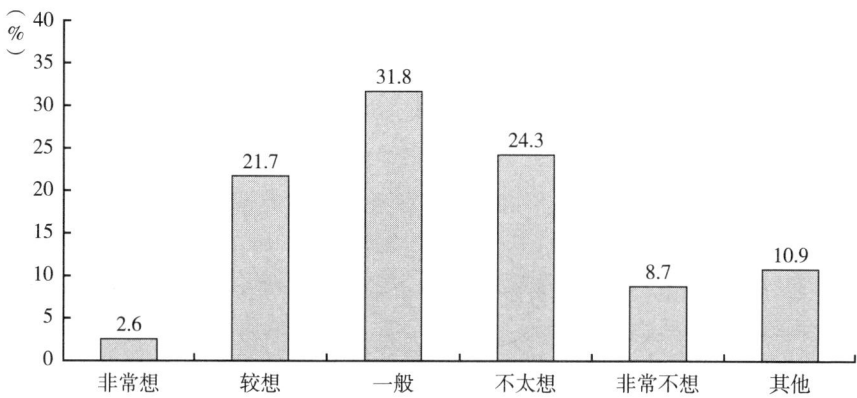

图3　有无考虑想要离开司法系统

点。法官进入门槛、职业要求、办案责任等因素均与普通公务员不同，故在薪酬待遇上应予以一定程度的提高，初定为43%，关于是否会引起新的矛盾，在内部可能是法官与审判辅助人员、司法行政人员之间的矛盾。在外部，司法机关人员与普通公务员会形成一定差别，老百姓是否认可法官的相对高薪，目前还不好判断。从长远来看，法治国家给予司法专业人员高薪和相对优渥的职业保障，是有利于司法的独立和公正的。

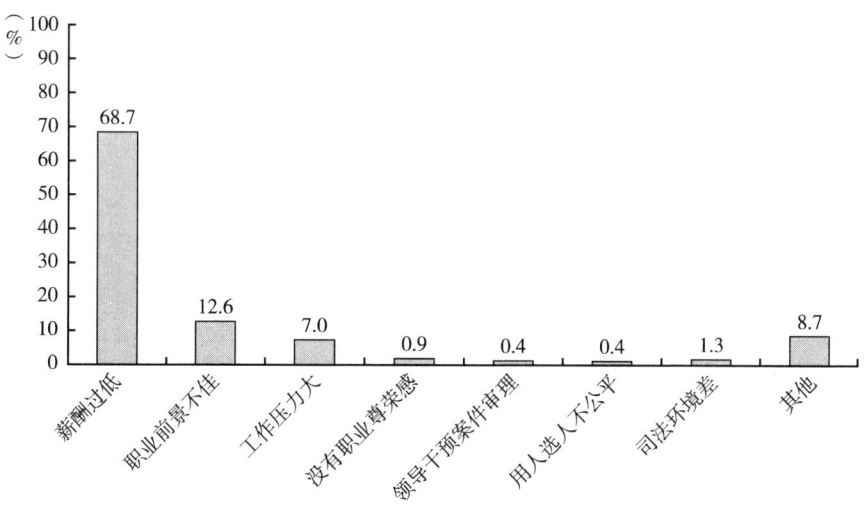

图4　想要离开的主要原因

2016年上海法院的司法体制改革已过半,改革进入深水区后更显艰辛。针对推进审判权力运行机制改革和司法责任制改革,市高院在总结改革试点经验的基础上,制定了《关于完善司法责任制的实施意见》及20余项配套规定,院长、庭长办案成为常态,全年院长、庭长办案14.14万件,同比上升20.4%;第二批法官入额遴选,407名法官经过严格遴选入额。目前全市法院入额法官员额比例为29.3%,法官与审判辅助人员的比例,从改革前的1∶0.75变为1∶1.7[1],审判权力机制运行更加顺畅,"让审理者裁判,由裁判者负责"进一步落实。在市财政局、市人保局的共同努力下,上海的法官单独职务序列配套工资制度率先建立了起来,并取得了一些实质上的进展。可见,对于图4中所示司法工作人员比较担忧的几个问题,还是采取了一些解决措施,若想我们的法官群体更加满意,还需将解决措施更好地实施并严格落实。

从图5中粗略可见,男性与女性对司法改革关注度的差异主要体现在比较关注和非常不关注两个方面。男性的关注度要高于女性,这可能与在职场中男女不同的职业期望与重视程度有关。男女性别职业发展平衡依然是我们司法系统发展的重要关注点。

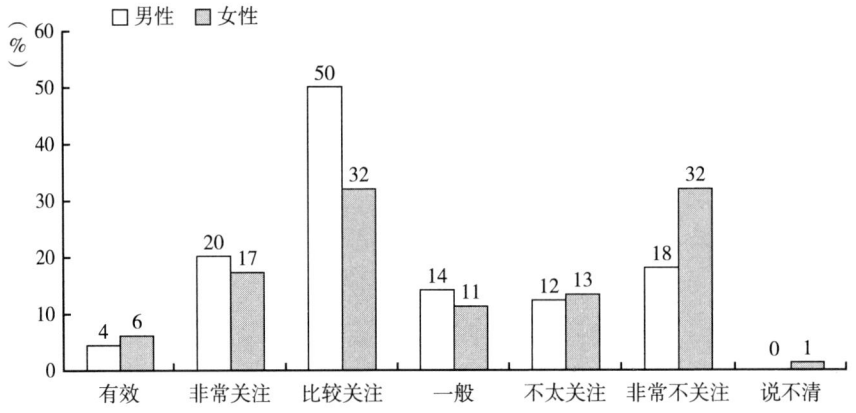

图5 性别与司法改革关注度交叉对比

---

[1] 崔亚东:《上海市高级人民法院工作报告》,上海市第十四届人民代表大会第五次会议,2017年1月17日。

（二）司法人员分类管理改革评价分析

对司法人员分类管理改革的评价，法官群体满意度较高的几项为"推动建立与法官单独职务序列配套的薪酬制度""法官等级晋升采用按期晋升和择优选升相结合的方式""制定法官的准入门槛和选拔条件"，分别占所调查人数的82.6%、81.8%、80.5%。上海在实行司法改革后，法官薪酬由"工资收入＋岗位津贴"的薪酬制度过渡到法官单独职务序列的配套薪酬制度，建立以专业等级为基础的法官工资待遇保障机制。法官助理按照现行工资收入加岗位津贴将薪酬分为五级，法院书记员按照文职人员工资收入加能级岗位津贴的方式将薪酬分为五级。这样的方式普遍提高了法官群体的收入，因此得到了较多满意的评价。

员额制法官的遴选制度包括入额基本资格审查和考核考试。首先职业操守和任职回避等方面是基本资格的审查，这方面的考察项具有"一票否决"效果。考核考试还要与审判实绩相结合，考核考试通过后，业绩考核合格的审判人员才可入额。上海法院通过案件权重系数来评判办案的数量。同时，助审员首批入额有一定资格条件，且门槛不低。规定高级、中级人民法院助审员需从事司法工作满6年且任助审员满3年，基层法院助审员需从事司法工作满5年且任助审员满2年，才有资格报名入额①。入额，意味着必须到岗从事审判工作，无论是普通法官还是领导干部，都一视同仁。

其中，法官群体最不满意的两项为"从优秀律师、法律学者中公开选拔法官""将司法人员分为法官、审判辅助人员、司法行政人员三大类，实行员额制管理人员分类比例设置"，分别占所调查人数的13.5%和12.6%。理论上说，《中共中央关于全面推进依法治国若干重大问题的决定》里面明确规定了初任法官、检察官一律在基层法院、检察院任职；上级人民法院、检察院一般要从下一级人民法院、检察院的优秀法官中遴选法官、检察官。法官有等级，而律师没有。尽管法官的等级部分受行政级别影响，不能实际说明法官的个人业务水平，但法官级别高了，至少能说明"资深"。无论这资历是因为任职年限、行政级别还是业务能力，至少

---

① 卫建萍：《审判为中心　法官为主体》，《人民法院报》2015年7月18日，第10版。

有级别就能明确这个法官在法官职业中所处的层次。而律师没有明确的级别划分，没有等级对应，在转职时原职业等级只能清零。而一些资深律师能当上二级法官，是因为他们进了高院，二级法官是高级法院的行政级别带来的，而不是律师的资深带来的。律师加入法官群体的跳跃式升级也是法官们所不满意的重点。

在上海的司法体制改革试点方案中有一项重要内容就是对司法人员进行分类管理，对法官、检察官实行员额制。这项改革的目的主要是通过控制员额，提高司法人员综合素质。法官、检察官不再以处级、科级等行政级别晋升，而是按专业职务序列管理。改革前，上海法院系统审判员和助理审判员占队伍总数的49%；改革后，法官、审判辅助人员和行政管理人员分别占队伍总数的33%、52%、15%，法官进入33%的范围，叫作"入额"。但立案登记制下法院收案数量呈明显增长态势且案件难度不断加大，33%入额比例的法官明显不能满足办案需求，因此在这个比例设置部分，法官不满意人数较多（表见3）。

表3 司法人员分类管理改革评价

单位：%

调查问题	正面评价占比	中性评价占比	负面评价占比	其他
Q12.1 将司法人员分为法官、审判辅助人员、司法行政人员三大类，实行员额制管理制度本身	74.4	17.8	5.6	2.2
Q12.2 将司法人员分为法官、审判辅助人员、司法行政人员三大类，实行员额制管理人员分类比例设置	63.4	22.3	12.6	1.7
Q12.4 优化司法人员资源配置，增强司法工作一线实际力量	77.0	15.2	6.1	1.7
Q12.6 优化司法队伍结构，提升队伍的职业化、专业化水平	76.1	16.5	6.5	0.9
Q13.1 人员分类管理采用公开透明、公平公正、考核考试、差额择优原则	80.0	13.4	4.4	2.2
Q13.3 人员分类管理的程序性步骤公开透明	77.9	15.6	4.8	1.7

续表

调查问题	正面评价占比	中性评价占比	负面评价占比	其他
Q14.1 制定法官助理的职责、选拔、任命等制度规定	75.7	15.6	6.1	2.6
Q15.1 制定法官的准入门槛和选拔条件	80.5	15.6	2.6	1.3
Q15.2 高、中级的法官从基层单位择优遴选	75.3	17.7	5.7	1.3
Q15.3 从优秀律师、法律学者中公开选拔法官	64.8	18.7	13.5	3.0
Q16.1 法官等级晋升采用按期晋升和择优选升相结合的方式	81.8	13.0	1.3	3.9
Q17.1 推动建立与法官单独职务序列配套的薪酬制度	82.6	12.6	3.9	0.9
Q18.1 制定法官岗位考核管理办法	78.3	15.7	3.4	2.6
Q19.1 对改革后三类人员实行分类分层培训	80.4	15.3	2.6	1.7
Q20.1 优化司法人员人事管理和任免权	80.0	16.1	1.7	2.2
Q20.3 改变司法机关财务依赖地方	78.3	16.5	1.7	3.5
Q21.1 法官遴选、惩戒委员会	70.4	20.5	4.4	4.7
Q21.3 法官"统一提名、党委审批、分级任免"	70.9	19.6	2.1	7.4
Q22.1 区县司法机关作为市级预算单位,纳入市财政统一管理	73.9	18.3	0.9	6.9
Q22.3 按照"维持存量、做好增量"的要求,逐步统一人员收入	73.5	17.0	2.6	6.9
Q22.5 清查登记各类资产,也由市里统一管理	71.7	17.4	2.6	8.3

(三)司法公信力建设评价分析

法官群体对司法公信力建设评价满意度最高的五项为"诉讼引导明显完善""案件审理公开度有提升""查询案件进度有完善""案件及时受理有提

升""12368/12309 服务平台有完善",分别占所调查数据的 87.4%、86.6%、84.3%、83.9% 和 83.5%。法院信息公开本身不是目的,最终是要通过信息公开与民众在互动中达成共识。如果没有交流和监督,公开也就失去了其自身价值。双向交流式的信息公开和信息服务,在一定程度上改变了民众对法院的刻板印象,也为法官办案的程序性问题提供了很好的解决方案。在司法公信力建设中,法官群体最不满意的一项为"司法裁判服从与执行有提升",占所调查人数的 8.7%。"审执分离"具有两面性,一方面体现了司法审判工作分工越来越细;另一方面也会产生审判法官不考虑执行问题的弊端[1]。这一问题也是司法改革法院内部单独建立执行庭后所要克服的问题,这一点从法官群体对此处明显的不满意度也可以看出(见表4)。

表4 司法公信力建设评价

单位:%

调查问题	正面评价占比	中性评价占比	负面评价占比	其他
Q23.1 对司法主体信任与尊敬有提升	68.7	21.7	7.4	2.2
Q23.2 对司法过程信赖与认同有提升	70.4	18.3	7.8	3.5
Q23.3 对司法裁判服从与执行有提升	67.4	20.0	8.7	3.9
Q24.1 当事人权利得到保障有提升	82.6	12.7	1.7	3.0
Q24.2 法官公正办案有提升	80.4	14.4	1.7	3.5
Q24.3 审理结果合法公正有提升	79.6	14.3	2.6	3.5
Q25.1 案件及时受理有提升	83.9	11.7	0.9	3.5
Q25.2 法律文书及时送达有提升	79.6	14.0	2.1	4.3
Q25.3 案件审理进度有提升	80.9	13.1	1.7	4.3
Q25.4 案件执行进度有提升	78.7	14.8	2.2	4.3
Q26.1 案件审理公开度有提升	86.6	10.3	0.9	2.2
Q26.2 12368/12309 服务平台有完善	83.5	11.8	1.7	3.0
Q26.3 查询案件进度有完善	84.3	12.2	1.3	2.2
Q27.1 诉讼引导明显完善	87.4	10.0	0.4	2.2

---

[1] 辛勤:《破解执行难的"西宁样本"》,《青海日报》2012年3月29日,第3版。

续表

调查问题	正面评价占比	中性评价占比	负面评价占比	其他
Q27.2 休息场地明显完善	86.9	10.1	0.9	2.1
Q28.1 陪审员/人民监督员作用有提升	76.5	17.4	2.6	3.5
Q28.2 回应群众信访有提升	80.0	13.6	0.8	5.6
Q29.1 庭审驾驭能力有提升	81.7	13.2	0.4	4.7
Q29.2 证据认定能力有提升	79.1	15.3	1.3	4.3
Q29.3 诉讼调解能力有提升	81.7	12.7	0.4	5.2
Q29.4 文书制作能力有提升	80.9	14.8	0.4	3.9

（四）数据交叉对比分析

法官群体中不同人员分类、不同年龄分层、不同的家属身份都会对司法改革评价产生影响。所谓"当局者"与"旁观者"的评价，哪一方更为客观并不是我们所关注的，因为每个群体的声音都同样重要。

1. 入额法官与未入额法官两大群体对司法改革的评价

调查人员中未入额的占大多数；在有辞职想法的人员构成中，未入额的人员有辞职的想法明显比入额人员要多（见图6）。入额意味着工资增加，同时责任、压力变重，未入额则相反。

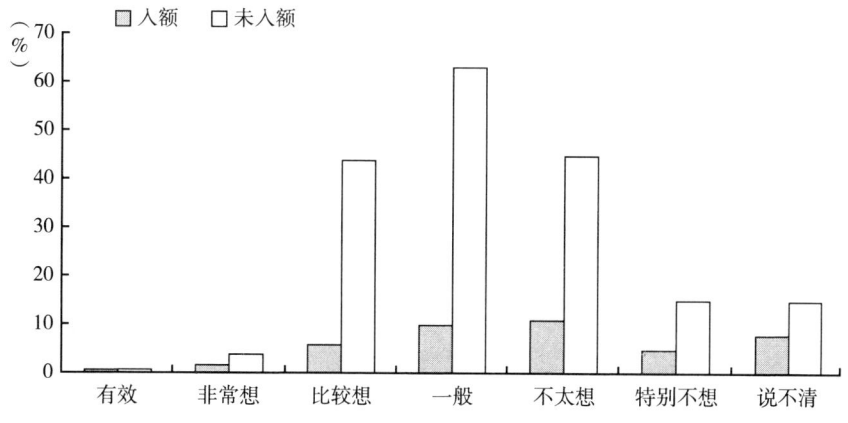

图6 是否入额与辞职想法交叉对比

2. 不同年龄层对司法改革的评价

对司法改革特别不满意的主要年龄层集中在"80后"这个群体中（见图7），作为青年法官的主力军，他们对于司法改革的切身感受不容忽视，他们对于司法改革的满意度值得重视。在前述调查数据中，想离开司法系统的人群中有12.6%便是因为他们感到职业前景不佳。面对不能入额甚至于入额无望的情形，难免要重新审视自己的职业生涯期望及规划。因此，员额制也应当与法官的职业发展与职业培养紧密结合起来，这样司法改革的满意度才会得到提升。

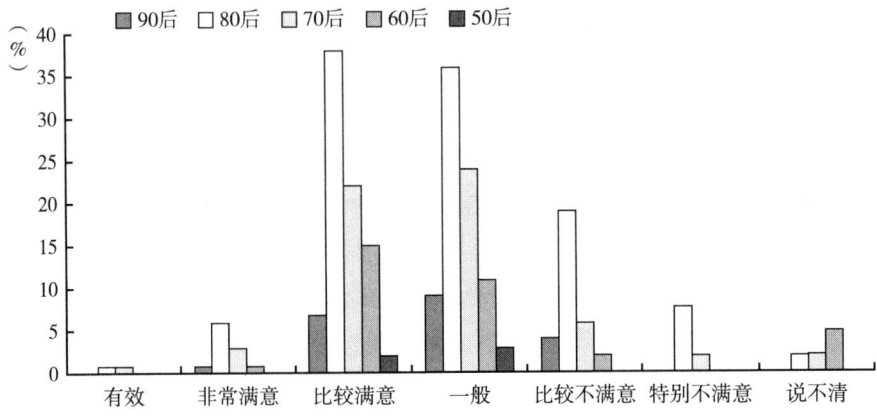

图7　年龄与司法改革总体满意度

3. 法官职业回避制度评价

2015年4月，上海出台了《上海法官、检察官从严管理六条规定》，对司法人员职业内外行为进行规范。比如，严禁违反任职回避规定，法官、检察官配偶在本市从事律师、司法审计、司法拍卖职业的，各级法院、检察院领导班子成员配偶、子女在本市从事前述职业的，应当实行一方退出。法官、检察官入额要遵循"从严+择优+最严"的回避令，现有检察人员配偶等从事律师、司法审计、司法拍卖且不愿退出的，不能遴选为检察官。对于这项制度法官满意度还是比较高的，并且落实得也比较好，因为在调查的样本中只有4名法官的直系亲属从事律师职业。当然也有少部分人对此项制度不满意，认为此项制度不够以人为本（见图8）。

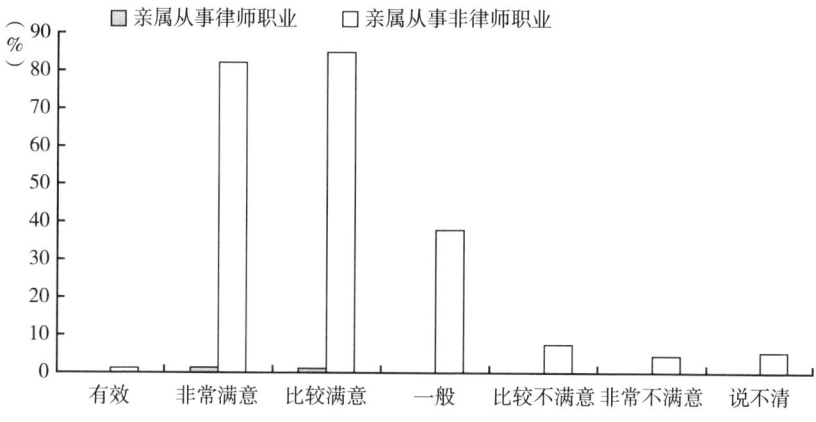

图8 亲属律师职业与制度本身评价交叉对比

三 思考和建议

（一）拓宽员额制入额比例

33%员额不要一次用尽，给年轻人留下晋升空间。上海市高院院长崔亚东表示，改革实行"老人老办法，新人新办法"，并且有5年的过渡期，"既考虑到原有法官能够大部分进入员额，又考虑到法官不能断层，要有新人员的补充。"

明确法官助理任务与评价机制。经过探索，法官助理们的工作职责已逐渐明晰，包括主持调解、审查诉讼材料、组织庭前证据交换、文书送达等10余项辅助性任务。他们的工作使法官得以从繁重琐碎的辅助性事务中解脱出来，从而能更加集中精力专司办案。

通过设置法官及法官助理的评价机制与入额考核相对接，对入额条件与具体要求设置合格线。鼓励法官及法官助理提高自己的职业要求，逐渐补齐未用尽员额名额并适当提高入额比例。

（二）继续深化司法去行政化改革

对现有行政化体制进行根本改革，完善司法去行政化改革。外部去行政化是指建议赋予检察机关提起公益诉讼的权利。司法改革在外部去行政化保障司法独立的同时,也要深化内部去行政化改革。员额改革,领导先入;员额遴选,党组把关,最后留给遴选委员会的,只有签字背书的权力。这可能慢慢地激化入额人员和未入额人员之间潜在的矛盾。办公室、人事处、财务处、纪检组、这些实权部门以及非业务部门的中层领导,若想要参加员额制考核,便要放弃其原有的行政职位。院长、庭长、审判委员会减少对案件的干预,更多地让主审法官和合议庭独立裁决,回归司法规律,明确司法责任。

(三)合理高效的运用审判辅助人员

随着我国法治的发展,人民的法律意识逐渐提高,越来越多的人选择运用法律维护自己权益。在法官总人数没有明显增长的前提下,法院受理案件20年将近翻了两番①,司法资源明显不足。而实行员额制又在原有法官的基础上大大地减少了法官的人数,更加不能满足法院日益增长的办案需求。除了发展多元化纠纷解决方式外,我们也不能要求所有超出法院能力范围的案件都分流出去,毕竟裁判才是伸张正义的最好方式。因此,我们解决此矛盾的方式主要有两种:

一是,将矛盾转移于外部,即将案件分流到其他纠纷解决方式上;二是,法院内部高效的消化。

对于第一点,我们需要完善第三方解决机制,使其与法院相互补充。对于法院内部高效的消化,首先则需要法官与审判辅助人员的配合,为每一个法官配备相应的审判辅助人员,使法官能够专心地为庭审和裁判负责,以减轻法官其他可替代的工作任务。其次,将审判辅助人员进行分类,将有无审判经验做出区分,将送达、保全等事务型法官与审判型法官做出区分,高效实践法院的审判程序及其他事务型工作。

---

① 胡昌明:《如何在司法改革中善待法官》,《人民法院》2015年7月23日,第05版。

B.4
上海市司法体制改革满意度评估之检察官篇

上海社会科学院法学研究所蓝皮书评估组*

摘　要： 上海市对司法改革的探索已经历了三年时间，检察院作为司法改革的重要组成部分，自然是此次调查不可忽视的主体。此次调查主要以对实践中各项制度的满意度评价为主，满意度评价比较高的制度有强化司法责任制、独任检察官、对司法权进行监督制约等制度；但也存在一些问题，如员额制分配比例、一方回避制度以及司法公信力不足，等等。因此，上海市应在对员额制的比例调整、一方回避制度的补偿机制以及进一步提高司法公信力等方面进行努力。

关键词： 检察院　司法改革　员额制　满意度评估

我国的司法体制一直处于改革的过程中，这一轮改革为何会如此令人瞩目？党的十八届三中全会提出全面深化司法体制改革的总部署，将上海作为最先进行改革的试点区域，发布了《中共中央关于全面深化改革若干重大问题的决定》。此次改革的重点工作是提高司法公信力、维护社会的公平正义，让司法发挥好应有的作用。从2014年开始，上海努力在本地区开展司法体制改革的工作，中共上海市委全面深化改革领导小组通过了《〈上海市司法改革试点工作方案〉实施意见》、上海市司法改革试点推进小组原则通过了《上海检察改革试点工作实施方案》。经过三年的实践，司法体制

---

* 执笔人：孔雪，上海社会科学院硕士研究生；彭辉，上海社会科学院法学研究所副研究员。

改革工作进行得如何，在试点工作的进行中有哪些值得借鉴的经验、改革面临的问题以及在推行中碰到的阻碍等是此次调查的核心问题。之所以从检察官的角度进行调查，是因为检察官作为司法活动的重要参与人之一，是司法改革不能绕过的重要的主体。尤其在刑事案件中，检察官担负着对案件进行审查、起诉、监督等重要的责任，想要公平正义地审理案件离不开检察官的努力。

本次调查问卷主要分为两个模块，一是对被调查人基本信息的收集，包括性别、年龄、工作年限等资料；二是对此次上海司法改革的突出问题进行满意度调查，包括个人的关注度、改革相关的制度满意度，以及司法公信力满意度等。调查的问题都是此次上海司法改革的热点以及内容变化比较大的改革措施，比如：对司法机关的工作人员进行分类，实行员额制，增进检察官的专业化、司法惠民以及民主监督等内容。

一 调查对象基本情况

根据表1的数据我们可知，首先，我们之所以对被调查人的基本信息进行收集，是为了更全面地掌握检察官对此次司法改革推进情况的满意度评价。在此次调查中，检察系统工作人员男女比例大体保持均衡，男性占53.2%。我们知道，对同一个问题，男女双方往往有不同的见解，在男女比例相对平衡的情形下，接下来所进行的问题调查就更能综合反映出改革的结果。从调查的结果看，"80后"占据了检察机关工作人员的46.4%，"70后""80后""90后"占了将近80%的比例，是检察机关工作人员的主力军。但"90后"的占比只有10.8%，作为新一批的接班人，显然"90后"所占的比重还不高，他们从事司法工作的年限大多在0~5年，占85.9%，可见，司法机关一直不断注入新鲜血液；但是长期从事司法工作的人员所占的比重不高，这说明司法机关可能存在留不住人才的现象。在被访者中，最多的是本科学历，占比为55.3%，其次是硕士研究生，占到38.7%。对比过去几年，硕士研究生的人数有所增加，检察机关工作者的学历日益提高，对于检察系统提高工作的专业化程度起到了良好的作用。

表1　上海司法改革推进情况满意度调查样本构成

单位：人，%

类别	基本指标	频数	占比	类别	基本指标	频数	占比
性别	男	257	53.2	法律职务	检察官	184	38.1
	女	226	46.8		检察辅助人员	201	41.6
年龄	90后	52	10.8		司法行政人员	98	20.3
	80后	224	46.4	是否入额	是	166	34.4
	70后	104	21.5		否	317	65.6
	60后	60	12.4	亲属律师职业	是	9	1.9
	50后	43	8.9		否	474	98.1
工作年限	0~5年	415	85.9	所在区域	黄浦	117	24.2
	6~10年	23	4.8		徐汇	2	0.4
	11~15年	11	2.3		长宁	90	18.6
	16~20年	8	1.7		静安	4	0.8
	21~25年	7	1.4		普陀	91	18.8
	26~30年	5	1.0		虹口	1	0.2
	30年以上	14	2.9		宝山	1	0.2
最高学历	博士	22	4.6		浦东	1	0.2
	硕士	187	38.7		一中院	1	0.2
	本科	267	55.3		三分院/铁分院	81	16.8
	专科及以下	7	1.4		高院	94	19.5

在这次的司法改革中，上海市对于司法人员实行员额制，检察工作人员分为检察官、检察辅助人员以及司法行政人员，分别占比为33%、52%和15%。此次问卷调查显示，检察官占比为38.1%，检察辅助人员占比为41.6%，司法行政人员占比为20.3%。虽然调查结果与预先设定的人员比例有出入，但差值不大，总体上接近预设的目标。员额制也是此次司法改革的一大亮点工作，员额制的优点是遴选高素质、业务能力强的专业人才进入一线工作，在提高检察官队伍专业化、职业化的同时也落实了司法责任终身制，可谓是将权利与义务融于一身的制度。而且，亲属中从事律师职业的检察工作人员占1.9%，是很小的一部分比例。可见，检察机关在职业避嫌方面做得非常好。

二 调查数据及分析

(一)对此次改革的关注度等问题进行调查

根据表2的数据显示,此次司法改革关注度调查显示,被访者中对司法改革非常关注的占36.7%、比较关注的占48.3%,两者相加达到了85%,可见此次改革受到了司法机关的普遍关注。在改革关注的领域中,薪酬受到最为广泛的关注,37.9%的人对此次改革的薪金部分表现出关心;其次是与自身责任相关的司法责任以及人员分类方面,其比例分别是21.4%和19.3%,二者的差距不是很大;比例比较高的还有占15.9%的司法改革效果。

表2 上海司法改革调查相关数据

单位:人,%

类别	基本指标	频数	占比	类别	基本指标	频数	占比
关注度	非常关注	177	36.7	工作变化	明显变化	67	13.9
	较为关注	233	48.3		较大变化	133	27.5
	一般	62	12.9		一般	119	24.6
	不太关注	6	1.2		较小变化	67	13.8
	非常不关注	1	0.2		无变化	72	14.9
	说不清	4	0.6		说不清	25	5.2
关注领域	司法责任	101	21.4	总体满意度	非常满意	36	7.5
	人员分类	91	19.3		较为满意	152	31.5
	省以下人财物统管	21	4.4		一般	174	36.0
	司法改革效果	75	15.9		不太满意	75	15.5
	薪酬	179	37.9		非常不满意	24	5.0
	其他	16	3.4		说不清	22	4.6

对于此次上海司法改革的总体满意度评价,只有7.5%的人非常满意,31.7%的人较为满意,36.3%的人表示对此次改革感到一般,还有15.7%的人表示不太满意。可见,总体评价此次改革时,改革的结果并未使所有人都满意。既然是初次改革,难免会有不完善的地方,自然也不能完全使人满意,探寻不满意的原因才是此次调查的目的。

感到此次改革给自身的工作内容、要求、标准和难度带来明显变化的人员占13.9%，感到较大变化的占27.5%，两者相加是41.4%，反映的数据是合理的，改革采取了员额制，自然会对各自的工作分工产生影响；而感到影响不是很大的即从感到一般到无变化的大约占53.3%，在改革的过渡期间，仍要有一部分人坚守原有岗位，继续在原工作上发光发热。

（二）此次改革中满意度评价较高的制度

第一，对于"以司法责任制为重心，推进司法权力运行机制改革"，主要从该项制度的推进对在司法运行中受到行政化干预的有效制约和建立形成有效的权力运行监督机制两个方面进行评价。首先，要考虑该制度在司法过程中是否产生权责不明的问题以及需要层层审批、汇报等问题的干扰下所发挥的作用。对此，检察机关的工作人员认为该制度可以有效制约司法中存在的行政化的问题。有40.4%的人对该制度予以了高度的评价，38.3%的人认为该制度能较好地形成制约，这样，有将近80%的人认同司法责任制能发挥良好的作用，以责任为中心，能够督促办案人员对案件更加负责，这也促进了案件得到公平、公正的审理。在统计的负面评价中，只有0.8%的人认为此项制度非常不好，占样本比例的极少数。同样，在建立权责明确、权责统一、监督有序、制约有效的司法运行机制方面，也有将近80%的人认为司法责任制发挥了应有的作用（见图1）。可见，司法责任制的建设总体取得了令人满意的结果。

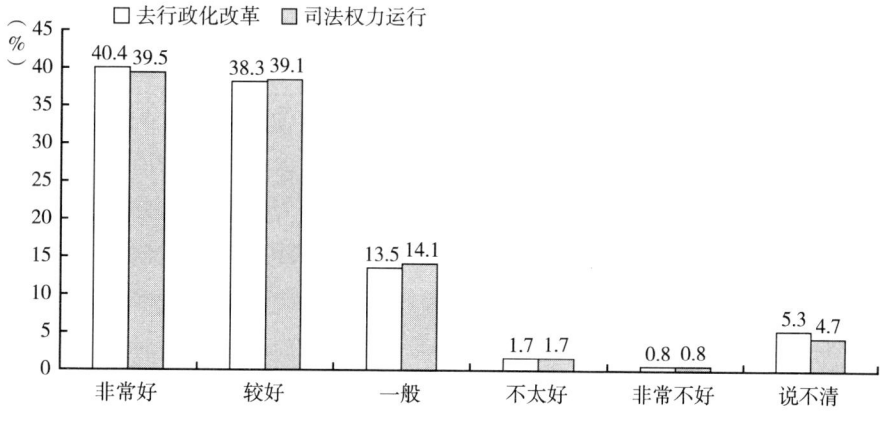

图1 司法责任制满意度

这项制度取得较高评价的主要原因在于检察官在办案过程中将逐渐摆脱来自其他主体的限制，拥有独立审理案件的能力，因此这一制度得到广泛认同。

第二，对"以审判权为核心，建立完善独任检察官、合议庭办案机制，落实'让审理者裁判'"改革的评价，主要从四个方面进行评价。即制定独任检察官规则及司法人员权力清单，规范案件分配、裁判文书签发等司法规则，建立检察官会议制度/检察官联席会议，完善审/检委会工作机制。在数据的对比分析中，认为这四项改革非常好的分别是37.5%、34.4%、34.0%、34.4%，比较好的分别是40.8%、43.1%、43.5%、43.3%，可以发现四者的数据差距甚微，尤其是后三者。也可以看出对于制定独任检察官规则及司法人员权利清单这一方法更加得到肯定，因为它对于强化检察机关排除非法律因素干扰公正审理案件以及明晰检察人员的权责有不可忽视的作用。相比较而言，对这四项改革的负面评价比较少，分别为0.6%、0.2%、0.2%、0.2%，几乎可以忽略不计，从这个方面也可以看出检察机关对这一制度的认可（见图2）。

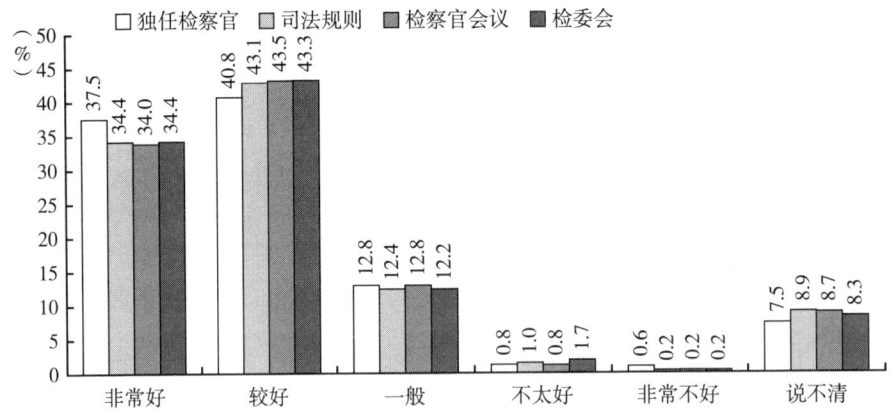

图2 完善独任检察官、合议庭办案机制满意度

第三，对以司法管理权、司法监督权作为保障的司法权监督制约机制的评价。一是对制定关于司法领导行使司法权职责的评价，正面性的非常好和较好的比例分别是33.1%、45.1%，认为非常不好的有0.4%；二是对规范司法领导行使管理权、监督权的职责和方式的评价，认为非常好和较好的分别有33.7%、43.7%，而认为非常不好的仅有0.2%（见图3）。可见，检察院也认

识到权力没有监督就会走向极端，过度膨胀的权力最终会摧毁辛苦构建的公平正义。因此，在监督制约机制方面给予司法领导行使监督管理权较高的满意度评价。

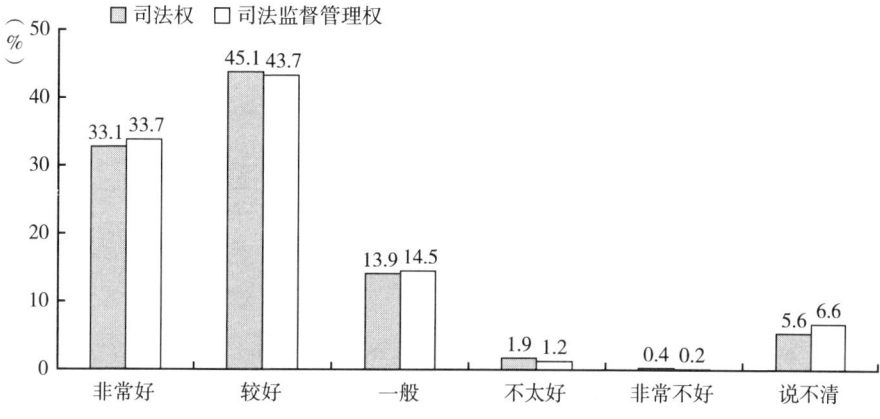

图3 司法权监督制约机制满意度

（三）此次改革中满意度评价较低的制度

第一，对建立完善司法廉洁监督机制改革的评价。这一制度主要是从健全和完善"检察官任职回避制度"和"一方退出"机制为切入点进行评价考量，认为非常好和较好的占33.3%、36.4%，这一制度与前几个制度相比较而言，中性评价的比例略高，为19.3%，而且不太好和非常不好的评价所占的比例也有所上升，分别为3.5%、2.7%（见图4）。检察官的回避制度的建立主要是依照《关于规范法官和律师相互关系维护司法公正的若干规定》而制定的，在该文件中提出了"一方退出机制"。从调查的结果来看，一方退出机制在实践中遇到了部分阻力，主要是该制度涉及检察机关自身的利益，因此，需要对这个问题提出解决方案。

第二，人员分类管理也是此次改革的亮点之一，主要是以推进员额制为中心。首先，对检察机关工作人员分为检察官、检察辅助人员、司法行政人员这三类是否合理进行评价，分为对制度本身进行评价和对人员分类比例的评价。对制度评价的结果是，认为非常好和较好的分别占32.5%、42.5%，中性评

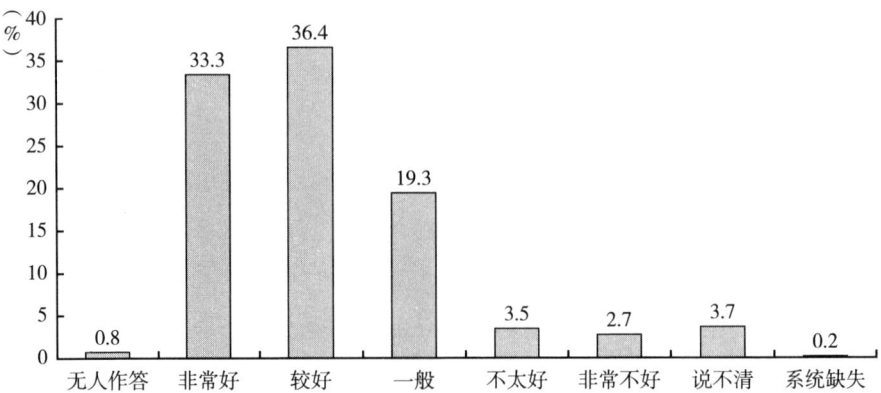

图 4　司法廉洁监督制约机制满意度

价为14.9%，不太好和非常不好的分别占3.9%和2.3%，这表明人员管理制度在一定程度上也遭到少部分人的反对。对员额制比例，认为非常好的占18%，较好的占38.7%，中性评价的占27.3%，不太好和非常不好的分别占6.8%、3.3%（见图5）。比之对制度本身的评价，中性评价的占比有所上升，同时正面评价的占比有所下降，负面评价的占比却提高。可见，对于人员分类比例设置反对意见还是比较多的，对该项比例设置是否合理也是应该予以思考的问题。

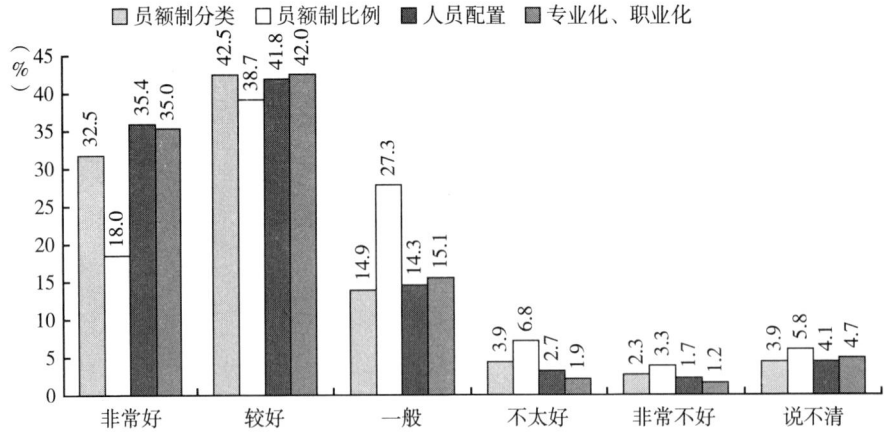

图 5　员额制改革满意度

以优化司法人员资源配置，增强司法工作一线实际力量为要素进行评价。认为非常好和较好的分别占35.4%和41.8%，中性评价占比为14.3%，认为不太好和非常不好的分别占2.7%和1.7%（见图5）。可见，员额制对推进司法人员的优化配置和一线的力量是起到良好的作用的。

以优化司法队伍结构，提升队伍的职业化、专业化水平为要素进行评价。其中，认为非常好和较好的分别占35.0%和42.0%，一般的占15.1%，不太好和非常不好的分别占1.9%和1.2%（见图5）。同样，员额制对推进司法队伍的职业化和专业化起到了推进作用，受到了好评。

第三，在对探索建立符合司法法律规律和职业特点的检察官选拔任用制度进行评价时，主要从三个方面对该制度进行满意度调查。首先，是制定检察官的准入门槛和选拔条件，认为非常好的占比为35.6%，较好的为43.5%，一般的为14.5%，不太好的为1.9%，非常不好的只有0.4%。检察官是一门特殊的职业，设定合理的任用条件是对职业本身的尊重，也是对从事该行业的人的尊重，能够增强工作人员的职业尊荣感。其次，是高、中级的检察官从基层单位择优遴选的制度，34%的人认为非常好，42.4%的人认为较好，17%的人认为一般，1.5%的人认为不太好，还有0.6%的人认为非常不好。最后，是从优秀律师、法律学者中公开选拔检察官，优秀律师和法律学者基于自己的工作经验，对案件都有独到的见解并且有充实的法律知识作为后盾，因此，可以说在一定意义上能够提高检察官的专业化水平，以及使案件得到公正审理。有26.9%的人认为该制度非常好，39.1%的人认为比较好，19.9%的人认为一般，5%的人认为不太好，还有3.9%的人认为非常不好（见图6）。较之于其他制度的负面评价，该制度明显过高，说明从其他地方选拔检察官影响了检察官的直接利益，因此对检察官的选拔任用制度还需要进一步的完善。

（四）司法公信力满意度评价

第一，对上海检察院在司法公信力建设方面的满意度调查，评价要素涉及三个方面。首先，在司法主体信任和尊重提升方面，非常认同的占15.3%；较认同的占比最高，达到47.2%；一般认同是24.0%，不太认同的有3.3%，非常不认同的占2.1%。其次，在司法过程信赖与认同提升方面，有13.5%的人非常认同，48.4%的人较认同，24.2%的人认为一般，3.1%的人不太认同，

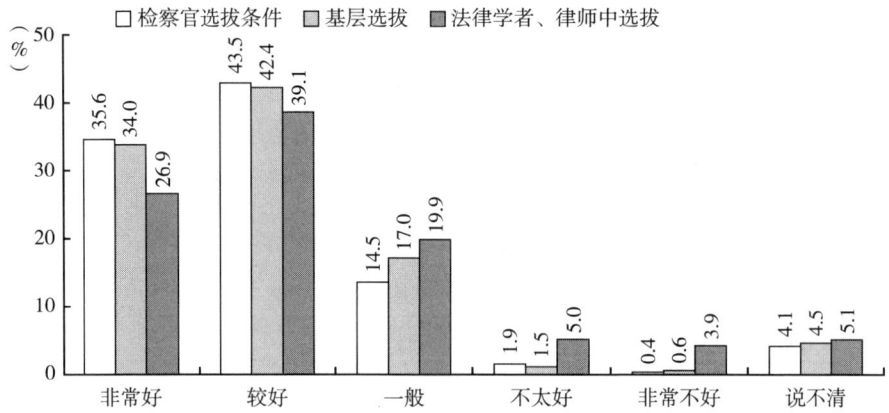

图6 检察官选拔任用制度满意度

还有1.9%的人非常不认同。最后,在司法裁判与执行提升方面,非常认同的有14.3%,较认同的有46.0%,24.8%的人认为一般,4.6%的人不太认同,1.7%的人非常不认同(见图7)。对司法公信力的负面评价远远高过其他方面,这说明在检察机关看来,我国司法公信力仍然处于不足的状态,需要采取有效措施予以增强。

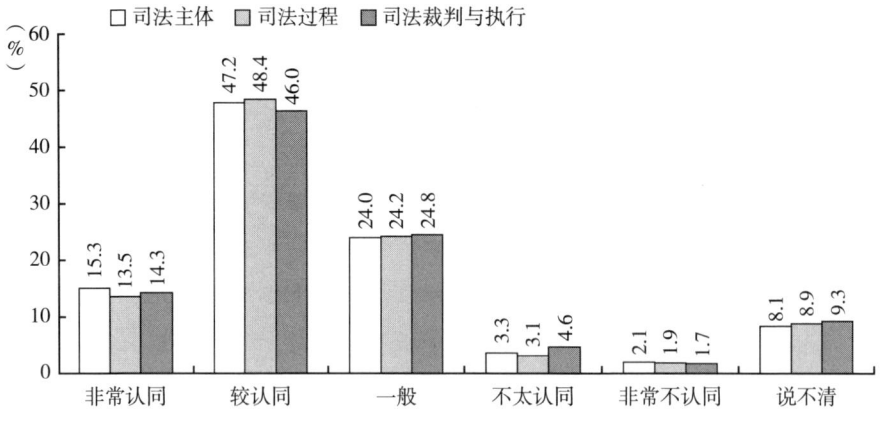

图7 检察院司法公信力满意度

第二,对上海检察院在司法效率建设方面的满意度调查,主要是从案件及时受理、法律文书及时送达、案件审理进度和案件执行四个要素进行评价,从

图 8 中,我们可以看出对这四项的正面评价(非常认同和较认同)占绝对多数,大概在 70% 左右。区别比较明显的是对案件执行的评价;中性评价在 20% 左右;而负面评价(不太认同和非常不认同)中,案件执行的 3.5% 明显要高于其他方面,可见,在检察机关的司法效率建设上,案件的执行还有待加强。

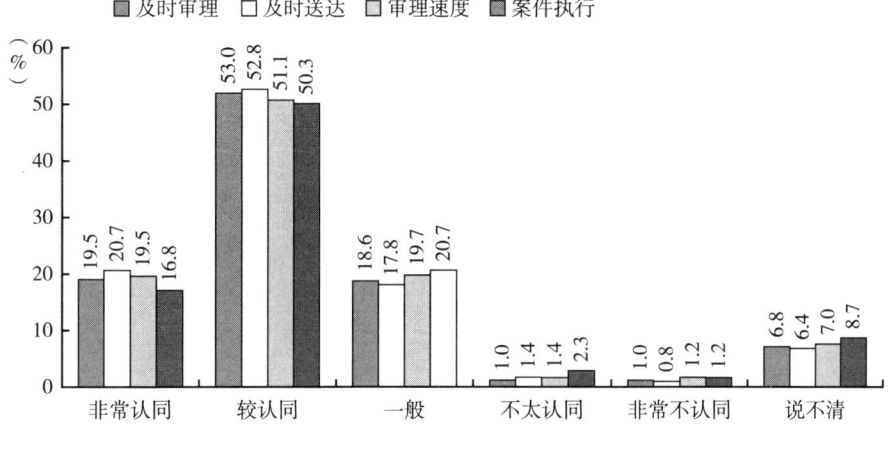

图 8 检察院司法效率建设

三 思考和建议

上海市作为全国首批进行司法改革的试点城市,其改革是在具体的实践中逐渐摸索进行的,目的在于形成可推广、可复制的改革经验,促进司法公正、提高司法效率、树立司法权威。在进行司法方面改革时,必须清楚认识到均衡是司法的内在本质[1],认识到权责统一的重要性。通过调查可以看出有些制度还有待进一步的完善,首先是监督制约机制的不够完善,不能真正有效发挥内外部的监督制约作用;其次员额制人员分配不合理,造成检察系统优秀工作人才流失,需要适当调整员额的配置问题;最后还有司法公信力过低的问题。

---

[1] 毕明月:《当前我国司法改革的困境与均衡路径研究》,《法治与社会》2017 年第 1 期。

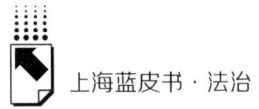

（一）完善监督与制约机制

第一，重视检察院之间、检察院与其他司法主体之间的相互制约作用。以往我国的司法监督制约往往只注重监督，强调上下级之间的监督以及内外部之间的监督，忽视了制约的作用。监督是一种很好的限权方式，但是，监督代表了一种不平等的法律关系的产生，总有一方掌握绝对的权力，这在一定程度上削弱了监督的积极作用。而制约是将主体放到了势均力敌的状态中，相互之间都能起到限制对方权力的作用，无论权力的天平偏向哪一端，其他主体都能起到平衡的作用。因此，应该加强各个主体之间的制约作用。

第二，重视外部系统的监督作用。只有推行良好的监督机制，发挥民主监督的真正作用，才可以实现真正的司法独立。除了推行审判公开、检务公开外，还要充分发挥媒体、人民陪审员、人民监督员的作用①。最重要的就是规范人民陪审员制度，目前我国对于人民陪审制度的规定过于宽泛，容易使该制度流于形式，因此，对于人民陪审员的权力、责任与义务都应该制定更加详尽的规定。

（二）适当调整员额制分配比例

第一，员额制将检察机关的工作人员分为检察官、检察辅助人员、司法行政人员三种并且规定了三种人员的占比分别为33%、52%和15%，而改革前我国检察系统的检察官大约占到65%，这就表明，有大部分检察官会不能入额此次检察官的遴选，入额问题成为最大的利益纠纷。此次没有入额的工作人员内心也是比较焦虑的，也造成了一部分没有入额的优秀检察官不愿等待而离开检察系统。这次改革的目的是建立更为专业化的检察官队伍，但是33%的人员比例设置过低，使得检察官办案压力增大，人少案多的现象不容忽视。因此，应该根据每个地区需要处理的案件的数量，适当调整检察官的数量比例。

第二，员额制改革后检察官的福利待遇也大大提升，提升到其他公务员的4倍。对此还应该规定提高待遇以检察官具有优秀的、绝大多数人不可能达到

---

① 张明楷：《刑事司法改革的断片思考》，《现代法学》2014年第2期。

的法律适用能力为前提①，如果入额的检察官没有实际投入案件的审理中，自然不应该享受高福利待遇。因此，还需完善办案质量与福利挂钩的机制。

第三，对于检察辅助人员和司法行政人员的规定相对缺乏。改革中可以看出对于检察辅助人员的管理模式以及薪金待遇都没有特别明显的改动，这样不利于提高他们的工作积极性和工作质量，也不利于检察系统全面开展司法监督等工作，影响了整体的工作效率。应当尽快出台相配套的检察辅助人员和司法行政人员的改革方案，不仅仅只关注检察官，也要保障检察辅助人员和司法行政人员的职业发展前景，提高他们的工作积极性。同时也要加强对全体工作人员思想理念的教育，让他们正确认识到自己工作的不可或缺性，并且树立对自己从事业务的认同感和崇拜感。

（三）进一步提高司法公信力

在进行满意度调查时，不难发现在提高司法公信力方面，检察机关工作人员给出的评价不是特别高，反映出我国在提高司法公信力面前还有很大的进步空间。调查结果显示，司法公信力不足主要反映在案件执行中。执行难的问题一直困扰着我国司法机关的前进，检察院应该对执行难的案件建立系统的监督程序，切实保障案件的结果得到执行。同时完善执行检察监督的立法活动，用法律的手段增强检察院的执行监督作用。对于检察机关做出的检察建议，其他主体应该充分配合，保障案件得到顺利的执行。

---

① 张明楷：《刑事司法改革的断片思考》，《现代法学》2014 年第 2 期。

B.5 上海市司法体制改革满意度评估之律师篇

上海社会科学院法学研究所蓝皮书评估组 *

摘　要： 上海市司法改革涉及的责任制、员额制等制度正在有序执行，三年来，各项具体制度产生的效果也已显著可见。律师作为法律行业的重要力量、作为连接司法与群众之间的桥梁，可以直观、客观地感受到上海市司法改革的影响。在对律师进行调查的 409 份有效问卷中，其对责任制、人财物统一管理体制、司法官选拔任用制度予以高度评价，对司法便民建设、司法能力建设、司法透明度建设效果予以肯定；对员额制、案件执行能力及司法民主建设的评价相对较低。我们要结合律师本身的性质，在司法改革过程中，努力让相对滞后的部分赶上司法整体发展的步伐。

关键词： 司法改革　律师　满意度评估

2014 年，我国新一轮司法改革正式启动，以中央确定的确保法院依法独立公正行使审判权、健全司法权力运行机制、完善人权司法保障制度三个方面重点任务和市委确定的五项改革试点任务为重点，上海在改革的道路上坚定不移迈出实践发展的步伐。① 改革三年来，各项相关举措逐步施于实践，作为法律行业重要力量的律师，他们走在法律的第一线，历经司法的实践，切身体验

---

* 执笔人：谢佳文，上海社会科学院硕士研究生；彭辉，上海社会科学院法学研究所副研究员。
① 杨建军：《司法改革的理论论争及其启迪》，《法商研究》2015 年第 2 期。

司法改革的成效。同时，作为连接司法与群众之间的桥梁，律师可以站在司法人员与司法对象之外，以第三方的视角最直观、最客观地感受到司法改革对人民群众的影响，而这也正是司法改革极为重要的目的——"让人民群众在司法中感受公平正义"①。近年来，上海市律师行业的发展正历经从量变到质变的飞跃，正如上海市律师协会会长俞卫锋所言："上海律师将加强行业自律、提升自身素质、改善执业环境、服务社会治理、促进法治建设作为律师行业自律自强、健康发展的方向，在经济发展、社会治理和法治建设三个方面全面发展。"因此，在对上海司法改革推进情况的满意度调查中，我们选择了律师这一对象。

一 调查对象基本情况

从表1的统计数据可以反映出参与本次调查的律师的基本情况。参与本次调查的律师共409人，其中男性269人，占总人数的65.8%，女性140人，占总人数的34.2%，符合目前律师职业男多女少的现状。参与调查的律师年龄大多集中在"80后"段至"60后"段，共计占总人数的88.2%，其中"80后"最多，占总人数的42.8%，也符合当今上海市律师执业年龄的现状。参与调查的律师的学历，本科最多，占总人数的65%，其次为硕士研究生，所占比例为31.5%。而在最熟悉的司法机构这一选项中，有349人选择最熟悉法院系统，另有55人选择法院系统、检察院系统均熟悉，这二者就占了总人数的98.7%，而在司法改革过程中，法院作为居中裁判者，人民群众接触得最多，对人民群众直接的生活影响也更大。还有一个选项为最熟悉的区域机构，除金山区频率相对多，以及三分院与三分检和高院与市检频率为零外，其余分布较为均匀，其中选择金山区的有129人，占总人数的31.5%，可暂且认定调查效果的覆盖面足够大，同时更体现出金山区法院的相关特征。

---

① 中共最高人民法院党组：《全面贯彻党的群众路线——让人民群众在每一个司法案件中都感受到公平正义》，《人民法院报》2014年3月3日。

表1 上海市司法改革推进情况满意度调查样本构成

单位：人，%

类别	基本指标	频率	占比	类别	基本指标	频率	占比
性别	男	269	65.8	最熟悉区域机构	黄浦	31	7.6
	女	140	34.2		徐汇	28	6.8
年龄	90后	20	4.9		长宁	25	6.1
	80后	175	42.8		静安	24	5.9
	70后	140	34.2		普陀	19	4.6
	60后	46	11.2		虹口	16	3.9
	50后	25	6.2		杨浦	27	6.6
	40后	3	0.7		闵行	6	1.5
最高学历	大学专科及以下	9	2.2		宝山	6	1.5
	大学本科	266	65.0		青浦	13	3.2
	硕士研究生	129	31.5		松江	13	3.2
	博士研究生	5	1.2		嘉定	9	2.2
年收入	20万元及以下	240	58.7		奉贤	5	1.2
	20万~50万元	127	31.1		浦东	3	0.7
	51万~100万元	26	6.4		金山	129	31.5
	100万元以上	16	3.9		崇明	22	5.4
最熟悉的司法机构	法院系统	349	85.3		一中院/一分检	13	3.2
	检察院系统	5	1.2		二分院/二分检	1	0.2
	皆熟悉	55	13.4		三分院（铁分院）/三分检（铁中院）	0	0
					高院/市检	0	0

注：关于最熟悉区域机构调查中，有19人未选择所给选项，因此该项被分析的总人数实为390人。

二 调查数据及分析

问卷正文共设26个题目，根据题目内容，大体可分为三大块：总括性问题、制度本身评价及相关制度落实情况满意度评价。

（一）总括性问题

所谓总括性问题，是指涉及司法改革这个大概念的、宏观上的问题，包括对本次上海司法改革的关注度、关注领域以及对本次上海司法改革的总体上的满意度。

1. 对司法改革的关注度总体较高

调查结果显示,选择非常关注和较为关注两个选项的律师占比已达到76.6%,而选择非常不关注和说不清选项的人数为零(见表2),可以看出作为工作在法律第一线的人员,律师对司法改革有较高的关注度。同时我们也可以从反面来想:律师既然工作在法律第一线,那么就会对事物发展持有很高的敏感度,每天忙碌于案件之中,也会主动筛选有用信息和无用信息。其在百忙之中仍然对司法改革持有较高的关注度,表明司法改革确实对法治建设有足够大的影响。

表2 律师对上海司法改革的关注度

单位:人,%

关注度	频率	占比	关注度	频率	占比
非常关注	134	32.8	不太关注	12	2.9
较为关注	179	43.8	非常不关注	0	0
一般	84	20.5	说不清	0	0

2. 对司法改革结果和司法责任关注度最高

在这一调查中,律师对司法责任和司法改革效果的关注度明显高于其他选项(见表3)。对于司法改革效果的关注度高不难理解,律师是接受当事人委托,为当事人提供服务的人员,因此,他们极其重视结果。而对于司法责任,其在司法过程中更多要服从法官的裁判,司法责任的承担势必要成为其关注的对象。

表3 关注司法改革的领域

领域	频率	占比(%)	领域	频率	占比(%)
司法责任	144	35.2	司法改革效果	230	56.3
人员分类	20	4.9	薪酬	9	2.2
省级以下人财物统管	1	0.2	其他	5	1.2

3. 对司法改革的总体满意度处于一般至较为满意之间

对于这一问题,我们可以采取加权平均分的方式,更直观地计算总体满意度。之所以采用加权平均分的方法,是因为加权平均数反映的是一组数据中各数据占有不同权重时的大小情况,换而言之,其可以综合考量各个选项的不同情况。按照表4的调查结果,结合加权平均分的计算方式,我们的计算方法如下:设非常满意为1分,较为满意为2分,一般为3分,不太满意为4分,非常不满意为5分,按各自有效百分比求得加权平均分为2.66分,处在2分至3分之间,即处于较为满意和一般之间,且偏重的选项为一般。也就是说,律师这一群体对司法改革的总体满意度不算很高,具体分析将在后文中详述。

表4 律师对本次上海司法改革总体满意度

单位:人,%

满意度	频率	占比	满意度	频率	占比
非常满意	22	5.4	不太满意	22	5.4
较为满意	176	43.0	非常不满意	36	8.8
一般	153	37.4	—		

另外,在调查中我们注意到不同年龄的律师对司法改革满意度也有不同。其中,"90后"选择非常满意的选项最多,"80后"、"50后"选择较满意的选项最多,"70后""60后"选择一般的选项最多,"40后"全部选择了较满意的选项。在这里我们可以推断,相较于从前的司法环境,如今的司法环境已经得到极大的改善。根据就是"40后""50后"对于整体的评价相对较高,他们经历多、经验足,历经我国数十年司法环境的沧桑变化,评价更具有历史的特性。"40后""50后"历经新中国成立至今,其间亲身经历我国法治从无到有、从粗到细的过程,从一开始各项法律的缺失,到如今各部门法渐成系统,我国正不断向法治中国迈进,而在20世纪80年代,中央提出了改革与法制两手抓的指导思想,从此,我国法治建设又迈上了一个崭新的台阶[1],他们是我国一次次司法改革的亲历者、见证者与实践者,他们的评价反映了我国司法发展的历程,是今天与昨天的对比。

---

[1] 陈金钊:《对"以法治方式推进改革"的解读》,《河北法学》2014年第2期。

(二)制度本身评价

围绕上海司法改革的具体举措,我们对16项制度进行了调查,在每一项中还有具体划分的评价要素,因此,共分成了16大项30小项,为了更直观地查看各制度的评价结果,我们仍然可以使用加权平均分的方式来观察评价的高低。具体计算方法为:计选项非常好为1分,较好为2分,一般为3分,不太好为4分,非常不好为5分,说不清为6分,相应乘以选择该选项的所占比例,所得分数即为最终该选项的分数,同时计算制度评价要素的平均分数,分数越高代表评价越低。上述最终结果见表5,排列顺序按所得平均分分数从高到低排列。

1. 对制度本身整体评价较好

在表5显示结果的基础上,我们又计算了所有评价要素的平均分,所得分数精确到小数点后两位,为2.00分,对应选项为"较好";在30个评价要素中,选择"非常好"和"较好"选项超过80%的共有19个要素,超过60%的共有28个要素,可以得出上海律师对司法改革制度本身整体评价较好的结论。2017年1月17日,上海市第十四届人民代表大会第五次会议通过了《上海市高级人民法院工作报告》,报告指出2016年上海法院的司法体制改革取得了新的突破,各项制度日趋完善,上海市高院在总结改革试点经验的基础上,制定了《关于完善司法责任制的实施意见》及20余项配套规定。同时,上海市还将最高人民法院"四五改革纲要"确定的改革任务细化成为11类136项具体任务。在有关部门对各项制度不断精细化的情况下,各制度本身更具有可行性,与现实生活结合得更加紧密,也因此得到了较好的评价。

在这其中,评价较好的制度分数相差不大,平均分大都在1.8分至2.0分之间,但其中个别评价要素表现突出,因此在这里我们比较个别的评价要素。按照所得加权平均分来算,分数最低的五项评价要素,即评价最好的五项要素分别为:①制定司法人员责任清单,在职责范围内对办案质量终身负责(1.750分),②高级、中级的司法官从基层单位择优遴选(1.790分),③改变司法机关财物依赖地方的状况(1.796分),④制定独任司法官规则及司法人员权力清单(1.807分),⑤制定司法官的准入门槛和选拔条件(1.830分)。另如按照将"非常好"与"较好"选项比例相加取最高值的方法,评价

表5　上海市司法改革各项制度本身评价

单位：%，分

制度	评价要素	非常好	较好	一般	不太好	非常不好	说不清	所得分数	平均分
(1)以落实员额制为重点,推进人员分类管理改革	将司法人员分为司法官、司法辅助人员、司法行政人员三大类,实行员额制管理(制度本身)	31.8	47.9	14.9	1.7	0.5	3.2	2.008	2.503
	将司法人员分为司法官、司法辅助人员、司法行政人员三大类,实行员额制管理(人员分类比例设置评价)	10.0	39.4	33.0	4.9	1.7	11.0	2.819	
	优化司法人员资源配置,增强司法工作一线实际力量	10.5	41.3	33.8	5.9	0.7	7.8	2.681	
	司法官遴选、惩戒委员会	35.3	46.3	13.2	0.5	0.5	4.2	1.972	2.117
(2)省以下法院、检察院的人员统一管理	司法官"统一提名,党委审批,分级任免	26.2	42.6	20.7	3.4	3.2	3.9	2.262	
	区县司法机关作为市级预算单位,纳入市财政统一管理	28.9	47.3	16.2	2.2	0.7	4.7	2.126	2.097
(3)省以下法院、检察院的财物统一管理	按照"维持存量,做好增量"的要求,逐步统一人员收入	28.7	49.8	15.6	1.2	0.5	4.2	2.079	
	清查登记各类资产,也由市里统一管理	29.9	47.6	16.4	1.0	0.2	4.9	2.085	
(4)探索建立司法官日常考核机制	制定司法官岗位考核管理办法	33.3	45.1	15.4	2.0	0.5	3.7	2.026	2.026

续表

制度	评价要素	非常好	较好	一般	不太好	非常不好	说不清	所得分数	平均分
(5)司法官助理体制机制	制定司法官助理的职责、选拔、任命等制度规定	30.8	48.2	16.6	1.2	0.2	2.9	2.002	2.002
(6)探索高素质司法官培养机制	对改革后三类人员实行分类分层培训	34.7	47.4	12.7	1.0	0.2	3.9	1.960	1.960
(7)以司法管理权、司法监督权为保障，健全完善司法权监督制约机制	制定关于司法领导行使司法权的职责规定	34.0	46.7	14.9	1.5	0	2.9	1.955	1.955
(8)探索建立符合职业特点的司法官晋升机制	司法官等级晋升采用按期晋升和择优选升相结合的方式	33.8	50.1	11.2	0.7	0	4.2	1.955	1.955
(9)以审判权为核心，建立完善独任司法官、合议庭办案机制，落实"让审理者裁判"	制定独任司法官规则及司法人员权力清单	38.9	46.2	12.2	0.7	2.0	0	1.807	1.953
	规范案件分配、裁判文书签发等司法规则	34.8	50.6	11.2	0.2	3.2	0	1.863	
	建立专业法官会议制度/检察官联席会议	31.7	44.3	17.6	2.0	4.4	0	2.032	
	完善审/检委会工作机制	28.1	46.0	20.3	1.7	0.2	3.7	2.110	
(10)以司法责任制为重心，推进司法权力运行机制改革	加速权责不明、层层审批、请示汇报等去行政化改革	29.6	53.3	14.2	0.5	0.2	2.2	1.950	1.945
	建立权责明晰、权责统一、监督有序、制约有效的司法权力运行机制	32.7	48.7	15.2	1.0	0.2	2.2	1.940	

续表

制度	评价要素	非常好	较好	一般	不太好	非常不好	说不清	所得分数	平均分
（11）探索建立符合司法规律和职业特点的人员分类管理制度	人员分类管理采用公开透明、公平公正、考核考试、差额择优的原则	36.9	47.4	11.8	1.2	0.5	2.2	1.873	1.905
	人员分类管理的程序性步骤公开透明	34.7	47.7	13.2	1.2	0	3.2	1.937	
（12）建立省以下法院、检察院的人财物统一管理体制	优化司法人员人事管理和任免权	35.0	46.5	13.9	0.7	0.5	3.4	1.954	1.875
	改变司法机关财务依赖地方的状况	46.0	38.1	12.0	0.5	1.0	2.4	1.796	
（13）探索建立符合司法职业特点的职业保障制度	推动建立与司法官独立职务序列配套的薪酬制度	37.6	46.2	13.0	0.5	0	2.7	1.873	1.873
（14）以保障审判/检察权高效公正廉洁行使为目标，建立完善的司法廉洁监督机制	健全完善"司法官任职回避制度"和"一方退出"机制	39.8	43.8	13.0	1.2	0.2	2.0	1.843	1.843
（15）探索建立符合司法规律和职业特点的司法官选拔任用制度	制定司法官的准入门槛和选拔条件	36.9	50.9	9.3	0.5	0	2.4	1.830	1.823
	高级、中级的司法官从基层单位择优遴选	42.3	44.0	10.5	1.0	0	2.2	1.790	
	从优秀律师、法律学者中公开选拔司法官	42.8	39.7	13.2	1.2	0.2	2.9	1.848	
（16）以权责统一为原则，建立完善独任司法官、合议庭办案责任制"落实"裁判者负责"	制定司法人员责任清单，在职责范围内对办案质量终身负责	45.5	41.1	10.5	0.7	0.2	2.0	1.750	1.819
	在司法工作中，因主观过错依法承担违法责任	40.1	42.1	13.0	1.6	0.5	2.7	1.888	

最好即所占比最高的五项要素分别为：①制定司法官的准入门槛和选拔条件（87.8%）；②制定司法人员责任清单，在职责范围内对办案质量终身负责（86.6%）；③高级、中级的司法官从基层单位择优遴选（86.3%）；④规范案件分配、裁判文书签发等司法规则（85.4%）；⑤制定独任司法官规则及司法人员权力清单（85.1%）。

在这里我们就发现这两种计算方式的差异性，其中，"改变司法机关财物依赖地方的状况"这一要素在第一种计算方式中有而在第二种计算方式中无，其原因在于后一种计算方法未综合考虑其余选项因素。一直以来，改变司法机关财务依赖地方的状况都是众望所归的，是理论及实务界都积极倡导的，对于"司法独立"有着极其重要的意义，因此，该项评价要素拥有很多的拥趸，直接体现在数据中，即选择"非常好"选项的人数占46%，为各评价要素之首。另外，"规范案件分配、裁判文书签发等司法规则"这一要素第二种计算方式有而第一种计算方式无，其原因在于此项制度选择"非常不好"选项的律师也非常多，达3.2%，可进入选择"非常不好"选项的前五位，这种两极分化的现象值得我们关注。我们推测可能的原因是律师会认为案件分配灵活性较强，一旦固定化为规则，则应用起来过于死板。当然，除此之外可能还有其他原因，需进一步调查研究。

2. 个别制度本身评价偏一般

因为个别制度综合平均分分数过高，所以我们直接综合分析制度本身而非单独分析具体评价要素。单看各项制度的平均分数，共5项大于2分，处在较好与一般之间，分别是"以落实员额制为重点，推进人员分类管理改革"（2.503分）、"省以下法院、检察院的人员统一管理"（2.117分）、"省以下法院、检察院的财物统一管理"（2.097分）、"探索建立司法官日常考核机制"（2.026分）以及"司法官助理体制机制"（2.002分）。

这其中，"以落实员额制为重点，推进人员分类管理改革"，不论是单项评价要素，还是整体制度，抑或是单独统计"不太好"和"非常不好"选项，都可得出评价不高的结论。但另外四项略有不同，单独统计"不太好"和"非常不好"选项，另外四项的评价要素所得分数都不算很高，但总体评价仍然偏低，原因之一是选择"说不清"选项的较多。

总体来看，这四项制度的共同点在于：对法院、检察院人员与财物进行统一的管理。律师对这四项"说不清"的原因可能有二：其一这四项是直接对法院、检察院内部进行调整的制度，律师作为外部人员，很难直接感受到该项制度的好坏。当然，也许有人会以最先提及的"以落实员额制为重点，推进人员分类管理改革"制度作为反驳理由，其也是法院、检察院内部人员调整的制度，却引来近乎一致的反对。差异在于，该项制度的效果直接体现在律师与司法人员的接触中，即律师可以直接感知，而其他几项制度效果首先作用于法院和检察院，其次才间接反馈给律师，换言之，律师不是直接感知者，所以可能会做出"说不清"的选择。其二，制度本身设计有争议。首先，对于省以下法院、检察院的人员统一管理和省以下法院、检察院的财物统一管理这两项，顾虑可能在于统一管理会有更大的寻租空间，从而产生腐败与不公；其次，对于探索建立法官日常考核机制，现如今我国法官日常工作量极大，已经在超负荷工作，那么，日常的考核是否能真正有效推行有待考量；最后，对于司法官助理体制机制，其评价要素单一，为"制定司法官助理的职责、选拔、任命等制度规定"，司法官助理制度在我国确实还没有良好运转，因此其进一步发展被质疑也在情理之中。

3. 同一制度里的具体要素评价参差不齐

这主要是指在一个制度里，具体评价要素的加权平均分与最终该项制度的平均分差距较大。主要体现在两个制度中。

其一是"省以下法院、检察院的人员统一管理"，该项制度平均分为2.117分，司法官"统一提名、党委审批、分级任免"评价要素单项高达2.262分，处于较好与一般之间；而司法官遴选、惩戒委员会评价要素为1.972分，处于非常好与较好之间。因此，如若想整体提升该项制度，对于"司法官遴选、惩戒委员会"可以暂且保留，而"司法官'统一提名、党委审批、分级任免'"需予以改善。

其二是"以审判权为核心，建立完善独任司法官、合议庭办案机制，落实'让审理者裁判'"制度，其总体分数为1.953分，其中"制定独任司法官规则及司法人员权力清单'"和"规范案件分配、裁判文书签发等司法规则"分别为1.807分和1.863分，处于非常好与较好之间，前者综合评价更是排在所有要素中的第四名；而"建立专业法官会议制度/检察官联席会议"和"完善审/检委会工作机制"得分分别为2.032分和2.110分，处于较好与一般之间。同时，在这项制度中，前三项均无人选择"说不清"选项，律师的态度更显明朗，因此，我们需要坚持前两项制度，并更加明确后两项制度。

（三）相关制度落实情况满意度评价

司法改革之好坏，重点还要看相关制度落实的结果，而这应当与设计制度的本身相对应。在前文中，我们列举了对律师调查的制度本身的满意度。包括法官的任用、法官素质的提升、司法人员责任的承担等，具体对应到制度落实，所体现的结果就是司法的公信力、公正性、民主性、便民性等，而这也是律师最为直观的感受，是直接关系公民切身利益的，是司法改革最为直接的目的。在调查问卷中，我们共设置了七个与制度落实情况相关的问题，同时，仍然延续使用加权平均分的计算方式，所得结果如表6所示。

1. 制度落实情况整体评价偏一般，个别要素评价较好

在表6结果的基础上，我们再计算所有制度的平均分，精确到小数点后两位，所得结果为2.38分，落在较认同至一般之间，最低分为2.204分，也处在较认同至一般之间。相较于制度本身的评价，制度落实情况的评价偏低。同时，与对制度本身满意度调查不同，在这一部分，不论是哪个问题，选择"非常认同"这一选项的不多，最高也不过只有18.4%，这些现象都间接说明了现实实践与理想模型之间的差距，这种必然存在的差距亦是努力的动力与方向。在司法改革过程中，上海市法院与检察院积极实践，取得了显著成果，如2016年全年法院院、庭长办案14.14万件，分别同比上升20.4%；全年共受理执行案件12.87万件，执结12.75万件，分别同比上升4.8%和4.9%[①]。虽然现实有阻力，但不阻碍司法改革前行，现实与理想的差距，也是给予我们更广阔发展的空间。

在这7项制度21个评价要素中，评价最好的前三位为：①诉讼引导明显完善（2.176分）；②案件审理公开度有提升（2.191分）；③法律文书及时送达有提升（2.200分）。作为律师可以直接感受到的改变，这三项的评价直接体现了司法改革给广大人民群众带来的利益与好处，会让人民群众切身感受到司法为人民服务的明确态度。

---

① 数据来源：《上海市高级人民法院工作报告》，2017年1月7日。

表6 上海市司法改革各项制度落实情况评价分数

单位：%，分

制度	评价要素	非常认同	较认同	一般	不太认同	非常不认同	说不清	所得分数	平均分
(1) 上海法院/检察院在司法民主建设方面	陪审员/人民监督员作用有提升	9.8	39.5	35.0	7.4	3.2	5.1	2.700	2.745
	回应群众信访有提升	8.2	40.9	34.8	5.1	1.7	9.3	2.790	
(2) 上海法院/检察院在司法效率建设方面	案件及时受理有提升	15.7	51.7	23.3	4.2	2.9	2.2	2.335	2.465
	法律文书及时送达有提升	15.9	58.8	19.4	3.2	0.7	2.0	2.200	
	案件审理进度有提升	11.0	46.3	31.4	6.1	2.7	2.5	2.507	
	案件执行进度有提升	8.3	36.5	32.8	12.5	7.4	2.5	2.817	
(3) 上海法院/检察院在司法公信力建设方面	对司法主体信任与尊敬有提升	14.8	57.8	21.3	2.7	0.7	2.7	2.247	2.369
	对司法过程信赖与认同有提升	11.2	52.9	28.2	3.7	1.5	2.5	2.390	
	对司法裁判服从与执行有提升	11.0	47.8	32.1	4.2	2.0	2.9	2.471	
(4) 上海法院/检察院在司法公正建设方面	当事人权利得到保障有提升	14.0	56.4	24.0	2.2	1.0	2.4	2.276	2.347
	司法官公正办案有提升	10.8	53.7	28.9	3.4	0.7	2.5	2.370	
	审理结果公正合公正有提升	10.5	53.4	28.7	3.7	1.0	2.7	2.394	
(5) 上海法院/检察院在司法透明度建设方面	案件审理公开度有完善	16.4	57.8	21.1	2.2	0	2.5	2.191	2.307
	12368/12309服务平台有完善	17.1	48.8	25.7	3.2	2.5	2.7	2.334	
	查询案件进度有完善	15.1	48.8	25.7	4.7	3.2	2.5	2.397	
(6) 上海法院/检察院在司法能力建设方面	庭审驾驭能力有提升	12.8	62.5	20.3	2.0	0.2	2.2	2.208	2.287
	证据认定能力有提升	12.0	59.3	22.5	2.3	1.2	2.7	2.291	
	诉讼调节能力有提升	12.5	54.7	25.0	3.6	1.0	3.2	2.359	
	文书制作能力有提升	11.2	60.7	22.1	2.5	1.0	2.5	2.292	
(7) 上海法院/检察院在司法便民建设方面	诉讼引导标明显完善	18.4	54.4	23.8	0.7	0	2.7	2.176	2.204
	休息场地明显完善	16.1	54.7	24.8	1.5	0.2	2.7	2.232	

2. 制度落实情况整体评价较平均，个别要素评价略低

在进行评价的七项制度中，最高分为 2.745 分，最低分为 2.204 分，相差不多，所得分数较平均，说明制度落实整体发展平稳。其中，个别要素得分偏高，即相较于其他要素评价略低，得分最高的前三位评价要素的分别是：①案件执行有提升（2.817 分）；②回应群众信访有提升（2.790 分）；③陪审员/人民监督员作用有提升（2.700 分）。其中②和③均为"上海法院/检察院在司法民主建设方面"制度的评价要素，因此该制度最终平均分最高。

首先来看第一个评价要素：案件执行有提升。一直以来，执行难都是反映较为突出的问题，也是长期困扰法院的顽症，可以说，司法机关在破解执行难的道路上，披荆斩棘、坎坷前行，但从未停止脚步，在 2016 年全年，上海市法院实际执行率为 62.8%，同比增加 6.5 个百分点。评价较低源自破解执行难尚有很长的路要走，我们有信心在这条路上不断前行。

其次再看后两个评价要素：回应群众信访有提升和陪审员/人民监督员作用有提升。与执行难相类似，这两个问题也一直存在于司法实践中，因司法机关业务繁忙，信访有时得不到及时回应，或是无意义信访也让司法机关不愿及时回应；而陪审员和人民监督员在实践中比较多的存在走过场的情况。这两者都需要相应制度的配合与完善，需要相应资金与人员的投入，而这些都不可能是一蹴而就的，需要时间，因此我们应该关注的是这些制度与要素是否已经在前行，答案是肯定的。

三　思考和建议

根据上一部分的数据分析，我们看到了上海市律师眼中的司法改革——从制度本身到制度落实情况。这其中有律师最直观的感受，也有律师自身虽无直接、亲身感受，但通过间接效果所得的结论。我们正是要通过这些律师的感受与结论，发现司法改革过程中的"长"与"短"，继续发扬优点，继续改进不足之处，结合律师本身的职业特点，争取发挥本次司法改革的最大功效。

（一）"员额制"有待考量，制度应与实践结合

上海司法改革的"员额制"是将司法职业分为三类人员：法官、司法辅

助人员和司法行政人员,三类人员占队伍总人数的比例分别为33%、52%和15%。问题在于,不同地区有其不同的司法状况,过于统一的人员定额是否会束缚当地司法工作的开展仍有待考量,而这些都应当得到实践的检验①。同时,如何安置"员额制"分流出来的人员也是实践中可能存在的问题,具体的解决办法应是完善相应的配套措施。不过,这里面还有一个问题值得我们思考:员额制本身是针对法院内部的人员安排②,按常理来讲,律师对此本应没有过多评价,如若是律师有了较差的反映,显然是该项制度产生的问题已经凸显在实践中,譬如律师在办案过程中亲身经历了该项制度带来的不便,也就是说,如此定额定量的员额制,很可能与具有极其多样性的实践不符,如何更有效地施行还有待考量。

(二)案件执行效果欠佳,要将其放在重要位置

执行难是长期制约人民法院工作发展的老大难问题,在十二届全国人大五次会议上。最高法报告承诺"用两到三年时间基本解决执行难"。最高法工作报告显示,2016年各级法院执行到位金额1.5万亿元,同比上升54%③,但是这与人民群众的实际需求仍然有很大的差距。判决得不到执行,会使人民群众的利益受损,会极大地损害司法的公信力,因此,解决执行难是我国司法改革过程中一个极其重要的任务,正因如此,最高法的工作报告才将执行难放在首位,而上海作为走在司法改革前列的城市,势必要设法解决执行难的问题,要将其放在重要的位置予以关注。

(三)提升司法民主,注重陪审员和信访回应

人民陪审员和监督员直接体现人民参与司法,但现实情况往往是人民陪而不审,一个法院总是有固定的人民陪审员,其已经成为职业化的"陪听",这样的情形根本无法达到制度设计的最初目的,反而成为司法过程中的"鸡肋"。而对于信访的回应,由于法院日常事务过多,通常将信访任务排在其他

---

① 冀祥德、邓超:《司法改革"上海方案"价值评析》,《政法论丛》2014年第6期。
② 王亚新、李谦:《解读司法改革——走向权能、资源与责任之新的均衡》,《清华法学》2014年第5期。
③ 资料来源:《2017年最高人民法院工作报告》。

任务之后,信访者本身带有一定的不满情绪,而不及时回应更是加重了这种不满情绪,因此,如何平衡法院与信访者之间的关系是下一步要注意的问题,处理点在于设法提升信访者进行"有意义"的信访、提升法院对于信访者的关注度。

(四)重视律师地位,发挥律师在司法改革中的促进作用

律师存在于社会需要之中,是沟通人民群众和司法者的桥梁,是人民群众个人利益的代言人与维护者,其言行在一定程度上影响着司法的效果与人民群众对司法的信任,因此,在司法改革过程中,也要注重发挥律师的功效。

首先,应尽量让律师理解各种司法行为,消除律师本身的不信任。某种程度上,律师还扮演着"信使"的角色,其不仅向司法机关传递当事人的信息,与此同时还在向当事人及当事人家属传递司法机关的各种信息,换而言之,当事人及其家属对司法机关的印象,有很大一部分是受律师影响的。这种情况下,我们暂且不论律师是否有偏重自身利益的表达,而最基本的是要让律师首先理解司法行为背后的原因,从根本上避免无端猜忌所造成的人民群众对司法的不信任。

其次,可以吸纳律师的意见及建议,让律师适当参与司法。司法的服务对象为人民群众,律师又是人民群众的代言人,其对于人民群众的想法更为了解。因此在司法过程中可以听取律师的意见和建议,更容易满足人民群众的要求,提升司法的效果,如讨论案件时可以适当让律师参与,等等。但这并不意味着让律师干涉司法,其间的平衡在实践中要注意。

如今,司法改革不断向前,上海作为首批试点正积极、稳妥、扎实地推进改法改革。我国人口基数大、地域辽阔、社会情况多样,这一切都决定着司法的改革与发展不可能一蹴而就。在司法改革过程中,要坚持攻坚克难,抓住整体发展中相对滞后的部分,努力让其赶上整体发展的步伐,如此可让司法整体产生质的飞跃。

专题篇
Special Reports

B.6
上海法院的"数据法院""智慧法院"建设

崔亚东*

摘　要：　建设"数据法院""智慧法院"是人民法院实施大数据战略的必然要求，是实现审判体系和审判能力现代化的有效途径，是促进公正司法和提升司法公信力的重要保障。上海法院在建设"数据法院"中，建立了基于大数据的办案辅助系统、诉讼服务系统、司法公开系统、审判管理系统和分析系统，对于提升各项工作发挥了积极的促进作用。建设"数据法院""智慧法院"，要注重理念引领和顶层设计，要运用大数据思维破解难题。

关键词：　上海法院　数据法院　智慧法院　信息化　大数据

---

* 崔亚东，上海市高级人民法院党组书记、院长。

在当前大数据时代来临的背景下，上海法院始终坚持"科技强院"战略，高度重视信息化建设，尤其是自从2014年以来，通过对《上海市高级人民法院信息化建设三年规划（2014～2016）》的实施，上海法院信息化水平大大提升，促进了上海法院审判能力与水平的提升。为顺应国家大数据战略和法院现代化的需要，上海高院又制定了《"数据法院"建设发展规划（2017～2019）》，确立了建设"数据法院""智慧法院"的工作思路和工作目标。

一 实施"大数据"战略，建设"数据法院""智慧法院"的重大意义

（一）建设"数据法院"是加快建设"智慧法院"的基础和条件

2016年7月，最高人民法院在《人民法院信息化建设五年发展规划（2016～2020）》中提出建设"智慧法院"。建设"智慧法院"是人民法院的发展方向，同时，在信息化建设的实践中，信息化是实现"智慧法院"的基础和条件。可以说，"数据法院"是上海高院在大数据时代背景下推进信息化建设一个新的更高的目标，标志着上海信息化建设进入了一个新的阶段——大数据时代。"数据法院"具体是指：以司法大数据作为人民法院发展的战略资源，通过创建广泛汇聚、开放共享、标准规范的大数据中心，完善创新驱动、需求导向、日臻至精的大数据信息系统，建立智慧决策、保障有力、协同治理的大数据分析平台，构建运行稳定、自主可控的大数据运行机制，强化全程可控、分类施策、加固认证的大数据安全屏障，推进信息化与法院工作高度融合，建成"智慧法院"，实现审判体系和审判能力的现代化，其主要特征是标准化、数字化、实时化、价值化。"数据法院"作为建设"智慧法院"的基础，是实现"智慧法院"的必要条件。它侧重于法院发展的基础性、全面性、持续性等方面，强调运用大数据驱动法院各项工作的开展，突出"业务需求+业务标准+知识智慧"的整体融合，体现标准化、信息化、数字化、价值化特征，是"智慧法院"建设的具体实践。

（二）建设"数据法院""智慧法院"是人民法院实施大数据战略的必然要求

党的十八届五中全会提出实施网络强国战略，将信息化提到了前所未有的高度。2016年8月国务院出台的《促进大数据发展行动纲要》，明确提出实施国家大数据战略。2016年7月中办、国办印发的《国家信息化发展战略纲要》，将建设"智慧法院"列入国家信息化发展战略。最高人民法院《人民法院信息化建设五年发展规划（2016~2020）》提出："构建大数据分析系统，通过对司法信息资源的多元检索和深入分析，为人民群众提供司法公开和诉讼服务智能服务，为审判执行提供决策支持和监控预警智能服务，为司法管理提供司法研究和工作评估智能服务。"因此，司法大数据资源是人民法院发展的战略资源。在大数据应用成为推动经济转型发展新动力、重塑国家竞争优势新机遇、提升政府治理能力新途径的大背景下，上海法院制定出建设"数据法院""智慧法院"的发展规划，运用大数据、云计算、神经网络、机器学习等先进技术，深度挖掘司法数据价值，更好地服务法院的各项工作，完全符合当前法院信息化发展的战略方向，也是贯彻和实施大数据战略的具体行动。

（三）建设"数据法院""智慧法院"是人民法院实现审判体系和审判能力现代化的有效途径

上海法院是全国司法体制改革首批试点单位，推进司法体制改革、实现审判体系和审判能力现代化，涵盖司法理念、司法方法、审判执行方式、司法管理、司法保障等各方面，是全方位的现代化构建，要完成这一重大改革任务，信息化的引领和支撑是必由之路。"数据法院"是大数据时代背景下上海法院信息化发展的新阶段。通过"数据法院""智慧法院"的实施，使司法数据成为法院建设与发展的战略资源，充分运用大数据蕴藏的巨大潜能，全面提升法院信息化的应用水平，促进法院在司法理念、司法方法、审判执行方式、司法管理、司法保障等方面的现代化。

（四）建设"数据法院""智慧法院"是保证公正司法、提升司法公信力的重要保障

保证公正司法是人民法院全面推进司法体制改革，推进依法治国的职责使命。实施大数据战略，建设"数据法院""智慧法院"，依托现代信息技术，发挥大数据驱动作用，可以为审判执行、审判管理、司法决策等提供智能服务，节约人力、物力资源，大大提高审判工作质量和效率；可以为司法公开、群众诉讼提供智能化服务，最大限度保障人民群众的知情权、参与权、表达权和监督权，让正义以看得见的方式得以实现，使人民群众更加真切地感受到公平正义就在身边，为司法为民、公正司法提供有力支撑和保障，提升司法的公信力。

二 上海法院建设"数据法院"的成效

上海法院建立了"上海市高级人民法院大数据信息系统"，有26项应用属于全国法院系统中的首创，拥有17项自主知识产权。

（一）以大数据办案辅助系统实现办案智能化

上海法院建立"大数据辅助办案系统"，该系统包含办案智能辅助、裁判文书智能分析、法律文书自动生成等35个子系统，对法官认定案件事实、选择适用法律起到积极的推动作用，提高了审判的质量和效率。

1. 法官办案智能辅助系统

上海法院2012年在全国法院系统首创C2J法官办案智能辅助系统，该系统依托1轴9库22个辅助工具，通过"类案推送"及时为法官推送同类判例，减轻了法官工作量，促进了适法统一。目前在线使用量由最初的每月14680次上升到现在的每月15万余次。

2. 裁判文书智能分析系统

上海法院首创裁判文书大数据分析系统，对司法裁判文书中60多项内容，通过运用实时计算、关联挖掘、分析预测等技术手段进行智能分析和判别，促进司法机关发现人工不易查出的遗漏诉讼请求、法律条文引用错误、逻辑错误

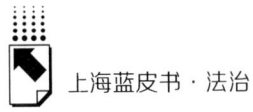

等问题,提高了裁判文书质量。截至2016年底,该系统共分析文书140万篇。2016年全年全市法院共对8.3万篇民商类裁判文书进行分析。

3. 远程庭审证据审查认证系统

上海全市法院法庭在办案过程中已拥有远程庭审、远程调解、远程质证认证、远程提讯等多种能力。其中,远程庭审系统可利用互联网技术实现跨国远程开庭。如2016年3月16日,上海徐汇法院通过远程庭审系统对一起当事人在英国伦敦的案件进行调解。双方当事人通过视频对债权债务关系进行确认,代替了烦琐的涉外公证程序,缩短了案件的办理时间,减轻了当事人的经济负担。2016年9月9日,上海海事法院在一起涉外海上货物运输合同纠纷案件的庭审中,通过远程庭审系统与巴西苏阿普港远程连线,当庭进行跨国认证并确认案件的重要事实,有效简化了境外证据审查认证程序,节约了司法资源和诉讼成本,得到当事人的一致好评。

4. 移动智能终端办案APP

研发了上海法院移动智能终端办案APP,构建起高效、实时、快捷的全新办公办案模式。该系统为法官提供了办案事务安排、办案事项提醒、当事人材料与诉求回复、移动执行、云平台培训、12368短信、EMS查询等31项服务,法官使用手机等智能终端,即可实现随时随地处理办公办案事务,使法官办案更加便捷高效,截至目前已推送信息130余万条[①]。

通过大数据辅助办案系统的应用,上海法院以审判为中心的各项工作得到提升,上海三级法院结案率稳定上升,办案时间大大缩短,案多人少突出矛盾得到了一定程度的缓解。

(二)以大数据诉讼服务系统实现诉讼服务的全方位、零距离和无障碍

为落实司法为民,上海法院着力构建诉讼服务三大平台。

---

① 例如移动执行模块:该模块具有实时同步执行日志、移动"点对点"查控、在办案件信息查询、电子档案调阅、处理12368工单、执行审批操作等功能,每个案件的院外执行记录可以直播、点播查看,做到了执行案件的全程留痕、全程监督,使法官办案更加规范、便捷、高效。

1. 上海法院诉讼服务大厅

上海法院构建了以诉讼服务大厅为中心的大数据诉讼服务系统和全方位诉讼服务体系,为当事人提供一站式、全方位、综合性、低成本、零距离、无障碍的诉讼服务,提升了服务能力和服务水平,极大地减轻了当事人的诉累,方便了当事人。

2. 上海法院12368诉讼服务平台

为解决立案难、诉讼难、联系法官难等问题,方便群众诉讼,上海法院早在2013年即在全国首创"上海法院12368诉讼服务平台",实现"一门式"服务。自启用以来截止到2016年底,该平台开通三年来累计提供诉讼服务285万次,其中,提供人工诉讼服务53.3万次、自助服务23.7万次、发送涉案短信208万条,日均2750余次,群众满意率达99%。

3. 上海法院律师服务平台

为改善律师执业环境,保障律师权益,上海法院于2014年为律师量身打造了"上海法院律师服务平台"。截至2016年底,该平台在上海本市从事诉讼业务的近1600家律师事务所中全部得到应用,在外省市也有300多家从事诉讼业务的律师事务所应用该平台。该平台开通两年来访问量总计达到67万次,日均访问量超过1000次,通过互联网网上立案4.4万件,极大地方便了律师开展业务[①]。2016年10月,中国电子政务理事会将上海法院律师服务平台评为"政府网站网上办事类精品栏目"。

(三)以大数据司法公开系统构建公开透明的阳光司法机制

阳光是最好的防腐剂。上海法院坚持"公开是原则、不公开是例外"的原则,强化主动公开意识,按照"依法公开、全面公开、实质公开"的要求,以打造"阳光司法、透明法院"为目标,构建全方位、多层次、互动式的司法公开体系,切实促进司法公开,保障当事人的知情权和监督权。自2013年以来截至2016年底,已累计发布信息超过2亿条,日均访问量维持在3万人次。

---

① 以上海注册的20871名律师,律师年人均代理诉讼20件测算,该平台每年可为上海律师节省近60万小时工作时长、10万次车辆往返。

1. 审判流程公开平台

通过对立案、分案、开庭、结案等流程中的450个关键环节进行日志记录或录音录像,以及运用电子签章与电子签名技术,实现了办案流程的全程公开;将审判流程细化为26个节点,以短信方式主动向案件相关当事人推送,实现审判流程信息全面公开。

2. 裁判文书公开平台

2000年在全国法院率先建立裁判文书公开平台,将依法可以公开的生效文书全部上网。截至2016年底,累计公开裁判文书136.12万篇,平台日均访问量2万人次。

3. 执行信息公开平台

2012年1月上海法院建立全市统一的执行信息公开平台,向社会公开56个执行工作信息点,向当事人发送37个执行流程节点信息。截止到2016年底,该平台点击量累计为4083余万次,日均点击量为2.2万余次;接受公开查询信息累计为142万余条;向当事人推送短信累计为238万余条。

4. 庭审直播公开平台

上海法院通过互联网直播等多样化形式,全面推进庭审公开工作,推动实现庭审直播的常态化。通过建立上海高院庭审公开平台,实现与网络、电视、微信、微博等媒体及最高院庭审公开平台、手机电视平台无缝对接。自2008年10月上海市第一中级人民法院对一起商标侵权案件进行首例互联网庭审视频直播以来截止到2016年底,累计庭审直播4861件,点击量为2.29亿次,平均点击量为4.7万次,近两年观看量为590.6万人次。2014年2月18日林森浩投毒一案庭审直播,引起了社会的高度关注,单日点击量就超过7000万次。

(四)以大数据审判管理系统实现审判管理和监督的可视化

上海法院依托大数据,加强与各业务部门的数据共享协同,与大数据智能服务系统无缝集成,建立了审判质效、法院行政、队伍业绩、法院安全等方面的动态可视化的大数据管理应用系统,实现案件管理的流程化、日志化、可视化、智能化、移动化,提高了管理效率,规范了权力运行,加强了对司法活动的监督。

1. 审判质效管理系统

建立了涵盖审判效率、质量与效果等方面的61项指标的评估体系,充分利用信息技术手段,实现了三级法院审判效能的定量、定性、定位分析,以及动态化、数字化管理。

2. 案款管理"E号通"

实行"一案一人一账号"管理机制①,系统能够根据银行提供的入账信息准确定位到案件,实现资金流和信息流的高度匹配,从源头上彻底根除执行案件"案与款不清"的问题,实现了执行以及所有代管款流转与发放全程公开、全程留痕、全程可视、全程监控。

3. 队伍业绩管理系统

上海法院利用队伍业绩档案系统,从德、能、勤、绩、廉五个方面的128个评价项对广大干警进行评价,生成考核数据,并方便快捷地提供横向与纵向的比较,为法院开展法官综合评价提供信息化支撑。

4. 司法廉洁监督系统

该系统包括廉政风险环节监督提示系统、案件干预过问登记系统、审执全程录音录像系统、审务督查系统等近10个子系统,实现了对审判执行全程监督留痕,确保权力在阳光下运行。廉政风险环节监督提示系统,运用"制度+科技+文化",给立案、审判、执行、委托中介等关键环节装上"监控探头",对60个风险点进行全程监控、实时提醒,目前已监督并提示了近15万条风险点,有效防止了风险。案件干预过问登记系统,在每一个案件的办理界面,都设置干预和过问案件记录上报项,对以任何名义和形式的过问都进行如实记录、汇总报送,保障人民法院依法独立公正行使审判权,有效防止"关系案""人情案""金钱案",为公正、廉洁司法提供坚强保障。

(五)以大数据分析系统实现司法决策科学化和精确化

大数据是科学决策的驱动力。大数据分析系统能够通过充分运用、深入挖掘海量数据的潜在价值,为司法决策提供参考。

---

① "一案一人一账号"管理机制即每一名被执行人在执行立案时即获得一个单独的专属账号,该账号系法院代管款主账户下的虚拟账户,专属账号伴随被执行人整个执行过程。

1. 执行大数据分析平台

该平台具备了全方位掌握被执行人行踪、被执行人财产动态信息,精确评估被执行人履行能力等10余项功能,实现了执行决策和执行办案的科学化、智能化、精确化,有效破解了执行中被执行人和执行财产难以寻找、协助执行人不愿协助、应执行财产难以执行等难题,为基本解决"执行难"问题,破除实现公平正义的最后一道藩篱提供了有力保障。

2. 司法改革成效分析评估平台

这是通过对司法改革以来审判权运行机制改革、人员分类改革工作相关数据的分析,直观反映法院工作整体运行态势,为各项改革的顺利推进提供可视化管理的平台。通过该系统,可以实现对人员分类管理、入额法官工作情况、法官助理工作情况、审判权力运行情况、院庭领导办案情况、人员分类绩效考核等15个方面的成效予以科学分析。

3. 案件审判态势专项分析平台

开展案件审判态势专题分析,通过对各类案件类型分布、区域分布、时间分布、案件收结存等进行全面客观反映,为审判管理决策提供支持。

建立金融诈骗类案件大数据分析模型,开展金融诈骗类犯罪专题分析,通过对近年来金融诈骗类案件及文书的采集和解析,识别和总结该类犯罪的案发情况及规律特点,维护国家金融管理秩序、增强人民群众防患意识、降低金融风险;建立道交案件大数据分析模型,开展道路交通案件大数据专题分析,通过对历年来道路交通案件的信息采集分析,总结审判规律,为法官便捷审理此类案件提供案例检索、赔偿计算、文书自动生成等功能,为地区改善道路交通情况,完成道路交通管理提供数据支持。

(六)以新型高端司法智库为"智慧法院"建设提供智力支撑

建设"智慧法院",不仅需要以大数据信息技术为支撑,更需要以人才智力为保障。上海法院以大数据信息技术为依托,整合上海三级法院司法智力资源,借助上海高等院校、科研机构研究力量,于2015年12月初建立了上海市高级人民法院发展研究中心——上海司法智库,并已出版《法治报告》24期。下一步将按照最高人民法院院长周强"定位明晰、特色鲜明、规模适度、布局合理"的要求,学习借鉴国内外先进智库建设经验,努力将上海司法智库建设成具有一定国内影响力和国际知名度的中国特色社会主义的新型高端司法智库。

三 关于建设"数据法院""智慧法院"的思考

得数据者得未来。大数据作为继经验科学、理论科学、计算科学之后科学研究的"第四范式",已成为未来法院变革的重大驱动力。大数据时代是充满无限生机的时代,也是一切皆有可能的时代。在加快推进上海"数据法院"建设的实践中,应注意做好以下工作。

一是要注重理念引领。理念是行动的先导,"面对大数据,如果思想观念还停留在过去,就会落后于时代。我们只有掀起一场'头脑风暴',才能掌握开启未来之门的'钥匙'。"[①]"大数据"是新生事物,把大数据战略引入法院工作是一项系统工程,必须要更新理念。要牢固树立"得数据者得未来"的理念和"大数据"战略思维,强化战略意识、机遇意识,抢抓机遇,乘势而上,特别是领导干部,要不断提高对现代科技手段的适应性,提高运用大数据的能力。

二是要注重顶层设计。大数据是一项系统工程,其特点是标准高度统一、资源高度汇聚、应用高度融合、安全高度保障,需要统筹推进。但在以往的信息化建设过程中,存在着各自为政、重复建设、重建设轻应用等弊端,在一定程度上影响了人民法院信息化建设的整体推进和协调发展。因此,推进大数据战略,必须要加强顶层设计,注重整体规划,特别是要在发展战略、发展规划、总体技术方案、技术标准、评价指标体系、管理机制和科技创新等方面形成统一的指导规范和行动方案,形成大数据建设"一体化"的局面,只有这样,才能最大限度地发挥大数据对人民法院各项工作的驱动作用。上海高院《"数据法院"建设发展规划(2017~2019)》明确了"数据法院"建设的指导思想、建设原则、建设目标、主要任务和保障措施等,以此指导推进上海法

---

① 2016年10月21日中央政法委孟建柱书记在主持阿里巴巴集团董事局主席马云以"科技创新在未来社会治理中的作用"为题的讲座时的讲话。转引自李阳《孟建柱在第四次百万政法干警学习讲座上强调树立战略眼光增强机遇意识创造性运用大数据提高政法工作智能化水平》,《人民法院报》2016年10月22日,第1版。

院工作的全面信息化。上海法院信息化建设进入了大数据时代。

三是要注重运用大数据思维破解难题。实施"大数据"战略,建设"数据法院"不是为了创新而创新,其目的是实现人民法院审判体系和审判能力现代化。实践中,第一要坚持信息化是破解人民法院工作难题的利器。要始终坚持问题导向、坚持需求导向、坚持目标导向,坚持以人民群众的呼声为第一信号,聚焦人民法院工作中存在的突出问题和明显短板,充分发挥"两轮""两翼"的驱动作用,运用大数据思维着力破解难题。第二要坚持服务人民法院审判执行工作,破解"案多人少""适法不统一"等难题。第三要坚持服务人民法院的司法管理。积极将大数据运用拓展到法院的行政、档案、人事、纪检监察、财务和后勤装备等管理领域,为法院各级领导及内外部管理部门提供"数据集中、流程可视、管理精细、工作便利"的管理和工作手段,如破解代管款底数不清、管理混乱、长期滞留法院的难题。第四要坚持服务人民群众的司法需求。通过对海量司法数据的分析,准确把握经济发展新常态下人民群众司法需求的新变化,运用信息化手段积极创新诉讼服务方式,不断延展诉讼服务空间,更好地回应和解决群众反映较为强烈的"立案难""执行难""联系法官难"等突问题。第五要坚持服务经济社会发展和社会治理,加强司法大数据挖掘与分析,有力支持政府决策科学化、社会治理精准化和公共服务高效化。

B.7
上海法院全面推进诉讼服务中心建设的探索与实践

上海市高级人民法院课题组*

摘　要： 全面推进诉讼服务中心建设是促进司法为民，提升司法能力和水平的客观需要；是人民法院强化职能作用，确保司法公正的本质要求；是深化司法公开、提升司法公信力的有效途径；是健全完善矛盾纠纷化解机制，加强和创新社会治理的重要内容；是优化司法资源配置，缓解案多人少矛盾的重要举措。上海法院践行"司法为民"宗旨，全力推进诉讼服务中心"升级版"建设：突出规范化，实现"全方位"的诉讼服务；依托信息化，实现诉讼服务"零距离"；提升服务质效，实现便民利民"无障碍"。在全面推进诉讼服务中心建设中，要坚持理念更新，坚持问题导向，坚持目标导向，坚持需求导向，坚持科技引领。

关键词： 上海法院　诉讼服务中心　司法为民　信息化

"司法为民"是人民法院的根本宗旨，建设好诉讼服务中心，是新时期人民法院践行司法为民的重要途径。上海法院诉讼服务中心建设起步于2005年，并于2015年8月11日制定了《上海市高级人民法院关于全面推进诉讼服务中心建设的实施意见》。最高人民法院院长周强2015年在全国法院诉讼服务中心建设推进会上提出要建设诉讼服务中心"升级版"。对此，

---

* 执笔人：崔亚东、张新、俞小海。

上海高院及时制订《上海法院诉讼服务中心"升级版"建设方案》，明确上海法院诉讼服务中心建设的工作思路和工作目标，全面推进诉讼服务中心建设，并取得一定成效。

一 充分认识全面推进诉讼服务中心建设的重大意义

（一）促进司法为民，提升司法能力和水平的客观需要

坚持司法为民，不仅要体现在依法公正高效办理好每一起案件上，也要体现在诉前、诉中、诉后的各项诉讼服务上。全面推进诉讼服务中心建设，通过创新诉讼服务方式，延伸诉讼服务空间，完善司法为民便民利民措施，将诉讼服务辐射到群众需要的每一个角落，形成全方面、全覆盖、网络式的诉讼服务体系，让人民群众感受到诉讼服务就在身边，有利于更好地践行司法为民根本宗旨，解决人民群众反映强烈的"诉累、问累、跑累"问题，提升人民法院公正司法、为民司法的能力和水平。

（二）人民法院强化职能作用，确保司法公正的本质要求

为适应新形势要求，人民法院既要公正高效地审理好每一起案件，也要通过为群众提供便捷高效的诉讼服务，使人民群众感受到公平正义。诉讼服务中心是法院方便群众诉讼、接受群众监督的重要窗口。在推进诉讼服务中心的建设中，应大力建设综合服务平台，将诉立案登记、诉调对接、涉诉信访等多项诉讼服务集中于一体，有利于自觉接受监督，及时听取社会各界的意见建议，更好地履行宪法法律赋予的审判职责，确保司法公正高效廉洁。同时有助于实现诉讼服务"从后台到前台、从分散到集中、从多点到一点"[①]的优化，可以让法官从事务性工作中解脱出来，节约法官办案的时间，保证法官集中精力从事审判核心事务，从而有利于妥善化解人民群众日益增长的多元司法需求与司

---

① 《2015年11月中央政法委孟建柱书记在安徽省合肥市中级人民法院诉讼服务中心调研时的讲话》，http://www.mps.gov.cn/n2253534/n2253535/n2253536/c5113364/content.html，最后访问日期：2017年3月21日。

法资源相对不足的矛盾，确保所有的案件都得到公正高效审理，确保公平正义目标的实现。

（三）深化司法公开、提升司法公信力的有效途径

诉讼服务中心建设的全面推进有助于为人民群众提供更加直观、方便、快捷、高效的一站式、综合性、低成本的诉讼服务，可以有效保障人民群众对司法工作的知情权、参与权、表达权和监督权，让当事人能够及时查询诉讼事项的最新进展，让司法公正看得见、摸得着、能感受，增进群众对司法工作的理解、认同和支持，实现公开与公正的高度契合，对规范司法权力运行、促进司法公正、提升司法公信力发挥重要的作用。

（四）健全完善矛盾纠纷化解机制，加强和创新社会治理的重要内容

全面推进诉讼服务中心建设，在诉讼服务中心建立诉调对接平台，强化多元化纠纷解决机制，引导和支持人们理性表达诉求、化解矛盾，可以从源头上预防减少影响社会和谐安定的问题发生，进一步提升社会矛盾纠纷预防化解的水平，更好地发挥诉讼服务中心参与社会治理创新的重要作用，促进社会治理水平的创新和提高。

（五）优化司法资源配置，缓解案多人少矛盾的重要举措

近年来，随着人民法院收案数量持续大幅攀升，法院人案矛盾日益突出。如2016年上海法院共收案71.49万件，审结71.09万件，同比分别上升14.8%和15.7%，审限内结案率为99.44%，继续保持全国第一。上海法院虽然通过全面推进司法体制改革、加强改进审判管理、加强信息化建设等举措来优化审判资源配置、挖掘内部办案潜力，但随着经济社会发展，案件数量也会进一步攀升，法院案多人少矛盾仍将进一步凸显。法官办案的数量是有极限的，案件不断增多，案多人少的矛盾加剧，受人数和时间的限制，必然会导致办案粗糙、质量下降，甚至成为立案难、执行难、打官司难的原因之一，并影响到审判质效、司法公正和司法公信力。诉讼服务中心承担着诉前分流案件的职能。全面推进诉讼服务中心建设，通过集中整合法院内外的诉讼服务资源，

加强与其他纠纷解决机制的有机衔接、相互协调，让更多纠纷在诉讼渠道之外得到有效化解，实现案件诉前分流，有利于进一步优化司法资源配置，缓解法院案多人少的矛盾，提升审判工作质效。

二 践行司法为民宗旨，全力推进诉讼服务中心"升级版"建设

上海法院诉讼服务中心建设经历了积极探索、持续发展的过程。2005年，上海一中院、浦东新区法院、金山法院在全市率先建立了诉讼服务中心或诉讼事务中心，这是上海法院诉讼服务中心建设的起步探索阶段。2008年，上海法院诉讼服务中心进入了加速发展阶段，提出立案接待大厅标准化、立案接待窗口规范化、诉讼服务信息化的建设目标。2013年，上海法院以破解"立案难"、纠正"立案不实"为突破口，对诉讼服务中心建设提出了新的更高的要求，制定了《关于进一步加强和改进立案工作的意见》《关于全面推进诉讼服务中心建设的实施意见》等规范性文件，上海法院诉讼服务中心建设进入了飞跃提升阶段。2015年11月，上海法院诉讼服务中心进入了"升级版"建设阶段。

（一）确定工作理念和建设思路

《上海法院诉讼服务中心"升级版"建设方案》提出了"把困难留给自己，把方便留给群众"的工作理念，确立了"全方位、零距离、无障碍"，"让数据多跑路，让群众少跑路"的工作思路，有力推动了上海法院诉讼服务中心建设取得新发展、新突破。

（二）明确指导思想和目标任务

1. 指导思想

上海法院确立的打造诉讼服务中心"升级版"的指导思想是：全面贯彻落实党的十八大以来一系列重要会议精神，深入学习习近平总书记系列重要讲话，以创新、协调、绿色、开放、共享发展理念为引领，紧紧围绕公平正义的目标，坚持司法为民宗旨，遵循"面向群众、面向基层、面向实际"的原则，

推动诉讼服务中心升级，促进社会公平与正义，推进平安上海、法治上海建设，为上海经济社会发展创造良好的司法环境。

2. 总体目标

上海法院确立的打造诉讼服务中心"升级版"的总体目标是：以人民群众需求为导向，构建诉讼服务大厅、12368诉讼服务平台、诉调对接中心、执行事务中心"多位一体"的综合性平台；由诉讼服务中心提供庭审以外的全部诉讼和非诉讼服务，实现大服务模式；以信息技术为依托，将诉讼服务辐射到群众需要的每一个角落，形成全覆盖、网格式诉讼服务体系；全面推动诉讼服务中心的系统化、信息化、标准化、社会化升级，着力消除诉讼障碍，减轻人民群众"诉累、问累、跑累"的程度，实现诉讼服务"全方位、零距离、无障碍"，提升司法公信力。

3. 主要任务

上海法院确立的打造诉讼服务中心"升级版"的主要任务是：按照"系统化、信息化、标准化、社会化"的要求，立足群众需求，整合诉讼事项，进一步拓宽服务渠道，完善服务功能；强化诉讼服务标准建设，健全完善诉讼服务工作机制，提升诉讼服务水平；创新工作方式方法，完善便民利民措施，增强诉讼服务的针对性和实效性；集中整合法院内外的诉讼服务资源，积极构建多方参与、有机衔接、优势互补、合力共济的多元诉讼服务体系；完善矛盾纠纷多元化解机制，实现案件繁简分流，缓解案多人少矛盾。

（三）主要做法和初步成效

1. 突出规范化，实现诉讼服务"全方位"

上海法院建立以规范化为支撑的诉讼服务长效运行机制。

一是制定制度规范。抓住制度建设这个根本，制定了《上海法院立案接待窗口规范化建设的实施意见》等9个规范性文件，推出了便民诉讼15项措施，使诉讼服务中心具备了诉讼引导、材料收转、案件查询等十大服务功能，小中心发挥了大作用。为更好地实现"全方位"诉讼服务，法院通过在立案大厅增加立案阶段保全办理、庭审文书的窗口送达、静态证据调查、分案、首次开庭排期五项功能，进一步增加诉讼服务大厅功能种类，使之具备八大类35项功能。

二是统一建设标准。从名称标识、基础设施、服务标准等方面做到"三统一"。首先是统一名称标识,以"上海市 XX 人民法院诉讼服务中心"为名称和标识;其次是统一基础设施,明确功能分区、安全保障、信息设备等基础设施上的统一标准,目前全市诉讼服务大厅总面积达 1.67 万平方米;最后是统一服务标准。

三是健全运行标准。明确诉讼服务中心的机构设置采取单独设立或在立案庭下设立等模式,建立专门管理机构;建立了诉讼服务中心引导分流、与审判执行工作衔接、督促提示、回访反馈和首问负责等五大机制[①];建立值班制度,明确各法院立案庭应统筹协调各相关部门,每个工作日安排一名领导或审判长在诉讼服务中心轮流值班,及时处理突发事件和来访群众反映的重大疑难问题。

2. 依托信息化,实现诉讼服务"零距离"

一是推进诉讼服务大厅的信息化升级。配备了诉讼服务自助终端,当事人凭居民身份证和企业代码或诉讼服务密码,即可查询自己在全市法院所有案件的基本信息和办理自助立案等事项;统一提供电子导诉系统,供当事人在电脑、手机或大厅自助终端机使用,即时查阅起诉条件、诉讼风险等内容,了解诉讼服务相关内容的操作流程和方法;进一步丰富自助终端服务内容,实现法院立案服务大厅、调解室、法庭等区域导航,设立下载专区,提供诉状、授权书格式等常用文书下载。建立了全程录音录像系统,全市法院诉讼服务大厅均实现了同步全程录音、录像,通过信息技术手段对从立案、审判到执行的 450 个关键环节全程实时进行监督提示,促进服务规范、监督有序。开通群众评价系统,在大厅服务窗口开通群众评价系统,定期汇总分析评价数据,主动接受群众的意见、评价和监督。

二是推进诉讼服务平台功能的信息化升级。上海法院不断完善 12368 诉讼服务平台体制机制。2013 年 12 月,为解决好人民群众反映集中的"案件查询""诉讼咨询""电话找法官"等有关诉讼难题,上海高院秉持"把方便让给群众,把困难留给自己,让服务成为习惯"的理念,率先开通了 12368 诉讼

---

① 规定凡窗口接待的首位工作人员,是首问责任人,属职责范围内的,应及时办理;属职责范围外的(但是本院范围内的),应先收下,内部再作移交,避免群众来回奔波。

服务平台。2014年4月,周强院长视察上海高院12368诉讼服务平台时指示"要充分利用移动终端,提供更便捷的诉讼服务"。为此,法院在原有八项功能的基础上,进一步推出了微信公众号、手机APP、短信实时自动推送等新形式(目前已具备18项功能)。上海法院完善12368诉讼服务平台体制机制的做法先后得到了中央政法委书记孟建柱、最高人民法院院长周强、中共上海市委书记韩正的充分肯定[1]。升级完善12368诉讼服务平台的信息软件系统。增加当事人网上立案、律师预约立案、电子送达、工单办结回访四项功能,优化热线查询、律师网上立案等七项现有功能,升级后,12368诉讼服务平台将具备12大类50项功能。建立完善律师服务平台。为了进一步保障律师执业权益,为律师提供更好的诉讼服务,2015年1月,上海高院依托互联网率先开通了具有网上立案、网上查询、开庭排期自动避让等20多项功能的"上海法院律师服务平台",备受律师欢迎。目前,上海1448家律师事务所中已有1376家使用该平台,占总数的95%。完善律师服务平台软件升级。扩大律师网上立案适用范围,逐步向外地律师赋权使用律师网上立案通道;统一开通网上预约立案通道;进一步深化律师服务平台其他服务功能,优化排期避让、网上阅卷、网上调解、网上开庭等栏目的功能定位和程序设计。

三是促进诉讼服务的智能化升级。将实体诉讼服务向移动终端拓展,大力推行网上引导、网上咨询、网上阅卷、网上缴退费等10余项智能服务,开展视频庭审、视频调解、视频接访、网上信访等,让当事人足不出户就可以参与诉讼活动。如浦东法院开发网络远程指导人民调解平台,在派出法庭和街镇诉调对接工作室之间架设"绿色通道",及时视频解答人民调解工作中遇到的难题;海事法院创新"互联网+诉前调解",与新浪网合作开通"E调解"开放式平台,并推出"E调解"手机APP,构建高效便捷、灵活开放的网上调解模式,2016年该院通过该平台在诉前成功调解88起纠纷,成为全国首家通过手机APP调解纠纷成功的法院,得到当事人的一致赞誉。

---

[1] 2014年12月4日,中央政法委书记孟建柱、最高人民法院院长周强在最高法院连线听取12368诉讼服务平台工作情况汇报,给予充分肯定。2015年2月,中共上海市委书记韩正到12368调研,对12368诉讼服务平台给予了充分肯定:"法院自我加压,极大地方便了人民群众。"

3. 提升服务质效，实现便民利民"无障碍"

一是全面推进立案登记制改革，充分保障当事人诉权。2015年4月30日，上海高院制定《关于贯彻〈最高人民法院登记立案若干问题规定〉的实施细则》，注重可操作性，完善登记立案的机制。2016年，上海法院一审共收案498469件，同比上升10.5%，当场立案63.2万件，当场立案率达99.3%，在全国法院中位于前列，对依法应该受理的案件切实做到有案必立，充分保障了当事人诉权。

二是以诉调对接平台为基础，推进多元化纠纷解决机制改革。上海法院诉调对接工作始于2009年，法院将诉调平台融入诉讼服务大厅，以加强诉调对接工作为载体，推进多元化纠纷解决机制改革，目前已实现全覆盖、常态化，让更多纠纷在诉讼渠道之外得到有效化解，有效促进了审判质效的提升。浦东法院、普陀法院分别建立了"三级四层"纠纷化解网络和"社区法官"工作机制，形成了"全日制、全覆盖、全方位"的矛盾纠纷化解格局，实现了社会矛盾纠纷的就地解决，荣获"全国多元化纠纷解决机制改革示范法院"称号。

三是建立社会力量参与诉讼服务长效机制。引进专家、学者、律师、大学生、志愿者等社会力量，为人民群众提供一系列法律服务。如2016年上海法院的志愿者窗口累计提供服务150793次，其中法律咨询约87508次，诉讼指导约63793次，代写诉状约1967次，进行心理疏导4061次；律师参与接待31805人次，其中344名信访人表示服判息诉，140名信访人放弃进京访，431名申诉人同意另案诉讼，186名申诉人表示撤诉。

2016年，上海法院诉讼服务质效提升明显，实现了便民利民无障碍。服判息诉率提升，一审服判息诉率为92.39%，经二审后的服判息诉率为98.99%；2014年12368开通以来，日均来电量持续上升，由283件上升为1012件；日均投诉量持续下降，由5.54件下降至0.52件，表明质效的提升；群众满意率提升，人民群众对诉讼服务满意率达99%，处理结果满意率达96%。12368开通以来，共派发工单4.30万件，仅12件超期办结；经对48.13万件来电进行当场测评和随机回访，群众对平台诉讼服务评价"一般"为16件，"不满意"为3件，其余均为满意。

三 全面推进诉讼服务中心建设的几点体会

一是要坚持理念更新。理念是行动的先导。抓好诉讼服务中心"升级版"建设，必须不断更新理念，要坚持司法为民的根本宗旨，以提高人民满意度和司法公信力为根本尺度，树立方便群众的工作理念，并以此指导法院诉讼服务中心建设。要坚持人民主体地位，始终把维护群众合法权益放在第一位，将人民群众满意作为衡量诉讼服务工作的根本标准，把诉讼服务中心建设成方便群众诉讼、展示司法文明的窗口，更加有效地保障群众的诉讼权利。要坚持诉讼便民利民理念，通过创新工作方式方法，不断完善便民利民措施，推行网上立案、巡回立案、异地立案等，着力解决服务群众"最后一公里"问题，切实增强诉讼服务的针对性和实效性。

二是要坚持问题导向。问题是工作的导向，也是破解难题的突破口。坚持问题导向，首先要搞清问题在哪里，解决改什么，然后才能对症下药，解决怎么改的问题。近年来，人民群众对诉讼活动中存在的"门难进、脸难看、事难办"，"立案难"，"诉讼难"，"执行难"，以及"诉累、问累、跑累"等突出问题反映强烈，这些"难""累"就是要着力破解的问题，就是法院工作的突破口、着力点。如2013年党的群众路线教育实践活动中，上海法院针对人民群众反映强烈的"立案难""联系法官难""案件查询难""诉讼咨询难"等突出问题，在全国率先开展纠正"立案难"专项治理，依法保障当事人诉权，基本解决了立案难问题；2014年在全国率先建立了"12368诉讼服务平台"，方便人民群众诉讼、改进司法作风，深受人民群众欢迎；2015年建立和开通了具有网上立案、网上查询、开庭排期自动避让等20多项功能的"上海法院律师服务平台"，为律师提供诉讼服务，律师足不出户即可完成立案。通过上述举措，解决了群众的实际问题，使人民法院诉讼服务落到实处，让人民群众实实在在感受到司法为民的成效。

三是坚持目标导向。诉讼服务中心是人民法院化解社会矛盾的第一道关口，是人民法院对外服务群众、对内服务审判的重要平台，也是人民法院促进司法公开、提升司法公信力的重要场所。推进人民法院诉讼服务中心建设意义重大、任务艰巨，必须抓好顶层设计。为此，法院紧紧围绕公平正义的总目标，按照最高法院统一部署，结合上海法院工作实际，研究制订诉讼服务中心"升级版"建设方案，明确了升级建设的基础、目标、内容和推进，确定了完善上海法院诉讼服务中心建设的短期和中长期建设规划，建立了工作台账，按照既定任务目标，一件一件抓落实，持之以恒抓下去，真正做到一张蓝图干到底，确保工作取得实效。

四是要坚持需求导向。推进诉讼服务中心建设，必须坚持以人民群众需求为导向的思维、模式和工作格局，积极创新诉讼服务方式，不断延伸诉讼服务空间，更好地回应人民群众司法需求。在全面推进诉讼服务中心建设的过程中，积极推动诉讼服务中心规范化、系统化、长效化。及时总结经验，出台规定，建章立制实现诉讼服务中心规范化；构建诉讼服务大厅、12368诉讼服务平台、诉调对接中心、执行事务中心"多位一体"的综合性"大平台"，建立对外统一服务、对内协调共进的科学运转模式，实现诉讼服务中心系统化；进一步整合诉讼事项，拓展诉讼服务功能，完善诉讼服务运行机制，实现诉讼服务中心长效化。高度关注人民群众多元司法需求，及时了解当事人和群众对诉讼服务中心的体验，听取他们的意见建议，改进不合理的地方，提升服务的针对性，决不能让诉讼服务中心成为摆设。处理好新型需求与传统需求的关系，既不能以老的眼光、旧的思维来看待群众需求，也不能抛弃群众传统需求，同时充分考虑不同地区群众司法需求的差异性，有针对性地提供司法服务。如对那些不会上网的群众，要继续发挥传统司法便民措施的作用，通过立案大厅、电话接待、巡回审判，让诉讼服务惠及全体人民。

五是坚持科技引领。法院的任何一项工作都离不开信息化，当前社会已进入大数据时代，上海法院适应大数据发展战略，提出建设"数据法院""智慧法院"的新目标，制定了"数据法院"建设新规划，把诉讼服务中心建设纳入"数据法院"建设之中，把大数据智慧运用到人民法院诉讼服务之中去，让诉讼服务中心插上智慧的翅膀，以加快实现"让数据多跑路，让群众少跑路"的目标，有效解决人民群众"诉累、问累、跑累"等问题。

B.8
聚焦基层刑事执法　强化检察监督
——上海社区检察创新的探索和实践

上海市人民检察院社区检察指导处课题组*

摘　要： 社区检察是近年来上海检察机关延伸法律监督触角，下沉检力的创新成果。依托设置在基层一线的社区检察室，以监督公安派出所刑事执法活动和非监禁刑罚执行活动为主业，辅以对基层职务犯罪的社会化预防和依托检察职能参与社会治理工作，兼顾检察工作的专业化和社会化属性，上海检察机关打造出了遵循法律定位、符合司法规律、满足特大型城市需求的上海特色社区检察工作体系。通过社区检察工作的探索和实践，上海检察机关成功拓展了刑事法律监督的新领域，弥补了传统检察监督的短板，强化了针对基层刑事执法办案活动的法律监督，实现了检察工作影响力的提升。

关键词： 社区检察　执法监督　司法改革　刑事执法

2009年，最高人民检察院提出了各级检察机关要全力维护国家安全和社会稳定，积极参与加强和创新社会管理及加强检察改革、主动融入社会管理格局的工作要求。海南、浙江、江苏、上海、天津、江西等地开始积极探索派驻社区检察室机制，各地对社区检察的探索模式和职能定位虽然不尽相同，但在化解社区基层矛盾、加强社区平安建设、促进社区基层稳定、加强基层政权巩固等方面均发挥了作用。

---

* 组长：谈剑秋，上海市人民检察院社区检察指导处处长；课题组成员：吴真、杨宇静。

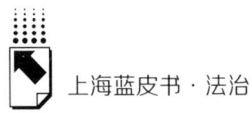

从2010年6月上海市检察院要求全市基层检察院探索设立社区检察室到如今,上海社区检察部门已经走过七个春秋。在此期间,社区检察部门紧密围绕上海检察工作的发展目标,积极推进规范化建设,建立健全机制体制,努力提升执法监督水平,深化基层社区检察业务。现在,社区检察部门正由业务探索阶段逐步迈入业务定型阶段。当前上海社区检察部门在检察工作中主要承担四项职责:一是对派出所等公安基层刑事执法活动的监督;二是对监外执行活动的监督;三是对基层职务犯罪的社会化预防;四是依托检察职能,参与社会治理。其中,公安派出所刑事执法活动和刑罚执行工作分别处于刑事诉讼的执法源头和末端,是典型的"权力在基层、执法在基层、影响在基层"的基层刑事执法活动。鉴于工作方式和检力资源,针对这两项基层刑事执法活动的监督是传统检察监督的短板所在。为弥补传统检察工作不足,全面强化检察监督,上海社区检察部门将对公安派出所的刑事执法活动监督和监外执行监督定位为自身的主责主业。2010年以来,社区检察室在基层对公安派出所刑事执法活动和监外执行活动开展探索和创新,填补了长期以来检察机关刑事诉讼源头监督缺失的空白,改变了刑事诉讼末端监督薄弱的局面。基层刑事执法活动监督也因此成了上海社区检察工作的特色和亮点。

一 社区检察工作的重要性和意义

(一)社区检察工作有利于完善基层政权结构、化解基层社区矛盾

我国采用的是人民代表大会制度下"一府两院"的政权结构,其中检察院是国家法定的法律监督机关,在国家政权机构中起对行政权和审判权的制约与平衡作用,具有唯一性和不可替代性,也为国家法制统一正确实施发挥了重要的保障作用。但是在国家自上而下逐级设置的"一府两院"政权结构中,基层政权结构中出现了问题,即基层行政权、审判权、法律监督权并存但缺少检察机关的法律监督权力。上海在2014年市委"一号课题"后形成了基层社会治理"重心下移""权利下沉"的改革成果,基层政权进一步呈现出队伍庞大、辖管面广、与群众接触密切、用权风险高的特点。基层的组织机构与公务员人数占绝对多数,执法环境复杂,任务繁重,而基层执法缺乏相应的监督制约机制,掌权主体

在权利的行使过程中不可避免地存在随意性和不规范性，再加上群众表达诉求和权利救济渠道的缺少，导致在基层执法过程中存在不作为、乱作为现象甚至贪污腐败高发的现象，增加了公众对公权力的猜疑、误解和抵触，更不利于对公权滥用的防止和权力冲撞的调和，更易于激发社会矛盾。

因此，检察权下沉，在基层设置派驻社区检察室，将派驻社区检察室置于客观中立的第三方的地位，既可以弥补基层政权结构的缺失，检察室也可以依托检察职能行使监督权，加强对基层公权力的监督和制约，督促掌权主体在权力的行使过程中更具规范性。同时，派驻社区检察室在工作中也能充当公权力和私权利矛盾冲突的调解者，引导到社区检察接待窗口寻求帮助的群众合法、合理的维权，为他们提供法律救济渠道，缓解甚至是化解基层社区矛盾。

（二）社区检察工作有利于推进国家建设法治社会的进程

随着社会主义市场经济体制的建立和发展，我国的社会结构和国家职能发生了根本的转变。一方面，农村人口向城市的快速流动，单位人变为社会人，传统的社会防控犯罪的机能被削弱。同时与市场经济相伴随的道德价值的多元化，社会的发展更需要公平和正义的维护与加强。另一方面，长期以来存在于传统熟人社会中的亲情"关系"和特权现象，在信息公开透明的当今社会，也在无形中激化着社会矛盾。长此以往，将会严重影响国家的长治久安和社会的和谐稳定，不利于我国法治国家、法治社会的建设进程。

设立社区检察室，既是从制度上加强对基层执法的外部监督，确保国家法律统一正确实施的保障手段，也是建设社会主义法治国家的内在精神，是维护社会公平正义的必然要求和重要着力点。社区检察室依托自身的检察职能，以预防犯罪和宣传法制为目的，参与辖区基层社会的治理中，向不同社会主体提供法律服务和法制宣传，并且结合社会管理、现实需求等开展社会治理专项工作，从基层方面推动着法治社会的建设进程。

（三）社区检察工作有利于充分行使检察职能和扩大检察工作宣传

长期以来，检察组织在基层的缺失，产生了"两个不了解"：一是检察机关对社区执法情况、普法工作和各街镇社会状况不了解，信息不畅、耳目不明；二是社区居民对检察机关的性质、职能和作用不了解，在基层，执法者与被执法者互相对立的状态长期持续，具有监督权的重力第三方的缺失，既不利于执法水平提高，也无益于从源头上遏制执法权力的滥用和排除执法阻力。检力下沉，设置派驻基层的社区检察室，首先填补了检察职能在基层的缺失，使检察机关能够更为全面和充分地行使法律赋予的检察监督权，对社区执法情况、街镇社会状况有及时和充分的了解。其次，社区检察室作为基层执法活动的监督者和群众接待窗口，通过主动开展基层执法监督，进行面对面法制宣传服务和参与综合治理，开展群防群治活动和消除犯罪苗头，加大加深社区群众对检察机关工作的关注度和了解度；通过拓展群众控告申诉举报途径查办职务犯罪，便利于民的同时也能够取信于民；通过加强社区矫正监督控制改造特殊人群，防止再犯危险。

二 深化推进公安派出所刑事执法活动监督，强化刑事诉讼源头监督

在上海，无论是派出所立案侦查的刑事案件在全年刑事案件总数中所占的比重，还是派出所的警力在总警力中的占比，都超过80%，而且派出所遍布全市各个街镇。在全市16个区的刑事案件办案流程中，派出所都位于首道环节，负责案件的定性、抓捕嫌疑人、固定初始证据等重要任务，派出所的工作是后续侦查活动开展的基础。这就意味着，派出所立案侦查的刑事案件在执法活动中一旦出现办案质量问题，那么案件的侦查、审查起诉活动将随之出现事实或者程序上的瑕疵甚至错误，进而导致司法公信力的下降。因此，对公安派出所的刑事执法活动监督，目的是在监督过程中发现并解决基层刑事执法活动中的源头性、根本性、基础性问题，规范侦查行为，并在此过程中建立并不断完善对基层执法的监督机制。

目前社区检察部门对派出所刑事执法活动的监督，主要是通过办案化的方式对公安机关办案中涉嫌违法违规的瑕疵进行审查处理。办案化流程中通过繁简分流，根据不同情形分别采用简易程序或者普通程序办理案件，以实现查证违法违规和提出监督意见的均衡。

（一）社区检察部门派出所监督的优势

社区检察部门对公安派出所的基层刑事执法活动监督，相对于传统检察活动中侦查监督、公诉部门对公安派出所的案件监督，有以下五个方面的优势。

（1）从监督的范围来看，传统刑事检察环节的监督集中于报捕报诉的案件，而除了公安机关报捕报诉案件外，刑事侦查活动中还会有刑事立案后撤案、刑事拘留后转治安处罚、取保候审期满等不会流转到检察机关而直接在公安办案环节终结的案件。这些案件的数量和报捕报诉案件相当，这就意味着有很大一部分的刑事案件未被纳入检察监督的视野中，社区检察则通过对这些案件的主动检察，弥补了传统检察监督的短板，实现了检察机关对公安侦查活动更全面的监督。

（2）从监督的方式上来看，侦监、公诉部门对公安派出所的监督是以静态案件为载体的审查式个案监督，更多的是在书面文件中发现问题；社区检察部门对公安派出所的刑事执法活动监督是将工作监督与类案监督相结合，将日常检察、案件检察、专项检察和受理控告申诉手段相统筹的监督。

（3）从监督的重点来看，侦监部门对公安派出所的监督主要是对审查批捕等诉讼环节的监督，而社区检察部门对公安派出所的监督是以刑事立案和侦查程序合法性监督为重点，对刑事执法过程中存在的一类事关普遍性、典型性和执法思想、执法工作机制方面问题的监督。

（4）从监督的时间节点来看，侦监部门对公安派出所的监督除了提前介入或者要求补充侦查的案件，更多的是发生在案件侦查活动结束进入审查批捕阶段；而社区检察部门对公安派出所的监督是贯穿于其执法活动的始终，是动态的全程监督，是刑事诉讼的源头监督。

（5）从监督的便捷度来看，侦监部门与公安派出所的对接是在区级层面上的，通常与基层一线执法活动存在一定的距离，给监督活动带来了一定的不便。而社区检察部门通过在基层街道设置社区检察室，深入贴近一线执法活动，对辖区内公安派出所的刑事执法活动监督，从数量、位置上来看，社区检察室的监督都更为便利。

（二）2016年社区检察部门派出所监督履职效果

2016年，上海全市社区检察室继续扎实推进公安派出所刑事执法活动监督工作，同时不断完善社区检察对公安派出所基层刑事执法的监督机制和工作开展模式。全年各区院派驻社区检察室共着重开展了以下三个方面的监督工作。

一是在对派出所进行常态化监督的同时，注重监督的转化率和监督质量的提升。2016年全年，社区检察部门在日常检察工作方面实现了"减量增亮"，监督的效率大幅提升。全市社区检察部门共进入派出所巡查3800余次，调阅同步录音录像1800余件涉及2100余人，审查案卷2100余件涉及2600余人，针对检察中发现的问题而制发的法律文书数量、文书质量与上一年度相比均有一定程度的上升，监督成果转化率也有上升。同时根据市检察院与市公安局联合发布的《关于进一步加强对公安派出所监督工作的协作配合若干意见》（以下简称《意见》）文件要求，各单位在具体落实《意见》过程中，针对区域的现实情况，主动加强与所在辖区的公安分局的工作联系，开展联席会议确立协作机制，为社区检察室探索建立符合区域特点的监督机制和工作模式提供保障。

二是以常见多发问题为重点，深化推进派出所刑事执法活动专项检察监督工作。2016年，市院业务与市公安局法制办共同部署开展了"完善公安派出所受案立案工作"的市级专项检察工作，全年共对全市301个派出所的受案立案工作机制和受案立案工作规范进行检察，对检察中发现的不规范问题，以个别问题口头纠正、严重问题和类案问题汇总通报的形式给予监督并跟踪纠正检察情况。各区院根据在检察过程中发现的辖区派出所执法过程中的典型问题，开展区级的专项检察活动，涉及"刑事拘留规范性""派出所辨认程序""取保候审保证金""涉案财物拍/变卖""未成年人诉讼权利保障"等程序规范和权利保障方面。

三是强化刑事立案监督工作。立案作为刑事诉讼活动的起点，在刑事诉讼活动中有着举足轻重的地位与作用。社区检察部门强化对立案工作的监督，主要集中在"当立不立或者不当立案、立而不侦、久立不撤"等情形，一方面是为了规范派出所的立案工作和效率，另一方面也是为了保障当事人的合法权益。2016年全年，全市社区检察部门共移送各类立案监督线索140余条，成功监督立案、撤案130件，相比于2015年，在监督数量和监督成功率上均有明显增长。其中虹口大柏树检察室针对群众控告的以借贷为名的诈骗、敲诈勒索案件线索，督促公安机关查办并成功立案，获得被害人及其家属的赞许。浦东、闵行、奉贤等区院积极探索监督撤案工作，工作成效显著。

三 深化推进监外执行活动监督，强化刑事诉讼末端监督

上海是全国最早试点推行社区矫正工作的城市，2012年，两高两部《社区矫正实施办法》将社区矫正执行主体正式从公安机关转变为司法机关，随着社区服刑人员监管矫正工作重心向社区下沉，以社区为平台的监管和日常矫正作用更加凸显，对社区矫正职能部门在社区平台的执法活动加强监督，成为检察机关强化社区矫正法律监督的必然要求。2013年7月，市检察院政治部正式发文明确社区矫正监督职能由社区检察部门承担。上海市社区矫正工作和社区检察部门实现了分层对应监督，社区检察部门对监外执行的监督呈现全方位、立体化的特点。

社区检察室将监督工作落脚于司法行政机关基层监管矫正层面，将监督措施落实到调查评估、交付执行、宣告列管、监管奖惩、矫正帮扶、期满解除等各重要环节，充实监督力量，丰富检察手段，细化监督措施，使刑事诉讼末端监督得以强化。社区检察部门对监外服刑人员建立"一人一档"检察档案，除数据核对、文书审查等传统检察手段外，还探索开展对宣告、公益劳动和集中教育的现场监督，约见社区服刑人员谈话，与基层部门组成监管情况信息网络，准确掌握社区服刑人员及对其执行刑罚和矫正的动态情况，预防和查纠脱管、漏管、重新违法、犯罪问题。

（一）社区检察部门监外执行的特色和优势

上海检察机关社区检察室作为社区矫正监督的主要载体，围绕"发现－纠正－预防脱漏管"的主线，创新社区矫正监督工作体制，完善常态化监督机制。由社区检察室承担监外执行的监督职责，具有以下三个方面的特点和优势。

1. 依托社区检察室下沉检力，构建三层对应监督机制

设置社区检察室是上海检察机关深入贯彻高检院促进检力下沉、延伸监督触角的具体部署之一，监外执行监督是明确的社区检察部门的职责之一，市院社区处和市矫正办构建了三级分层对应监督模式。由全市三级社区检察机构市院社区处、区院社区检察科（处）、区院派驻社区检察室分别对应监督市、区、街镇社区矫正执法活动，各级社区检察部门的监督对象具有明确性，实现了对监外执行监督层次的全覆盖。社区检察室每周走访辖区各司法所，及时掌握辖区社区矫正工作动态，贴近基层社区矫正执法实现常态化监督。发挥三级社区检察机构联动作用，畅通上令下达、下情上传渠道，确保全市监督工作同步协调。同时市院与市司法局联合签发文件，规范监督路径、措施和流程，明确社区矫正机构配合事项，确立检司双方信息联网、数据共享、工作互通、联席会议、联组学习等协作机制。

2. "点、线、面"结合，及时、准确发掘脱漏管监督线索

一是面上排查，三级比对入矫人员信息，社区检察室与司法所及时比对接收执行文书的情况，尽早发现文书送达不及时、列管地确定有误、社区服刑人员未按期报到等问题，督促有关单位及时纠正或跟进监管措施。区院社区检察科（处）每月与同级社区矫正机构核对社区服刑人员底数及出入矫情况，细致排查脱漏管。由市院组织市级法院、公安、监狱与社区矫正机构每季度开展判、裁、决定社区矫正与纳管情况核对，尽快排查脱漏管。二是线上巡查，动态监督社区矫正流程中的重要执法环节，抓住判执交接、纳管宣告、集中教育、公益劳动、决定惩处、解除终止等重要执法环节，综合运用审查文书、到执法现场检查、约见社区服刑人员谈话、核查矫正台账、走访社区群众、受理投诉等方式，对社区矫正机构落实监督管理措施情况进行检察。三是点上聚力，加大对脱漏管高危人群监管情况检察力度，将被列为市级一级社区服刑人员、居管分离、涉毒罪犯和因同一性质犯罪被处两次以上刑罚等四类脱漏管高风险对象列为监督重点，进一步采取一季度一约谈、宣告教育必到场、离沪请销假及执行变更必核查的措施，督促社区矫正机构严格落实监管措施，有效防纠脱漏管。

3. 监外执行监督手段多样化，监督效果有保障

社区检察部门在充分发挥监督职能，推进监外执行监督工作时，除了采取对监外执行的日常监督并根据执法过错性质和后果严重程度采用口头及相应的书面方式提出监督意见外,还可以根据监外执行中发现的突出性、典型性问题,集中开展专项检察,并对专项检察的结果进行有质量的转化。此外,社区检察部门为确保纠正到位,建立了监督效果的审查机制,借鉴案件办理模式,通过流程表单和审查报告,对监督线索发现到监督意见反馈全程留痕,确保执法不规范问题改正到位。

(二)2016年社区检察部门监外执行监督的履职效果

目前,对非监禁刑罚执行的日常监督工作已经逐渐进入了平稳发展时期。2016年全年,社区检察部门共新建监外执行人员档案3400余个,参与期始宣告2300余次,期满宣告1600余次,约见监外执行人员谈话3200余次,对公益劳动和集中教育开展现场监督800余次,并对社区矫正活动中存在的问题制发相关的法律文书予以纠正,监督对不符合监外人员的收监执行,纠正延期列管和脱漏管。监督工作开展6年来,已经进入平稳发展阶段,监督工作量和数据实现常态稳步运行。

2016年全年,全市社区检察部门对监外执行监督除了进行日常的监督工作外,还具体开展了下列监督检察工作。

一是落实完成高检院的专项工作部署。全市各社区检察科室,根据高检院《关于开展集中清理判处实刑罪犯未执行刑罚专项活动的通知》的工作部署,在全市开展了集中清理判处实刑罪犯未执行刑罚专项活动的专项检察,全市共排摸核查出撤销缓刑、撤销假释和暂予监外执行条件消失尚未收监罪犯90余人,清理纠正30余人,推动公安机关对剩余逃匿或者下落不明罪犯采取抓捕措施。在开展高检院关于财产刑执行专项检察活动中,核查出涉财产刑的监外执行五类罪犯900余人,在专项中督促执行各类财产刑执行100余人次,涉及金额超过400万元。在两次专项检察活动中,普陀区院的罪犯潘某刑罚执行监案以及奉贤区院的罪犯唐某财产刑执行监督案作为成功典型案例上报高检院。

二是全方位、多视角开展市、区两级监外执行专项检察。为推进《本市社区服刑人员电子实时监督管理暂行规定》的落实和全市电子监管工作的标准统一、执行有序,市院业务处于2016年在全市范围部署开展了社区服刑人员电子监督管理的专项检察。同时各社区检察室根据辖区社会矫正的现状,确定了社会调查、文书送达、列管宣告等社区矫正环节专项检察的范围。各区社区检察室的专项检察，为提升社区服刑人员的监管实效，切实维护社会稳定提供了强有力的制度措施和机制保障。

三是积极创新探索监外执行监督新机制。各社区检察室在对监外执行活动进行监督的同时，积极创新完善对监外刑罚变更执行的公开审查模式和对社区矫正人员的奖惩制度。在监外刑罚变更执行公开审查模式的探索中，静安区、浦东新区采用了由社区检察部门主持，在检察同步审查环节进行公开审查的监督公开模式；金山区院采用了由法院主持，在司法审理环节进行公开审查，构建四元庭审结构的审理公开模式。金山区院更是利用探索监外刑罚变更执行公开审查的契机，完善了社区矫正奖惩案件证明材料的制度规范。

四 发挥社区检察的基层窗口优势，增强检察监督在基层的影响力

社区检察部门相对于检察机关的其他部门，以其深入基层、贴近社区群众的优越性，成为检察机关在基层社区展示良好形象、宣传检察工作的窗口。社区检察室应利用这一优势履行服务基层社会和宣传检察工作的职责，为提升检察监督在基层的影响力助力。2016年度，社区检察部门以提升检察影响力为目标，在服务社会、宣传检察工作方面取得了三方面成绩。

（一）多种形式并举，做好基层职务犯罪社会化预防工作

对基层职务犯罪的社会化预防是社区检察部门已经明确的职能之一，社区检察部门充分发挥自己贴近基层政权的特性，在社区层面广泛开展形式多样的职务犯罪预防宣讲活动。社区检察干部走进村居委、走进基层执法一线，走上社区讲台，以宣传讲座、播放警示教育片、提供法律咨询等方式为不同岗位职责、年龄层次、文化背景的对象提供具有针对性的、符合现实需求的法律服务；部分社区检察室设有廉政警示教育基地，社区检察干部利用社区检察开放日的契机或者特意邀请基层领导、党员干部前来参观，通过面对面的交流和鲜活的案例展示，强化基层政权队伍人员的廉政意识，增强预防针对性和有效性。同时社区检察部门还通过"覆盖一个重点人群、制作一个宣讲课件、印

制一本宣传手册"的"三个一"基础工作，逐步逐层推进基层职务犯罪的社会化预防工作。

（二）依托检察职能，紧密围绕地区实际，为基层社会治理出谋划策

2016年，市院社区业务处召开全市社区检察工作交流会，各区院社区科（处）总结交流了参与基层社会治理的工作思路和工作方法，听取与会代表委员、专家学者们的意见和建议，使各区院社区检察部门在推进参与基层社会治理项目时，既能契合检察职能要求，又能符合地区实际，深入开展工作并获得良好的社会效果。同时各区院紧密联系自己辖区内的基层治安需求或者社会管理问题，申报开展社会治理专项活动，专项成果获得相关部门领导的肯定。如长宁区院针对辖区内居民住宅小区盗窃案件开展专项工作，向区委政法委呈报情况报告及得到区政法委书记批示，奉贤区院针对跨境赌博衍生的社会问题进行调研并向区综治办发出情况报告，督促公安机关打击源头犯罪，获得白少康同志的批示肯定。

（三）密切联系人大代表，开创检察宣传的新平台、新机制和新渠道

2016年，各社区检察室建立了与辖区内街镇村居工作的市人大代表的常态化联络机制，组织市人大代表、政协委员、廉政监督员、专家学者等社会各界人士视察社区检察工作，听取他们对社区检察工作提出的意见和建议。市院社区处组织撰写和印制了2015年社区检察白皮书，全面梳理了检察室窗口在监督工作中发现的基层刑事执法活动中的不规范问题，强化监督效果，获得政法委和公安分局领导的肯定，深化了检察监督工作的影响力。社区检察部门还不断探索利用新媒体、新平台、新渠道，扩大对社区检察工作的宣传和社会影响。2016年，社区检察部门创新运用"上海检察"微信平台、"检察长在线"广播直播间、"澎湃问吧"、网络直播等新型网络媒介传播方式，在各个渠道集中宣传社区检察工作，通过社区检察工作的鲜活案例，向社会展示了社区检察官的形象，展示宣传的对象覆盖多个社会主体，增进了社会公众对社区检察的了解，扩大了社区检察宣传的辐射面。

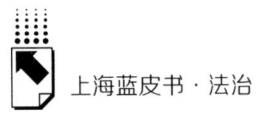

五 继续深化推进社区检察工作的思考

（一）在公安派出所刑事执法活动监督领域进一步探索体系化的工作衔接机制

为构建社区检察部门对派出所刑事执法活动更为科学有效的监督机制，为案件的后续办理提供保障，社区检察部门要探索对这一源头监督的工作机制进行创新。一是社区检察部门在做好现有的监督业务的基础上，经向业务处报备并获得批准后，可在法律授权的范围内尝试探索试点对派出所刑事执发监督工作新的监督着力点，并将探索的内容和效果以书面形式上报社区处以供参考。二是在监督工作中社区检察部门除了要继续密切与公安的协作配合外，还要探索与侦监、未检、控申等部门的工作衔接机制，在检察监督工作的开展过程中，要加强与上述相关部门的沟通与协调，畅通相关信息、线索的获取、流转过程，形成检察监督的整体合力，使得监督的效果和质量再次提升。

（二）以加快监外执行监督信息化建设为依托，加强监督工作规范化

尽管监外执行的监督工作已经进入相对平稳的发展阶段，但是深入推进监外执行监督工作的步伐不能停止。监外执行监督的发展，一是以执检子系统的全面运行为依托，实现监督信息的电子化。根据最高检执检厅《关于部署使用全国检察机关统一业务运用系统执检子系统的通知》，在监外执行监督工作中全面规范运行执检子系统，严格按照系统标准核查监外执行对象信息，落实好监外服刑罪犯的档案录入、管理以及案件办理标准和程序，实现对监督对象的无缝监管，监外执行监督信息从此跨入信息化的阶段。二是将交付实刑检察和财产执行检察日常化，逐步落实两项专项检察的日常监督措施，建立常态化、全覆盖的长效监督机制。三是加强监外执行监督信息化建设。进一步构建和完善与法院、社区矫正部门的电子数据的共享机制，提高数据和信息的利用率，并借助信息网络及时掌握社区矫正工作动态、丰富监督手段准确纠违规违法执法行为、拓展监督渠道、保护社区服刑人员合法权益等。

（三）广泛培植社区检察专业队伍，注重社区理论研究

深化推进社区检察工作，一方面要加强社区检察队伍的培养，社区指导处层面以推荐和选拔相结合的形式建立社区检察人才库，形成梯队化的社区检察人才储备结构。区院层面，各区院在确保检察室完成基础工作的前提下，加强对社区检察干警的理论专业培养，强化实践锻炼，促进岗位成才。社区检察部门在今后的工作中要着力培养、树立并大力宣传社区检察先进典型，发挥先进模范的榜样示范作用。利益方面，社区检察工作要构建其自己的理论体系，通过组织专题调研、案例讨论、重点攻关等活动，梳理社区检察工作发展历程，研究解决影响工作发展的瓶颈问题，持续、深入对社区工作的发展定型进行思考和理论研究。通过理论研究建立其社区检察的理论自信、制度自信和道路自信，确保社区检察工作的健康、持续、稳定发展。

（四）继续发挥重点项目对整体工作的推动作用

各社区检察室要继续以重点专项工作带动整体社区检察工作，借助重点专项拓宽整体工作的思路。各社区检察室要扎实推进市、区两级关于"两项监督"的专项检察，结合辖区社会治理需求确定"依托检察职能参与基层社会治理"的专项主题活动，通过对专项的推进落实，提高专项成果的转化，提升社区检察室的工作质量，从而推动社区检察整体工作的平稳有序深入开展。

B.9
服务上海科创中心法治环境建设
——上海检察机关的探索与实践

上海市人民检察院金融检察处课题组*

摘　要： 为加快上海科技创新中心建设创造良好的法治环境，是当前和今后一个时期上海检察工作服务大局的重要方面，是上海检察机关必须要承担的政治责任。上海检察机关站在全局和战略的高度，充分认识检察职能保障科技创新的重要作用，立足检察职能，找准服务保障的有效路径，严厉惩治妨害科技创新的各类犯罪，创新完善相关工作机制，加快建设适应科技创新中心建设要求的检察队伍，为上海加快科技创新中心建设提供高效优质的司法保障。

关键词： 科创中心　服务路径　知识产权　检察机关

党的十八大明确提出"实施创新驱动发展战略"，推动以科技创新为核心的全面创新。作为国家司法机关，上海检察机关要为这项国家战略有序推进保驾护航，并且要审慎地思考研判、长时间地谋划积累，要形成全方位、多层次的打击（犯罪）、保护（权利）、服务（科创中心）协调统一的服务格局。

一　服务上海科创中心法治环境建设的路径选择

上海检察机关将服务保障科创中心建设作为一项重大政治任务，认真研究

---

* 组长：肖凯，上海市人民检察院金融检察处处长，上海交通大学法学院"双千计划"兼职教授；成员：陆川、陈慧俊。

思考，在充分调研、科学论证的基础上，主动谋划，找准服务保障的切入点和着力点，出台了《上海检察机关服务保障科技创新中心建设的意见》，明确了检察机关必须从上海科创中心建设的体制机制改革和区域特点等实际情况出发，坚持法治思维和法治方式，坚持宽严相济的刑事政策，探索符合科技创新规律、检察工作发展方向的服务路径。

（一）准确定位，明确检察机关服务保障上海科技创新中心建设的目标和任务

上海加快科技创新中心建设的战略意义、实际要求必须与上海检察机关的司法实践紧密结合起来。上海检察机关将会立足职能，围绕上海科技创新中心建设的动态发展，以科技创新建设中的重大项目、关键问题为导向，立足检察职能，综合运用打击、预防、监督、教育、保护等手段，积极提供"一站式、全覆盖"检察服务保障措施，着力解决创新改革中的各种矛盾，推动科技创新中心建设各项工作顺利进行，真正体现检察机关在服务保障工作中应有的地位和作用。

（二）依法履职，为上海加快科技创新中心建设提供高效优质司法保障

能够给上海科创中心建设带来直接影响的刑事犯罪并不仅仅局限于知识产权犯罪，对"妨害科技创新发展的各类刑事犯罪"必须有一个相对明确的定义："妨害科技创新要素集聚、科技产业集聚和科技创新活动的犯罪"。并重点提出严惩四类犯罪：影响科技创新中心建设的金融犯罪、侵犯知识产权犯罪、服务科技创新的中介机构犯罪以及侵犯创新人才合法权益的犯罪。

上海检察机关从诉权的平等保护、法律政策运用把握、办案规范等角度充分考量如何为科技创新主体提供合理的司法保障。检察机关要重点打击以下几类职务犯罪：妨害国家鼓励科技创新的政策落实的职务犯罪，国家工作人员在相关环节给创新建设和创新主体带来损失的职务犯罪，破坏科技创新公平发展的行贿犯罪。还应当关注重大科技创新领域的职务犯罪预防以及针对上海人才创新创业激励机制改革的犯罪预防。

此外，上海检察机关还依法有效开展涉及科技创新中心建设的法律监督工

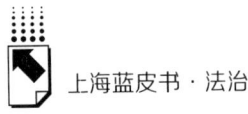

作,加强对服务科技创新中心建设法律政策的系统研究,以及积极深化知识产权国际司法协助工作,等等。

(三)统筹协调,创新完善服务保障科技创新中心建设的检察工作机制

为了提供更全面、优化的法律服务,上海检察机关将对相关工作机制予以创新、完善、深化。

1. 加强知识产权专业化办理

纵向上,上海知识产权专业化办案特色机制将进一步完善和全面铺开,明确了市检察院、区分院、基层院三级联动的专业办案机制,推动形成普通案件在基层检察院办理、重大案件跨行政区划检察院办理的工作格局。横向上,检察机关内部各部门在服务保障科技创新中心建设过程中要形成一体化工作机制,在涉及科技创新案件联动办理、信息共享与线索双向移送等方面协同作战、形成合力。

2. 探索知识产权刑事、民事、行政三合一检察办案机制

为了适应当前知识产权审判三合一的发展趋势,探索性地确立刑事、民事、行政检察会商办案制度,避免在政策、法律适用上的内部分歧,体现知识产权刑事司法保护的整体效能。

3. 深化科技创新领域行政执法与刑事司法衔接机制

上海正在全力推进知识产权行政管理体制改革。上海检察机关应当抓住这一契机,加强与上海知识产权行政执法机关沟通协调,并加快形成常态化的违法犯罪线索移送、信息共享、证据移交、案件协调配合工作机制。同时,还应加强与公安、法院就执法热点、难点问题会商研判,协作开展惩治工作,对群体侵权、反复侵权及重案要案加大打击力度。

4. 建立知识产权专家咨询库

按照知识产权的权利属性、行业领域组建立独立的智库,聘请技术研发、知识产权服务、知识产权司法、知识产权研究等领域的专家,这将为全市检察机关办理相关案件提供智力支持,提升知识产权办案的专业性、权威性和精准度。

5. 全市各级检察机关探索区域特色保护工作机制

各级检察机关要根据上海各区域所承载的打造科技创新中心的重要战略任

务，把服务科技创新中心建设目标与本区域功能定位相结合，紧密围绕各区域战略任务、产业特色等要素，因地制宜制定相应的工作机制，确保在服务保障中重点突出、特色鲜明、分类施策、有的放矢。

（四）积极探索，提升服务保障科技创新中心建设实效

上海检察机关在已有的工作经验、成果基础上，应当加快对外延伸职能的步伐，进一步满足科创中心建设的法治需求。

一方面，上海检察机关要探索以知识产权权利人保护为重点的多元化救济渠道，以检察机关视频接访系统、12309网络举报平台等诉求表达渠道为重要基础，为创新主体维权提供必要法律服务，同时探索建立独立的知识产权保护平台，方便权利人依法行使权利、有效实现司法救济。

另一方面，上海检察机关还需积极探索建立服务科技创新司法保护实践基地。若干年前，浦东新区人民检察院曾在张江高科技园区设立检察室，提供一定的法律服务。目前，上海已经初步形成了张江、紫竹、杨浦、漕河泾、嘉定、临港等各具特色、错位发展的科技创新集聚区。在科技创新中心建设加快脚步的情况下，上海检察机关将已有的创新举措巩固完善，并扩大规模，进一步明确职能，加深司法的提前介入，确保将检察服务保障能够延伸到科技创新的第一线。

此外，上海检察机关多年来持续关注知识产权领域的法制宣传，通过集中公诉、发布知识产权白皮书等传统的方式开展工作。在新形势下，检察机关必须整合起传统及新媒体资源，结合社区宣传、企业宣讲、检察白皮书、案例发布等多种方式，开展知识产权的法制宣传教育工作。

（五）加强领导，加快建设适应科技创新中心建设要求的高素质、专业化检察队伍

1. 加强组织领导、全面落实责任

全市各级检察机关不仅要切实落实各项服务保障措施，更要在落实的过程中集中深入调研和跟踪措施实行中出现的新问题，并及时推动解决。上海检察机关要定期评估各项服务保障措施推进情况和实际效果，并作为工作业绩考核评价的重要内容，不断提高服务保障科技创新中心建设的能力和水平。

2. 加快科技创新检察专门人才的培养

充分运用已有的各类人才培养、能力建设的机制、途径，依托各类专家智库资源，全面提升办案专业化能力建设。建立起多层次知识产权、金融检察人才梯队，完善业务专家、优秀检察官、专业人才库等各种人才梯度培养机制，打造出一支符合上海建设科创中心法治需求的专业检察官队伍。

3. 强化办案专业化能力建设

从主动适应上海科技创新中心建设的需要出发，完善金融、知识产权专业化办案机制，充分发挥金融知识产权犯罪研究小组、资深检察官结对带教等工作机制的作用，通过"检察官论坛""知识产权检察沙龙"等形式，加强知识产权法律适用研究，着力提升检察官的专业办案能力和执法水平。

二 上海检察机关服务科创中心建设的具体实践

（一）确立完善知识产权案件专业化办理机制，严厉惩治假冒侵权行为

全市各基层院也在加紧提升知识产权案件办案效能，不断健全办案机制，积极协调跨区域查处侵犯知识产权违法犯罪活动。譬如，虹口区人民检察院开通了知识产权案件快速办理"绿色通道"，并积极梳理本辖区具有一定规模和影响力的高新技术企业名录，定期走访了解企业的知识产权保护情况，凸显法律服务的针对性和专业性。2015~2016年，上海检察机关成功办理了一系列疑难复杂、新型侵犯知识产权案件，成效显著。

（二）立足法律监督职能，统一执法标准，形成工作合力

一是加强对侵权知识产权犯罪的行刑衔接。侵犯知识产权犯罪严重损害了科技成果的转化和市场价值的兑现，因此检察机关主动对接公安、市场监管、文化监管、知识产权等部门，组成综合执法体系，探索建立"两法衔接"中的配合协作机制，树立"打击、监督、服务"三位一体的保护理念。

二是推动知识产权刑事案件执法标准统一。在2015年第二十四次公检联席会议上，与上海市公安局经侦总队签署了关于侵犯知识产权案件办理若干问题的指引,全市检察机关受理审查相关案件中,将全面执行上述办案指引,与公安就证据标准、法律适用认识相统一,确保案件审查质量。2016年2月,在经过一段时间的实践后,公检法三方共同就知识产权办案指引进一步磋商,并就办案中一些争议性问题达成了共识。

三是与知识产权权利人组织建立紧密联系。2014年上海市检察院与中国外商投资企业协会优质品牌保护委员会(以下简称"品保委")签署了《加强知识产权保护合作备忘录》,自此市检察院每年都与品保委举行座谈会,定期沟通知识产权保护情况。2014年8月,市检察院与品保委共同主办"知识产权权利人在刑事诉讼中权益保护机制研讨会",邀请了上海市高级人民法院知识产权庭、上海市公安局经侦总队、上海知识产权局协调管理处、上海市打击侵权假冒办公室负责人以及品保委企业代表,就知识产权权利人在刑事诉讼中的法律地位、知识产权权利人权益保护的程序等问题进行研讨。2017年3月,市检察院又与品保委召开"加强知识产权保护,助推上海科创中心建设"座谈会,品保委16位跨国企业代表与知识产权专业检察部门负责人就检察机关如何深入服务保障科创中心建设、推动构建高标准国际化知识产权保护体系以及当前知识产权刑事司法保护中热点问题展开交流。

(三)多管齐下,有序开展科技领域职务犯罪的预防惩处工作,保护创新主体健康发展

随着上海科创中心建设的推进,科技创新领域专家人才已经成为发展大局的中坚力量、核心资源,上海检察机关更加高度重视对这类人才的职务犯罪惩治预防工作。

一是严厉惩治妨害科技创新的职务犯罪案件。2015~2016年,上海检察机关立案侦查的上海高校科研院所系统的专业人员职务犯罪涉及多件数多人次,其中由徐汇区人民检察院成功办理的受贿案于2016年被最高检评选为检察机关保障和促进科技创新十大典型案例之一。

二是会同纪委制订方案,形成长效预防工作机制。市检察院主动与市纪委加强沟通联系,与市纪委、市监察局联合下发《关于为专家型人才提供法纪法律服务的八项工作措施》,文件明确了"要加强与有关单位的沟通联系,建立长效机制;要突出服务重点,有效配置预防资源;要结合专家型人才的特

点,开展形式多样的预防活动;要结合案件深入剖析,从制度入手加强防范;要健全预警机制,发现苗头性、倾向性问题,及时提醒防范;要定期提供预防资料,加强宣传教育;要开办廉政法制讲座,增强法纪法律意识;要开通热线电话,提供法纪法律服务"。八项措施立足纪委和检察机关的工作职能,体现柔性特点,努力做到科学合理、切实可行、真实有效,形成了对科技创新领域专家人才法律服务的指导性文件。

三是取得主管单位配合,切实增强工作合力。专家人才的管理涉及各个主管单位,法律服务工作需要社会各方面的共同参与才能达到理想的效果。市检察院先后走访市委组织部、市人力资源和社会保障局、市科委、市教委、市经济信息委、市国资委、申康中心等具有专家管理职能的部门,了解全市数万名专家学者的分类和分布情况,积极争取职能部门对预防工作的支持和配合。市检察院还与市科委、市人力资源和社会保障局等单位建立了工作机制,定期通报专家学者违纪违法的情况,共同研究开展预防活动等。

四是细化工作措施,取得服务工作实效。全市各级检察机关深入推进"五个一"法律服务工作措施(即开辟一条专线、开设一个邮箱、赠阅一份报刊、举行一场讲座、主办一次咨询活动)。目前,检察机关已经为全市5000余名有较大贡献和影响的专家学者提供相关法律服务,开通热线电话,赠送有关法律书籍,赠阅《检察风云》杂志,赠阅《检察日报》,举行专题法律讲座。市院还专门收集典型案例,编印发放了《以案释法——专家型人才职务犯罪案例汇编》小册子,通过廉政漫画这种生动、易于接受的形式帮助专家学者了解国家刑事政策和法律法规;还设立人才服务站深化专家型人才法律服务,通过电力、海洋装备岛、北外滩、廊下等专家型人才法律服务站提供日常服务和法治宣讲。浦东新区人民检察院还根据服务对象(中国商飞公司)的特点,创造性地采用沙龙形式,让检察干警、公司主管和专家型人才开展互动式交流,有效增强了专家型人才的法纪法律意识。

(四)加强检务公开,突出对权利人的保护,营造保护科技创新的氛围

1. 加深社会公众对检察保护知识产权的认识

2016年4月25日,市检察院首次向社会发布了《上海知识产权检察白皮

书（2012~2015）》，全面梳理了2012~2015年上海检察机关办理知识产权犯罪案件情况，深入分析司法实践中的突出问题，有针对性地提出检察机关下一步的对策举措，正义网对发布会进行了全程直播。

2. 多方借力共同推广知识产权保护理念

上海各级检察院不断运用灵活多样的工作方式，开展知识产权法制宣传。譬如，杨浦区人民检察院派遣骨干参与该区"4·26知识产权宣传周"广场宣传咨询活动，通过摆放宣传板、悬挂横幅、解答咨询、发放宣传册，宣传保护知识产权、杜绝假冒侵权商品的理念及有关法律法规。徐汇区人民检察院与漕河泾新兴技术开发区签订《服务企业备忘录》，在园区内设立"许磊检察官工作室"，为漕河泾开发区内企业面对面提供各类法律服务。同时，闵行区检察院也与区政府合作，以辖区内涉及科技创新的犯罪案件为蓝本，梳理出高发案件，提炼出风险点和典型案例，向企业家发布刑事法律风险备忘录，对企业易发犯罪及刑事法律风险进行提示，还摄制相关的犯罪预防警示宣传片，加强诚信廉洁企业形象的打造，反响良好。

3. 强化知识产权权利人在刑事诉讼中的权利保障

知识产权的保护，就是权利人权益的保护。如何在刑事诉讼程序中有效保护权利人是上海检察机关一直努力探索的课题。在2014年市检察院与品保委签署了加强知识产权保护合作备忘录中，明确了检察机关应及时向知识产权企业送达《被害人诉讼权利义务告知书》，知识产权权利人依据上海市检察院《办案流程查询平台工作规定（试行）》申请查询办案流程。2015年，全市8个基层金融检察科（处）受理的侵犯知识产权审查起诉案件中，有多起向被侵权权利人告知的案件。2016年全国"双打办"在第23期简报以"上海福建等地检察机关大力加强知识产权刑事保护"为题介绍上述工作情况，上海检察机关的这一做法获最高检曹建明检察长、孙谦副检察长的批示肯定。

为了全面推行告知工作，2016年市检察院又对基层院办理侵犯知识产权案件中的权利人告知工作进行摸底调研，发现告知工作存在送达对象的选择障碍、送达程序障碍以及告知文书文本三方面问题。根据上述存在的问题，市检察院针对知识产权权利人在刑事诉讼中可能参与的环节及可以适用的诉讼权利，制作更符合知识产权刑事案件特色的告知范本，在全市检察机关办案中运用。

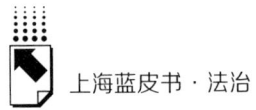

与此同时，上海检察机关探索建立知识产权权利人保护平台。2016年浦东新区人民检察院与该区知识产权局签订合作协议，专门成立知识产权两法衔接平台，为权利人提供相应的查询服务，2017年将在协议框架下启动这一工作平台的建设，相关硬件、软件都要到位，尽早体现平台的功效。

4. 优化自贸试验区科技创新法治环境

自贸试验区在金融服务、航运服务、商贸服务等领域扩大开放，率先推行许多创新举措及监管服务模式，一些国内外科技企业也选择进驻自贸试验区，因此自贸试验区知识产权保护工作也是上海科创中心法治环境建设的重要组成部分。上海检察机关以派驻自贸试验区检察室为载体，围绕区内知识产权保护履行各项法律职能。

(1) 推动建立统一的行政、司法、企业知识产权保护信息共享平台。加强与浦东新区知识产权局（自贸试验区知识产权局）衔接，建立专利、商标、版权的行政监管执法与刑事司法衔接中的配合协作机制，依法打击知识产权犯罪，促进知识产权运用和保护。召开"检察机关督促起诉和行政公益诉讼的定位及机制研究"研讨会，加强对自贸试验区民行检察和抽象行政行为监督等方面的研究和规则拟定。召开"自贸试验区与科创中心建设"研讨会，听取张江高科技企业对检察机关的知识产权法治保障需求，同时重点围绕检察机关在科创中心建设中的职能作用、高新技术企业中职务犯罪预防的难点、检察机关对技术密集型企业的司法保障等问题进行深入研讨。

(2) 建立加强知识产权保护机制。与新区人民法院知识产权审判庭、新区公安分局经侦支队、新区知识产权局知产保护处会签了《关于加强涉迪士尼知识产权保护工作的会议纪要》。根据会议纪要，各方将建立联席会议机制、信息沟通机制、快速办理机制，完善行政执法与刑事司法衔接机制，切实加强涉迪士尼知识产权保护工作，共同服务和保障上海国际旅游度假区建设。

(3) 适时发布自贸刑事检察白皮书。自贸试验区检察室发布《2014年自贸刑事检察白皮书》《2015年自贸刑事检察白皮书》，对办理的犯罪案件进行梳理，通报每年度自贸刑事案件的情况和特点，分析存在的问题和趋势，并就推进自贸试验区建设提出对策建议，为领导决策提供参考。

(4) 建立与管委会、海关的预防和监管工作的合作机制。会同自贸试验区管委会纪检组在区内开展了廉政公益海报巡展等"廉洁从业保障专项预防"

活动，积极开展职务犯罪预防宣传版面的巡展和党风廉政法制报告等，自贸试验区首个"廉政之窗"服务平台在外高桥保税区海关正式启动。

（5）组织开展"法治保障自贸试验区检察讲堂"系列活动。系列讲堂由检察室主任主讲，包括了"法治保障自贸试验区建设""知识产权与刑事司法保护""劳动合同法律知识"等内容，多渠道多形式开展法治培训、法治宣讲，受到与会科技企业人才的欢迎。

B.10 法治上海的"压舱石"

——人大常委会规范性文件备案审查工作新发展

邓少岭*

摘 要： 近年来，规范性文件备案审查制度发展较快。2016年，上海市人民代表大会常务委员会的备案审查除了常规工作，呈现两大新亮点，这是备案审查工作有所发展的标志，也是继续发展的铺垫和先声。备案审查工作和制度在审查范围、启动方式、工作机制等方面都有进一步发展的空间。备案审查制度前景广阔。

关键词： 规范性文件 备案审查制度 法治上海

一 备案审查制度概述

（一）备案审查制度概念及其意义

法制统一和法律体系和谐是现代各国追求的重要目标，因此，各种重要的方法和制度得以形成和出现。我国为了保障宪法法律实施，保障法制统一，也做出了种种努力和制度设计，其中，规范性文件备案审查制度最具特色，也具有巨大的生命力和发展空间。

显然，规范性文件备案审查制度包含两个互相关联的环节，首先是文件的

---

* 邓少岭，上海社会科学院法学研究所副研究员。本文写作得到了市人大常委会法工委备案审查处的大力帮助，在此谨致谢忱。

报送呈递，以此为前提，第二环节就是特定主体依照一定程序和方法来仔细合理分析辨别所报送文件的合法性和合理性并予以处理。

规范性文件备案审查制度是宪法的一项保障和监督制度，具有促进宪法实施、防止和阻遏违宪违法行为的功效。同时，该制度还有保障人权的功能。某些机关制定规范性文件，违背宪法和上位法，很容易侵犯公民和社会组织的合法权益，相对于具体的某个行为，这种侵权常常是规模性和大面积的。通过备案审查，防止、减少和纠正违法的规范性文件，就起到了保护合法权利的作用。规范性文件备案审查制度一方面是监督制度，特别是人大及其常委会的备案审查，明显是行使对同级人民政府、下级人大乃至同级司法机关的监督的权力。另一方面，备案审查制度也是立法制度和立法工作的重要环节，有助于发现和改正立法中的违法情况，提醒人们反思立法，改进立法质量。立法的公布实施，并不意味着它已经完备，而是仍要处于待审查的状态之中，以期防止、纠正违法和不适当的立法造成不良后果。

（二）我国规范性文件备案审查制度框架

我国宪法对规范性文件的备案审查有着原则性规定。其中，第62条、第67条规定，全国人大常委会有权撤销国务院制定的同宪法、法律相抵触的行政法规、决定和命令，撤销省、自治区、直辖市国家权力机关制定的同宪法、法律和行政法规相抵触的地方性法规和决议。第100条、第116条规定，省、直辖市的人大及其常委会制定的地方性法规，报全国人大常委会备案，自治条例和单行条例报全国人大常委会批准或者备案。地方组织法、监督法和立法法对于规范性文件备案审查制度的规定更加具体一些。

我国的规范性文件备案审查制度，既有中央层面的，也有地方层面的；既有人大系统的，也有政府系统的。同时，随着对党内法规重视程度日益加大，对党内规范性文件的备案审查也更加明确。此外，军队系统相应的备案审查制度也已经建立。

在上述体系中，本文仅聚焦于上海市人大常委会的规范性文件备案审查制度和工作。

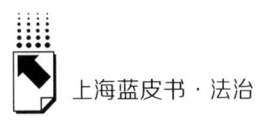

二 上海市人大近年来的备案审查工作

（一）上海市人大常委会备案审查工作历程简要回顾

上海市人大常委会的该项工作，经历了多年的探索和实践，大体说来可以分为三个阶段。

第一个阶段是初步探索和积累经验阶段。自2000年起，上海市人大常委会就开始探索备案审查工作，并努力上升到制度层面，主任会议制订了《关于上海市人民政府规章备案的审查办法》。2007年，根据上海市人大常委会决定，备案审查对象增加了浦东新区综合配套改革文件。

第二个阶段是制定条例及提供法制保障。2012年，上海市人大常委会根据《监督法》制定了《上海市人民代表大会常务委员会关于规范性文件备案审查的规定》，该《规定》提炼和提升了此前的工作经验，对以后的工作形成有力的促进和保障。

第三个阶段是党的十八届三中全会以来的新阶段。党的十八大以来，全国各系统的备案审查制度愈益受到重视。十八届三中全会和四中全会明确提出要求，要加强备案审查制度和能力建设，把所有规范性文件纳入备案审查范围。十二届全国人大三次会议修改的《立法法》，对备案审查的相关规定做了重要修改。

在这样的形势下，上海市人大常委会对备案审查工作更加重视。几年来，除了邀请全国人大备案审查室的领导到沪进行工作指导外，常委会理论中心组还专门听取了有关辅导报告。常委会主任多次听取备案审查工作情况的汇报并提要求。常委会又召开全市备案审查工作培训会议，开展备案审查法规的执法调研和立法后评估。总体而言，本届常委会备案审查工作有了较快发展：第一，指导和督促各区人大加强备案审查制度建设。现在，全市各区都实现了有制度、有机构、有人员，居全国领先地位。第二，开展执法调研和立法后评估，并将其结果固化为工作规范。经过调研，常委会办公厅、法工委与市政府办公厅、法制办共同签订了"关于落实十八届四中全会精神，进一步明确规范性文件备案范围和报备机制的若干意见"，明确将市政府规范性文件的报备范围扩大到所有"沪府发"。第三,常委会在执法调研工作中,把规范性文件报备情况作为检查的重要内容。总体上看,上海市人大常委会能够充分认识规范性文件备案审查的重要性,在建设法治中国和法治上海的大背景下,力图抓住机遇,有所作为,有所发展,有所突破。2015年,市政府报送规章14件,报备率为100%;报送地方性法规配套规范性文件9件,完成当年应当报备法规配套文件的50%;区人大常委会报送规范性文件7件,其中1件依法应予备案审查,其余6件及浦东新区政府报送规范性文件3件,均予以归档。

(二)2016年度上海市人大常委会规范性文件备案审查工作概况

2016年,市人大常委会共对67件规范性文件进行了备案审查。例如,市政府报送规章11件(市政府令第39号至49号)。区人大常委会报送规范性文件4件,其中2件系区人大常委会内部工作规范,常委会法工委经研究予以归档,另2件由法工委交市人大内司委审查。相关专门委员会和法工委认为,上述13件文件未发现与上位法不一致的情况。地方性法规配套文件应报备4件,报来2件,也交由专门委员会审查。其一为《上海市重要电力用户供用电安全管理办法》,系《上海市供用电条例》配套文件。经市人大财经委审查,认为其早于法规制定且不符合法规授权的规定,要求政府部门重新制定后再予备案审查,上海市人大常委会法工委同意该意见。另一个为《关于推进本市立体绿化发展的实施意见》,是法规《上海市绿化条例》的配套文件。市人大城建环保委和常委会法工委审查中发现,该文件不符合法规授权的相关要求,于是召开联合审查研究会议,市政府法制办、市绿化和市容管理局有关负责人到会说明情况。政府部门被要求加以整改,政府部门经研究,拟在即将出台的相应规章中明确相关的配套规定。浦东新区人大常委会和区政府也报送规范性文件4件,常委会法工委经研究将其归档。

三 2016年人大常委会备案审查工作的两大亮点

2016年,市人大常委会的备案审查工作表现出两大亮点。

第一,将政府规范性文件备案审查对象范围扩大到所有"沪府发"文件。

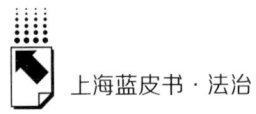

从2016年1月开始，上海市人大常委会正式启动了对所有"沪府发"规范性文件的备案。截至12月31日，共有46件"沪府发"规范性文件向市人大做了报备，报备率是100%。市政府向人大报备的"沪府发"文件数量是报送规章数量的4.2倍。

在备案审查对象和范围方面，《上海市人民代表大会常务委员会关于规范性文件备案审查的规定》第三条就有明确规定。

本规定所称规范性文件，是指涉及本市公民、法人和其他组织的权利、义务，并具有普遍约束力，在一定期限内可以反复适用的下列文件：

（一）市人民政府规章；

（二）市人民政府发布的决定、命令；

（三）本市地方性法规授权市人民政府及其相关工作部门制定的与本市地方性法规相配套的规范性文件；

（四）区、县人民代表大会及其常务委员会做出的决议、决定；

（五）依法应当向市人大常委会报送备案的其他规范性文件。

一个时期以来，政府规章的报备率较高，但"沪府发"文件报备状况很不理想。常委会经过系列调研，全面掌握情况，广泛听取各方意见，在报备范围上实现突破，将市政府发布的所有"沪府发"规范性文件纳入备案审查范围。

长期以来，上海市人大常委会就已将市政府规章纳入备案审查。这自然是符合法治精神的，是合理而必要的，但"沪府发"文件常常以冠名不合乎规范性而处于备案审查的范围之外，得不到人大的监督。实际上，"沪府发"规范性文件不仅数量大，而且与广大人民群众的切身利益密切相关。如果这类文件得不到及时有力的监督，公民权利就很可能受到损害，这些文件也有可能突破上位法，有损法制的统一性，有损法治精神，不利于法治上海建设。现在这类文件正式和真正纳入人大备案审查，必将会促进该类文件的制发质量，从而有利于政府权力和公民权利的平衡，有利于政府法治和法治上海的推进。当然，数量众多的"沪府发"文件报备到市人大常委会，势必引起该类文件如何及时有效审查的问题。

第二，在审查方式上，常委会在全国率先采用人大代表和专家学者参与备案审查的工作机制。

常委会积极探索人大代表和专家学者参与备案审查的工作机制。2016年7月，部分上海市人大代表和专家被邀请参加《上海市共有产权保障住房管理办法》的备案审查，这被认为是全国首创。此后，专家学者和人大代表又分批受邀参加了《上海市危险化学品安全管理办法》和《上海市食品药品安全"十三五"规划》两文件的审查。

这种工作新机制的流程如下：首先由市人大常委会法工委向代表、专家发出规范性文件的文本及相关说明；其次由市人大常委会法工委召开备案审查研究意见讨论会，请人大代表、专家、备案审查处同志等就各自的研究意见进行交流讨论；再次由市人大常委会法工委提出对该规范性文件的审查研究意见；当专门委员会的审查意见与法工委的研究意见不一致时，由法工委召开联合审查会议，邀请有关专门委员会、市政府法制办及人大代表、有关专家参加；最后形成常委会审查意见。

在备案审查范围加大情况下，在有限的人力配备的限制下，人大常委会必须探索新的工作机制，借力借智，以丰富自己的方法，延展自己的视野，增加自己的"手、眼和大脑"。人大常委会向人大代表和专家学者吸取智慧和知识，以他山之石，来攻备案审查之玉，以期收到事半功倍的效果。这样的做法提升了监督的科学性，同时，这一做法也是民主的体现。把备案审查的大门进一步向人大代表开放，利于发挥代表的主体性；邀请学有专长的学者参与，也是备案审查工作向社会开放让社会参与的好办法。专家和人大代表的参与弥补了人大机关人手和知识的不足，使备案审查工作由部分机关的工作变为社会合力参与的事业，从而有助于提高审查的全面性，提高审查质量。当然，这种方式的具体效果还会因为工作机制的是否完善和经验的丰富与否而有差异，但是其本身无疑是值得称道和鼓励的，目前所需要做的是如何进一步提升和改进。

四　努力方向和发展建议

备案审查制度在保障人大行使监督权，保障宪法权威、维护法制统一、提升法治水平，保护公民、法人和其他社会组织权利方面具有不可替代的重要作用。这一制度虽然经验积累尚不够丰富，客观条件也不是特别优越，但具有进一步完善和发展的必要性和可行性。形势要求对备案审查工作的认识要上升到更高层次，力度要加大，方法要丰富，机制要完善。为此，提出如下七点建议。

（一）备案审查范围应当更加明晰，审查范围应逐步加大

现行《上海市人民代表大会常务委员会关于规范性文件备案审查的规定》（以下简称为《规定》）第三条对审查对象和范围采取概括加列举的方式加以明确，但像"规范性文件""决定""命令""决议"等用语比较抽象和模糊，容易导致理解上的分歧和工作上的争执。建议在备案审查实践基础上加强对规范性文件和备案范围的学理研究，总结规范性文件的制发规律，提炼备案审查工作的经验，在此基础上，对备案审查范围的规定既用正面的概括和列举相结合的方法，也用反面的排除法做出进一步细化。2016年，审查范围已扩至所有"沪府发"文件。2017年，市人大常委会将对沪府发规范性文件从基本上备而不审，规范为对其有备必审。

（二）启动方式上被动审查应当得到明确

首先，规范性文件备案审查程序，可以由审查机关主动发起，也可依国家机关要求或其他机关和公民、社会组织的建议而展开，这就是启动方式上的主动审查和被动审查。两种启动方式各有利弊，但从总体上说，二者必须结合，才能更充分发现规范性文件中存在的问题，并使各种问题得以更充分展露。如果说专门机关和专家总是人数有限、力量有限，那么其他机关、社会组织和公民中蕴含的力量则是无穷无尽的。其次，法律中的问题和缺陷从静止的文件中不易发现，而更易在其动态的运行中暴露。最后，利益相关方更有发现问题的机会而且有提请审查的动力。由此三个方面可以看出，被动审查不仅开通了公众参与的民主渠道，而且实际上是不可缺少的制度安排。

在人大工作中，对于一些规范性文件的问题，公民和社会组织通过来信来访方式或向人大代表反映的方式希望得到解决，也有些代表建议提出对政府规范性文件的审查建议。这些方式并非不好，但是，规范性文件的备案审查显然是更加有效的方式，审查机制也有着更加理性化的优点。如能打开制度通道，将公民来信来访和代表建议导入备案审查，那么对于改进行政立法、保护公民

和社会组织合法利益必定裨益良多。

所以，现行《规定》修改时应该明确被动审查启动方式，并明确审查要求和建议提出后的接收、处理、反馈程序。在没有修改《规定》之前，宜提早研究和尝试被动审查的处理程序，总结既有经验，预判制度出台后的社会效应和有关机关的应对方法。据悉，2016年，市人大常委会法工委备案审查处与立法研究所共同开展了备案审查工作启动机制和程序的课题研究，而且已经形成初稿，为适时修法提前做了一些铺垫。

（三）加强不履行义务时的责任追究

结构完整的法律规范和法律制度，在规定主体一定的义务之后，应当同时规定当其义务不履行时的责任，以确保义务得以履行，保证立法宗旨和目的得以实现。现行《上海市人民代表大会常务委员会关于规范性文件备案审查的规定》只在报备责任方面对不符合要求的材料规定重报，此外没有责任规定。在审查主体方面，也缺乏不履行或不正确、不及时履行义务时课以相应责任的内容。责任条款的缺少，会削弱法律的执行力和实效。

应该对应报不报或迟报的单位和责任人员，对于被审查方不予配合的行为，视其具体情节给以不同处罚。各个环节的审查机构不履行义务时也应承担相应责任。

（四）各机构职责应更加明确，联动机制应更加合理

人大常委会是审查主体，但日常工作更多是依靠各专门委员会和常委会工作机构和办事机构完成。各个机构之间的职责分工和工作机制的设定是否合理，显然是影响审查质量的重要因素。现《规定》把各专门委员会和法工委相等同，而没有充分注意到二者的不同地位和特点，没有充分注意发挥两者各自的独特优势和作用。笔者以为，既要发挥专门委员会"专"的优势，又要发挥法工委"统"的特长，应建立各专门委员会和法工委力量相整合的审查架构。具体程序上，可以由专门委员会进行专业审查，同时由法工委进行整体合法性审查，也可由法工委法制委与有关专门委员会联合进行审查。法制委和其他专门委员会出具的审查意见说理都应该充分，而且应该各有侧重。

同时，建立明确具体的人大与政府之间的沟通协调机制，以加强理解，减少摩擦，形成合力。

（五）审查工作民主参与方式应该更加多样化，规定应更加明确

现在的法规除了会被书面审查之外，也规定了专家参与、举行听证会等多种方式，但这些并不是强制性规定，实践上也较少采取。

建议扩大备案审查的民主参与，扩大参与审查主体的范围，一是进一步发挥人大代表的作用；二是建立专家咨询小组；三是可以委托高等院校、科研机构等参与初审。建议增加一些硬性规定，比如，明确规定在一定条件和情形下应采取听证会或其他方式。2016年，上海市人大常委会在全国率先尝试，邀请人大代表和专家学者参与审查，取得了令人瞩目的进展。以后应进一步总结经验，形成更加明确的工作机制和规程。

（六）审查的效力应更加多样和灵活

审查效力，指规范性文件被撤销的行为影响到被审查文件法律效力的程度，主要指是否自始无效、是否全部无效、是否将来生效等。在笔者看来，一般理解之撤销，规范性文件似乎自始无效，这样，一些实施较久的规范性文件可能在被撤销时造成重大社会震动，影响法的安定性和社会关系稳定，这常使审查主体畏首畏尾，从而影响了制度刚性。为此，建议考虑多种效力种类和方式，以增加审查主体的回旋余地。

可区分被撤销规范性文件实施时间长短、损害权利种类和大小等不同情况，区别对待，规定不同的撤销效力。比如，实施时间短的，可以回溯至自始无效。实施时间长的，则从审查结果确定时生效，或在将来某时生效等。

（七）充实专门工作力量，提高相关人员素质

随着越来越多的规范性文件被纳入备案审查视野，和全国各地的普遍情形相似，上海市人大常委会备案审查专门人员的力量也显得更加紧张。备案审查工作政治性、专业性、思想性很强，工作人员必须具有很高的素质才可以胜任。为此，除了增加人手外，制度化经常性的学习培训必不可少。

结 语

（一）适时启动修法程序，修改《上海市人民代表大会常务委员会关于规范性文件备案审查的规定》

从总体上说，《上海市人民代表大会常务委员会关于规范性文件备案审查的规定》制度设计合理，立法技术优良，适应备案审查工作的基本需要。但在新的历史发展阶段，法治进一步成为全党全国的共识，整个社会对备案审查制度的认识更为充分，期待更加强烈，此时，确有必要考虑在适当时机对规定做出修改和完善。

（二）前景展望

规范性文件备案审查制度还处于探索和初步发展阶段，至今也还没有一部专门的全国性法律加以调整。不管是国家层面还是地方层面，都很难说制度实践非常成功。但是，从尊重现实尊重实践的角度看，从依法治国的要求看，这一制度是有着广阔发展前景的。我们考虑，该制度的逐步发展也许可以沿着这样几个维度和方向。在审查机构的地位越来越高，独立性越来越强，技术性和专业性色彩越来越重，各种备案审查机制之间注重区别的前提下，其间的衔接越来越紧密。特别需要提醒的是，规范性文件备案审查制度应该越来越成为人民行使主权的重要武器，这是该制度强大生命力的源泉所在；它也应该越来越成为党依法执政的重要途径和抓手，这是该制度发展和成功的关键所在。笔者预期，经过长期逐步积累，该制度将不断发展，从而为法制统一和权利保障提供更加强大支撑。

B.11
修改制定基层组织三法，创新超大城市社会治理

肖 军*

摘　要： 2016年，上海市人大常委会对《上海市街道办事处条例》《上海市实施〈中华人民共和国村民委员会组织法〉办法》和《上海市居民委员会工作条例》这三个基层组织法进行了修改。新的三部法律法规在组织建设、工作原则、主要职责、工作机制、条块关系、基层自治、社区共治、工作队伍、履职保障等方面进行了制度创新。这三部法律法规注重体系建设、理顺关系和解决实际问题，强化了党的领导，巩固了社会治理成果，总结了成功经验，引领改革向纵深推进。

关键词： 修订条例　基层组织　超大城市　社会治理　上海

一　背景

近年来，上海市高度重视基层组织建设，不断创新超大城市社会治理，取得了很大成效。2016年9月，上海市人大常委会修订通过了《上海市街道办事处条例》（以下简称《上海市街道办条例》）；2017年2月，修订通过了《上海市实施〈中华人民共和国村民委员会组织〉办法》（以下简称《上海市村委会办法》）。2016年12月，《上海市居民委员会工作条例（草案）》（以下

---

* 肖军，上海社会科学院法学研究所副研究员。

简称《上海市居委会条例》）提交上海市人大常委会审议，2017年2月二次审议结束，不久即将出台。街道办是基层政府组织，村委会和居委会是基层自治组织。修改和制定这三个基层组织法，意在巩固上海创新社会治理的成果，引领社会治理改革向纵深推进。

2013年11月，中共十八届三中全会提出了"推进国家治理体系和治理能力现代化"的改革目标。2014年3月，习近平总书记参加全国人大上海代表团审议时做出重要指示："加强和创新社会治理，核心是人、重心在城乡社区、关键在体制创新，要尽可能把资源、服务、管理放到基层，使基层有职有权有物。"上海坚决按照党中央和习总书记的要求，肩负"改革开放排头兵，创新发展先行者"的历史使命，以自己特有的胆略和步伐，全面深化改革。

上海市是中国的经济中心，中国第一、亚洲第二大城市。随着经济社会的快速发展，上海的人口结构发生深刻变化，"单位人"转变为"社会人"，个体利益诉求日益增多、差异明显扩大；人口总量快速增长，目前常住人口高达2425万，其中非沪籍常住人口近千万，占比超过40%；人户分离现象突出，全市人户分离人口约为500万；老龄化程度加深，60周岁及以上户籍老年人口为436万，占户籍总人口的30.2%。社区形态发生深刻变化，多种社区形态并存，全市1.2万余个住宅区中，新建的商品房小区占比近60%，传统的"熟人社区"越来越少，速成的"陌生社区"越来越多。上海在社会治理，尤其是基层社会治理方面面临着严峻挑战。

2014年，中共上海市委将"创新社会治理，加强基层建设"作为一号课题，进行调查研究，并形成了"1+6"系列政策文件。即《中共上海市委、上海市人民政府关于进一步创新社会治理加强基层建设的意见》（沪委发〔2014〕14号）、中共上海市委办公厅和上海市人民政府办公厅印发的《关于深化街道体制改革的实施意见》（沪委办法〔2014〕42号）、《关于完善居民区治理体系加强基层建设的实施意见》（沪委办法〔2014〕43号）、《关于完善村级治理体系加强基层建设的实施意见》（沪委办法〔2014〕44号）、《关于组织引导社会力量参与社区治理的实施意见》（沪委办法〔2014〕45号）、《关于深化拓展网格化管理提升城市综合管理效能的实施意见》（沪委办法〔2014〕46号）和《上海市社区工作者管理办法（试行）》（沪委办法〔2014〕

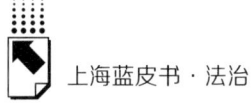

47号）。"1+6"文件为新时期上海基层组织建设和基层社会治理提供了重要指引，更是吹响了基层社会和组织改革创新的集结号。

各区政府、各委办局、各街镇、各基层组织等都积极行动，全面贯彻落实文件精神。取消街道招商引资职能及相应考核指标；赋予街道规划参与权和综合管理权；实施政府职能部门职责下沉街道的准入制度；街道党政统一内设六个工作机构，根据实情还可增设两个；实施公共服务窗口化和平台化。推行居民区党组织兼职委员制度、居委会协助行政事项清单制度。建立以村民评议意见为重要权重的村委会工作考核机制、村干部分类分级工作报酬制度；建立社区工作者职业化体系。整合社区辅助队伍，推动区层面综合执法队伍下沉；统筹搭建居村综合管理信息平台。许许多多的改革措施在基层迅速铺开，取得了很好的成效。基层组织的职能定位更加清晰，条块关系得到理顺，机构设置得到优化，主体责任得到强化，自治组织实现减负增能，自治机制更加完善，社区更加和谐，乡村更加美丽。

上海基层组织改革已推进两年多，成效已经显现。为固化改革和基层社会实践成果，保障各项改革措施顺利推进，健全基层组织法制，有必要面对新形势，修改制定《上海市街道办条例》《上海市村委会办法》和《上海市居委会条例》这三个基层组织法。

二 新三法的主要内容

《上海市街道办条例》和《上海市村委会办法》分别制定于1997年和2000年，已实施了很长时间，主体内容明显滞后实践发展，这次对它们进行了较大幅度修改。《上海市居委会条例》是全新立法，上海市人大常委会即将对其进行第三次审议。

（一）《上海市街道办条例》

条例共26条，主要包括以下六个方面的内容。

1. 明确街道办的组织属性和工作原则

《地方各级人民代表大会和地方各级人民政府组织法》规定："市辖区、不设区的市的人民政府，经上一级人民政府批准，可以设立若干街道办事处，作为它的派出机关。"据此，条例明确了街道办是区人民政府的派出机关。此外还明确了街道办在街道党工委的领导下，按照职能清晰、权责一致、运转协调、保障有力、依法高效的原则履行职能。

2. 明确街道办的组织建设和主要职能

条例明确了街道办设立、变更或者撤销的原则与程序、机构设置与人员编制、内部工作制度等，并且明确街道办主要履行统筹社区发展、组织公共服务、实施综合管理、监督专业管理、动员社会参与、指导基层自治、维护社区平安等职能。同时，条例要求区人民政府根据街道办的职能定位，明确街道办的职责任务，制定街道办行政权力和责任清单。

3. 明确街道办的有关工作机制

为了完善街道体制机制，提高公共服务和管理水平，条例对街道办的有关工作机制予以了明确。一是构建面向基层的服务管理机构和平台体系，强化直接服务群众的功能；二是落实街道的综合管理权，明确街道办协调相关职能部门及其派出机构的联席会议机制，加强街道城市网格化综合管理机构的巡查发现、派单调度、督办核查等职能。

4. 明确街道办与职能部门的关系

为实现重心下移、资源下沉、权力下放、权责统一，理顺条块关系，条例对相关体制机制予以了明确。一是建立市、区人民政府职能部门将职责范围内的行政事务委托或者交由街道办承担的准入制度，明确了相应的审核程序和要求、保障与纠正机制。二是明确街道办与政府职能部门的协作与监督机制，包括配合监督机制、考核机制等。

5. 明确街道办推进社区共治和指导基层自治

在创新社会治理的背景下，推进社区共治和指导基层自治是街道办事处的一项重要职能。为此，条例着重对动员社会参与、基层民主协商、指导基层自治的有关内容进行了具体明确，包括动员各类社会力量参与社区治理、为社区发展服务，扶持社会组织发展、激发社会组织活力，建立健全社区代表会议、社区委员会等基层民主协商机制，推动建立和完善居民区治理体系、建立相应的保障机制，指导居民委员会等基层群众性自治组织开展自治活动、提升自治能力，落实基层群众性自治组织协助行政事务和印章使用的规范管理制度等。

6.明确街道办依法履职的保障与监督措施

条例明确了相应的保障与监督措施。一是明确市、区人民政府及其职能部门在制定与街道有关的社区建设规划和公共服务设施建设规划、研究重大决策和重大事项时,应当听取和充分考虑街道办事处的意见。二是明确街道办事处行政事业经费和办公用房保障机制,以及职能部门依法向街道办事处开放有关基础数据,实现业务数据在街道的整合与分类共享。三是明确社区工作者队伍建设,加强人员队伍保障。四是明确街道办事处的工作考核机制及有关行政责任等,督促街道办事处依法履职。

(二)《上海市村委会办法》

该办法共46条,设有总则、村民委员会的组成和职责、村民会议和村民代表会议、民主管理和民主监督、农村社区建设、村民自治保障等章。

1.总则

关于村级治理体系。办法明确建立健全以村党组织为核心,村民委员会为主导,村民为主体,村务监督委员会、村集体经济组织、驻村企事业单位、群众团体、社会组织等共同参与的村级治理体系,为调动各方力量推进农村治理创新提供组织保障。关于村经关系,办法明确村民委员会与村集体经济组织实行分账管理;村民委员会应当尊重和支持本村集体经济组织依法独立开展经济活动,做好本村生产经营的服务和协调等工作。

2.村民委员会的组成和职责

关于村民委员会下属委员会。办法对现行法规做了适当补充,规定村民委员会根据人民调解、综合治理、公共卫生与计划生育、文化体育、老年人和妇女儿童权益保障等工作需要,可以下设若干个委员会。

关于村民委员会职责。该办法对旧办法所规定的村民委员会的职责进行了归并、充实,进一步突出村民委员会作为村民自我管理、自我教育、自我服务的组织载体等特点,突出村民委员会开展或者协助政府开展公共管理、公共服务、公共安全等新任务。村民委员会承担的职责共有九项。

3.村民会议和村民代表会议

关于村民会议。办法从两个方面进行修改,一是完善召集村民会议的条件和通知要求,同时补充规定召集村民会议应当提前将议题和议程通知村民。二是完善村民会议的职权规定,如审议村民委员会的年度工作报告,撤销或者变更村民委员会、村民代表会议不适当的决定等;同时,逐一列举应当经村民会议讨论决定的事项。

关于村民会议对村民代表会议授权。人户分离等使村民会议难以定期召开,需要授权村民代表会议行使村民会议职权。办法从授权范围、授权程序两方面对授权进行了规范。

4. 民主管理和民主监督

关于村务公开。村务公开是实现农村民主管理的重要保证。办法明确了十类应当公开的事项,同时规定可以采用视频、互联网等技术手段进行村务公开。

关于村务监督委员会。办法明确村应当设立村务监督委员会,并详细规定了村务监督委员会成员的推选、任职条件、任职回避、出缺增补等流程。

关于民主评议。办法规定,评议对象为村民委员会成员以及由村民委员会承担工作报酬的聘用人员;每年至少进行一次,结果向村民公布;评议结果与评议对象的任用和工作报酬等直接挂钩。

5. 农村社区建设

《村民委员会组织法》2010年修订时增加了农村社区建设的相关内容,中央和本市的相关文件也对深入推进农村社区建设提出要求。为此,办法新设一章,专门对此做出规定。

关于农村社区服务体系。办法规定村民委员会协助乡、镇人民政府加强农村基础设施、基本公共服务设施、服务管理信息化平台建设,引导社会各方参与建立村民自我服务与政府公共服务、社会公益服务相结合的农村社区服务体系。

关于农村社区民主协商。办法从协商内容、协商对象、协商形式等方面做了规范:一是协商内容主要针对农村社区公共事务、公益事业等事项;二是协商对象包括村民、村集体经济组织、驻村企事业单位、群众团体、社会组织、非本村户籍居民和其他利益相关方,同时可以邀请相关政府部门参加;三是民主协商可以形式多样,不拘一格。

关于农村文化建设。办法从丰富农村文化生活出发,从硬件和软件两方面做出规范:在硬件上,规定村民委员会应当加强农村文化设施建设,从而为发展农村社区文化提供基本条件;在软件上,把富有农村和地域特色的乡贤文化

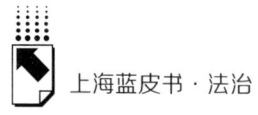

传承、公序良俗弘扬、非物质文化遗产保护、群众文化培育发展等作为农村文化建设的主要内容。

关于农村综合治理。办法重点从加强网格化建设的角度对此做了完善,明确将村民委员会纳入乡镇网格化综合管理体系,要求村民委员会加强与乡镇网格化管理的协同联动,协助政府对影响农村社会经济秩序,妨碍公共管理、公共安全的违法行为实施综合治理。

6. 村民自治保障

关于经费保障。办法首先明确,本市建立村级自我积累与公共财政支持相结合的村级组织基本运转经费保障制度。其次明确建立财政托底制度,对村级收入保障村级组织基本运转经费不足的部分,由区和乡、镇财政予以保障。

关于队伍保障。办法规定要加强教育培训,提高其履职能力;明确乡、镇人民政府应对村民委员会成员工作报酬方案提出指导意见,确保村民委员会成员获得应有的待遇。

(三)《上海市居委会条例》

条例共38条,主要包括以下五个方面的内容。

1. 明确居民委员会工作的基本原则

条例明确居民委员会工作应当坚持党的领导、政府指导、依法自治、社会参与,服务居民群众,形成居民区治理合力。只有坚持党的领导,才能始终保持正确方向,把居委会建设的各项任务真正落到实处。注重政府指导,居委会具有基层政权的延伸和基层群众性自治组织的双重属性,考虑到当前基层民主发展的特点和协助行政事务的需要,政府应当加强对居委会工作的指导、支持、帮助。强调依法自治,突出规则之治,凸显居民主体,有序推进居民的自我管理、自我教育、自我服务、自我监督。注重社会参与,是新时期居委会必须与时俱进掌握的社区工作方法。注重服务居民,是居委会工作的出发点和落脚点。

根据这一原则,对发挥党在居民区基层组织的领导核心作用,政府及其职能部门对居民委员会工作的指导、支持和帮助,国家机关、社会组织、企业事业单位支持所在地居民委员会工作、共同参与居民区建设和治理,鼓励居民委员会工作创新等做了原则性规定。

2.**明确居民委员会的组织运行机制**

根据《城市居民委员会组织法》的有关规定，结合本市居民委员会组织运行的实际状况，条例对居民委员会设置的原则与程序，居民委员会成员的产生及其履职要求，居民委员会下设委员会和分设居民小组，以及居民会议的组成、召集、权限等做出了规定。考虑到国家层面《居民委员会组织法》修订正在调研过程中，条例仅对居民委员会组织运行机制的核心内容做出原则规定，为与修订后的《居民委员会组织法》相衔接预留空间。

3.**明确居民委员会的主要任务**

居委会承担的主要任务是立法的核心内容。条例明确了如下主要任务：组织居民制定并遵守自治章程和居民公约，召集居民会议，执行居民会议决定，开展自我管理、自我教育、自我服务；调解民间纠纷；指导和监督业委员会、物业服务企业开展工作，维护居民和业主的合法权益；支持和引导居民区内的社会组织、企业事业单位、志愿者等社会力量参与居民区治理，开展社区协商；依法协助政府及其派出机关做好与居民利益相关的公共服务、公共管理、公共安全等工作；组织居民对基层政府及居民区相关公共服务单位进行工作评价；向街道办事处、乡镇人民政府反映居民的意见、要求和提出建议。

4.**明确居民委员会的工作保障机制**

为了保障居民委员会依法开展工作，提升其自治能力和自治水平，条例明确了相应的保障机制，主要包括：加强居民委员会能力建设，建立健全日常工作制度；完善居民委员会的经费、设施和人员保障；通过政府购买服务引入专业社会组织，提供专业化支持；建立和完善居民区综合管理和服务信息平台，收集、整合居民区基础数据，实现信息资源共享，为提高居民区服务和管理效率提供支撑；鼓励居民委员会推动自治方式的信息化，拓展自治渠道和平台；相关政府职能部门依法向居民委员会提供人口、房屋等基础信息和有关政务服务信息，支持居民委员会开展工作等。

5.**明确相关法律责任**

为了规范和保障居民委员会依法开展工作，条例对居民委员会未依法履行义务，市、区人民政府职能部门违反规定将职责范围内的事项转交给居民委员会承担或者直接给居民委员会安排工作任务的行为，设定了相应的法律责任。

三　新三法的特点和亮点

新三法是时隔十五年以上的修改或者是全新立法。这期间是上海大力推进改革、改革成果催人奋进的时期。立法者有着体现时代、引领时代的情怀，不断创造立法新高度，新三法由此显现出许多特点和亮点。

（一）加强党的领导

《村民委员会组织法》第4条规定："中国共产党在农村的基层组织，按照中国共产党章程进行工作，发挥领导核心作用，领导和支持村民委员会行使职权；依照宪法和法律，支持和保障村民开展自治活动、直接行使民主权利。"2015年修订的《立法法》明确将"坚持中国共产党的领导"作为基本原则。像这样明确规定党的领导的法律法规非常少。党的十八大以来，尤其是十八届三中、四中全会以来，党中央对依法治国与党的领导的关系、加强和完善党的领导做出了一系列论述。必须实现党的领导、人民当家做主与依法治国有机统一。党的领导是中国特色社会主义最本质的特征，是社会主义法治最根本的保证。党的领导和社会主义法治是一致的，社会主义法治必须坚持党的领导，党的领导必须依靠社会主义法治。这些论述为党的领导适时进入法律提供了遵循。

中国共产党具有重视基层，紧密联系群众的优良传统。各级基层党组织始终发挥战斗堡垒作用，宣传和执行党和国家政策，掌握舆情，维护社会稳定。所以，《村民委员会组织法》对党的领导做了明确规定。受其影响，《上海市村委会办法》第2条规定："中国共产党在农村的基层组织，按照中国共产党章程进行工作，发挥领导核心作用，领导和支持村民委员会行使职权；依照宪法和法律，支持和保障村民开展自治活动、直接行使民主权利。"而同样作为基层的城市自治组织立法，《上海市居委会条例》也应该实事求是，对中国共产党组织在实践中发挥核心作用的事实予以体现和强调，故规定"中国共产党在居民区的基层组织发挥领导核心作用……"街道办事处处于行政的末端和基层的顶端，是政府与基层的重要连接点，党的领导非常关键。《上海市街道办条例》第3条规定："街道办事处在中国共产党街道工作委员会的领导下,按照职能清晰、权责一致、运转协调、保障有力、依法高效的原则履行职能。"

(二)注重体系建设和理顺关系

党的十八届三中全会吹响了全面深化改革的号角。本次改革与以往改革的最大不同之处在于注重系统改革,针对复杂关系,多层次、多角度、多手段同时发力,争取最大的改革效果,防止以往改革中"按下葫芦浮起瓢"现象的出现。

街道办、居委会、村委会是基层三个与人民群众联系最紧密、最有威信的组织。这三个组织也紧密联系,携手合作推进基层群众服务工作。对三个组织同时修法立法,本身就是体系建设的表现和要求。而且,在这三个法的重要位置,都有体系建设的明确规定。《上海市村委会办法》第4条规定:"本市建立健全以村党组织为核心,村民委员会为主导,村民为主体,村务监督委员会、村集体经济组织、驻村企业事业单位、群众团体、社会组织等共同参与的村级治理体系。"《上海市街道办条例》第18条规定街道办事处应当推动建立和完善居民区治理体系。《上海市居委会条例》规定:"中国共产党在居民区的基层组织发挥领导核心作用,依照宪法和法律、法规,支持和保障居民委员会发挥自治功能,推动建立健全居民区治理架构。"

基层工作面广量大,关系复杂。对基层工作系统立法,必须理顺关系。理顺关系的切入点就是建立和运转各种机制,三法在这方面着笔甚多。《上海市街道办条例》直接提到"机制"就多达六处,比如行政事务委托或者交办的审核机制、市区政府职能部门主动服务基层的工作机制、基层民主协商机制、群众评价机制、基层各方参与的工作考核机制等。《上海市村委会办法》第33条规定:"村民委员会应当围绕本村的公共事务和公益事业等事项,组织村民、村集体经济组织、驻村企事业单位、群众团体、社会组织、非本村户籍居民和其他利益相关方,邀请相关政府部门,开展形式多样的农村社区民主协商。"《上海市居委会条例》规定,居民委员会应当通过听证会、协调会、评议会等形式,对涉及居民切身利益的居民区公共事务,听取居民的意见和建议,组织、引导居民有序参与自治事务;应当支持和引导居民区生活服务、公益慈善、文体活动、纠纷调解等社会组织和群众活动团队、志愿者参与居民区服务和管理，动员居民区内的企业事业单位向居民开放资源、履行社会责任，共同参与居民区建设和治理。

基层组织的人财物关系特殊，一体化保障有极强必要性和特殊意义。三法旨在实现人财物充分保障。农村集体有自己经济来源，应当承担村委会及其成员的经费。上海农村情况复杂，有富裕村，也有经济困难村。对困难村村委会经费应当有托底保障。所以，《上海市村委会办法》规定"村集体经济收入保障村级组织基本运转经费的不足部分，由区和乡、镇财政予以保障，并由区人民政府建立保障标准动态调整机制"；"乡、镇人民政府应当根据本地区经济社会发展水平和农村人均可支配收入情况，结合工作岗位、工作绩效等，提出村民委员会成员工作报酬方案的指导意见"。《上海市街道办条例》规定"街道办事处应当推动建立和完善居民区治理体系，在人员、经费和公共服务设施等方面，建立相应的保障机制"；"街道办事处的行政事业经费和办公用房，由区人民政府按照国家和本市有关规定予以保障"。《上海市居委会条例》也设置了经费和薪酬保障条款。

（三）解决上海问题

街道办事处在上海基层社会治理中发挥了非常重要的作用，加强和完善街道办事处体制是上海的需要。街道办事处的性质是区政府的派出机关，"派出"二字让人误以为其具有松散型、临时性特征。确实，从全国范围来看，街道办的数量呈减少趋势，但上海与全国一般情况不同。修订街道办事处条例既彰显街道办在上海的重要作用，也是通过修法来解决上海实践中的具体问题。如街道办的法定职责问题，向街道办随意派单问题、综合执法大队体制问题、社区工作者队伍管理问题等。新法都回应了这些问题。

《城市居民委员会组织法》自1989年制定，实施至今已近三十年，无法满足中国现实要求，尤其是像上海这样超大城市的现实需求，急需修改，但近期似乎无修改的迹象。对此，上海已经等不及了。按照立法传统，国家层面有法律的，上海立法一般取名为《上海实施〈……法〉办法》。这种做法虽明确了法律依据，体现了对上位法的尊重，但也附加上了必须紧扣上位法的限制。就居委会立法而言，上海不便接受这样的限制，故另辟蹊径，取名"居委会工作条例"，就是要无束缚地解决上海问题。居委会设置标准问题、居委会成员属地化问题、居委会职责问题、居委会协助行政问题等都具有上海特色。《上海市居委会条例》对这些问题都予以了规范。

在上海基层社区治理中，社区工作者队伍很显眼。这支队伍主要由年轻人组成，归街道办事处管理，工作岗位一般设在居委会，承担着大量基层工作事项。人数庞大的社区工作者队伍构成了上海特色。这支队伍的规范化，包括其职业保障等，都是上海面临的问题。对此，《上海市街道办条例》第21条规定："区人民政府应当根据国家和本市有关规定，配备与街道规模和工作需要相适应的社区工作者队伍，从事相关公共服务和管理工作。区人民政府和街道办事处应当加强对社区工作者的日常管理、业务培训和考核奖惩。本市建立社区工作者岗位等级序列，以及与岗位等级和绩效考核相衔接的薪酬体系。""居委会工作条例"也设置了与之关联的条款。

基层组织三法的修改制定与实施，必将为上海市的基层社会治理提供强有力的保障，推动上海改革开放、创新发展事业迈向新高度。

B.12 为保障上海道路交通有序、安全、畅通运行而立法[*]

——《上海市道路交通管理条例》修订述评

姚 魏[**]

摘 要： 新修订的《上海市道路交通管理条例》在上海市第十四届人大常委会第三十四次会议上获得通过，其立法目的在于加强道路交通管理，以及保障道路交通有序、安全、畅通，适用对象涉及上海市的道路交通规划与设施、车辆和驾驶人、道路通行、道路停车、综合治理等，是一部兼具实施性和创制性特征的地方性法规。在立法程序上，该条例在立法准备阶段、拟订草案阶段、审议通过阶段以及实施准备阶段，皆充分展示了立法的科学性与民主性精神。在立法内容上，该条例体现了"坚持绿色交通与公交优先""坚持对车辆与驾驶人的同步管理""坚持动态交通和静态交通协调发展""坚持专业执法与综合治理相结合""坚持依法管理和严格执法相兼顾"等五方面特点。就立法经验而言，"发挥人大在立法中的主导作用""坚持科学立法与民主立法""合理平衡公权与私权的关系"是今后立法工作必须加以注重和延续的。

---

[*] 本文的文献资料由上海市人大常委会法制工作委员会立法二处提供，写作重点参考了《上海市道路交通管理条例（修订草案）》说明解读稿、上海市人大内司委关于《上海市道路交通管理条例（修订草案）》的审议意见报告、上海市人大法制委关于《上海市道路交通管理条例（修订草案）》审议结果的报告、上海市人大法制委关于《上海市道路交通管理条例（修订草案）》（修改稿）修改情况的报告、上海市人大法制委关于《上海市道路交通管理条例（修订草案）》（修改二稿）修改情况的报告，特作说明并致谢。

[**] 姚魏，上海社会科学院法学研究所助理研究员。

关键词： 上海市道路交通管理条例　上海市人大　人大主导立法　科学立法　民主立法

2016年12月29日，新修订的《上海市道路交通管理条例》（以下简称新《条例》）在上海市第十四届人大常委会第三十四次会议上表决通过。原有条例的修改受到广大市民的强烈关注，因为它涉及每位市民的交通出行，是关系重大社会民生问题的立法。对上海这样一个超大型城市来说，交通的有序、安全和畅通运行非常重要，但它又受到经济社会发展和管理水平的限制，随着近年来私家车保有量的增长、物流运输业的迅猛发展、城市人口的剧增，交通规划和设施的完善速度已跟不上日益增长的交通出行需求。在矛盾日趋激烈的今天，上海必须进行交通管理制度的改革与创新，修改原有条例是大势所趋，也是群众的迫切期待。

上海市早在1997年就颁布实施了《上海市道路交通管理条例》（以下简称旧《条例》），是比较早制定此类法规的省级行政区域。这部条例于1999年、2000年和2001年连续三年做了局部修改完善。旧《条例》的实施对维护上海市道路交通秩序，预防和减少交通事故，提高道路通行效率，保护人身和财产安全，保障经济建设和社会发展的顺利进行，起到了非常重要的作用。然而，随着城市交通状况的日趋恶化，旧《条例》的规制能力也逐渐下降，相关管理手段已经明显落后，公安交管部门的执法压力持续增大。特别是，旧《条例》所对应的上位法《道路交通安全法》和国务院的相关实施条例，分别在2003和2004年颁行，皆晚于旧《条例》的制定时间，换言之，旧《条例》的制定及其三次修正都发生在上位法颁行之前，旧《条例》一直未有机会对《道路交通安全法》做出执行性细化，两者的规范吻合程度不高，这是上海市根据实际情况对旧《条例》做出修订的另一动因，是基于法制统一的需要对本法规进行系统性的设计以配合上位法的实施。可以说，修订工作本质上也是一次迟到的实施性立法。当然，《道路交通安全法》也已实施十余年，亦有不能适应新情况的规定，因此新《条例》也有先行性立法的功能，即创制出一些新举措在上海地区进行先行先试，待实践成功且获得中央认可后被上位法所吸收，最终成为《道路交通安全法》及其实施条例做出修改的经验性依据。

根据条文的对比，新《条例》对旧《条例》做出了大幅度修改，条文更新程度达到85%以上。从某种程度上讲，它是一部脱胎换骨的全新法规。新《条例》的创新体现在两个方面，一是立法方式和过程的创新，二是立法原则和内容的更新。以下将分别叙述之。

一 对新《条例》制定过程的述评

2014年10月，党的十八届四中全会通过了《关于全面推进依法治国若干重大问题的决定》，做出"完善立法体制，深入推进科学立法和民主立法，加强重点领域立法"的重大决策。紧接着，全国人大对《立法法》做出重要的系统性修改，修改的整体思路体现了十八届四中全会的精神，反映了由人大主导立法工作的要求，并强调了发挥立法引领和推动改革发展的作用。2015年底，上海市人大常委会根据《立法法》的修改内容对《上海市制定地方性法规条例》做出了同步修改，并通过完善《关于进一步加强民主立法的规定》与《关于进一步加强立法工作组织协调的规定》（由主任会议通过），确立了以"一条例两规定"为框架的地方立法的新机制。《上海市道路交通管理条例》就是依据上述党的文件、法律、法规以及常委会规范性文件进行修订的。

（一）立法前的准备阶段

此次《条例》的修订工作具有方式方法上的特殊性，它的实质性启动并非始于政府向人大提出法规案，而是肇始于2016年3月由市公安局开展的"交通违法行为大整治行动"。这次整治行动的重点内容为机动车乱停车、乱占道、乱变道等十大违法行为，全市79条主干道和各区县划定的160处重点路段成为整治重点区域。此次大整治充分借鉴了上海烟花爆竹安全管控工作的经验做法，实现了多部门与全社会的参与，有效改善了上海的交通出行状况。然而，它的根本意图在于形成交通秩序管理的长效机制，并通过大整治行动为《条例》的修订提供立法经验与实证数据，在大整治中先行先试新《条例》草案中的部分创新做法，检验有关措施的操作性与可行性。可以说，此次交通整治行动并不是单纯的严格执法举措，而是为立法工作做前期准备。需要说明的是，交通整治行动不是采用"先改革后立法"的策略，《条例》的修订也并非简单地对整治手段做立法确认。立法者和执法者都认识到重大改革必须"于法有据",如果为了实现改革目标而突破法律,那么即使是所谓的"良性违法",也必将造成对法治的重大破坏。因此大整治行动中的创新性执法手段都没有违背上位法,也不与旧《条例》相抵触,属于法治框架下的试验性改良,而且所有执法新举措只有在证明是行之有效后才有可能进入修订草案,并接受立法机关的进一步审查。比如,由于交通执法面临严重的执法人员不足问题,某些区采用了委托民警执法的方式,后被认为是可行和有效的,于是新《条例》将道路交通安全执法的主体由公安交管部门扩大至公安部门,彻底解决了执法队伍不足的问题。

(二)拟订法规草案阶段

《条例》的修订任务原先被列为上海市人大常委会2016年度立法工作计划中的预备项目,等条件成熟即提请常委会会议初审的法规案,6月份,经主任会议研究决定,该项目转为正式项目。其实《条例(修订草案)》的起草工作早在2016年初就已启动,该法规虽然不属于综合性、全局性、基础性的地方性法规,但是其必然涉及所有市民的出行利益,密切关系法权的合理配置,如果让政府部门单独起草,可能会使新《条例》带上部门利益的痕迹,使政府管理便利的需求优先于民众出行权利的保护,于是市人大决定提前参与法规起草工作,确定由市人大常委会副主任和市政府副市长协同负责法规起草,即实行"双组长制",共同领导由市人大相关内设机构和市政府有关部门组成的联合起草小组。在形成《条例(修订草案)》之后,市政府法制办书面征求了市政协、市高院、与法规实施有关的政府部门、市律协、各区县等单位部门的意见,并通过座谈会、论证会听取了相关部门和法学专家的意见。在法规草拟阶段,市人大的相关负责人多次开展调研活动,开展代表问卷调查,听取各方意见。2016年5月17日,市人大常委会主任殷一璀带队赴市公安局,进行了修订道路交通管理条例暨执法检查专题调研,在此期间,人大代表、法律专家、一线民警各抒己见。此次调研既是对前一阶段交通违法大整治行动的行政执法监督,也为《条例》的修订工作提供了充分的准备。在市政府方面,白少康副市长还专程赴市政协,听取了部分政协委员对《条例》修订的意见和建议。为了让新《条例》的每一个条文都不与上位法发生冲突,起草部门与中央有关机构进行沟通,市公安局和市政府法制办分别赴公安部、国务院法制办请示汇报,市人大则向全国人大做了汇报沟通。市人大内司委还会同常委会人事代表工委对市人大代表开展问卷调查,并请他们带着立法重点和难题分赴各个社区,以座谈会的形式听取市民意见,分别收回代表和市民的问卷356份和8566份。除此之外,通过媒体对这一过程和结果的广泛报道,使立法活动成为群众参与、社会动员、宣教普法、凝聚共识的过程[1]。可见,整个法规草案拟订过程体现了人大主导立法的理念,发挥了人大的组织协调作用。具体来讲,上海市人大充分利用自身构建的民主立法机制,做到了开门立法,突出了人大代表的立法主体地位,广泛聚集了民意与民智。

(三)法规的审议和通过阶段

根据《上海市制定地方性法规条例》的规定,上海市的地方性法规一般要经历"二审三表决"的程序才能出台,即经过两次常委会会议的审议,并于第三次常委会会议表决通过,但它又做了例外规定,即针对社会广泛关注的地方性法规案,可以增加常委会会议审议的次数和时间。因为新《条例》关涉重大民生问题,社会各方都非常关注它,且在审议过程中出现一些重大争议问题,所以此次《条例》的修订采用了"三审四表决"程序,对其慎重态度可见一斑。在市政府向市人大常委会提请审议《条例(修订草案)》后,市人大内司委对主任会议交付审议的法规案进行了认真研究,期间内司委又听取了相关部门和单位的意见,并委托市政协社会与法制委员会召开座谈会听取部分市政协委员的意见,同时,会同法制委和法工委对草案中具有一定法律争议的问题开展了预评估。在法规案进入审议程序后,常委会组成人员通过分组会议、联组会议和全体会议的形式对修订草案做出三次审议。在常委会进行第一次审议之后,常委会法工委将修订草案印发各区人大常委会和社会团体征求意见;向全体市人大代表征求意见,并委托各区人大常委会征求区人大代表和乡镇人大代表的意见;法工委还专程到基层立法联系点召开座谈会,听取社会各方面的意见和建议。8月底,法制委召开会议,根据常委会组成人员和内司委的审议意见以及其他各方面的意见,对修订草案进行了统一审议,形成了审议

---

[1] 沈栖:《开门立法的典范》,《上海法治报》2016年7月26日。

结果的报告和修订草案修改稿。在常委会第二次审议后，法制委、法工委在前期展开系列调研的基础上，有重点地研究了北京、天津、重庆、广东、浙江、江苏等地的立法及实施情况，并与市政府相关部门进行了多次沟通研究。10月份，常委会主要领导主持召开了法院、专家学者座谈会，进一步听取意见，法制委随后召开会议，根据常委会组成人员以及其他各方面提出的意见，对修订草案修改稿做了进一步修改和审议，形成了修订草案修改二稿。在常委会第三次审议后，修订草案修改二稿向社会公布并公开征集意见，共收到以各种形式做出的反馈241件次，对修改二稿提出了130余条修改意见。对于人大常委会组成人员和市民提出的规范执法和完善便民服务等问题，市人大有关部门进行了多次专题研究；法制委、法工委还就电子警察执法、交通违法行为处理等进行实地调研，并召开基层执法人员座谈会听取意见和建议。12月15日，法制委根据常委会组成人员和各方面的意见，对修改二稿做了进一步的修改和审议，最终提出修订草案表决稿。2016年12月29日，全新修订的《条例》终于在市第十四届人大常委会第三十四次会议上获得通过，修订《条例》的任务圆满完成。

（四）法规的实施准备阶段

与其他的上海市地方性法规通过后即实施的惯例不同，《条例》做出修订后并未立即实施，而是在新《条例》附则中专门规定其于2017年3月25日开始施行，也就是留出近三个月的时间作为新旧条例的转换期。这样做有两个方面的考虑：一是给执法机关留足新《条例》的培训时间，让执法人员充分和准确地掌握新的执法依据，使其将来能够做到依法严格执法，同时给有关行政部门调整和改善交通设施和信号标志以一定的准备期；二是给广大市民提供了解和学习新条例的机会，不至于将来出现公众因不知法而非故意违法的情形。事实上，在新《条例》发布之后，上海市各大媒体都持续地展开宣传和普法工作，将新《条例》中的新增和重点内容加以详细的解读介绍，让广大市民知悉何种交通行为将会受到处罚以及处罚的标准。比如，新《条例》规定，司机驾驶家庭用车携带不满四周岁的儿童出行时，必须让其使用安全座椅才可上路。这就要求有关车主必须提前购置儿童安全座椅，避免新规执行时受到处罚。为了顺应新《条例》所确定的"公共交通优先发展战略"，交通部门提前完成延安路中运量系统工程的建设任务,在新《条例》施行之前完成了试运营,并表示会根据实际的情况进行微调,边运营边修正调整。与以往更加不同的是,该法规尚未执行但相关的执法检查工作已提上议事日程。早在2017年初,殷一璀主任就在2017年上海市人大常委会工作报告中,提出将《上海市道路交通管理条例》纳入2017年度重点监督项目,3月21日,市人大常委会召开执法检查启动会,对执法检查进行了动员部署。可见,市人大不仅主导了立法的全过程,而且强化了自身监督法规实施的权威地位,这是实现"有法可依"和"有法必依"的前提条件,并为立法和执法的无缝衔接奠定了基础。

二 对新《条例》内容的述评

由于《条例》在修订过程中充分使用了科学立法和民主立法的程序,新《条例》的内容也就相应具备了科学性与民主性,这对今后这部法规的有效实施非常有利。从内容上来说,新《条例》的定位并不仅仅是一部实施性的地方性法规,即并非只对《道路交通安全法》及其实施条例进行补充细化,在某种意义上讲,它也带有自主性和先行性立法的成分,整部法规呈现出极具地方特色和规制事项全面的特征。新《条例》共9章82条,和旧《条例》相比,增加了交通规划与设施、停车管理、综合治理、执法监督等若干内容。我们认为,新《条例》在以下五个方面具有鲜明的特色,值得重点介绍和分析。

(一)坚持绿色交通与公交优先

上海作为一个超大型城市,其道路交通状况的改善极易受到地域空间的约束,不可能通过无限制地增加机动车的数量以保障市民出行便利,必须大力倡导绿色交通理念和坚持公交优先发展战略,这就要不断提高政府部门规划道路交通的能力,并完善道路交通基础设施建设。为此,新《条例》专门设置"交通规划和设施"一章,而且列为首章,主要内容是,协调道路交通相关规划之间的关系,分别确定公安、交通、规划、建设等部门在交通规划与设施建设方面的责任;增设交通影响评价的专门条款,细化每个行政机关的地位和作用;明确常发性交通拥堵区域和路段治理的责任主体,制订优化道路交通组织方案并推进实施,实现常态化治理;规定应当科学合理地设置交通信号灯、交通标志和标线。在绿色出行方面，新《条例》鼓励有条件的单位实行错峰通勤、居家办公等措施，倡导公众采用新能源汽车分时租赁、公共自行车租赁等方式出行，进一步提高全市公共交通、步行、自行车的出行比重，推动新能源和清洁能源车的使用；为突出慢行交通网络的顶层设计，新《条例》倡导慢行优先，提出有必要改善慢行交通环境，保障慢行交通通行的空间，完善非机动车和行人的过街通道，建成系统、连续的非机动车道网络，加强轨道交通站点周边的非机动车道、步行通道的建设和管理等。此外，新《条例》明确要求对轨道交通站点实施停车设施建设与改造，满足社会公众绿色出行需要。在优先发展公交方面，新《条例》坚持公交优先发展战略，在路权分配方面向公共交通倾斜，完善公交专用道制度，明确应当科学合理设置公交专用道、方便群众乘车；要求定期开展客流调查以及公共汽车的线路普查，优化其客运线路，实现交通网络的融合与衔接；为了达到《上海市综合交通"十三五"规划》的要求，使上海市在2020年前实现建成500公里交通专用道网络的目标，新《条例》规定应根据公共交通客运需求和道路通行情况，编制上海市公交专用道专业规划，形成适应超大型城市特点和符合优先发展公共交通战略的公交专用道体系。可见，上述条款反映了今后上海治理道路交通问题的主要手段将是技术改造和观念更新，即通过政府部门的密切合作优化交通设施和环境，并通过改变市民出行的理念减少使用机动车的频次，进而提高道路通行效率和安全状况。

（二）坚持对车辆与驾驶人的同步管理

在目前情况下，本市公众出行依然离不开对私人交通工具的依赖，它们是道路交通管理的重点和难点，因此新《条例》设专章规制车辆和驾驶人，以强化车辆所有人和使用人的各自责任。针对车辆的管理，新《条例》规定了以下内容：明确车辆登记的基本原则，即机动车和按照上海市有关规定应当注册登记的非机动车以及其他通行工具，应当由公安部门注册登记，否则不能上路行驶，而车速较低、对道路通行影响较小的自行车和残疾人手摇轮椅车等非机动车则实行自愿登记；对车辆登记限制措施予以法定化，但新《条例》考虑到这些措施可能随管理实际的变化而调整，难以做出列举性规定，因此授权市政府根据交通发展规划、道路通行条件、道路交通管理和环境保护等具体情形,采取适当的车辆登记限制措施,并通过恰当方式让公众知晓;保留车辆号牌总量调控规定,机动车号牌额度年发放量由市交通行政管理部门会同市公安机关和其他有关部门提出,报市政府批准后执行;细化机动车临时行驶车号牌核发规定,即公安机关对同一车辆核发临时行驶车号牌不得超过两次,且每次有效期限不得超过十五日;进一步强化对电动自行车、残疾人机动(电动)轮椅车的源头管理,要求对这类车辆实行产品目录管理制度,未纳入目录的车辆不得销售和登记。针对驾驶人的管理,新《条例》明确了以下内容:细化机动车驾驶证申领规定,规定向本市公安机关申领机动车驾驶证的"证明材料"包括本市户籍证明或《上海市居住证》等在本市居住、居留的证明,也就是说,本市不接受异地申领驾驶证的行为;明确对替代记分等相关行为的禁止规定,即为了实现驾驶人累积记分制度的管理效果并维护法律权威,明确禁止由他人替代记分、替代他人记分、介绍替代记分等行为;细化道路交通违法通知和接受处理的规定,明确公安机关和交通行政管理机关的道路交通违法行为通知义务,现场发现违法行为的应出具《道路交通安全违法行为处理通知书》或《公安交通管理行政强制措施凭证》,交通监控设备记载的违法行为则由有关部门录入违法信息管理系统,并通过邮寄、短信等方式告知当事人,同时当事人应于十五日内接受调查、处理,逾期未接受调查、处理的,有关部门也可依据事实依法做出行政处罚。通过上述规定,行政机关可以有效监控在本市登记的各种车辆,稳定控制全市机动车保有量和增量,并防止某些可能影响道路交通安全的车辆运行,同时以合乎上位法的方法加强了对车辆驾驶人行为的约束,保障了全市的道路通行条件,整体改善了道路交通运行环境。

(三)坚持动态交通和静态交通协调发展

城市交通环境的改善不仅要依靠通行管理的规则,而且需要停车管理规范加以配合,否则城市中车辆乱停乱放也会阻碍交通运行并可能引发事故。新《条例》为此分别设置了"通行管理"和"停车管理"两章。在"通行管理"一章中,新《条例》明确了可以上本市道路行驶的车辆类型,并具体排除了不能行驶的车辆种类,如外省市号牌拖拉机等;明确了城市快速路的限行车种,既包括拖拉机、非机动车和行人,也包含摩托车、专项作业车、教练车等机动车；规定公安机关根据必要、合理和有利交通畅通的原则，适时采取交通管理措施的规定，它包括对车辆和行人采用均衡交通流量、分隔车辆通行时间、划定限制通行区域和核发机动车通行凭证、限制通行、禁止通行、疏导等交通管理措施；规定了货车不得占用客车道，并要求交通行政管理部门应当通过设置交通标志、标线等方式予以明示；将本市交通事故快速处置制度在立法中予以体现；明确公交专用道在规定时段内供公共汽车专用行驶，特种车辆、清障施救车辆等在特定情形下才允许借用；对各种类型车辆、行人的通行与让行等管理做出细化和补充性规定，这是整部条例的亮点所在，比如对驾驶机动车一次连续变换两根车道、驾驶残疾人机动（电动）车载人等行为做了明确禁止，保留了旧条例中无人行道或者人行道有障碍物时的行人行走规定，细化了机动车乘坐人使用安全带的具体规定，补充了上位法未予明确的让行规定；根据《环境噪声污染防治法》，规定本市外环线以内为机动车禁鸣喇叭区域。

在"停车管理"一章中，新《条例》体现出让道路回复到通行设施属性的思想，进一步限制道路停车位的发展，坚持对道路停车泊位进行总量控制，并在动态调整机制下逐步减少全天性道路停车位；为解决住宅小区、医院、学校等地方的停车供需矛盾，有条件地允许设置时段性道路停车泊位；对公安部门经实践检验比较可行的禁停标志、标线的设置措施加以固化，如在中小学附近等时段性临时停车需求旺盛的路段，规定可以设置禁止长时停车标志或标线，并增设辅助交通标志，引导社会车辆有序地临时停车，同时详细规定临时停车行为规范，比如要求临时停靠车辆的驾驶人不得离车，上下人员或者装卸物品后立即驶离；确立各类车位资源的互补和共享机制，借助停车智能化技术，力求实现车位资源的充分利用，例如动员住宅小区与附近的专用停车场进行资源合作，对停车泊位的利用进行错峰互补；对长期占用道路停车资源"僵尸车"的处理做出指引性规范，即当机动车所有人未按约定移出车位时，车位管理人可以将其移至路外停车场地。通过对动态和静态交通两方面的管理，上海的交通状况必将有较大的改善。

（四）坚持专业执法与综合治理相结合

道路交通安全的管理工作不单纯是公安部门和交通行政管理部门的职责，仅仅通过它们的专业性执法无法达到良好治理的目标，这就需要各部门和全社会齐抓共管,走专业执法和综合治理相结合的道路。为此新《条例》设有"综合治理"一章,规定了如下事项:注重社会化治理,全面加强社会主体的自我管理,进一步落实单位交通安全责任,细化车辆所属单位的主体责任;为弥补警力不足的问题,赋予交通辅警协助开展交通疏导、维持交通秩序以及劝阻、记录、上报违法行为等职权,但前提是必须服从公安民警的指导和监督,他们所获取的证据,经核查确认后,可以作为公安交管部门处罚的事实根据;加强法制宣传,不断提高人民群众的交通安全意识和出行文明素质,其中既包括道路交通相关行政处罚、行政许可能程序中的行政指导和教育,又包括对一般社会公众的日常宣传教育;提升信息科技手段对交通管理工作的功能性支持,以之更好地提升行政管理的效能,倡导运用互联网和大数据等先进科学技术,改造交通管理的工作模式,提升道路交通管理的工作水平;通过建造和使用社会信用平台,使交通违法行为人的失信成本明显增加,将出现重大交通违法行为、买卖记分分值、交通肇事后逃逸以及多次实施交通违法等情形,纳入上海市公共信用信息平台;明确在重大交通管理事项的决策过程中,必须听取公众意见和建议,从而有利于提高道路交通安全管理措施的合理性和可接受性,其对象包括公交专用道、公交线路、单行道、道路停车泊位的设置与变更,还有禁止停车和禁止长时停车的标志、标线的设定与调整;鼓励社会公众参与交通治理,明确交通违法行为视频举报制度,利用车载行车记录仪记录的如闯红灯、违法占用专用车道等视频资料,可以作为举报内容,由公安机关核查确认后对违法行为人进行处罚。可见,我们充分认识到道路交通安全领域不能靠公安和交管部门"孤军奋战",即使执法队伍再庞大,也无法有效管理全市的交通安全事务,因此必须通过新《条例》确立相关部门和单位的责任,形成全社会共同参与交通环境治理的良好局面。

(五)坚持依法管理和严格执法相兼顾

作为一部针对道路交通领域进行行政管理的地方性法规,新《条例》不仅要规定道路交通参与人的权利和义务,还必须规定行为人违反相关条文后的法律责任,否则新《条例》便是"无牙的老虎";同时,其作为一部行政法,不仅需要设定相关行政机关的执法依据,也应明确它们若违规执法而应承担的法律后果,因为行政法既是授权法也是控权法。因此新《条例》将"执法监督"和"法律责任"加以并列,作为前后相继的两章。在"执法监督"一章中,新《条例》要求有关行政机关建立与健全道路交通管理的长效机制,为执法人员提供完备和具有可操作性的执法标准和指引,不断完善执法监督机制,确保执法人员遵守执法程序和法定职权;对执法部门的文明与规范执法提出了细化要求,比如为防止和纠正执法中的违法或不当行为,要求建立和实施执法质量考评制、执法责任制与执法过错追究制;要求行政机关之间开展执法协作机制,促使他们在工作中紧密配合,提高执法协同性,建立联合执法、信息通报和案件移送等合作机制;要求执法部门加强内部监督与社会监督,相关部门应当公布举报电话,接受人民群众的举报和投诉;再次重申《行政处罚法》中"罚款决定与罚款收缴分离"原则,并禁止以处罚数额作为绩效考评标准的做法;规定了警务辅助人员职责范围,强调对他们的管理、培训、考核,并提出统一着装、携带证件和佩戴统一标识等要求。

在"法律责任"一章中,新《条例》规定了擅自设置交通标志标线等违反交通设施管理规定的处罚;规定了教练员酒后教练机动车、机动车驾驶证"买分卖分"等违反车辆和驾驶人管理规定的处罚;规定了对违反机动车、非机动车通行规定的处罚,其中,为解决"乱停车"、"客车占用货车道"的交通顽症,新《条例》规定对驾驶机动车在禁止停车标志标线路段停车的、货运机动车占用客车道的,按照违反交通标志、标线的规定处罚;规定了擅自设置道路停车泊位的处罚;规定了单位未履行交通安全管理义务等违反综合治理管理规定的处罚,对有多次机动车违法记录逾期未接受处理的加强管理,督促当事人及时接受调查处理;针对车辆和通行工具未经注册登记上路行驶等违法现象查处难、现场处置难等问题,规定了督促当事人及时接受调查处理的有关内容。

总体上看,法律责任的设定是比较全面的,前面各章所规定的交通违法行为都能在该章中找到对应的法律责任规定,此处的法律责任是广义的,主要是设定了行政处罚的依据和标准,包括罚款和暂扣或吊销相关证照等,但也设置了责令改正、责令恢复原状等行政命令条款,还规定了一些诸如先予扣留车辆或通行工具的行政强制措施,以及代履行等行政强制执行方式。尤其受到关注的是,此次对《条例》的修订,加强了对违法行为的处罚力度,比如根据交通违法大整治行动中总结的经验,对部分违法停车行为按照违反禁令标志、标线的情况处罚,既罚款又扣分,有助于治理乱停车的违法行为,同时为了体现过罚相当的原则,还设置了特定违法行为累积至一定次数后改变处罚种类的规定,这也有利于遏制一些常见多发交通违法行为的出现。

三 立法经验总结

上海市人大常委会法工委主任丁伟对新《条例》的特点给予了总结:"(它)体现了全面管理与重点管理相结合、从严管理与科学管理相结合、便民服务与自觉守法相结合、从严执法与规范执法相结合的特点。"[①] 我们认为,新《条例》之所以能够实现上述"四结合",与上海市人大常委会在立法过程中所遵循的立法理念和使用的立法技术是分不开的,其经验值得总结和推广。

第一,发挥人大在立法中的主导作用。《立法法》和《上海市制定地方性法规条例》都明确规定,人大及其常委会必须对立法活动加强组织和协调,发挥在立法工作中的主导作用。在这次《条例》的修订过程中,"人大主导立法"的思想被发挥得淋漓尽致,充分体现了人大在立法工作中的组织协调作用。作为一部行政管理色彩浓厚的地方性法规,《条例》修订工作并未被政府和有关行政机关所主导,人大在整个立法过程中始终处于真正的主体地位,没有被其他部门"牵着鼻子走",政府部门对人大的权威地位也给予了尊重。人大在立法中始终坚持对人民负责的态度,尽力革除条例修订草案中体现部门利益的条文,有效平衡了公权与私权之间的关系。与此同时,人大常委会组成人员的立法主体地位也得到体现,他们的审议意见和建议被充分吸纳。在立法过程中,人大还积极使用自身的系统资源对修订草案进行"精雕细琢",排除了行政部门的干扰,比如常委会通过自己的工作机构密切联系人大代表,听取他们对草案的意见;通过新近设立的基层立法联系点让广大群众充分地建言献策;委托各区人大组织区人大代表和乡镇人大代表针对草案发表观点和看法;主动邀请各区人大依据《地方组织法》刚刚设立的法制委员会配合此次条例修订工作。此外,人大的主导作用还体现在执法监督环节中,立法前对交通违

---

① 《市人大通过〈上海市道路交通管理条例〉》,《上海法治报·交通安全周刊》2017年1月5日。

法行为大整治行动的监督以及即将开展的对新《条例》的执法检查,都反映了人大主导作用是全方位和全过程的。

第二,坚持科学立法与民主立法。这主要体现在立法过程和立法内容两个方面,前者是后者的前提条件,后者是前者的必然结果。《条例》的修订工作严格遵循了《上海市制定地方性法规条例》的程序性规定,并首次使用"三审四表决"的程序,以审慎的态度确保法规内容的科学性,草案三审之后向社会公开征求意见则体现了立法过程的民主性。其实,立法工作的科学性最主要的是体现在法规的合法性问题上,即做到不与上位法相冲突。然而,本次修法是为了解决上海作为超大型城市所出现的特殊的交通管理难题,某些情况是其他城市所不曾遭遇的,上位法在制定时可能未曾料想,也未做出制度考量,更何况有关法律和行政法规已"年久失修"了,因此上海在新《条例》中所规定的创新做法可能会受到合法性的考问。为了不与上位法相抵触,市人大积极与全国人大以及国务院法制办、公安部沟通协调,并邀请法学专家给予论证,确保新《条例》在解决实际问题的同时自身不违法,这是一种法治精神的体现。由于道路交通管理是一项专业性很强的行政管理工作,新《条例》所体现的内容当然相应具有一定的技术性,需要进行科学的实证研究与论证,否则在今后的实施中很难操作,因此在修订工作启动之前,公安部门就以交通违法行为大整治的方式提前测试某些新创新做法,这也反映了一种科学态度。而且科学立法与民主立法是分不开的,如果在立法的过程中不能充分反映民意,不能听取社会各个方面的意见,则立法内容肯定缺乏科学性,一旦实施也会遭遇各种阻碍。

第三,合理平衡公权与私权的关系。虽然新《条例》的起草工作由人大和政府的有关部门联合完成,但是公安部门承担了主要的立法准备工作,毕竟他们处在执法第一线,对立法需求和条文设计有更大的发言权。因此在草案拟订阶段出现一些部门利益不足为怪,尤其是一些涉及管理便利方面的利益,这就会造成法权结构失衡,破坏了立法的公共性品质,形成对公民合法权利的侵害需要人大在立法过程中矫正。例如,由市政府提交的法规案中所确定的立法原则过于强调管理而忽视服务,经过人大常委会会议审议之后,新《条例》第三条增加了"坚持以人为本,为公众提供便捷、高效的服务"的提法,其他章节则相应规定了行政机关的服务项目和标准。又如,《条例》修订草案原本为八章，缺少关于"执法监督"的章节，市人大内司委和常委会组成人员认为，实现道路交通有序、安全和通畅，不仅需要所有的道路交通参与者遵守法律法规，也要求有关行政机关严格执法与履责，因此新《条例》将散见在其他各章的关于执法者责任的内容予以整合并设为"执法监督"一章，而且将其放在"法律责任"之前，充分体现了"权利本位"和"服务型政府"的思想，从观念和制度上约束了行政机关的不良行为。除此之外，某些条文看似增加了公民的义务、减损了其利益，但根本出发点还是为了保护公共利益而非部门利益，而且让行政机关承担了更多职责，比如外环线以内不得鸣号的规定，增加了车辆在驶近急弯、坡道顶端等影响安全视距的路段的危险性，对交通行政部门则增加了改善道路状况和增设警示标志的义务，以同时保障公民的环境利益和道路出行利益。

B.13
公安体制改革下上海市交通大整治研究

王艺超 孙波*

摘 要： 在全面深化公安改革的背景下，上海市着力解决城市病问题，创新社会治理，以科技为支撑创新依法治理策略，队所联勤完善执法体系，统筹各方力量，引导市民参与，取得阶段性的成果。但是，在此过程中也出现了交管辅警的执法权限争议，硬件缺失等问题，要实现管理的常态化、长效化仍需加大实名守法、遵法、敬法教育，从硬件、软件、理念等方面进行完善。

关键词： 公安体制改革 交通大整治 创新社会治理 上海

2015年2月，中共中央办公厅、国务院办公厅通过了《关于全面深化公安改革若干重大问题的框架意见》，上海成为全国公安改革综合试点地区之一。上海提出了"针对问题补短板"和"抓住队伍建设"两个关键点，将"创新社会治安治理机制""完善执法权力运行机制""健全人民警察管理制度""规范警务辅助人员管理"等问题作为深化改革的具体内容[1]。作为我国典型的超大城市，上海辖区面积为6430平方公里，拥有2415.27万[2]常住人口，机动车数量达到430余万辆、驾驶人员有650余万、非机动车近1000万辆[3]。交通秩序是城市治理能力的重要体现。城市治理能力是检验一个城市的智慧程度和现代化程度的

---

* 王艺超、孙波，上海社会科学院硕士研究生。
[1] 熊一新：《关于全面深化公安改革若干问题的思考》，《中国人民公安大学学报》（社会科学版）2015年第6期，第31页。
[2] 《2016年上海市统计年鉴》，http://www.stats-sh.gov.cn/data/toTjnj.xhtml?y=2016，最后访问日期：2017年4月5日。
[3] 张洋：《上海这样治理"拥堵病"》，《人民日报》2016年11月9日，第17版。

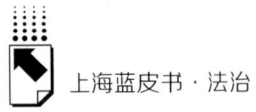

重要标杆，人多、楼多、车多、路窄使得交通问题成为上海创新社会治理的短板，整治道路交通违法成为上海市公安体制改革中一项重要的行动。

2015年中央城市工作会议提出，"要着力解决城市病等突出问题，不断提升城市环境质量、人民生活质量、城市竞争力，建设和谐宜居、富有活力、各具特色的现代化城市"。习近平同志提出，"着力构建现代化的交通网络，把交通一体化作为先行领域，加快构建快速、便捷、高效、安全、大容量、低成本的互联互通综合交通网络"。中国社科院财经战略研究院公布的《中国城市竞争力报告》显示，上海等一线城市"大城市病"指数居全国前列，经济越发达，基本工资越高的城市，拥堵造成的损失越大。随着科学技术、城市化的发展，百姓也越来越追求生活的品质，城市规模的扩大、人民对于生活品质的追求与城市本身承载能力的局限性和社会资源的有限性是一对天然的矛盾。上海作为全国超大城市之一，交通拥堵、环境污染等"城市病"在上海表现得尤为明显，依法有序健全长效机制，是城市治理能力、治理智慧和体系现代化的重要体现。

以此为背景，上海市结合自身超大城市的实际，着力在道路交通管理领域补短板。2016年3月，上海市公安局发布《关于加强本市道路交通安全管理的通告》（以下简称《通告》），致力于维护上海市的道路交通秩序，确保市民的人身、财产安全，提高道路通行效率，营造安全、文明、和谐的交通环境。

一 大整治概况

上海市以公安为核心、各方形成合力，综合施策统筹解决，坚持公交优先，方便市民出行，意图在全社会形成共识，共同打造更加干净、有序、安全的城市环境①。大整治针对上海市交通问题的城市治理"短板"，依托上海"公安体制改革"，全警动员、各警种参与，充分利用互联网及新科技，同时整合基层专业行政执法力量和交通文明志愿者等社会力量，行业联动、单位联动，查处交通违法行为，提高道路交通执法效能。大整治从2016年3月开始，上海市的重要举措集中在以下五点。

---

① 《市委市政府召开加强综合交通管理、依法整治交通违法行为推进大会》，http://www.shanghai.gov.cn/nw2/nw2314/nw2315/nw4411/u21aw1188821.html，最后访问日期：2017年4月7日。

(一)短板导向,加强执法力度

上海道路交通秩序问题成因复杂,由违致乱、由乱致堵、由堵致噪(乱鸣号)是出现大量交通违法行为最重要的原因。上海市在大整治过程中,首先聚焦道路交通管理中的短板和问题,把违法停车、乱变道等较为普遍存在的十类交通违法行为作为大整治的重点项目,严格执法。把依法严管作为刚性要求,不区分重点和非重点,全覆盖整治、零容忍执法。同时,将道路交通违法大整治作为一项常态化的工作,开展全市统一整治行动或区域性、阶段性的专项整治行动,实行每日调度讲评、每日通报情况、每日专项督察制度。据悉,上海市在道路交通违法行为大整治过程中每天实行巡查执法,针对违法停车,创新推出黄色标线,对"违反禁令标志、标线"的机动车处罚款200元并记3分;严厉打击买卖交通违法记分、伪造机动车牌证、代处交通违法等违法犯罪活动;此外,合理布局街面警力勤务,完善日常警力投放,提升发现、查处的效能。从源头执法管理,综合运用各种行政管理手段,在销售、改装方面严查猛追,取得良好的效果。

(二)同步立法,规范引领执法

上海市在开始道路交通违法行为大整治行动的同时,《上海市道路交通管理条例》(以下简称《条例》)修订同步提上日程,在大整治执法实践基础上,加强立法调研,为市人大的修订工作提供支撑。2016年12月19日,上海市人大审议通过修改《条例》的决定,于2017年3月25日正式实施。此次修订创新立法机制,实行市人大常委会副主任和副市长共同负责的"双组长制",并由市人大内司委、市人大常委会法工委、市公安局、市交通委和市政府法制办组成联合起草小组。针对重点条款,市人大常委会多次召开座谈会、论证会,从合法性、合理性和可行性三方面进行综合评估,对重点条款的法律效果和社会效果进行综合评估。

修改后的《条例》相较于1997年原条例,85%以上的条款做了修改①。注重全面管理和重点管理相结合,增加"交通规划与设施""停车管理""综合治理"三章,对本市道路交通进行全过程、多维度管理;从严管理和科学

---

① 李蓓:《〈上海道路交通管理条例〉表决通过》,http://www.labour-daily.cn/ldb/node41/node2151/20161230/n58302/n58305/u1ai312161.html,最后访问日期:2017年4月7日。

管理相结合,对道路交通规划、道路资源配置、道路交通管理等提出更高要求;从严执法和规范执法相结合,既要求广大道路交通参与者学法遵法,又要政府部门严格履行法定职责;便民服务和自觉守法相结合,引导市民自觉形成尊法守法习惯,树立道路交通法律权威。《条例》从交通规划与设施、车辆和驾驶人、通行规定、停车管理、综合治理、执法监督、法律责任等方面对上海市道路交通管理领域做出规定。在具体条文上,也做出了更加科学、有效、便民的规定,对城市快速路、高速公路禁止货车占用客车道行驶等行为,公安机关将按照违反标志标线指示予以处罚,并实施驾驶证记分管理;对逾期不接受处理达到5起以上的驾驶人先予扣留机动车行驶证;将对存在拼装、加装、改装情形和未按规定注册登记的非机动车,以及违反交通管理措施可能导致危害、危险发生的机动车,实施先予扣车的管理措施;且《条例》将相关处罚信息依法纳入个人征信系统。将管理举措转化为法规条文,提高城市依法治理能力。

(三)科技支撑,创新依法治理策略

交通基础设施及监管设施的智能化、系统化建设是上海市交通体制改革的一大特色。公安、交管会同城建等相关部门以道路交通设施建设为重要切入点,从源头上改善道路交通环境。综合整治的一年中,在市区79条主干道以及160条违法停车对道路交通影响比较大的道路300多个路段漆画了黄色禁停线,全长总计1200多公里,在禁停标线内乱停车则会面临处罚;新增单向通行道路91条,复划更新横道线123万平方米、车道标线5671公里,中心路口智能交通信号系统覆盖率达99.8%①。将派出所监控设备纳入交通违法治理,利用大数据平台优势缓解交通拥堵压力,滚动排摸改造拥堵结点,优化调整拥堵路段交通信号配比,进一步织密非现场执法网络;强化执勤力量动态巡查执法,实现执法常态化,除全市警车上配备行车记录仪外,还动员社会车辆配备行车记录仪;开通网上视频举报平台,鼓励市民参与,从执法、管理、服务三个环节,充分发挥科技和互联网的作用。

---

① 徐程:《沪交通大整治八个月成效显著 将加大投入深入推进》,http://sh.eastday.com/m/20161215/u1ai10162976.html,最后访问日期:2017年4月6日。

（四）队所联勤，完善执法体系

全面深化公安改革的立足点在于建立基层全警种派勤、综合指挥制度，充分发挥基层战斗力，实现队所、队社联勤，全警种执法。一方面，强化队所联勤执法体系，在道路交通领域融合派出所勤务与交警勤务，将道路交通违法行为的查处、取证融入派出所的治安巡逻、社区警务、视频巡逻等日常工作，提升交通执法效能。上海允许派出所对各类交通违法行为进行处罚，派出所民警也可以对非市政道路交通事故进行处置，减轻了警力紧张时段的出警压力。另一方面，依托社会管理体系、街镇网格化管理中心，加强队社联动体系。将交通管理纳入城镇网格化管理中心职责范畴，落实居委会、村委会、街镇网格化管理中心参与道路交通违法行为治理活动的宣传、发现、管理职责，实现相关公益活动及文明宣传活动常态化，加强交警与行政执法的有机联动。采取"守点、巡线、控面"方式，以网格化划片包干、将责任落实到人，集中优势力量，不间断开展巡查整治①。

上海全市区共划分为 96 个责任区大队，下设若干责任岗，实现交警职能从"维持秩序"到"严格执法"的转化。同时，贯彻国务院《关于规范公安机关警务辅助人员管理工作的意见》，规范辅警管理制度，加强辅警队伍统一建设。目前，上海拥有交通辅警 5300 余人，他们在 1100 余个路口路段承担疏导交通、协助指挥等辅助执法职责。

（五）普法释法，聚集各方力量

聚集社会各方力量推进城市治理，是科学化、现代化的重要举措。在此次道路交通违法行为治理过程中，39 家领导小组成员单位明确责任清单，逐步落实"责任清单"细化措施：市文明办将交通文明纳入文明社区、文明单位等的考评，推动"文明交通三年行动计划"；市机管局、机关党委等发布倡议书，动员各级机关、党员加强自我管理；市社保局、征信办探索建立将道路交通违法纳入个人征信、关联居住证积分等相关政策；市综治办牵头组织"平

---

① 《申城"交通大整治"一年回顾 交通状况有改善》，http：//www.sh.xinhuanet.com/2017-03-23/c 136151867.htm，最后访问日期：2017 年 4 月 6 日。

安马甲"和志愿者,积极参与大整治……

1. 市民参与,社区联动

上海市在交通违法行为大整治中引导市民参与,让市民共同成为道路交通违法行为大整治系统工程中的有机组成部分[1]。据统计,自大整治以来,上海市共组织相关宣传活动近千次,并将交通法制教育纳入学校日常教育体系。浦东、虹口等区吸收广大市民交通安全宣传员、交通文明志愿者参与辖区交通违法行为整治,在指定的重点路段和路口,身着橙色马甲针对行人及非机动车的违法行为开展劝导工作,并协助交警发现各类违法行为[2]。

为解决停车难问题,上海市还不断加强与社区的联动。在我国法律中,建筑应退让用地红线,用地红线内的区域属小区物业职权范围。上海组织300余家单位等开放内部停车资源,根据具体的停车需求,开辟停车位,合理分配时段,落实专人管理。目前已协调市卫生、教育等部门和各区党委、政府,开放共享内部停车资源向社会提供停车位5.4万个。

2. 重点行业自律自治

公共交通、快递物流、客运、危险品运输等行业是道路交通运输行业的重点单位,督促道路交通运输重点行业自治自律,认真落实交通安全管理责任是本次道路交通违法行为大整治的一个重要举措。上海市在整治过程中组织道路运输行业、驾驶人员签订承诺书、责任书,公共交通领域签约率达到100%;客货运及其他运输单位,面向所属145万余名员工进行交通文明法制培训;督促运输企业自行清理不具备相关资质的企业,在重点行业建立从业人员交通违法内部叠加处罚制度,已有3200余名驾驶人员因交通违法被调离工作岗位或辞退。

网购、外卖等行业的飞速发展催生了快递业务,目前,递送人员均以非机动车为主要交通工具。这些行业的从业人员缺乏法治意识和安全意识,加之企业也并未将交通违法纳入考核指标,快递行业成为交通违法高发行业。根据这些情况,组织相关单位签署《快递企业交通安全自律公约书》,促进行业自律。公约中,采用三色预警管理机制,将企业根据累计违法超过30起、50

---

[1] 章继光:《上海开展道路交通大整治》,《交通与运输》2016年第5期,第4页。
[2] 缪晓琴:《"秩序之美"擦亮上海"精神名片"》,《中国经济导报》2017年2月22日,第A03版。

起、100 起的企业分别进行黄色、红色、黑色预警，被黑色预警的企业还将被重点查处并曝光。

3. 单位联动形成合力

道路交通违法行为大整治中还倡导企事业单位共同履行社会责任，鼓励沿街社会单位落实"门前清"。以浦东为例，浦东新区与企业、组织签约，企业、组织承诺"门前清"，有条件的还主动开放共享停车资源，真正对道路交通违法行为形成整治合力①。

二 创新举措及阶段性成果

（一）创新举措

高科技基础监管设施以及全方位互联网宣传是上海市本次道路交通违法行为大整治的两大创新举措。

1. 高科技监管设施

一年中，上海市创新升级"电子警察"功能，8000 余套"电子警察"监控设备投入使用，改造监控路口 567 个。以高科技技术捕捉各种违法行为，采用底座附有磁铁物质移动抓拍球，实现 360 度无死角抓拍；利用可移动电子警察，对车辆滞留路口、违法变道以及逆向行驶等行为予以锁定，有效识别率达到 90%；截至 2016 年 11 月 2 日，录入"不系安全带"1396 起，"开车打手机"48 起②；在南北高架东侧及逸云高架西侧等地安装用于检测未按规定交替通行的电子设备，利用"视频监控+车辆捕捉"技术，对抓拍区域内的两条车道车辆，经后台人工审核后可以准确捕捉未按规定交替通行的车辆；开通交通违法即时告知短信平台，既避免了违法者在同一地方反复违法，同时也对其产生即时警示。违法鸣号一直是交通管理领域的难题，上海市在本次大整治中利用"声呐技术与现场执法相结合"的方法对违法鸣号进行检

---

① 简工博、王闲乐：《社会"叠加"管理，共治交通违法》，《解放日报》2016 年 4 月 2 日，第 2 版。
② 沈竹士：《科技创新提高交通体系管理效率》，《文汇报》2016 年 11 月 9 日，第 1 版。

测，对探孔区域内发生的鸣笛车辆进行实时探测与高精准度定位，录制车辆鸣笛特征及声频信息，查处违法鸣号。该系统自运行以来平均每天可查获违法鸣号26起①。

此外，在大整治过程中，上海市将大数据的作用发挥到极致，建立智能交通管理、违法行车分析、拥堵预警等系统，更加科学地实现警力配置，快速关联人、车、证并进行比对分析。一经查实为失格驾驶人，立即通知就近交警采取监管措施。

2. 全方位网络宣传

道路交通违法行为大整治重，充分利用新闻媒体进行广泛宣传也是一大特色。通过宣传调动市民支持参与大整治工作积极性，引导市民行为，形成自觉遵法守法的良好氛围是本次大整治的又一大特色。上海市政府新闻办、上海市广播电台开办与交通相关的栏目，定期曝光典型案例，深化普法释法教育，强化震慑作用。网民新闻报道点击阅读量达到100亿次，其中正面评价超过90%。协调三大电信运营商向全市手机用户发送三轮提示短信②。

此外，道路交通违法行为大整治期间，市公安局不断探索，深入研究，专门在互联网上建设了"交通违法视频举报"平台。先后推出"上海交警"APP、"快处易赔"公众号、交通违法信息短信告知等方式，便捷市民服务。2016年9月23日，集成了"违法缴款""违法举报"等多种功能的"上海交警"APP推出，市民可以通过手机拍摄来举报，截至2016年10月底，共有9000余名市民参与举报，提供举报视频线索约3万条，举报有效率达20%③。

（二）成效显著

交通违法行为大整治成效显著。据上海市市交通委综合评估，上海市道路交通违法大整治以来，主要路段拥堵时间日均减少1小时以上，公交车普遍提速。上海警方的统计数据显示，截至2016年底，全市道路交通事故数下降

---

① 沈竹士：《科技创新提高交通体系管理效率》，《文汇报》2016年11月9日，第1版。
② 《从交通违法大整治和烟花爆竹安全管控看社会治理创新——访上海市副市长、公安局局长白少康》，《人民公安报》2017年3月3日，第1版。
③ 包璐影：《截至10月底沪群众举报交通违法视频约3万条》，http：//sh. eastday. com/m/20161108/u1a9897346. html，最后访问日期：2017年4月6日。

26.6%，死亡人数下降16.9%，受伤人数下降43.3%①，机动车违反交通信号行为数下降70.73%，超速行驶引发的事故数下降65.08%，非机动车未按规定让行数下降65.22%，违法占道骑行引发的事故数下降42.5%。2016年3月份以来，全市日均拥堵报警、举报违法停车报警分别减少0.69%、5.15%。

第三方机构测评公布的《2016智能出行大数据报告》显示，继2016年上半年告别全国拥堵前十位之后，上海持续退出"堵城"序列，拥堵指数进一步下降，2016年，上海平均车速由23.5公里/小时提升至24.5公里/小时，相较前一年增幅达4.3%，位列全国第7，成为京沪穗深唯一进入"平均车速增幅最大的前十大城市"榜单的城市。

上海社科院公布的2016年民生民意调查报告显示，市民通勤时间选择"31分钟至1小时"的最多（占44.4%），其次是"16～30分钟"（占37.4%），超过1小时的占5.7%。市民对上海的交通状况已经较为满意（见图1）。

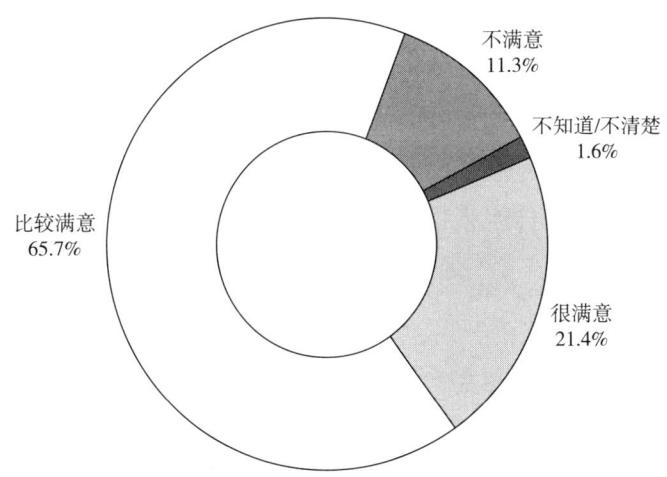

图1 上海市民对交通违法行为大整治成效满意度调查

上海市统计局：《逾半市民认为文明守法是交通改善的关键》，2016年7月22日，http：//www.stats-sh.gov.cn/fxbg/201607/289819.html，最后访问日期：2017年4月6日。

---

① 《从交通违法大整治和烟花爆竹安全管控看社会治理创新——访上海市副市长、公安局局长白少康》，《人民公安报》2017年3月3日，第1版。

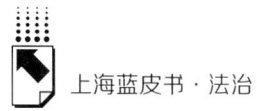
上海蓝皮书·法治

三 现阶段交通大整治面临的短板与瓶颈

从城市管理的角度看,上海交通大整治对城市交通违规违章陋习起到了遏制作用;从法治政府的角度看,上海市通过法治手段治理交通顽疾,公民守法意识明显加强。然而,在实施交通大整治的过程中出现诸多亟待解决的问题,所以,在取得重大的阶段性成果之后,也需要站在客观、理性的角度,冷静地思考在交通大整治的过程中出现的不足。

(一)交管辅警的执法权限争议

上海市委常委对三个月的全市道路交通违法行为大整治工作进行阶段性总结,认为:交通大整治在上海全面展开以来,全市道路交通类110报警数逐月下降,6月份比整治前的3月份日均下降13.2%,占比最大的违法停车、拥堵类110报警数大幅下降①。这是从宏观层面看到的上海市在2016年度交通大整治中取得的成绩。然而,这些成绩的背后离不开一群默默奉献在一线的工作人员——交管辅警。

交通大整治全面展开以来,上海组建了5300余人的交管辅警队伍,在全市1100余个路口和相关路段逐步承担起疏导拥堵、指挥交通等辅助执法工作。但是,交管辅警始终不是交通警察,随着交通大整治的不断深入,交管辅警的行为权限问题越来越成为媒体和公众关注和争议的焦点。

交通大整治期间,有这么一则真实发生的报道:交管辅警郑某在金山区卫零路、沪杭路路口执勤时,发现一辆自北向南行驶的红色英菲尼迪在穿过卫零路下立交时违法变道。郑某上前后又发现司机没有系安全带,且一边开车一边使用手机。郑金纳当即要求该司机停靠路边并出示驾驶证,没想到司机反问:"你有权吗?"随后,该驾驶员驱车离去②。这样的心态在逐渐习惯和适应上海

---

① 《交通大整治以来全市道路交通类110报警数逐月下降 事故数比去年同期下降四成近9成 市民表示满意》,http://www.police.sh.cn/shga/wzXxfbGj/detail?pa=110ef360e4374a4122578d932a48e585956aeb2e73df697ab9c5eab80df17995,最后访问日期:2017年4月5日。
② 宗和、王勇:《上海违法司机怒呛交管辅警"你有权看证吗":这样的反问有没有道理?》,http://www.jfdaily.com.cn/news/detail?id=43919,最后访问日期:2017年4月6日。

交通大整治严管氛围的驾驶员中并不鲜见。交管辅警遇到此种情况也较为普遍。

《道路交通安全违法行为处理程序规定》第九条规定,"交通警察调查违法行为时,应当查验机动车驾驶证、行驶证、机动车号牌、检验合格标志、保险标志等牌证以及机动车和驾驶人违法信息。"根据规定,在路面进行调查违法行为的主体是交通警察,并没有赋予交管辅警相关权力。交管辅警作为警务辅助人员虽然不具备执法主体资格,不能直接参与公安执法工作,但是根据《关于规范公安机关警务辅助人员管理工作的意见》第四条的规定,交管辅警可以在公安民警的指挥和监督下开展辅助性工作。这便开放了交管辅警的执法权限。这有可能引起以下两方面的问题:一方面,由于交通警察的数量有限,无法全面覆盖城区执法,所有会出现外环外的少数路口仅存在交管辅警进行交通执法的风险,这种情况容易引起越权的嫌疑;另一方面,相关法规规定对"辅助性工作"并没有展开做明确的阐述,而在实践中交通警察大部分的执法内容由交管辅警来完成,在交通警察和交管辅警同时执法时往往会导致职能和权责分工的模糊。

(二)硬件的缺失与违章的尴尬

虽然如火如荼的交通大整治能够在短期内消除城市的交通陋习,但是如果忽视对交通硬件的完善,很可能会出现交通陋习死灰复燃的后果,甚至会形成由于硬件的缺失而"刚需违章"的局面。例如,在停车位本来就少的老旧小区,交通部门并没有人性化的考虑,甚至划掉原有的停车位。面对交通警察的罚单,小区业主有车无位只能被动违章。

和停车一样棘手的,还有非机动车的骑行问题。非机动车必须走非机动车道是其应当遵守的规则,但是当非机动车道被设置成停车带时,马路上的非机动车将会落入尴尬的境地。一方面,交通大整治严抓非机动车违规在机动车道上行驶,另一方面,非机动车道上停满了机动车,非机动车被迫驶入机动车道。这样的现象不在少数。在南京西路与陕西北路区域内存在着一个奇怪的现象——非机动车不时穿行在人行道或者机动车道上。这种现象产生的原因是仅有陕西北路北侧设置了单向非机动车道,供往北的非机动车行驶,而东西向的南京西路以及南北向的陕西北路以南,都没有设置非机动车车道。非机动车路经此区域骑着骑着就没路了。类似的境况在上海其他道路也有存在①。在长海医院门口也可以看到类似的情形，非机动车车道被机动车完全"占领"，而500米外的长海路中原路口就设有一个专抓非机动车的交警检查点。

（三）民众关注与信息公开的矛盾

开展交通大整治以来，宣传领域成了交通大整治的第二战场，综合各种传播载体，持续聚焦大整治，全方位、多层次开展新闻报道。但是从宣传的内容看，绝大部分被正面的信息占据，而关于此次交通大整治的不足与瑕疵却很少涉及。特别是民众关心的敏感问题，有关部门选择回避，最终也不了了之。例如，2016年3月25日至4月17日，开出的罚款总数达1.25亿余元②。短短一月不到就有上亿的罚款自然成为民众关注的对象。有关部门面对民众的关注并没有及时回应。虽然只是一串数字，但也可能成为民众与政府之间的隔阂，更何况如今网络通信的高度发达，这种隔阂往往能够演变成具有危害性的谣言。

（四）有限整治与长效恪守的不衔接

2016年3月上海启动了全市道路交通违法大整治行动，重点整顿的对象包括机动车违规变道行驶、违规占道行驶、违规停车、违规鸣笛等在内的10类最为突出的违法行为，仅两天全市共处罚10类交通违法行为近4万起。这次行动，力度之大、范围之广、举措之新，前所罕见③。

要让交通大整治发挥长效，必须持久地进行下去，当然要啃的"硬骨头"还有不少。让人记忆犹新的是"5·23上海中环高架交通事故"，在交通大整治的严查时期，超载货车违规驶入中环高架，造成了高架位移的特别重大后果。"5·23上海中环高架交通事故"映射出在高压执法的环境下，依然存在

---

① 潘高峰：《上海交通大整治三个月来症结犹在，如何再啃管理"硬骨头"？》，http://shanghai.xinmin.cn/xmsq/2016/06/29/30187940.html，最后访问日期：2017年4月6日。
② 《上海"重拳"整治交通违法24天罚款1.25亿》，http://www.chinanews.com/sh/2016/04-18/7838889.shtml，最后访问日期：2017年4月6日。
③ 陈祖灏：《申城交通大整治，是短期还是常态？》，http://pinglun.eastday.com/p/20160330/u1ai9275779.html，最后访问日期：2017年4月6日。

侥幸违法的行为,这表明高压执法只是清除了表面的污垢,而无法根治病入膏肓的顽疾。此次交通大整治也不免被打上"运动式"执法的标签,这不禁让人陷入沉思:运动式的交通大整治在短期内能够对交通违法立竿见影,但是这股热潮之后,交通陋习是否会卷土重来?

从长期来讲,如何让交通法律法规深入人心,让每一个交通的参与者都熟悉交通法律法规,这才是交通大整治之后更应该做的①。

四 交通大整治完善路径思考

上海交通大整治自2016年3月24日启动以来,硕果累累,成绩有目共睹。但是,在令人自豪和欣慰的成效背后,依然可以发现诸多短板和不足。本文将从硬件、软件、理念三个方面对上海交通大整治的完善措施提出以下几点拙见。

第一,硬件方面最需要解决的是停车难的问题。交通大整治期间出现过这样有趣的现象:小区停车位有限,特别是老旧小区的停车位更是供不应求,车停在路上又要被处罚,这种矛盾直接导致"刚需违法"。"违法"与"刚需"格格不入,联系到一起虽然荒谬,但也表明执法背后的资源需求困境随着交通大整治的深入推进而浮出水面。针对这种困局,上海不少地区试行过错时停车的方法,其中的代表是豫园街道②。这种资源互换的方法在试行地区虽然解决了部分停车难问题,但因管理成本高,还涉及车损等其他法律问题,往往实行了一段时间后没有了下文。

对空车位供需对接固然是解决停车难的一种方法,但是这种不增加停车位的措施无法从根本上解决停车难。笔者以为,要想从根本上解决停车难问题可以利用大数据进行分析,在对停车位需求比较大的区域找到合理的规划点,建立占地小、利用率高的立体停车场。比如,在几个停车位较少的老旧小区交汇的地方修建立体停车场,以满足最多用户的需求。应该回到问题出现的前端通

---

① 《3个月整治成效明显,下一步还有"硬骨头"要啃——"刚需性"交通违法如何根治?》,《新民晚报》2016年6月29日,第A01版。
② 简工博:《公安交警部门和部分街镇盘整资源,探索"违停"整治长效机制 各方为"没地方停车"想办法》,《解放日报》2016年6月21日,第01版。

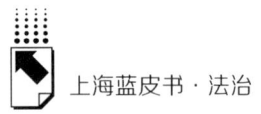

过城市规划设计综合考虑。

第二,上海市在启动交通大整治之后,便开始推动对《上海市道路交通管理条例》的修订工作。2016年4月到7月《上海市道路交通管理条例》修订草案先后开展了20余次内部读稿,多次以座谈会、书面征求意见等形式,征求了市政府22家单位的意见和建议;召开了重点道路运输企业、交通管理对象座谈会,以调查问卷的形式,听取了道路交通参与人的意见和建议;邀请市政府法制办、市人大常委会法工委提前介入,开展了多次联合读稿。7月底,修订草案经过了市人大的第一次审议,9月中旬进行了二审①。2016年12月29日上海市第十四届人民代表大会常务委员会第三十四次会议通过修订,新《上海市道路交通管理条例》自2017年3月25日起施行。虽然新《上海市道路交通管理条例》在内容上,补充完善了"源头治理""社会参与""征信手段""科技应用"等条款内容,进一步体现有特色、可操作的要求,也体现了立法前瞻性②。但是笔者在上文提出的交通警察和交管辅警之间职能和权责分工不明确的问题在新《上海市道路交通管理条例》中没有得到满意的回答。

相比旧《条例》,新的《上海市道路交通管理条例》增加了针对交官辅警的执法规定。新《条例》第七十一条规定:"警务辅助人员在公安民警的指导和监督下,协助开展疏导交通、劝阻、纠正交通安全违法行为、采集交通违法信息、开展交通安全宣传教育等工作;所取得的证据,经调查核实后可以作为公安机关作出行政处罚的依据。公安机关应当加强对警务辅助人员的管理、培训、考核。考核不合格的,不得上岗。警务辅助人员履行职责时,应当统一着装、携带证件、佩戴统一的标识。"笔者以为,新《条例》关于交管辅警的规定并没有很好的界定交通警察与交管辅警的责权范围。

笔者建议,对交管辅警的职权应进行进一步细化,例如在规定"协助开展疏导交通、劝阻、纠正交通安全违法行为"的同时,规定只能由交通警察进行执法而交管辅警不能触碰的执法"禁区",以明确交管辅警与交通警察在责权范围上的差异,杜绝交管辅警与交通警察职权交叉而造成的辅警"越权"

---

① 张昱欣:《〈上海市道路交通管理条例〉将修订》,《新闻晨报》2016年4月19日,第A05版。

② 俞立严:《上海交通违法整治24天罚款1.25亿,将修订道路交管条例》,http://www.thepaper.cn/newsDetail_forward_1457772,最后访问日期:2017年4月6日。

"滥权"等违法行为。公众对交管辅警责权的质疑，是市民法治意识的进步，也对政府部门执法提出了更高的要求——一些所谓的"模糊地带"必须进一步明确。

第三，交通大整治不光是民生工程，更是政府法治观念的体现。法治观念并不依赖一次整治活动让人铭记于心，更重要的是通过常态长效机制让法治观念深入人心。针对城市交通违法大整治，上海和国内其他城市一样，执法部门都做到了雷厉风行。慑于风头大整治威力，一些乱象有所减少，但是标本兼治力度不够，往往是头痛医头脚痛医脚，使交通违法"顽症"难以根除[1]。事实说明，在多元化的社会，城市交通管理不能陷于突击性、阶段性管理，必须实行常态化、长效化管理，这是城市文明、城市形象之需。笔者认为，如何推动常态长效，教育是根本。着眼于下一代，以青少年为目标，加大守法、遵法、敬法的法治教育。此外，加快完善个人征信系统的建设，推动违法违章行为与个人征信相挂钩对于从长远遏制陋习、树立法治观念至关重要。

---

[1] 陈祖灏：《申城交通大整治，是短期还是常态?》，http://views.ce.cn/view/ent/201603/30/t20160330_9954388.shtml，最后访问日期：2017年4月6日。

B.14 上海律师行业发展及管理情况分析

郭 晶**

摘 要： 2016年是国家深化律师制度改革的重要之年，党和国家为律师行业发展出台、修订了一系列政策、法规，为律师执业提供了制度保障。2016年，上海律师行业的发展持续推进，执业律师总人数首破2万大关，律师事务所数量逼近1500家，律师协会工作全面铺开、面面俱到，专业化、规范化、规模化、国际化建设成效显著，但仍然面临律师执业环境需进一步改善，律师专业化素养参差不齐，本地所创收能力不如外地所上海分所，律协管理未突破地域屏障限制等问题和挑战。上海律师协会应携手上海全体律师及相关部门，致力于提升律师队伍政治素养、专业技能、职业操守；致力于完善律师执业环境、保障律师异地执业权益；致力于助力上海律师行业为"四个中心"建设群策群力、添砖加瓦，为自贸区建设、"一带一路"战略建言献策、保驾护航。

关键词： 律师 律师事务所 律协管理 律师执业 上海

引 言

律师是社会主义法治工作队伍的重要组成部分，是法治中国建设的重要参

---

* 本文系在上海市律师协会第十届理事会提供的稿件和数据基础上整理加工而成，上海市律协给予了大力帮助。
** 郭晶，上海社会科学院法学研究所副研究员。

与者和推动者。党的十八大以来，我国律师事业不断发展，律师工作取得显著成绩，为服务经济社会发展、保障人民群众合法权益、维护社会公平正义、推进社会主义民主法治建设发挥了重要作用。

继 2015 年最高人民法院、最高人民检察院、公安部、国家安全部、司法部联合印发《关于依法保障律师执业权利的规定》后，2016 年党和国家在律师制度改革方面出台了一系列重要政策和法规，为加强律师制度顶层设计，推动律师执业权利保障，强化律师执业行为规范，加强律师队伍和律师协会建设扫清障碍、提供助力。2016 年 6 月，中办、国办印发《关于深化律师制度改革的意见》以及《关于推行法律顾问制度和公职律师公司律师制度的意见》，对深化律师制度改革做出全面部署。2016 年 9 月，司法部修订了《律师执业管理办法》和《律师事务所管理办法》，并于 2016 年 11 月 1 日开始实施。2016 年 12 月，司法部出台了《关于进一步加强律师协会建设的意见》进一步加强律师协会建设，充分发挥律协职能作用。因此，2016 年是国家深化律师制度改革的重要之年。

上海律师业自 1979 年恢复律师制度，已历 38 载春秋，取得了较大发展。下文将总结分析上海律师行业的发展现状，上海律师作为法治建设重要参与者和推动者的作用，以及上海律师行业存在的问题和挑战。

一 上海律师行业发展现状

（一）上海执业律师总数突破两万大关，量质齐升

近年来，上海律师业迎来了持续健康发展。至 2016 年底，上海律师人数首度突破 2 万，同比增长 9.1%；专职律师 18550 名，占律师总数的 92.61%；兼职律师 670 名，占律师总数的 3.34%；公职律师 818 名，占律师总数的 4.08%；公司律师 281 名，占律师总数的 1.4%。

1. 上海律师人数在全国处领先水平

截止到 2017 年 1 月初，我国执业律师人数已经突破 30 万[①]。上海执业律

---

① 《我国执业律师人数已突破 30 万》，http：//news.xinhuanet.com/legal/2017 - 01/09/c_1120275319.htm，最后访问日期：2017 年 3 月 21 日。

师人数有20030,占全国律师人数的6.7%。上海2015年末总人口为2415万[1],每万人的律师拥有量是8.29人。而全国人均律师占有量偏低,每万人的律师拥有量是2.17人,美国是37人,英国是15.4人,德国是8人[2]。上海达到了德国水平,远超全国人均水平,在全国范围来说处于领先地位。

比较沪京深三地2016年的执业律师总人数,北京比上海约多1/3,上海约是深圳的2倍。三地执业律师总人数增长速度基本相当,且保持稳步上升趋势。上海2014~2016年的执业律师总人数年均增长速度为8.9%(见表1,图1)。

表1　2011~2016年全国、上海、北京、深圳执业律师人数

单位:人

年 份	全国执业律师总数	上海执业律师总数	北京律执业师总数	深圳执业律师总数
2011	214968	13761	22100	6794
2012	232384	14887	22796	7253
2013	248623	16692	23761	7828
2014	271452	16900	24467	8561
2015	297175	18360	25542	9353
2016	300000	20030	26953	10011

资料来源:全国数据来源于国家统计局官网,上海市数据由上海律师协会提供,北京市数据来源于北京市司法局网站,深圳市2012~2015年数据来源于深圳市司法局网站,2016年数据来源于《深圳特区报》2016年11月25日的报道。

2. 专职律师是上海律师的主力军

数据显示,上海兼职律师的数量近年来并没有明显增加,增加的律师主要是专职律师。2016年专职律师占到了全体律师总数的92.61%,是执业律师中当之无愧的主力军(见图2)。

---

[1] 中华人民共和国国家统计局,http://data.stats.gov.cn/search.htm?s=上海人口,最后访问日期:2017年3月21日。
[2] 吕新:《上海律师已突破2万人中国法律服务国际化迎来新契机》,《上海律师》2016年第12期。

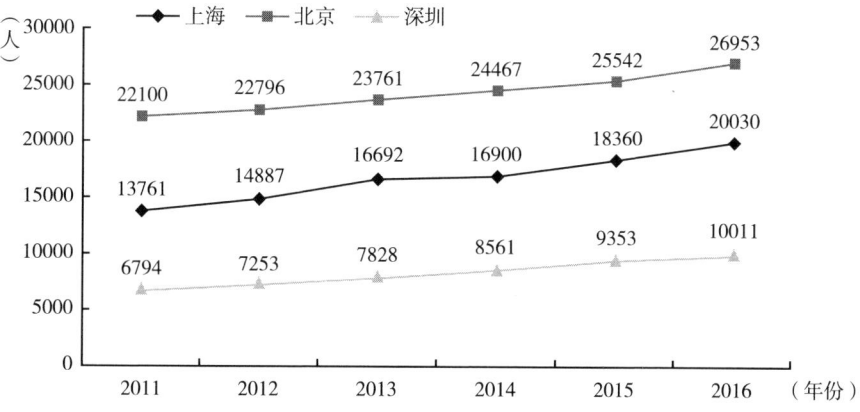

图1 2011~2016年上海、北京、深圳执业律师总人数走势

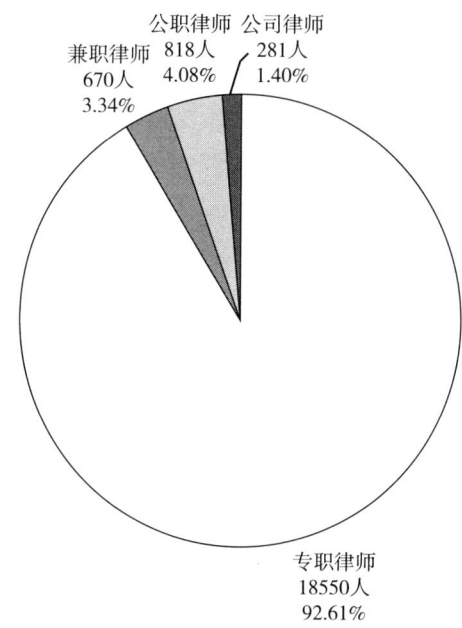

图2 2016年上海执业律师类型结构构成比例

资料来源：上海律师协会提供，辅助查询上海市司法局网站。

3. "两公"律师上海多于北京

截至2016年底,上海"两公"(公职、公司)律师有1099人,其中公职律师818人,公司律师281人。而北京有公司律师286人,公职律师99人[①]。上海公职律师明显多于北京,表明上海积极开展公职律师队伍建设,认真贯彻执行中办、国办印发的《关于推行法律顾问制度和公职律师公司律师制度的意见》。

(二)律师事务所发展迅猛,创收显著增长

1. 上海律师事务所数量近1500家,呈稳步增长态势

全国律师事务所保持着年均7.0%的增速,现已有2.5万多家。具体到上海,律师事务所数量从2010年的1064家发展到2016年的1463家,年均增速5.5%,低于全国水平。这与上海律师行业发展在先,已经过律师事务所"井喷式增长"的年代,现逐步向专业化、精细化、规模化的方向发展有关(见表2,图3)。

表2 2010~2016年全国、上海、北京、深圳执业律师事务所年度数据

单位:家

年 份	全国律师事务所	上海律师事务所	北京律师事务所	深圳律师事务所
2010	17230	1064	1486	—
2011	18235	1116	1609	—
2012	19361	1161	1672	413
2013	20609	1222	1782	456
2014	22166	1321	1924	514
2015	24425	1409	2100	598
2016	—	1463	2249	—

资料来源:全国数据来源于国家统计局官网、上海市数据由上海律师协会提供、北京市数据来源于北京市司法局网站,深圳市2012~2015年数据来源于深圳市司法局网站。

---

① 北京市司法局网站,http://www.bjsf.gov.cn/publish/portal0/tab83/info117715.htm,最后访问日期:2017年3月22日。

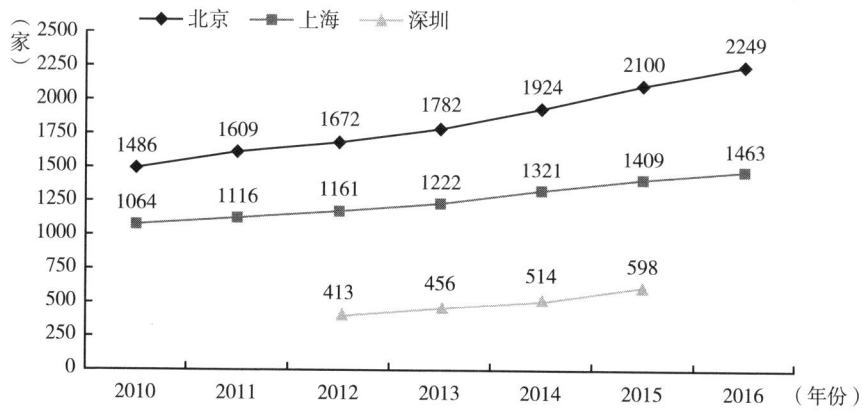

图3　2010~2016年上海、北京、深圳律师事务所数量走势

资料来源：上海市数据由上海律师协会提供、北京市数据来源于北京市司法局网站，深圳市2012~2015年数据来源于深圳市司法局网站。

2. 律师事务所向规模化发展

上海市50人以上律所共有49家，其中500人以上1家，300~499人所2家，200~299人所3家，100~199人所12家，50~99人所31家①。换言之，上海市规模前50名的律师事务拥有上海地区约30%的律师。大律师事务所数量逐年增长，标志着上海律师事务所向规模化发展。

3. 上海全行业业务收入超170亿，占GDP总额比例攀升

上海律师行业2016年全行业业务收入172.34亿元，同比增长22%，占全市GDP总额的0.63%，同比增长0.08%。上海律师行业2015年业务收入增速是上海GDP增长值的三倍多，人均业务收入多年位居全国第一。上海律师行业在全市17个重点行业行风测评中始终位居前列②。自2010年至2016年，全行业业务创收的数额分别为：58亿、71亿、75亿、89亿、111亿、135亿、172亿③（见图4）。

---

① 保函优选：《北上广深，最大的律师事务所是?》，智合法律新媒体公众号，2017年3月14日。
② 刘栋、陈佩珍：《上海将建律师执业权利救济机制》，《文汇报》2016年4月21日。
③ 俞卫锋：《服务为本发展为先继往开来创新求进持续推进行业发展与提升——上海市律师协会第十届理事会2016年度工作报告》，2017年3月18日。

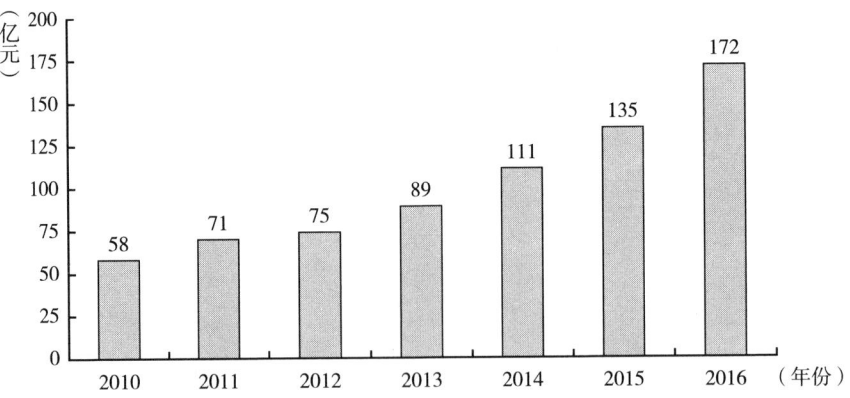

图4 2010～2016年上海律师行业年度业务创收数额

资料来源：上海律师协会提供，辅助查询上海市地方志网站。

（三）律协工作面面俱到，"四化"建设卓有成效

1. 信息化建设

律协高度重视律师行业信息化工作，将信息化作为推动律师行业长远发展的重要生产力，特别是在如何进一步运用新兴技术管理行业，服务会员，为社会提供优质的法律服务这一核心工作任务方面，纳入重点思考和亟须推动解决的问题之中。通过研究论证，律协制定了新一轮的行业信息化发展总体战略——"数据律协"，旨在建立统一规划，发掘信息技术对行业发展的巨大推动力，将最新的信息化技术深入应用于行业管理、会员服务的各项具体工作中；全面收集行业、行业会员乃至行业间的有效数据组成行业大数据，并通过数据技术将其反馈应用于工作。形成一个良性循环的行业数据生态体系，切实提升行业管理的各方面水平，为律师行业的发展提供一个新的引擎。

（1）整合律协管理系统，建立统一高效的服务平台。为了推动"数据律协"发展战略，专门成立了行业信息化工作小组，为"数据律协"发展战略的实施和实现提供了有力的组织保障，着力从统一服务平台、打造行业信用信息平台、开发上海律协APP、推进"律师一卡通"推动"数据律协"工程。2016年律协将目前已经建好的25个系统重新融合、升级，打造成一个统一的律师行业内部管理平台。同时，重新梳理，整合所有行业数据，建立标准统一

的行业数据中心,为"数据律协"发展战略奠定了坚实基础。

(2) 开发上海律协 APP,实现全行业互联互通。为推动行业信息化建设质的飞跃,首次由律协开发 APP,通过移动互联技术,将全市 2 万多名律师,通过移动终端进行连接。律协 APP 的功能涵盖以下方面。①行业管理:培训、报名、签到、查成绩、在线学习。②辅助类工具:律师法律服务类、常用工具。③公共法律服务:法律服务签到等。律协 APP 的开发和使用,一是可以提升行业服务律师会员的质量;二是打造一个高速、有效、可控的行业交流平台;三是统一行业公共、公益法律服务入口,提升法律服务水平。特别是第三类应用,我们将打造一个律师公共、公益法律服务的统一平台。目前,上海市律师承担了大量的社会公益或公共法律服务,服务领域包括政府、社区、企业、军队等各个领域。但长期以来,由于涉及面广,服务分散,多头管理,经费短缺等客观问题,对于此工作缺乏有效的手段进行信息收集和科学管理,不利于律协掌握这些信息,阻碍了律师行业社会责任的进一步发挥。因此,通过移动终端,不仅可以大大提高服务管理、调度效率,还能极大地降低管理成本,同时还能对具体服务实行精准化管理,尤其是对上海市律师行业参与公共法律服务、公益法律服务等履行社会责任的活动进行详细的记录,可以提供准确的数据分析决策。律协 APP 的开发和使用,将使律协服务会员的效率及律师自身执业的效率极大提升,对整合行业资源,实现信息化发展影响深远。

(3) 推进"律师一卡通"覆盖面,争取法律职业共同体全覆盖。在"律师一卡通"已有建设成果的基础上,继续扩大"律师一卡通"的覆盖面。通过与上海市检察院、上海市公安局监管总队等进行沟通协作,积极推进律师一卡通系统与上海检察、公安系统等业务系统的互联互通工作,实现以律师身份信息为基础,建立组织间数据交换通道、业务连接通道。除推动法律职业共同体内部的覆盖外,还向条件成熟的其他与律师执业相关的机构拓展,包括仲裁机构(劳动仲裁)、工商行政、知识产权、房地产登记等部门,进一步扩大"律师一卡通"覆盖面。"律师一卡通"的覆盖面不断扩大,便利了律师执业。

(4) 筹备律所管理软件,提升规范化管理水平。律师事务所管理水平的高低,直接决定了上海市法律服务行业的发展水平,特别是中、小型律师事务所的内部管理一直是行业发展中的薄弱环节。上海律协曾通过编写及发放律师事务所管理手册的方式促进中、小律所事务所的管理,但依然缺乏有效的监督机制和管理抓手。另外,相较其他服务行业,我国律师行业普遍面临管理信息化应用能力差的问题,单个律师事务所往往很难承担高额的信息化研发成本。为此,需要整合全行业的力量,集中资源进行法律服务行业律所管理信息化建设,以期在面上推动全市律师事务所管理能力的提升。市律协通过对中、小律师事务所管理需求的调研,通过行业制定标准,社会公开招标双管齐下的办法,开发、提供律师事务所的管理软件,建立一个符合本市律师行业发展的信息化应用体系,利用信息化手段推动律师事务所管理的规范化、标准化。

2. 规范化建设

根据《关于进一步加强律师协会建设的意见》[①],律协应加强纪律建设,推进诚信执业,促进行业信用体系建设,促进信息透明对称,推动市场良性竞争,推进律师行业规范、健康有序发展。自2016年开始,上海律协搭建"上海律师行业信用信息平台",通过平台整合所有律师的相关信息,包括司法行政的律师执业审批、表彰处罚信息、律师行业协会的会员管理、业务、行业奖惩等信息等。平台还通过律师、律所自主申报的方式收集可以反映律师执业能力水平的其他信息,包括基本信息、执业信息、奖惩信息、业务信息、社会影响力等五个方面的。通过这一平台的建设,为运用大数据技术促进行业健康、规范、可持续发展探索了一种新的途径。

(1) 规范流程,提升纪律惩戒工作效率。2016年共对34名律师出具处分决定书,其中涉及违规收费类5件、违规收案3件、未尽职代理类1件、违规会见类25件。其中对24名律师予以训诫的纪律处分,10名律师予以通报批评的纪律处分。

(2) 严格把关,完善实习人员及执业律师考核工作。建立考核系统平台,提高考核效率。2016年参加考核的律师有17478人(其中:称职17383人、基本称职15人,不称职0人,未评定考核结果80人);未参加考核913人(其中已注销204人,提交了考核登记表明确表示不参加考核438人,未提交考核登记表271人)。修订预备会员规则,完善实习人员管理考核制度,举行实习

[①] 《关于进一步加强律师协会建设的意见》第五条:加强纪律建设。健全完善投诉受理、调查、听证处理、复查申诉等工作程序,加强行政处罚与行业惩戒的工作衔接。健全完善律师不良执业信息记录披露和查询制度,建立健全符合律师行业特点的惩治和预防腐败体系。完善律师实习制度,健全完善律师执业活动的考核制度。

人员面试考官聘任仪式,严控律师的准入门槛。2016年共受理实习人员申请2631人,组织实习人员面试47期,其中面试考核合格1746人,不合格85人。

(3)健全制度,确保复查工作有规可依。上海律协在具体开展复查工作时,经常发现规定与实际情况脱节,导致无法高效、有序地开展工作情况,于是提出制订《上海市律师协会复查委员会工作规则(试行)》。在充分考虑操作性的基础上,制定了该工作规则,现工作规则经第十届律师协会理事会第四次会议通过后生效并施行,该规定同时也是完善现阶段复查委工作、提高复查委工作质量的重要抓手。2016年复查委共受理实习人员面试复核申请52件,纪律惩戒复查申请6件。

3.专业化建设

律协重视业务研究及培训的引领作用,从行业角度出发,致力推动和指导上海律师整体业务水平的提高与发展。一方面充分发挥出业务研究委员会的作用,在活动数量和研究成果转化上都达到了历史的新高度;注重律师培训的务实性、针对性、系统性,形成了一套具有上海律协特色的业务培训体系。另一方面注重搭建平台,加强跨地域、跨行业的业务交流合作,通过大型论坛、公益活动等形式,拓展律师业务领域,提升律师行业的社会影响力。

(1)业务研究活动数量多,内容丰富,研究成果转化质量高。2016年,34家业务研究委员会共举办各类活动524次,其中内部交流座谈147次、公开研讨讲座264次、与外单位业务交流座谈113次。研究成果方面,完成法律法规征求意见33次、相关研究成果6部、编写行业法讯279期、业务综述44期,专题约稿76次,出版书籍4本,累计积分达到10272分。各业务研究委员会充分激发出主任、副主任、委员、干事、秘书等职务在业务研究委员会中的作用,发挥出业务研究委员会在引领行业整理业务发展中的作用,无论是在活动数量上还是在研究成果转化上都达到了历史新高度。在研究内容上,能够紧扣政策动向,追踪行业热点。比如,举办"营改增——律师应该关注什么"讲座、"施工企业营改增相关法律问题"研讨会、"南海仲裁法律问题"研讨会以及"一带一路·行走的非遗"国际论坛等,帮助律师间互通有无,提供互相学习借鉴的机会。

(2)举办大型论坛及专业研讨会,提升跨行业、跨区域影响力。2016年的大型论坛及专业研讨会数量大幅提升,从横向上向全国层面看齐,上海律协开始与全国律协、北京律协合作搭建平台；从纵向上向专业领域延伸，研讨主题从"律师社会责任、城市治理"到"反垄断、金融创新"。2016年，市律协举办或协办的大型论坛多达12个。比如，与北京、广州及深圳律协联合举办2016北上广深竞争与反垄断实务论坛，围绕"反垄断"和"反不正当竞争"两大主题进行交流讨论；与全国律协劳动与社会保障法专业委员会、江苏律协劳动与社会保障业务委员会及浙江律协劳动与社会保障专业委员会在上海交通大学联合主办首届长三角劳动法律师论坛；举办"法律服务+"论坛，聚焦"法律服务+航空服务""法律服务+社区治理""法律服务+商业创新""法律服务+互联网生活服务"四个热点主题；与上海市司法局、黄浦区人民政府、上海仲裁委员会、全国律协建房委共同举办第六届外滩金融法律论坛；与上海国际经济贸易仲裁委员会和复旦大学高级律师学院联合主办第八届陆家嘴论坛，围绕"法律服务国际化"等问题进行探讨。

（3）加强外部合作，建立有效业务交流合作机制。自2016年3月起，市律协与市司法局每月合作举办"O2O法治沙龙"，包括"3·15国际消费者权益日"、"法律人心中的那片海：诗和远方O2O法治沙龙"、"模拟法庭O2O法治沙龙"、"关注质量、安全你我O2O法治沙龙"等主题活动；继续举办2016年"Moot Shanghai"第六届国际商事模拟仲裁庭上海赛，共10家合作律师事务所以及130名律师和仲裁员作为评委加入比赛，有来自11个不同法域国家的135名学生组成26支比赛队伍；继续配合《上海科技报》每周两期的"柯律师"栏目编辑工作，多次参加编辑工作会议，组织律师对每期进行投稿；与上海政法学院保持全面合作，共同主办"一带一路战略下金融创新与安全法律论坛"；与东方公证处在实务探讨方面开展合作，就"公证在互联网及企业数据保护方面的相关应用"进行主题研讨；加强与上海金融业联合会、上海证券交易所、上海证监局、上海银监局的交流合作，围绕行业监管、专业培训、参与管理等方面进行研讨。

（4）编写自主培训教材，建立系统培训体系。2016年律师学院联合相关业务研究委员会启动了《律师实务进阶教程》的编撰工作，并于当年共同完成了教程首本教材《公司诉讼律师实务》的出版。开设实训系列课程，包括刑事辩护、私募基金、银行律师业务、国际仲裁、公司诉讼以及民事诉讼等6个专题的实训课程，同时在课程上配发了相关教材。加强律师云学院建设，扩充律师云学院课程数量,增加了89门课程,221个课件。将线下课程搬到"云"上,将精品课程保留下来,供律师学习。同时,与复旦大学法学院、上海交通大学凯原法学院以及华东政法大学等知名院校开展合作,积极共建各类论坛和培训班。

2016年,举办各类培训总计52期,其中6期申请律师执业人员集中培训班,培训人数2065人;2期青年律师拓展班,培训人数140人,计培训560人次(1人次=1人参加1次4学时培训);2期远郊律师集中培训班,培训人数300人,计培训1200人次;1期律师事务所主任及管理合伙人培训班,培训人数120人,计培训240人次;18期专题培训班,培训人数3790人,计培训7980人次;6期专题系列培训共12场,培训人数780人,计培训1560人次;8期实训课程,培训人数1880人,计培训9880人次;2期论坛,培训人数450人,计培训1200人次;7期大型讲座,培训人数4000人,计4000人次。

(5)鼓励著书立说,加强学术研究。律协重视律师的著书立说工作,推动律师出版自己的学术作品。2016年落实了列入2015年度"上海律协文库"出版计划的《P2P网络借贷风险控制与法律监管》《论国际货物贸易所有权转移》《论律师事务所的管理》3本书的出版工作。现3本书均已由法律出版社出版。2016年度共收到符合要求的专著申报1本。经评审委评议,确定《土地增值税系统解析与要点研究》列入2016年度"上海律师文丛"的出版计划。

4. 国际化建设

上海律协重视结合对外交流的实效性,从上海律师的实际发展需求,从培养国际型律师高度着手,积极拓宽对外交流渠道,加强与境外律师组织的沟通与联系,着力培养高素质专业型涉外法律服务人才,树立上海律协良好的国际形象,增强上海律师在国际上的影响力和竞争力。

(1)积极参加国际会议,提升上海律师国际地位。2016年组织律师赴西班牙参加"世界主要城市律师会会长年会"、赴马来西亚参加"IPBA(环太平洋律师协会)年会";与市行政法制研究所、美国耶鲁大学法学院中国中心共同主办"中美政府法律顾问与公职律师制度研讨会",中美双方代表围绕政府法律顾问和公职律师制度的建设、实务操作及案例解析等,就"政府法律顾问与公职律师制度"展开讨论;与美国联邦最高法院大法官进行交流,围绕双方的司法制度差异开展讨论。这些活动进一步加强了上海律师与国际同行间

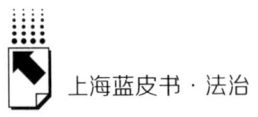

的交流，进一步提升上海律师的国际地位。

（2）扩大对外交流人员的范围，加强国际先进理念学习。2016年的出访团组在参团人员范围上也有了扩大，部分专门委员会的成员也有机会参与，使交流更有效率和成果。每个团组在出访完成后，都要求提交出访报告，进行对比研究，这样既吸取了行业内先进的律所经营与管理理念，了解律师行业多个专业领域最新的发展动向与观点，也认识到了上海律协及律师与国际同行相比存在的优势与不足。除了出访外，2016年的外事接待活动基本与2015年持平，共计接待12个代表团和代表，约75人次，包括来自美国、英国、捷克、吉尔吉斯斯坦、日本、马来西亚、法国等地区代表和代表团，以及中国香港和中国台北的代表和代表团。这些对外交流活动既可以拓宽上海律师的国际视野，也是在国际律师行业中宣传上海律师。

（3）加强跨境业务交流，培养涉外法律人才。加强与香港律师会的交流和合作，派青年律师参加"青年律师论坛"，鼓励青年律师参与这样高质量的会议，在更大的舞台上展示上海律师的能力和风采。此外，还邀请香港特区的律师来沪为实习律师授课，尝试建立新的人才培养方式。2016年还与多个境外法学院开展交流，尝试建立合作关系。

二 上海律师是法治建设的重要参与者和推动者

（一）律师执业权利保障，执业环境改善

1. 法律职业共同体建设

良好的律师执业环境是律师执业权利保障的基础。上海律协通过问卷调查、专题座谈、业务研讨等形式，及时收集并掌握律师执业中遇到的困难，通过各种交流平台，充分交流有关问题，推动解决律师执业难的问题。法、检、公等单位都高度重视市律协提出的意见，各级法院与市律协交流频繁，并制定许多有效措施改善、解决律师执业中遇到的问题。

2016年，市律协通过与法院共同开展模拟法庭、举办法律沙龙等活动，围绕司法热点、难点和前沿性问题开展深入研讨，凝聚共识，推动建立彼此尊重、平等相待，相互支持、相互监督，正当交往、良性互动的新型关系。此

外，市律协与市高院多次召开座谈会，着力推动解决律师在执业过重中遇到的执行难、开庭排期冲突、法律适用不统一等问题。市高院针对市律协提出的意见推出了一系列措施，解决了有关问题，改善了律师执业环境。

2. 建立长效交流合作机制

市律协与各级法院、检察院建立了例会制度、定期座谈制度，确保交流合作制度化，为进一步尊重律师依法履职、进一步在职业共同体建设中深化行业间良性互动、进一步加强资源共享、文化合作开拓出新的合作思路和空间。

市律协与市一中院召开了 2016 上半年度例行工作会议，就多元化纠纷解决机制、庭前会议制度、刑事速裁制度、电子送达、法院调查令、涉法涉诉矛盾化解等普遍关心的问题展开交流探讨；与市三中院举办法律志愿服务合作协议签约仪式暨座谈会；与上铁法院业务交流座谈，围绕律师参与信访矛盾化解工作机制、律师参与多元化纠纷解决机制等工作展开探讨；与徐汇法院合作设置"青年律师志愿服务岗"，在徐汇法院执行事务服务中心合作设置"青年律师志愿服务岗"。

市律协还与市检察院开展民检工作交流，围绕民事、行政领域法律监督的职能和具体流程、公益诉讼制度、申诉、抗诉与行政非诉讼的具体法律问题等展开深入探讨，并对两家单位通过平台建设，继续加强合作，进一步发挥律师在民事、行政检察工作中的作用等具体内容进行了交流；与市检察院二分院、三分院举行工作交例会，围绕双方开展合作、加强专业队伍建设、保障律师权益等具体内容进行交流，并对涉及知识产权、海事海商、行政纠纷等领域在审判实务中的热点难点问题、对检察机关民行监督工作的进一步完善、对今后知识产权、海事海商、行政案件发展趋势的预判等方面的内容展开探讨。

3. 进一步便利律师执业

2017 年 2 月 6 日，市高院诉讼服务中心正式投入运行，与之前开通的 12368 诉讼服务平台、律师服务平台共同构成了本市法院的三大服务平台，极大地便利了律师执业。此外，市律协与市二中院签署了《信息技术合作协议》，主要在三个项目上开展业务合作：①合作开发律师二维码通关系统。除使用会员卡之外，本市律师可以通过"上海律师"APP 生成的身份二维码，扫描进入市二中院。②合作共享C2L律师检索系统。本市律师可以通过"上海律师"APP共享以上海法院C2J办案辅助系统为基础的C2L律师检索系统，向律师提供"法律司法解释""法规规章""审判案例"三个数据库的检索功能。③合作开发律师持令送达系统。

（二）律师参与社会治理，参政议政

上海律协重视发挥律师参政议政的重要作用，推动律师积极建言献策，发挥其在经济、社会、法治建设中的积极作用，从各个层面搭建律师参政议政平台，为律师发挥服务法治政府、法治社会的作用提供各类便利条件。

1. 推动律师登上参政议政平台

2016年恰值本市各区人大、政协的换届年，为了推动更多律师成为人大代表、政协委员，为促进经济建设、社会发展建言献策，市律协专门赴16个区司法局进行专题调研。本次调研充分收集了近年来律师人大代表、政协委员在参政议政工作方面的突出事迹以及各区在推动律师参政议政工作方面的有益做法，对全市律师参政议政的基本情况进行了一次大摸底，同时，通过调研活动搭建平台，使各区的有益经验得到了交流，推动了各区律师的参政议政工作。在本次区人大、政协换届选举中，各区当选的律师代表和委员人数普遍有所增加，全市各区律师人大代表、政协委员、党代表（不含市一级）达到197人，其中人大代表62人，比上一届增加28人，增幅达82%；政协委员117人，比上一届增加21人，增幅达22%；区一级律师人代表、政协委员合计增加49人，增幅达38%。这次调研活动为推动律师登上参政议政舞台起到了积极作用。

2. 组织律师参与社会治理

随着2017年上海市人大、政协会议的召开，上海律师中的人大代表、政协委员纷纷建言献策。经统计，共有132名律师人大代表、政协委员及党代表（区116人、市16人），递交了391份（区298份、市93份）提案、议案及社情民意。从历年律师参政议政的工作看，这次涉及的人数之多，提案、议案及社情民意的数量之多，都是前所未有的，这对促进法治政府、法治社会建设具有重要作用，充分发挥了律师的社会作用。市律协及时做好提案、议案的收集、整理、汇编工作，并在此基础上形成专题报告向有关部门提交，展现了律

师参政议政的风采。

3. 积极开展基层立法联系点工作

2016年,市律协参政议政委员成为市人大常委会基层立法联系点,这是律师参与立法制度化建设的又一里程碑,也是市人大常委会联系上海18000多名律师的重要接口。市律协完善了立法联系点工作机制,规范工作流程,加强工作保障,在此基础上制定了《市律协律师参政议政促进委员会参与基层立法联系点工作规则》,为开展联系点工作提供了依据和指导。此外,市律协多次选派律师参加市政府法制办组织的听证会、座谈会、咨询会等,给出高质量的专业意见。2016年,市律协共提交法律法规修改意见33件,条文共有900余条,涉及方方面面的法律法规修改。

(三)律师参与公益,履行社会责任

1. 加强公益法律服务中心建设,打造行业公益服务窗口

公益法律服务中心作为上海律协设立的下属机构,于2016年1月正式运行,全年每个工作日都有律师进驻,为来访的社会民众提供免费法律咨询。浦东新区、徐汇、长宁、普陀、虹口、杨浦、黄浦、静安、闵行、宝山、嘉定11个区的律师工作委员会每月轮流安排律师作为中心值班律师。全年共安排值班律师361人次,共接待咨询者3632人次。

2. 参与社会矛盾化解,推动社会治理

"十三五"规划给了律师广阔的发展天地,也赋予了律师更高使命和责任。律师不再只是扮演事后救火者的角色,更多可在政府决策的事前、事中介入,协助政府处理突发事件和疑难案件。律师参与重大矛盾化解及处置工作已有良好示例,如长征镇朝新村矛盾化解、石泉"8·26"闪爆事件和锦绣里、建民村、棉纺新村动迁矛盾化解等疑难复杂矛盾的化解工作[①]。

此外,市律协与本市各级法院、检察院、公安局加强沟通协调,签署了一系列合作协会,主要涉及由律师作为第三方参与各类矛盾纠纷化解进行合作,聘请律师担任特邀调解员,开展诉前调解;安排专业特长对口的律师事务所派

[①] 朱修峰:《创新工作方法推动行业发展引领普陀律师服务保障区域经济社会发展》,《上海律师》2016年第12期。

律师进驻法院，设立法律服务窗口，为当事人提供现场法律咨询服务；由律师专门代理申诉案件，凡是申诉案件的受理必须由律师先行出具法律意见，等等。

3. 参与公益活动，发挥律师专业优势

组织律师参加上海市"3·15 国际消费者权益日"系列活动，5 位律师积极参加，接待群众咨询，内容涉及房产交易、投资理财、网上购物欺诈等不同领域；积极支持消保委公益律师团换届，50 名本市律师受聘成为市消保委新一届公益律师。2016 年，公益律师共参与投诉处理、化解纠纷 30 余次，同时积极参与市消保委组织的各项消费调研、试验体察、分析评议、约谈劝谕，对群体性消费事件支持消费者集体诉讼的课题开展研究，协助参与集体诉讼，包括召集涉诉消费者、分析案件情况、准备诉讼材料、搜集相关证据等。

4. 支援西部法治建设，体现行业互助精神

积极参与"1+1"中国法律援助志愿者行动工作，完成律师志愿者招募工作，共有 3 名律师入选 2016 年的项目，参加志愿的律师得到了当地受援单位的高度评价。2016 年 7 月 15 日，在北京人民大会堂召开的"1+1"中国法律援助志愿者行动 2015 年总结表彰暨 2016 年派遣培训工作会议上，上海市律师协会荣获"'1+1'中国法律援助志愿者行动 2015 年度先进单位"称号；完成 2016 年度青海西藏无律师县志愿律师派遣工作，组织招募 6 名符合条件的律师参加本次志愿服务工作。

三 存在的问题和挑战

（一）律师专业化程度仍需提高，人均创收、单案收费低

小所仍占上海律所的大多数，并且仍停留在律所的 1.0 版本。所谓律所的 1.0 版本，是指不分专业的万金油代理，所有类型的案件都能代理，不强调团队合作，仍然采取"单枪匹马"简单的"搭伙"组织经营模式。律所的 2.0 版本，是指开始有专业分工，有合作意识，辩护代理有法律依据，摈弃了民众"吵架"式庭辩的律所。律所的 3.0 版本，则是专业进一步细分，律师有自己的团队，注重团队内和团队间的紧密合作，律师事务所组织完备，管理严格，

有长远、可持续的发展战略,业务面涉及诉讼、非诉多个领域,并且注重利用多种渠道营销的模式。

目前,上海律师事务所达到3.0版本的不多,存在即便律所整体创收,但人均创收、单案收费仍然很低的情况。而在小所、个人所执业的律师,往往专业化水准参差不齐,在法庭辩论时,存在准备不充分,辩论不依据法律法规或案件事实,仅以老百姓可及的道理辩论的情况。所以,律师专业化程度的差异,律师执业专业化基本水准的保障,仍是上海律师面临的重要挑战。

(二)本地律所竞争力势弱,遭受外地所上海分所挑战

上海律师人数超过百人的律师事务所由6家增加到18家,年业务收入超过1亿元的律师事务所由6家增加到19家,分别增长2倍和2.2倍[①]。

近日,《亚洲法律杂志》(以下简称"ALB")公布了2017年ALB中国法律大奖的最终候选名单,共有超过100家中外律所和企业法务团队获得提名。获得提名最多的10家中国律所中,有8家总部设在北京,仅有方达律师事务所和锦天城律师事务所总部在上海。

根据统计,上海地区2015年总创收前十的律所,有6所是北京所的上海分所。除锦天城律师事务所作为本土所保住了第一的位置,创收10亿元以上外,第2名至第6名均为北京所的上海分所。而反观北京地区,总创收排名前十的律所,没有一家是上海所的北京分所。再看上海地区律所中,人均创收排名前十的,只有2家是本地所,其余8所都是外地所的上海分所[②]。此外,已经出现了崭露锋芒的上海所被北京所兼并的案例。如2016年8月,北京观韬中茂律师事务所和上海市申达律师事务所正式合并。

从上海律师事务所的总创收能力和人均创收能力排名看,以北京所的上海分所为主力的外地所上海分所,已经开始蚕食和挤压本土所的生存空间。要维持和保护本土所的竞争力,专业化、团队协作、服务能力、软件硬件都需要进一步全面提升。

---

① 刘栋、陈佩珍:《上海将建律师执业权利救济机制》,《文汇报》2016年4月21日。
② 《中国大所报告(2015~2016)》,智合法律新媒体公众号,2016年12月20日。

（三）律师执业环境仍待改善，避免信息化成面子工程

经过与部分律师访谈得知，上海的律师执业环境在全国范围内处于领先水平，市政府和公检法部门法治化程度相当高，但执业过程中仍会遇到一些挑战。以刑辩律师执业多年遇到的"会见难"问题为例，律师去看守所会见当事人遇到大排长龙的情况，只因看守所仅有两个会见室，不够用，而旁边的提审室却是闲置的状态。有的区看守所对接工作做得好，会通过让律师写书面申请，然后去提审室会见的替代做法。但也有的区看守所，会坚持让律师排队等待使用会见室。那么，如果运气好可能排上，但也出现限时5分钟，5分钟后看守所的工作人员就下班了的情况。上述情况虽不是普遍现象，但仍然存在。此外，还存在律师联系公安民警的电话一直无人接听，然后去公安局会面，因电话联系不上，没有预约无法进入公安机关的情况。虽然一卡通全覆盖面包括了公检法，但仍有持一卡通进不了门的情况，互联互通变成了一种"虚假畅通"，信息化工程成为面子工程。更有甚者，看守所的2间会见室互相打通了，每间会见室的当事人和律师的对话，可以被另一间会见室的人员听到。这种不尊重律师与当事人隐私的做法应立即叫停。

（四）诉讼代理合同纠纷频发，律师得为自己"讨薪"

实践中，律师帮当事人打赢官司，律师费却一直被拖欠，导致律师不得不为自己"讨薪"。对这样的执业尴尬，律师和当事人有着不同的说辞，当事人认为律师上庭就说了几句话，而自己就要为律师的几句话付出高达几万元的律师费，收费过高。当事人表示不知道律师在诉讼过程中是否尽到了自己的义务，也不清楚律师费给的值不值。而律师们则认为在代理过程中，付出的辛劳并不少。首先在庭审之前，需要调查取证、往返法院与审判人员沟通，刑事案件辩护人还要往返看守所与被告人沟通，且律师对案件的法律意见还融合了自己多年的实践经验和法律分析，当事人看不到律师背后工作的艰辛和价值，对律师费的收取存在误解①。

---

① 陈颖婷：《打造律师服务的"工匠精神"松江区率先试点律师服务标准化建设》，《上海法治报》2016年7月19日。

针对这种情况，松江区司法局选择在磊天所开展试点律师服务标准化工作，每一个诉讼案件都分为委托阶段、备诉阶段、庭审阶段、庭后阶段等四个阶段，并将四个阶段细化为36个环节。当事人可以通过手机了解到案件的进展和律师在每个阶段的工作内容，并与律师进行协商。案件结束后，当事人还会收到成册的诉讼档案，所有证据材料、答辩意见都会被整理收入卷宗。这种标准化服务，被誉为律师行业中的"工匠精神"[①]。

（五）律协对本地律师异地执业保护不足

律师协会以本地律师的管理和执业保护为己任，没有突破地域屏障的限制，对本地律师异地执业不能起到应有的保护，常常是鞭长莫及。据了解，上海某律师在北京出庭，庭审结束一离开法院就遭到当事人的打骂、侮辱，但北京律协不予救济，律师投诉无门。上述情况暴露出律协工作地区化的弊端。如果律师异地执业的人身权、名誉权保护都存在困难，那么可以想象律师异地调查取证、会见当事人、查阅案卷等工作遇到的困难更多。未来律协工作应当破除地方化的局限，与律师"全国执业"的现实相对接，在全国范围保障律师执业权益。

结　语

2016年，上海律师行业在执业律师数量、律师事务所数量、全行业业务创收方面都取得了重大突破和发展。律师协会在数据律协，推动律师与公、检、法、政府部门的沟通合作，助力律师专业化水准提升、国际化品牌建设等方面都做出了积极贡献。但上海律师仍存在团队合作精神不够、专业化技能参差不齐、本地所竞争力不足，律协异地执业保护不充分等诸多问题。2017年，在进一步改善现有问题的同时，上海律师还应认真落实《关于深化律师制度改革的意见》的相关规定，加强思想政治工作和律师队伍党建工作，响应《关于发展涉外法律服务业的意见》，发展涉外法律服务业，充分发挥"一流"国际化水平，为"一带一路"等国家重大发展战略提供法律服务。

---

① 陈颖婷：《打造律师服务的"工匠精神"松江区率先试点律师服务标准化建设》，《上海法治报》2016年7月19日。

B.15
法定机构的立法现状与完善建议

王海峰 张 亮*

摘 要: 法定机构在国外有着悠久的发展历史,而在我国却是新鲜事物,但随着前海管理局和陆家嘴金融城发展局等法定机构在自由贸易试验区的成立,我国法定机构改革受到越来越多的关注。目前我国的法定机构立法存在缺乏统一立法,配套法律法规不健全和立法内容不科学等不足,需要从中央层面和地方层面来逐步完善,从而为法定机构改革的顺利推进提供更好的法律保障。

关键词: 法定机构 自由贸易区 统一立法

一 法定机构的概念

目前,关于法定机构在国内并没有统一的定义,各个试点地方在各自的地方法规或规章中对法定机构做出了自己的界定。如2007年,深圳市政府发布的《关于推行法定机构试点的意见》中对法定机构的界定是:法定机构是依特定立法设立,依照国家有关法律、法规、规章规定进行监管,具有独立法人地位的机构。而2011年,广东省编办制定的相关规定对法定机构的表述是:根据特定的法律、法规或者规章设立,依法承担公共事务管理职能或者公共服务职能,不列入行政机构序列,具有独立法人地位的公共机构。

笔者认为,广东省编办对法定机构的定义涵盖了设立依据、主要职能、编

---

* 王海峰,上海社会科学院法学研究所研究员;张亮,上海浦东海关财装处关保科副科长。

制特征和机构定位等方面的内容,是对法定机构内涵比较完整的表述,但仍缺乏治理结构、组织架构、人员构成和经费来源等重要内容。一般而言,法定机构是指依据专门法律法规或规章等设立的,承担公共事务管理职能或公共服务职能,实行自主管理、独立运作,经费来源灵活,能够独立承担法律责任的公共机构。法定机构既非政府,也不同于普通的事业单位,而是实行企业化管理,不以营利为目的的公共机构,而且它享有完整的区域管理权限。前海管理局局长郑宏杰曾这样描述其职能:是企业化的政府,但不是政府的企业①。

法定机构是我国加快政府职能转变,把部分政府权力还给市场的产物,是破解传统体制与社会经济快速发展之间矛盾的必然选择,也是社会对公共服务的种类、效率和层次等要求越来越高与政府职能转变相对滞后之间的矛盾不可调和的产物,具有承接政府职能转变的重要功能,也是提升社会管理和服务水平的有效途径。

法定机构在我国算是新鲜事物,因为其成立时间较晚,在全国范围内的数量十分有限,而在其他国家和地区,法定机构成立时间更早而且大量存在。法定机构在美国被称为"独立机构",在法国被称为"独立行政机构",在日本被称为"独立行政法人",在韩国被称为"独立执行机构"。纵观世界,法定机构大致可以分为三大类:英国模式、中国香港模式和美国模式。以英国、新加坡为代表的英联邦国家的执行机构没有独立的地位,仍隶属于政府某个部门,受主管部门领导,在重大项目、预算经费和人事任免等方面受主管部门的管理和约束。香港特区的法定机构是公共管理制度的一大特色,它们是存在于政府行政系统之外的一个独立的体系,不像"英国模式"隶属于一个政府部门,但与有关政府部门保持着"虚线"联系,属于"半官方"机构②。美国模式的最明显的特点在于独立行政机构,集立法、司法、行政三权于一身,权力很大,办事效率也高③。

---

① 李爱明:《法定机构:企业化的政府》,http://finance.sina.com.cn/g/20110819/234310348257.shtml,最后访问日期为:2017年4月5日。
② 何亚伟:《事业单位改革背景下试行法定机构的研究》,硕士学位论文,苏州大学,2015。
③ 刘霞:《从美国独立行政机构职能看我国管理性事业单位归属》,《中国行政管理》1995第8期。

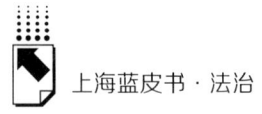

二 法定机构的特征

根据法定机构的定义可知，与一般法人机构相比，法定机构具有自身明显的特征，具体有以下几个方面。

第一，法律定位不同。我国法律把法人区分为机关法人、事业法人、企业法人和社团法人等四类，而法定机构是上述四种法人类型之外的新型法人主体。目前我国法律对该类新型法人主体的概念、作用与特征等内容并没有明确的规定，仅有部分试点城市的相关规定中有地方性的界定。

第二，依据特定法律规范成立和运作。量身定做相关法律规范，充分体现管理运作上的自身特性，这是法定机构最重要的特征。机构的设立、职责、经费来源、管理机构等内容都是由专门的机构法律、法规或规章来规定的，每个法定机构都有一个专门的法规或管理条例，也就是说，法定机构根据特定的法律法规或规章建立并受其监管。

第三，法人治理结构。作为半独立、半官方组织，法定机构的治理结构一般由理事会、管理层组成，建立和完善以决策层及其领导下的管理层为主要架构的法人治理结构，实行民主管理、社会监督。与政府部门相比，法定机构有较大的管理、人事聘用和财政自主权，依法自主进行公共监管或者提供公共服务，并且独立承担法律责任。

第四，可以行使部分公共权力。法定机构是政府架构的一个重要补充，是公务员体系之外执行公共事务和公共服务的专门机构。总体上看，法定机构是从行政体制中剥离出来的但又不进入市场的机构，法定机构行使的是政府权力之外的社会公共权力，能对公共利益产生重要影响。

三 立法现状

法定机构管理制度发源于20世纪中叶的英国。新加坡与中国香港借鉴了英国的经验，在英国法定机构制度的基础上，进行了继承和发展。2007年以后，我国积极借鉴国际经验，法定机构的数量和管理水平上都取得了长足的发展。

（一）发展现状

从 2007 年开始，广东省在广州、深圳、珠海等市开展了法定机构改革试点。2011 年广东省机构编制委员会办公室在深圳先行试点的基础上出台了《关于在部分省属事业单位和广州、深圳、珠海市开展法定机构试点工作指导意见》。2011 年 1 月，依据《前海深港现代服务业合作区条例》，中国内地首个法定机构——前海管理局在深圳成立。这标志着中国的机构改革迈出了革命性的一步。作为国家唯一负责区域开发和综合管理的法定机构，合作区的开发建设、运营管理、招商引资、制度创新、综合协调等是前海管理局负责的具体工作，实行企业化管理但不以营利为目的，并将政府行政管理职能和市场化开发运营职能有机结合，从而优化了政府监管，激发了市场活力。

2012 年 8 月，广东省佛山市顺德区人大常委会正式公布审议通过《佛山市顺德区法定机构管理规定》和各法定机构的管理规定共 5 份文件，顺德首批 4 个法定机构宣告诞生。截至 2014 年 3 月，广东省共有 13 家机构已进入法定机构试点行列[①]。

2016 年 2 月广州市政府常务会议审议通过《广州市 2016 年度政府规章制定计划》，包含 16 个立法项目，其中提出，将在南沙新区设立明珠湾区开发建设管理局和产业园区开发建设管理局两个法定机构，承担公共事务管理职能。

2016 年 8 月，上海陆家嘴金融城召开理事会成立大会，按照企业化组织、市场化运作的法定机构陆家嘴金融城发展局在上海自由贸易试验区正式挂牌，在全国率先实施"业界共治＋法定机构"的公共治理架构。

（二）立法现状与不足

1. 一机构一规章或法规，缺乏统一立法

从法定机构集中地广东省的试点情况看，法定机构是因机构而立法，即先有机构再逐步推动立法。每一个法定机构都有相应的地方性法规或政府规章作为其设立、运作的基础和依据。比如，《深圳市前海深港现代服务业合

---

① 黎少华、艾永梅：《广东法定机构改革试点调查》，http：//news. xinhuanet. com/fortune/2014－03/17/c_ 126278014. htm，最后访问日期：2017 年 4 月 7 日。

作区管理局暂行办法》《南方科技大学管理暂行办法》等。这种分散立法的状况具有规定明确、针对性强、可操作性强等优点，但缺点也显而易见。法定机构的立法要经过调研、研讨、论证、审议等多个程序，每个法定机构立法不可避免出现重复立法的问题，从而造成立法资源的浪费。同时，缺乏高层级统一立法的问题也十分突出，虽然有《佛山市顺德区法定机构管理规定》等类似综合性的规定，但大都位阶太低，发生作用的范围有限。如此将导致各个部门之间的衔接出现不畅，如广东省航道局在推行法定机构试点时计划保留原有人员参公身份，但人力资源行政主管部门不同意，试点工作不得不搁浅[1]。

2. 相关法律配套不健全

法定机构的设立不仅是体制问题也是机制问题，可能牵涉人力资源、社会保障、财政和工商等各个行政部门，如果仅有针对法定机构的具体管理办法，而缺乏相关配套法律法规，将导致相关操作困难。如法定机构在法律地位上应属于独立于机关法人、事业法人、企业法人和社团法人等之外的特殊法人主体，但我国的相关民法和相关工商登记法律法规并没有及时跟进修改，故导致法定机构在登记时无从选择的状况；如有的法定机构按事业法人登记，依法独立运作，主要代表有前海管理局等，而有的以企业法人的形式登记注册成立，实行企业化组织，主要代表是陆家嘴金融城发展局。

3. 具体立法并不完全利于法定机构独立运作

独立运作是法定机构的重要特征，而在法定机构的管理办法或条例中存在着一些限制这方面特征的内容，涉及人事安排、经费来源等重要内容。如个别管理办法或条例对法定机构的公务员人数进行了限制，尤其是规定主要负责人要政府指派公务员来担任。如果法定机构的主要负责人为政府机构公务员，其很难完全摆脱机关传统体制的工作方式和思路，而这显然对法定机构的运作产生重要影响。此外，按照相关管理办法和条例的规定，一些法定机构的资金全部或部分来自政府拨款，在财务不能独立的情况下，要完全做到机构独立运作，难度可想而知。

---

[1] 黎少华、艾永梅：《广东法定机构改革试点调查》，http://news.xinhuanet.com/fortune/2014-03/17/c_126278014.htm，最后访问日期：2017年4月7日。

四 完善建议

目前,法定机构在我国的发展方兴未艾,尤其是随着陆家嘴金融城发展局在中国(上海)自贸区的诞生,成为自贸区政府职能转变的全新尝试,法定机构在自贸区的改革中也发挥着越来越重要的作用,并受到全国的关注。针对我国在法定机构立法方面存在的上述不足,我们有必要根据法定机构的发展现状和实践经验,结合我国具体国情,不断完善相关立法,主要包括以下几方面。

(一)实现不同级别的统一立法

法定机构改革代表着我国事业单位特别是公益服务类事业单位的改革方向。按照珠海市的判断,该市80%以上的公益类事业单位将会变身为法定机构。数量如此庞大的法定机构如果实现一机构一规章或法规的话,那相关规章和法规的数量将十分惊人。为了避免上述状况的出现,我们可以学习日本的经验,由中央统一立法。日本专门制定了《独立行政法人通则法》,从2001年起推行独立行政法人制度,它们不受国家机关过度干预,享有较大自主权,引入市场原理,强调绩效,设立"法人长"及监事制度等[①]。

鉴于我国各地的经济社会发展状况不一,法定机构的发展水平不同,即便在同一区域内,不同行业的法定机构也存在差异,我们或者要分步骤实现中央统一立法。第一步,同一行业的法定机构实现统一立法;第二步,在省级行政区划内实现法定机构的统一立法;第三步,在总结各行业立法和各省市立法经验的基础上,最终实现全国统一立法。统一的中央立法内容大多是原则性的、概括性的,仅规定每一类法定机构的法定职责、管理方式和运行机制等主要内容,具有指导意义,特殊行业法定机构的管理机构,资金来源,人员构成等具体内容可以由特别管理条例来统一规定。

---

① 宋功德:《从事业单位到法定机构》,http://views.ce.cn/main/qy/xzgl/201008/11/t20100811_21711255.shtml,最后访问日期:2017年4月7日。

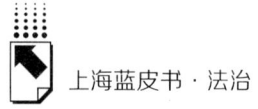

(二)修改完善相关配套法律法规

法定机构改革是一个系统性工程,牵涉各个相关部门和行业。因此,为了保障法定机构改革的顺利推进,我们有必要修改完善相关配套法律法规。在中央层面,需要修改《民法通则》中关于法人的相关规定,增加法定机构的相关内容,从中央立法的层面对法定机构的功能、成立条件与特征等内容做出规定;同时,要打破部门之间的壁垒,在一个法定机构成立的同时,要及时修改其他部门的相关规定与该法定机构的规定存在的不一致的地方,确保法定机构实践能落到实处。

(三)进一步完善法定机构立法的具体内容

法律、法规或规章是法定机构成立与运行的依据与保障,相关立法也应该充分保障法定机构的独立运作与功能发挥。如法定机构最重要的特征之一就是企业化的独立运作,而相关立法在规定机构人员构成时就应该控制管理层中公务员的数量,尤其是在决策机构的人员构成上要确保能独立发挥作用。在法定机构的经费来源上,要尽量确保其经费来源的多样化,同时要以机构的自身创收为主要的经费来源,从而摆脱对政府财政的过度依赖。在法定机构的监督方面,立法中可以规定采取多种灵活的方式,以避免政府机关的过度干预,确保最大程度的自主权。法定机构的立法要充分尊重法定机构自身的特征和运行规律,避免出现阻碍法定机构实现其职能的立法内容,为法定机构的发展壮大提供法律保障。

总体来说,我国法定机构改革还刚刚起步,相关法律保障还存在着不足,但随着法定机构实践经验的不断积累,法定机构理论研究的不断深入,尤其是自由贸易试验区内法定机构创新举措的不断涌现,相关的法律配套将逐步完善,从而为法定机构在我国政府职能转变及机构改革中发挥更大的保驾护航作用。

热点篇

Report on Hot Issues

B.16
上海共享单车的规制路径探索

何 源[*]

摘 要： 共享单车作为互联网背景下的新经济业态，与互联网、大数据、云计算等技术的发展密不可分，也推动了经营模式、经营理念与消费方式的变化。上海市目前的共享单车市场呈现出数量趋于饱和、品牌多头并进、融资数额巨大等特征，同时表现出投放区域不均、停放秩序混乱、骑行安全堪忧与对押金监管不力等问题。对此，上海市已经在综合性规制、标准化规制、合作性规制与自我规制等四个方面做出了有效探索，但在规制模式的合法性、规制方法的灵活性和规制手段的科技性等三个方面尚存努力与完善的空间。

关键词： 共享单车 规制路径 押金监管 互联网产业 上海

---

[*] 何源，上海社会科学院法学研究所助理研究员。

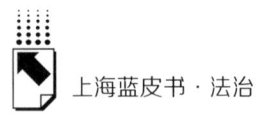

一 共享单车的产生与影响

2016年初,对于多数人而言,共享单车也许还是一个陌生的词语。2016年底,若还没亲身体验过"摩拜"或是"ofo"恐怕就会被认为落伍了。以惊人速度在发展的共享单车是继网约车之后,共享经济理念在交通出行领域引发的新一轮革命。作为互联网背景下的新经济形态,共享经济的产生是多方共同作用的结果,包括移动互联网的迅速发展、第三方支付的出现、位置定位服务等高新技术的兴起以及消费观念的变化,等等。

在共享单车兴起之前,国内许多城市已经拥有传统公共单车,在很长一段时期内满足了人们的骑行需要。传统公共单车通常在规定时间内免费使用,如杭州"小红车"在一小时之内不收取任何费用,而且押金也由政府部门监管,安全性强。但是,与摩拜、ofo等共享单车相比,传统公共单车的缺点也十分明显,其中影响最大的便是它对于停车桩的依赖。在网点较少的区域,使用者常常是想借时借不到,要还时还不了,还只能骑到"附近",而不是"目的地"①。某些区域性质的公共单车还不能跨区骑行。与此相较,共享单车以其时尚的款式、适宜的价格、新技术定位、取用方便、停车灵活等特点与"共享"理念更加契合,迅速获得大众的喜爱。不仅在我国,国外的公共单车模式也开始向"无桩自由停"方向发展,如美国除Cite Bike类型的站点式单车外,也开始出现带有GPS定位与内置锁功能的Social Bicycles,目前主要在北部若干城市运营。

共享单车及其背后的共享经济理念在很大程度上影响着人们的生产与生活。首先,推动经营模式发生重大变革。传统商业模式中,从生产到消费要经历众多环节,大量的渠道商和分销商在赚取利润的同时也将商品最终价格层层抬高,最终增加消费者的购买成本。而共享经济能够重新分配生产者与消费者间的产业价值,最大限度地减少中间的"食利"阶层。例如,共享单车便是通过云技术对分散在不同地点的单车进行精准定位,利用一个手机APP实现了服务提供商与消费者的直接联系。其次,推动经营

---

① 易其洋:《公共单车与共享单车应是"好哥俩"》,《宁波日报》2017年1月12日。

理念发生重大变革。共享经济的重要特点之一便是"共用而不共有"。例如,在共享单车领域,企业盈利的决定因素不再是产品出售的数量,而是与单位产品的使用频率相关。摩拜单车在进行产品设计时采取的无链条、车胎不用打气等举措,也均是基于产品耐用性提高与维护成本降低之考量。最后,推动绿色消费模式的发展。传统消费模式下,一种"使用—丢弃"的快速消费文化在滋生,而共享经济产生的"使用—再使用—回收再利用"的消费文化则能够促使企业将经营重点从生产与销售环节转移到覆盖整个产品生命周期,既能减少对新能源的消耗,也能激活存量、提高对已有能源的使用效率。

共享单车自推行以来,收到正面反馈居多,但同时也出现了一些质疑与担忧的声音。与滴滴、Uber等网约车相比,共享单车似乎并未凸显空闲资源再利用这一特点,因而其究竟只是升级版的单车租赁业务还是属于共享经济范畴还存有争议。共享单车并不是通过整合闲置资源提供服务,而仅是取消传统公共自行车的固定停车桩,进行经营模式的创新。与其说是共享经济,倒不如说是新涌现的创业公司[①]。然而,更多的担忧来自于共享单车带来的秩序混乱以及政府监管的不合理,诸如共享单车乱停放现象、人为破坏单车、单车押金的安全性监管等问题,均对政府的规制能力提出新的挑战。基于此,本文将基于对上海市共享单车发展现状以及政府在规制举措方面的调研情况,进一步探索共享单车政府规制的优化路径。

二 上海共享单车的发展现状及其问题

自2016年上半年起,各种"小橙车""小黄车""小蓝车"与"小绿车"等五颜六色的单车仿佛一夜之间出现在上海的各个角落,成为一道亮丽的城市风景。共享单车的出现与迅猛发展,极大地影响着人们的出行方式与消费理念,也有效解决了"最后一公里"的问题。那么,上海共享单车的发展有何特点?又引发了哪些问题?

---

① 赵剑影:《"押金之忧"凸显对共享单车企业成长的疑虑》,《工人日报》2017年2月14日。

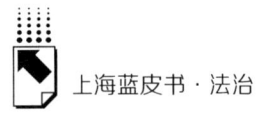

（一）上海共享单车的现状

目前，上海享有"全球最大的共享单车城市"之称。根据调查结果，上海共享单车的现状呈现出"三多"的特点，即数量多、品牌多、融资多。

1. 数量趋于饱和

仅就摩拜单车一家企业而言，自2016年4月22日在上海正式运营以来，至今便已投入10余万辆单车。关于上海共享单车的存量与饱和量，上海市自行车行业协会与上海道路研究院均提供了数据，具体如表1所示。

表1　上海共享单车市场的现有存量及预计饱和情况

机构、组织	现有市场存量	预计饱和量	预计饱和时间
上海自行车行业协会	>28万辆（无桩）	>50万辆	2017年上半年
上海道路研究院	28万辆（无桩）+8万辆（有桩）	>60万辆	2017年上半年

数据来源：任翀：《上海共享单车行业洗牌将开启》，《解放日报》2017年3月1日。

根据两家机构提供的数据，可以看出，上海现有智能型共享单车存量大致已达28万辆。即使不包括8万辆的有桩型公共单车，在2017年上半年共享单车市场也会大致趋于饱和。随着这一时间点的逐渐临近，各品牌的竞争将会日益白热化，数量庞大的共享单车导致的规制问题也将愈发突出。

2. 品牌多头共进

目前，在全国范围内已将产品正式投入市场的共享单车企业有20余家[1]。其中，在上海"安家落户"且较具影响力与知名度的共享单车主要包含ofo、摩拜单车、小鸣单车、优拜单车、贝庆单车、小白单车、猎吧出行、享骑出行与租八戒等9大品牌，具体如表2所示。

---

[1] 20余家共享单车企业有ofo、摩拜单车、小鸣单车、优拜单车、小蓝单车、Hellobike、1步单车、骑呗、由你单车、悠悠单车、永安行、Funbike、CCbike、快兔出行、奇奇出行、小鹿单车、海淀智享、小白单车、贝庆单车、酷骑单车等。

表2 上海共享单车市场各品牌单车情况

品牌	成立时间	背景/特点	投放地点	车型	押金	收费
ofo	2014	首家无桩单车共享公司/旧车回收计划	校园、地铁口、繁华商圈等人流密集路段	24寸2.0版；20寸3.0版	99元	1元/30分钟、0.5元/30分钟
摩拜单车	2015	引爆共享单车的公司,自主研发智能锁	地铁口、公交站、大型商业圈	经典版/轻骑版	299元	1元/30分钟、0.5元/30分钟
小鸣单车	2016	蓝牙车锁、虚拟桩技术	城市核心商圈	蓝色单车	199元	0.1~0.5元/30分钟
优拜单车	2016	与上海永久单车合作,将接入30万辆公共单车	已有单车覆盖度不高的区域	哈雷/火星	298元	1元/30分钟
贝庆单车	2016	上海贝庆环保科技公司	虹口区重点商业区及地铁站附近	轻盈红色单车	199元	1元/60分钟
小白单车	2016	小米集团旗下品牌,新增手机架、杯架	浦东地区	白色单车	299元	1元/30分钟
猎吧出行	2016	智能电动单车	虹口区、长宁区、徐汇区等中心城区	白色电单车	299元	1元/30分钟
享骑出行	2016	智能电动单车	80%的中心城区	绿色电单车	299元	2~3元/30分钟
租八戒	2016	智能电动单车	松江大学城及周边商圈	橙色电单车	30元	1元/15分钟

如表2所示,各类共享单车的经营范围已逐渐由单车扩展至电动车领域,它们分别在政府存量资源、先发优势与口碑、产品款式设计、高新科技应用、定价等方面拥有自己独特的竞争优势。一方面,充分的市场竞争能够促进共享单车服务质量的提升与技术的革新,为消费者带来福音；另一方面,对恶意、无序竞争的预防与制止也必须重视。

3. 融资金额巨大

网约车发展初期的"烧钱"模式延续至共享单车领域,投资者们用"资本"表明了对这一新兴行业的支持。以共享单车行业两大巨头摩拜与ofo为例，2017年初，摩拜单车宣布已完成2.15亿美元D轮融资。而ofo也战绩不俗，在2016年一年内获五轮融资，金额高达数亿元，同时与滴滴在城市共享出行领域达成合作，获得其数千万美元投资。除了巨额融资之外，庞大的单车押金也构成了共享单车企业的主要资金来源。根据表2中的数据，每位用户初次使用共享单车需缴纳的押金自30元到299元不等，且大多集中于199~300元。根据上海市自行车行业协会提供的数据，至2017年2月底上海共享单车注册用户量已达450万[①]。按照这一用户量，仅在上海范围内，共享单车获得的押金总额便至少已达十亿元。巨额的融资与押金来源所形成的"资金池"的安全性与合法性也引发了不少担忧与质疑。

（二）上海共享单车的问题

随着投放量与注册用户量的不断增长，共享单车"野蛮生长"的一面也逐渐显露出来。作为新兴的共享经济领域，共享单车市场成熟度不足，相关规制规则也不完善。总体而言，上海的共享单车存在"四乱"的弊端与问题，即投放乱、停放乱、骑行乱与押金乱。

1. 投放区域不均

由表2中对单车投放区域的统计可以看出，上海的共享单车集中投放于中心城区、大型商业区、地铁站附近以及大学城等人口密度大的区域。在实地调查过程中，还可以发现，在毗邻住宅区但"最后一公里"交通状况不完善的地铁站点，如1号线通河新村站、共康路站，2号线金科路站，8号线浦江镇站等，单车投放量极大，在高峰时刻对交通秩序造成了一定影响。与之相反，在一些老旧社区、保障房区域、市郊地区或是人口密度不是太大的高校，单车投放量则比较少，无法满足人们的出行需求。上述分布固然是企业基于提高单车使用率所做出的商业性决策，无可厚非。但是，若从共享单车对公共秩序的影响、方便居民出行的角度来考量，政府应通过合理规划、行政引导、行政奖励等适当措施对共享单车的投放进行管理。

2. 停放秩序混乱

2017年3月初，一段"摩拜单车被卡车运走"的视频和一则"上海黄浦

---

① 任翀：《上海共享单车行业洗牌将开启》，《解放日报》2017年3月1日。

扣押 4000 多辆共享单车"的新闻在网络上广泛传播，引起热议。被扣押的 4000 余辆共享单车目前被置放于上海市黄浦区车辆停放管理公司制造局路的停车场，场面壮观。该事件可追溯于 2016 年下旬的黄浦区非机动车违规乱停现象集中整治，在车辆停放管理公司与共享单车企业交涉无果的情况下，2017 年 2 月车管公司开始陆续扣留共享单车，其背后折射出的正是作为新兴事物的共享单车与政府管理之间的紧张矛盾①。共享单车在为居民出行提供便利的同时，也出现了乱停放、侵占盲道与人行道等现象，既给行人与机动车带来安全隐患，也影响了市容市貌。但是，简单粗暴的扣留收缴行为不仅存在违法之嫌，也增加了车管公司的人力时间成本，造成单车企业的资产损失，同时不利于用户的需求，甚至会给居民留下政府借机敛财、报复执法的负面印象。如何合法合理地规制单车违规停放现象，是共享单车为上海政府提出的一道考题。

3. 骑行安全堪忧

共享单车赋予了骑行活动更加时尚、青春与便捷的特征，吸引了越来越多的用户加入其中，随之而来的也有诸多不文明的骑车行为。驻足上海街头不时会看到有人站在单车后轮挡泥板上将共享单车变为"载人单车"，也有人无视标识骑车闯入禁行区，或是在机动车道上逆行横穿，从而严重扰乱交通秩序，威胁自己与他人的人身安全。其中，最令人感到担忧的是未成年人骑行问题。我国《道路交通安全法实施条例》规定，驾驶自行车必须年满 12 周岁。但是，在实地调查中，徐家汇商圈、南京西路步行街与闵行莘庄商圈处都会看到明显不满 12 周岁的儿童歪歪扭扭在骑行单车的身影。虽然各共享单车 APP 在实名注册上均对年龄进行了限制，但儿童只要请成年人帮忙注册账号即可使用。而且 ofo 的密码锁存在若干使用漏洞，如用户忘记复位、传授破解密码方法的视频，等等，均使得 12 周岁以下的儿童有机会使用单车。

4. 押金管理混乱

根据共享单车的使用规则，每位新注册用户均需要缴纳数十元到数百元不等的押金。以上文数据来看，仅上海市共享单车的押金收入便至少有十亿余元。用户很少会每次骑行完毕后申请退回押金，巨额押金均处于平台控制之下。这就带来两个问题：一是押金的存放与使用，二是押金的退还。关于第一

---

① 毛锦伟：《共享单车乱停放矛盾如何解》，《解放日报》2017 年 2 月 28 日。

个问题，ofo 与摩拜均表示押金收取是规范用户文明用车、爱护单车的需要，而对于押金的使用，ofo 与摩拜平台均表示会存放在专门机构，不会依赖其开展业务①。但对此缺乏相应的监管机制。关于第二个问题，已有不少上海网友反映押金难退问题。押金退款往往需要几天时间，在这"一充一退"的时间差中，押金的安全性如何得到保障，也是广大用户担忧的问题。

三 上海市在共享单车规制领域的探索

为了规范上海市的共享单车市场，减少车辆乱停乱放、不文明骑行等乱象，促进行业服务质量与技术提升，从而维护市场的良性发展与广大居民的切身利益，上海市在以下几方面对共享单车规制进行了有效探索，相关经验极具启发性。

（一）加强综合性规制

我国现行法律体系中并没有专门针对共享单车的规定，实践中各城市的共享单车发展规模与影响力也各不相同，因此各地政府陆续开始尝试以政府规章或是规范性文件的形式出台相关指导意见。继成都《关于鼓励共享单车发展的试行意见（征求意见稿）》与深圳《关于鼓励规范互联网自行车服务的若干意见（征求意见稿）》相继颁布之后，上海市交通委员会于 2017 年 1 月表示，正会同市公安局、规土局、经信委等多部门研究制订《关于促进本市公共租赁自行车系统发展的指导意见（征求意见稿）》（以下简称《意见》），力求在全国范围内率先树立地方性管理规范的榜样。该《意见》将体现政府对共享单车行业"既要支持，又要规范"的态度，并会对共享单车车辆质量、骑行秩序、服务品质、押金退还等问题制定相应监管制度，对其进行综合性规制。调查发现，上海居民对《意见》的出台大体持期待的态度。但由于之前网约车新政带来的一些负面后果，《意见》正式内容还需要在充分调研与论证的基础上审慎形成。

---

① 房志勇：《共享单车押金谁来监管？》，《天津日报》2017 年 2 月 21 日。

（二）首推标准化规制

除了政府规章与规范性文件，行业规范对于促进共享单车行业的有序发展也具有重要作用。2017年3月23日，《共享单车产品标准》（以下简称《产品标准》）与《共享单车服务标准》（以下简称《服务标准》）两个团体标准征求意见稿在上海市质监局官网发布后，立刻引起社会广泛关注。根据国务院印发的《深化标准化工作改革方案》（国发〔2015〕13号），团体标准属于市场自主制定标准范畴，是指具备相应能力的学会、协会、商会、联合会等社会组织和产业技术联盟等协调相关市场主体共同制定的满足市场和创新需要的标准，通常供市场自愿选用，增加标准的有效供给。两份团体标准征求意见稿分别针对共享单车的产品质量与服务品质进行了规范，《产品标准》包含车辆硬件设施、报废年限等要求，《服务标准》则明确了卫星定位和互联网运行的功能以及被广泛关注的押金退还时限。两份团体标准被赋予了促使上海市共享单车由"野蛮生长"向"规范时代"转变的殷切期望。其中，重要的标准如表3所示。

表3 上海市共享单车团体标准主要内容

规范对象	规范内容	具体要求
自行车	使用年限	连续使用三年即强制报废（有桩共享自行车除外）
		报废后不允许拼装、修理后再投入市场
	硬件标准	最大重量≤100千克
		必须配备支架、泥板、锁具等，允许配置适当大小前车篮，不得配置载人、载货的附加设施
服务运营单位	社会责任	客服全年24小时开通，用户投诉48小时内应有处理结果，用户咨询应在5个工作日内向当事人反馈，处理记录归档保存
		主动购买人身和第三者上海保险
	实名制	严格保护用户的个人隐私和信息安全
		运营单位应对用户提出实名制登记或注册要求
使用者	身高范围	1.45～1.95米
	年龄要求	12岁以上
	用户责任	明确用户违反共享单车使用规则和交通法规的责任

（三）尝试合作性规制

在共享单车规制过程中，除了黄浦区车管公司扣押违停单车"一刀切"式执法的教训，上海市涌现出多种多样的合作规制，取得了较好的效果。

1. 政府与单车企业合作

在整顿地铁口共享单车违停现象时，上海市轨道公交总队在摸清实际情况的基础上，与多家单车企业进行约谈，要求其做到以下几项内容：对单车用户进行宣传、教育，告知其正确的停放范围；在单车集中停放区域设置明显的标志，并定期安排专人管理；若因单车需求增加，需增设停车位，则必须向轨道公交总队报备，在其指导下完成，不得自行画线①。这一做法取得了良好的效果，在较短时间内使得地铁站周边的共享单车停放秩序实现较大改善。同时，这也为之后轨道交通非机动车整治活动提供了经验与模板。

2. 社会团体与单车企业合作

社会团体一般是指由社会成员自愿联合成立，按照其章程开展活动的非政府、非营利的社会组织。社会团体行为的性质比较复杂：一方面接受政府的管理，是行政法上的相对人，另一方面根据章程规定或者法律授权行使对其成员的管理和服务职能。在各类社会团体中，行业协会的地位最为突出，往往行使着市场准入、标准制定和惩戒会员的权力②。上海市共享单车团体标准便是由上海自行车行业协会与天津市自行车电动车行业协会牵头，联合生产企业、运营企业、检验检测机构等共同编制而成的，这也是国内首个依托区域协作制订的团体标准。充分发挥行业协会的作用，加强协会与企业之间的合作，是此次上海共享单车规制过程中的一大亮点。

3. 政府多部门间合作

作为新兴经济形态，共享单车的规制无疑是一项复杂的工程，牵涉方方面面。它涉及规划，如民建市委便提出将"骑行"专用车道的建设纳入交通整体规划；涉及交通秩序，例如不文明骑行、乱停放等不遵守交规的行为；涉及金融监管，如平台上的巨额押金、资金池问题；涉及产品与服务质量，如车辆

---

① 吴艺：《上海破解"共享单车"无序停放难题》，《人民公安报》2017年2月22日。
② 何海波：《行政诉讼法（第二版）》，法律出版社，2016，第123页。

管理、服务运营企业,等等。因此,在起草《关于促进本市公共租赁自行车系统发展的指导意见》时,上海市交通委员会、上海市规划和国土资源管理局、上海市经济和信息化委员会和上海市公安局及其他相关部门均参与其中,保证了《意见》的全面性与科学性。

(四)鼓励自我规制

为了树立品牌形象,吸引更多用户,单车企业通常也乐于主动采取措施进行自我规制。例如,ofo 为了解决押金退还不畅与安全性受质疑的问题,与芝麻信用合作,在上海推行"信用免押"模式,即芝麻信用分高于 650 分的用户,可以免除押金直接使用单车,从而为共享单车行业提供了新的竞争模式,也能够在很大程度上缓解用户对押金的质疑与担忧。除单车企业之外,用户自身也是一个潜在的庞大规制主体。摩拜单车对于用户举报违停的行为会给予信用积分奖励,由此产生出名为"单车猎人"的群体。这一群体通常由自愿寻找并举报违停单车的用户组成,他们把寻找违停单车的过程称为"打猎",致力于将共享单车升级到不依靠道德,而是依靠规则和法治能解决的层面,追寻的最终目标是"无猎可打"。这也说明,用户是可以被引导与影响的,只要建立合适的规则,用户的自我规制潜力就会被大大激发出来。

四 思考与展望

上海市在共享单车规制的探索过程中,积累了不少宝贵经验。在总结经验,展望未来的基础上,共享单车规制还应当在合法性、灵活性与科技性等三方面做出进一步努力。

(一)规制模式的合法性

关于共享单车市场规制的探讨,其意义已远远超过问题本身,更是对共享经济以何种姿态进入市场的一种关心:究竟是以野蛮的姿态横冲直撞进来,还是以合法的面貌优雅地闲庭信步于市场之中。对于难以预见到的市场创新,现有的法律体系往往并不与其完全契合。此种情况下,政府倾向于采取"全有全无"(all-or-nothing)的规制策略,要么视新兴行业为传统行业的变形,将其纳入既有规制框架中,要么任由新兴行业"野蛮生长"①。在共享单车领域,其传统行业为政府主导经营的城市公共自行车。若政府强力介入新兴市场,借助公权力的优势占据主导经营地位,这既不符合尊重市场规律的原则,也不利于共享单车市场的发展与竞争的促进,无疑是一种倒退行为。以目前情况来看,共享单车更多的是处于一种"野蛮生长"的状态。

为了扭转与规范共享单车市场的发展,"全有全无"的规制策略应当向"回应型规制"进行转变②。所谓回应型规制,是指以市场创新特点为导向,秉持民主和效率的理念,根据政策目标确定相应的制度安排,引入渐进、实验性和灵活的规制技术与方法,在创新与规制之间寻找动态平衡。回应型规制必须要遵循比例原则,既要关注规制手段和规制目的之关联性,又要关注其必要性,即是否合乎比例。因此,即将出台的《关于促进本市公共租赁自行车系统发展的指导意见》只有经得起关联性与必要性二者的考验,才符合比例原则,真正具有合法性。

(二)规制方式的灵活性

目前主要规制方式包含不作为、制定法规、谈判(约谈)和诉讼四种,不同的规制方式对应着不同的市场状况。当市场运行良好且消费者权益未受损害时,政府应采取不作为方式;当市场出现明显失灵状况时,基于维护市场秩序与保护消费者权益之理由,政府就需要通过立法或执法进行积极干预。而谈判是可以为被规制对象和有关部门之间建立沟通机制的。诉讼则是最后的手段,也能为相关行业确立规制,重大、典型案例的判决结果将会对相关行业产生重要影响③。规制模式的选择既要考虑规制对象的行业属性和法律结构,也要考虑不同规制方式的作用和特点,灵活地做出判断。

完全企业自律规制与完全政府命令规制的两极模式在实践中通常是不存在的,共享经济中较为常见与合适的规制方式往往是"合作规制+自我规制"。

---

① See Gillian Hadfield, *Legal Barriers to Innovation: The Growing Economic Cost of Professional Control over Corporate Legal Markets*, 60 Stan. L. Rev. 1689, 1695 (2007).
② 彭岳:《共享经济的法律规制问题——以互联网专车为例》,《行政法学研究》2016年第1期。
③ 唐清利:《"专车"类共享经济的规制路径》,《中国法学》2015年第4期。

在合作规制模式中，政府可以制定目标和预测结果，社会团体与标志性企业就如何实现这些目标和达成预期值具体制订解决方案和行业标准，或者通过谈判建立与企业间不同的责任分配机制去实现既定目标。近日出台的上海共享单车两项团体标准与上海市轨道公交总队通过与多家单车企业约谈，就地铁口附近单车停放秩序问题的责任分配达成一致，正是合作监管理念的体现。

自我规制也是共享经济规制方式中的一种重要方式。首先，单车企业为了吸引更多的客户，因此有动力通过设定规则树立良好、正规的品牌形象，如ofo与芝麻信用合作推出的"信用免押"模式。其次，单车企业为了自身有序运行，也会通过自我规制建立一定的监督机制，例如摩拜设立的举报积分制度。最后，单车公司内部的法律结构也需要保留一定的规制空间以进行创新与自我调适。

（三）规制手段的科技性

共享经济的产生与移动互联网、第三方支付等科技的迅猛发展密不可分，尤其是共享单车，基于位置定位服务（LBS）技术、云计算与大数据的应用得到淋漓尽致的体现，智能锁、虚拟桩等技术的革新甚至成为各品牌共享单车在竞争中获胜的关键因素。基于此，相应的规制手段也应当与时俱进，与现代科技相结合，以实现更好的规制效果。在共享单车领域，体现规制手段科技性最为典型的例子是"电子围栏"。

动辄数以十万计的共享单车投放量给城市停放地点与管理造成极大的压力。为此，"电子围栏"的方案被提出。所谓"电子围栏"，是指运用特定技术手段，对未在指定区域内停放的骑车者进行语音短信提醒，只有按照规定停放，才可以关上车锁并结束计费。厦门市出台的《自行车停放区设置指引（试行）》中首次提出虚拟停车点的方案，Hellobike对此积极配合。2017年3月10日，小鸣单车研发的"电子围栏"也正式在广州运营。该技术因具有无桩无线、定位精准等优点，有望解决眼下无序停放、占用公共道路等问题，从而体现高科技的效力与作用。

B.17
上海住房共享的发展状况及规制问题研究

孙大伟　奚鹏*

摘　要： 自2010年住房共享概念在国内兴起，各类网络平台如雨后春笋般发展起来。相较于传统酒店住宿，住房共享具有房源覆盖广、选择丰富、性价比高等特点，其以互联网为平台，满足多样化的住宿需求。上海市在城市定位、房产结构、基础设施以及市民观念等方面具备有利于发展住房共享产业的条件。针对该领域出现的问题，应主要运用市场化手段、制度化方式，通过平衡各方之间利益关系，来促进新兴经济形态的发展、完善。

关键词： 住房共享短租　网络平台　信用经济　上海

一　住房共享的现状

根据国家信息中心分享经济研究中心发布的《中国分享经济发展报告2017》[①]，2016年，我国住房共享市场的交易规模约为243亿元，同比增长131%。目前，我国主要城市住房共享平台的房源数量超过190万套，用户总人数约为3500万人，直接参与住房共享平台的服务人员超过200万人。同时，住房分享也为不出门上班的社会群体提供了增加收入的机会，家庭主妇、退休老人

---

* 孙大伟，上海社会科学院法学研究所副研究员；奚鹏，上海社会科学院法学研究所硕士研究生。
① 国家信息中心分享经济研究中心：《中国分享经济发展报告2017》，http://www.sic.gov.cn/News/250/7737.htm，最后访问日期：2017年3月2日。

可以通过参与住房共享活动获得经济收入以补贴家用，从而增加性别、年龄方面的社会公平。特别是在当前制造业用工需求减少的背景下，返乡创业的农民可以将住房共享与"观光农业""农家乐"相结合，既为农民带来可观的收入，同时也能改善农村封闭、落后的面貌。另外，住房共享在给房东带来收入的同时，更是带动了周边社区的相关消费，可以拉动住宿地点附近的旅游、餐饮、交通、购物、娱乐、保洁以及维修等一系列上下游服务业和相关消费。

当然，住房共享带来的不仅仅是好处，也可能带来一系列问题。2016年12月，一个上海房东在互联网上发帖《曝光一个上戏的学生，他用Airbnb毁了我的整个家》[1]，其中称自己是一间Airbnb民宿的主人，但一个自称上戏学生的房客，借她的房子拍东西，结果整个剧组"野蛮拍摄"将好好的房子搞得体无完肤，而事后房东寻求赔偿却得不到回应。事件发酵后，Airbnb中国回应道：我们正在了解并调查此事件。2017年3月22日，Airbnb方面正式披露了事件的处理结果：称该房东绕开Airbnb官方支付途径而通过第三方平台进行交易，事件发生后向Airbnb索赔，根据公司流程和政策该房客不符合索赔的条件[2]。

上述材料显示，相较于传统酒店住宿，住房共享具有房源覆盖广、选择丰富、性价比高等优点[3]。但目前住房共享仍处于发展的初级阶段，消费者在接受服务过程中遭遇到人身、财产安全纠纷时，有关部门难以保证消费者合法权益。有鉴于此，本文将针对住房共享发展情况及其在上海的实践进行分析，并揭示其给法律和监管带来的问题。最后，基于共享经济的特点，对上海住房共享的发展提出相关建议。

二 住房共享的特征及其模式

住房共享是共享经济的子概念，是指以互联网平台为依托，整合、分享海

---

[1] 《Airbnb回应"毁了我的家"事件：正在调查》，http：//tech. 163. com/16/1222/17/C8TJ971800097U7R. html，最后访问日期：2017年3月24日。
[2] 《上戏学生毁Airbnb房间事件结果：房东未用官方支付途径不赔偿》，http：//www. techweb. com. cn/internet/2017－03－22/2503777. shtml，最后访问日期：2017年3月24日。
[3] 艾瑞咨询：《2017年中国在线短租行业研究报告》，http：//www. iresearch. com. cn/report/2944. html，最后访问日期：2017年3月2日。

量的、分散的闲置房屋、房间及其配套设施等资源,满足多样化住宿需求的各种经济活动的总和①。

(一)住房共享的特征分析

与传统的以酒店为代表的住宿模式相比较,住房共享具有以下显著特征。

第一,住宿体验的个性化。与传统的酒店业不同,住房共享的住宿资源具有多元化的特征,无论是整租的住宅,还是单独的房间,甚至仅仅是提供可以过夜的一张床,住房共享的对象都明显区别于酒店的客房资源。在这些房源的背后,则主要是以个体为单位的房屋所有人或者是平台型企业,私人住宅有别于传统酒店的最重要一点,就是多样化、个性化,少了酒店房间那种千篇一律的布局和服务,可以给使用者提供更加特殊化的体验,而这使得旅游者能够更加深入和便捷地同当地人进行交流,并成为旅游者体验当地文化和风土人情的一个重要窗口。

第二,资源供给的弹性化。共享房源的主体多为私人,也就是以市民群体为主要的资源提供者。市民家庭的空间调配,在很大程度上具有弹性,对于一些城市居民来说,如果可以通过有效的渠道增加自身收入,市民便能得到足够的激励,从而对住房空间和住房资源进行有效的整合,这样能够在城市建设规模保持不变的情况下,使可租住资源得到内涵式的提升。住房共享的这种特点,避免了酒店和旅馆在接待能力上的不足,使得旅游旺季时出现的潮汐客流得到很好的容纳,也避免了仅仅依靠酒店供给满足旅游需求时经常会出现的旺季客房人满为患,淡季房源闲置严重的资源不合理配置现象。

第三,网络平台的基础性。在共享住房的供给、需求的匹配、交易的实现,乃至交易保障的过程中,网络平台具有基础性作用。可以说,房屋共享作为共享经济的一种,正是互联网技术发展以及包括云计算、大数据、移动支付等信息技术出现后催生的新型经济形态。基于互联网平台以及智能终端,供给与需求双方可以实现实时交流、预订房源、在线支付,并通过平台的第三方地位实现支付保障以及争议的解决。由此,网络平台在房屋共享中所具有的基础性作用可见一斑。

---

① 国家信息中心分享经济研究中心:《2017 中国住房分享发展报告》,http://www.sic.gov.cn/News/250/7748.htm,最后访问日期:2017 年 3 月 23 日。

第四，社会效益的附加性。共享经济尤其是住房共享，其消费和使用的过程不仅仅是一个经济的过程，而且有着明显的社会效益。一方面，在旅游者和房东之间，通过分享各自的生活体验和旅行见闻，能够增加人与人之间的沟通，增进观点、理念的交流与碰撞，对于优良社会文化的培育具有积极作用。另一方面，能够将个人居住的住房与他人分享，往往需要克服对于陌生人不信任的心理，房东在共享自己住房中的房间或者床位时需要部分地打开隐私空间，而房客在租住素不相识者住房的过程中也要克服安全、卫生等诸多顾虑，在这一过程中，需要人与人之间的相互信任，而一旦完成共享的过程，则会增加交易双方的信用，并在更广泛的领域内增加社会信任。

（二）住房共享的基本模式

国内住房共享主要分为两种模式。

一是 B2C（Business to Customer）模式，房源主要由平台通过收购、租赁等方式加以控制，统一装修、统一管理并配置相应的生活设施，房租收入由平台和房东按一定比例分成，其中的代表是途家网。这一模式整合的房源更多地来自于房地产开发商，在服务和管理上更接近于传统酒店。平台通常挑选与实力强大的开发商合作，以保证房源的供给，并有公司专门负责维护，用酒店式的管理和服务对房屋进行统一管理和维护。

二是 C2C（Customer to Customer）模式。C2C 模式旨在搭建一个房东与房客直接沟通和交易的在线平台，通过房东与房客的直接接触，完成预订、付款、入住、退房及评价等过程。C2C 模式通过网络平台以及移动终端的应用，将城市内分散的房源进行整合，并依照价格、地域、房型、价格等因素对房源进行分类，提供给需求方进行选择，从而省去了信息搜索、信息传递以及交易促成等中间环节，使公众尽可能地加入需求与供给这两个阵营中，促进了房屋更加充分地使用，从而极大地提高了社会资源的利用效率。

三 住房共享在上海的发展情况

随着旅游产业的不断深入发展，尤其是居民对于多样化、个性化旅游模式的日益青睐，单纯的观光和购物已经不能满足旅游者的基本需求，体验当地的风土人情，以一种本地化的生活方式近距离地接触、了解历史文化、传闻掌故等，都成为旅游的重要目的。而住房共享恰恰能够满足这种多样化的旅游需求。据 Airbnb 2014 年的调查，由于分享平台能够降低游客支出，使得游客在旅游城市的逗留时间更长，同时使个人平均消费也更高，以至于有相当一部分房客表示，如果没有住房共享，以及由此给他们带来的与当地人和地方文化进行接触的机会，他们可能根本就不会选择到某地进行旅游。由此，住房共享给旅游业的发展和转型所带来的机遇是难以忽视的。

（一）上海发展住房共享的有利条件

上海旅游资源丰富，2016 年上海共接待 854.3663 万人次入境旅游者（外国人、港澳台同胞），同比增长 6.77%[1]，该数据还不包括外省市旅游者。迪士尼乐园的开园更是给上海的旅游市场注入新的动力。客观上，上海自身的地理位置、人文因素和硬件设施，已经使其具备成为国际以及国内游客青睐的旅游目的地的有利条件，在这种情况下，通过住房共享，顺应旅游业态和旅游习惯的新变化，可以加速上海世界著名旅游城市建设的进程。而就上海自身的特点来看，我们认为发展住房共享有以下便利条件。

1. 住宿需求的迅速增长为住房共享提供了发展机遇

上海市是国际性大都市，是我国的金融中心、航运中心、贸易中心、经济中心以及科创中心。多种定位重合，使得上海的人员流动性非常大，不仅仅是旅游客流，还有商务客流，在给城市带来了巨大活力和商机的同时，也给城市带来了较大的住宿压力。《上海 2016 经济运行状况评估》显示，多重利好因素助推上海中高端酒店快速发展，迪士尼、大虹桥会展中心等项目为酒店业带来新的商业机会[2]。各种不同的出行人群叠加（如旅游、商务出差、求职、就医、考试，等等），会在短时间内形成较大的住宿需求，而住宿需求的不断增长，则为住房共享市场的发展提供了较大的市场潜力，使这一领域能够在传统酒店业

---

[1] 上海旅游局：《2016 年 12 月上海旅游统计资料》，http：//lyw. sh. gov. cn/lyj_ website/HTML/DefaultSite/lyj_ xxgk_ lytj_ 2016/2017 - 02 - 04/Detail_ 137295. htm，最后访问日期：2017 年 3 月 4 日。

[2] 上海政协：《上海 2016 经济运行状况评估》，http：//www. shszx. gov. cn/node2/node5368/node5375/node5409/u1ai98267. html，最后访问日期：2017 年 3 月 1 日。

之外，具备独立的生存和发展空间。从现有的数据来看，主要的房源供给和住宿需求都集中在东部地区和大城市，以"小猪短租"平台为例，其60%以上的房源集中在北京、上海、广州、深圳、青岛、杭州等东部城市①。鼓励房屋共享的发展，可以使城市接待能力有较大提升，可有效地降低因旅游或者商旅旺季的来临而带来的酒店业一床难求以及非正常涨价现象的发生。

2. 城市房产结构以及基础设施有利于住房共享的成长

上海市的人口密度较大，因而私有住房的面积相对较小。据调查，上海户均居住建筑面积为71.04平方米，人均居住建筑面积为24.16平方米②。在全市范围内，中小面积的房型往往占到更高的比例。这种住房情况，使得房东能够出租的房型较小，而小面积的住房其租金自然相对较低，这使得房客所支付的费用随之减少。而在住房共享的初期，相比于差别化的多元服务，客户同样重视的是控制住房成本。这样，将整体的租金控制在合理的范围内，就成为发展住房共享所应具有的一个重要因素。此外，上海市的城市布局也有利于住房共享的发展：上海是一个多中心的城市，除了市中心的人民广场以外，在陆家嘴、徐家汇、中山公园、五角场等地区已经形成多个中心，这种城市布局使得生活变得更加便利，因而无论共享住房位于城市的哪一个区域，都能享有相应的配套设施，并具有相对便利的生活条件。同时，上海的地铁线路非常发达，目前已达到600公里以上，到2020年，还将增加200公里左右的地铁线路。这使得城市尤其是外环线以内的各个区域被有效地连接在一起，地铁的不断发展配合其他公共交通方式，使得更多的住宅和社区能够被覆盖，从而为住房共享奠定了硬件基础。

3. **市场经济意识的普及为住房共享奠定了观念基础**

住房共享作为一种新形态的住宿形式，是对住宿观念的一场重大变革。就房东而言，让陌生人住在自己的家里，这是令绝大多数国人都难以接受的事情。很多人的观念中，认为招待住户就是酒店和宾馆的事情，自己的家中是不会容留游客等其他陌生人的，而住房共享恰恰是对这种观点的一种挑战。允许

---

① 国家信息中心分享经济研究中心：《2017中国住房分享发展报告》，http://www.sic.gov.cn/News/250/7748.htm，最后访问日期：2017年3月23日。

② 艾经纬：《上海人均居住面积低于全国的背后》，《第一财经日报》2015年4月20日。

他人住进自己的家中,更多的是一种基于对他人的信任,而这种信任感的建立,则是市场经济发展的真正基础。上海是国内市场经济发展最为完善的地区之一,上海市民普遍具有市场经济观念,因而对这种为他人提供住宿条件,并由住户支付费用的经济模式的接受度也相对较高。此外,由于城市规模较大,其受地域化的人情观念的影响也更少,这使得市民之间的交往主要是建立在遵守法律法规以及一些基本交往规则的基础上。只要遵守基本的规则,双方之间的交往就变得更容易,这使得房东能够以更加开放的心态来接待外来访客。

(二)住房共享平台在上海的发展

住房共享以网络平台为其运作的主要平台,供方和需方在此平台上搜集信息、相互沟通、完成交易、解决纠纷,使平台在住房共享的交易过程中变得不可或缺。目前,在上海住房共享领域的网络平台主要包括:

其一,小猪短租。该平台于2012年8月正式上线,是国内最早依托于共享经济,为用户提供短租住宿服务的互联网平台。该平台致力于为消费者提供有别于传统酒店、更具人文情怀、更有家庭氛围、更高性价比的住宿选择,以社交为纽带的住宿分享文化。目前,该平台在上海市内拥有超过8000套的房源[1],包括整套出租、独立单间、合住房屋等类型,还有各类配套设施可供消费者选择,包括淋浴、空调、电视、网络、做饭等。

其二,途家网。该平台成立于2011年12月,号称是全球公寓民宿预订平台,主要的目标市场为国内市场,并积极拓展海外及港澳台市场。该平台的目标用户是有家庭出游、商务差旅、休闲度假和周租月租等各类出行住宿需求的客户。目前,该平台在上海市内拥有房屋15000套以上[2],包括一居、二居及以上或者公寓、别墅、复式等,有各种不同户型、房型、配套设施的房屋可供消费者选择。

其三,蚂蚁短租。该平台成立于2011年11月,2016年6月22日被途家

---

[1] 在未设定搜索条件的前提下,"小猪短租"平台显示的上海房源超过8000个,http://sh.xiaozhu.com/,最后访问日期:2017年3月23日。
[2] 在未设定除"城市"外其他搜索条件的情况下,"途家网"显示的上海房源超过15000个,https://www.tujia.com/shanghai_gongyu/se0,最后访问日期:2017年3月23日。

网并购。该平台系国内领先的公寓民宿在线短租平台,随着休闲度假游与住宿分享经济的深入人心,蚂蚁短租立足"旅游+短租"模式,除了住宿产品外,还提供旅游增值服务。目前,该平台在上海市内拥有超过8100套房源①,包括民居、公寓、别墅、老洋房等各类特色房型可供消费者选择。

其四,Airbnb。该平台成立于2008年8月,总部设在美国加州旧金山市。目前覆盖全球191个国家和地区的34000个城市,拥有超过250万套房源,自2008年以来共有1.4亿人次入住,仅2016年就接近8000万,比上一年增长近一倍。Airbnb自2015年7月进入中国市场;2016年10月26日,Airbnb与中国(上海)自由贸易试验区世博管理局签订了战略合作备忘录。截至2017年1月,Airbnb在中国的活跃用户超过600万,占到亚洲活跃用户的35%,活跃房源数量达到7.5万套②。

四 住房共享引发的法律问题及其发展建议

目前,住房共享正处于发展的初始阶段,人们选择酒店住宿的传统观念也并非在短时间内就能改变,而房屋提供者一方的专业化服务标准以及多元化的服务内容仍处于形成阶段。此外,市场经济的本质是信用经济,因而共享经济的发展也有赖于全社会信任度的不断提升。住房共享所面临的上述问题,有赖于市场经济的不断深入,通过试错机制对共享经济的发展方向加以修正;而对于市场经济来说,确立良好的制度具有基础性作用,好的制度不仅能够促进共享经济向着更加健康的方向发展,也能够纠正其在发展过程中所产生的一系列问题。为此,本部分将对共享经济可能引发的部分法律问题进行分析。

(一)共享房屋引发的私法领域的问题

第一,住房共享法律关系的性质。住房共享关系的性质如何界定,属于一般性的房屋租赁合同,还是具有经营性质的住宿合同?如果是前者,那么共享

---

① 在未设定除"城市"外其他搜索条件的情况下,"蚂蚁短租"显示的上海房源超过8100个,http://www.mayi.com/shanghai/,最后访问日期:2017年3月23日。
② 国家信息中心分享经济研究中心:《2017中国住房分享发展报告》,http://www.sic.gov.cn/News/250/7748.htm,最后访问日期:2017年3月23日。

房屋的提供者并不需要具备特殊的资质,根据《上海市房屋租赁条例(2010年修正本)》的规定,只要是拥有房屋所有权的自然人、法人或者其他组织,且未具备房屋不得出租的情形,即可将自己的房屋出租,而无其他限制性规定。但在住房共享领域,尤其是在出现越来越多职业房东的情况下,其中的经营性质更加明显地凸显出来,而对于经营性的房屋,根据《旅馆业治安管理条例(征求意见稿)》规定,凡是按日或者小时计价收费,提供住宿必需的用品和设施,并有服务人员向社会公众提供住宿服务的经营场所,包括宾馆、酒店、农家乐、民宿以及提供住宿服务的洗浴、足疗、按摩等场所,这些都属于旅馆。而要设立旅馆,则须在取得工商行政管理部门颁发的营业执照后,向所在地县级以上人民政府公安机关申领特种行业许可证。由此可见,如何界定住房共享法律关系的性质,将直接决定共享房屋自身的性质,并决定对该类民事法律关系采用何种方式进行规制。对此,尚未有法律、法规加以明确规定。

第二,住房共享平台的法律性质。网络平台在住房共享的交易过程中处于一种特殊地位。通常情况下,房屋由出租方与承租方签订租房合同,双方履行各自的义务,并享有相应的权利。一旦出现相关的法律问题,作为纠纷双方的出租人与承租人可以就该问题进行协商,如果不能达成解决方案,则双方当事人可以诉至法院,就该房屋租赁合同进行相应的诉讼。而在共享房屋领域,共享房屋平台的加入,使得该双方法律关系变成一种三方法律关系。在共享房屋租赁合同达成之前,通过该平台,房主发布房源信息,而房客则寻找合适的房源,此时,共享房屋平台处于居间人地位。而一旦交易达成,共享房屋平台并未退出房屋租赁合同,而仍然作为资金托管的第三方,监督合同的履行,同时也作为合同出现纠纷的裁判者。此一过程中,房屋共享平台所处的位置已经不再是居间人,其地位兼具仲裁者、担保人以及第三方支付平台的地位,在此一法律关系中,共享房屋平台前后地位的转换应当如何界定,应当如何定位其在交易过程中所处的位置,其在住房共享的过程中承担何种法律责任?对此,现有的法院判决似乎尚未有明确的态度。

第三,公民隐私权的保护问题。网络平台对房源一般均要求审核,要求业主提供身份证信息、房产证信息等涉及公民个人隐私,消费者注册会员后为了审核身份,网络平台亦要求消费者通过身份证信息。故网络平台一般拥有众多公民的个人信息,对这些信息的保管,网络平台应尽职尽责。但某些不法分子钻技术漏洞，在网络平台软件中使用黑客技术植入病毒，严重威胁用户的信息安全。此外，共享平台上的用户之间也存在信息安全问题。在交易磋商阶段，双方可能会透露出一些信息给对方，而一旦交易不成功，已经透露的信息一旦为对方滥用，就很可能给另一方造成一定的影响，甚至是某些损失。因此，是否应当对未成功交易的主体的隐私权进行保障，如何保障，也是住房共享在发展过程中应当注意的问题。

（二）住房共享引发的公法领域问题

住房共享引发的问题不仅存在于私法领域，其在公共领域同样会引发问题。对此，监管部门乃至立法机关进行调研并形成相应预案，是十分必要的。

第一，流动人口的管理。住房共享一般以短租为主，这必将加大各地的人口流动，不同于酒店与旅馆，共享住房的入住与退房均通过平台进行，而共享平台并未与公安、消防等机关进行联网，因而很难对入住人员的身份加以把握；而即使在入住者实名注册的情况下，入住者陪同人员的身份同样难以核实。由此，如何对共享住房入住者的身份进行核实与管理，如何在发展房屋共享与流动人口管理之间进行适度的平衡，对于上海等特大城市而言，则成为一个需要面对的重要问题。

第二，税收问题。如果将住房共享行为认定为房屋出租，根据我国税法相关规定，房主应当根据不同情况分别缴纳营业税及城市维护建设税与教育费附加、房产税或城市房地产税、个人所得税或企业所得税、印花税[①]，而如果将其性质界定为经营旅馆，则所涉及的税收问题更为复杂。但到目前为止，共享住房的房主往往没有被纳入税收征管范围，而且房屋租金的支付也是通过第三方支付平台，税务机关无法核查。另外，网络平台收取相关服务费也不开具增值税发票，没有相应的纳税凭证，税务机关同样无法向网络平台征税。在这种情况下，如若不对现有的法律法规加以修订，就会导致大量的分享经济活动处于税收监管的灰色地带。在住房共享发展迅猛的情况下，网络平台和业主均从中获取利益，但不承担纳税义务，这种情况的存在，不仅导致了国家税收的流失，对于合法纳税的宾馆和酒店经营者而言，也是一种不公平，因而亟须认真

---

① 《国家税务总局关于加强出租房屋税收征管的通知》（国税发〔2005〕159号）。

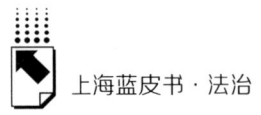

对待。

第三，不正当竞争问题。共享房屋的管理成本低、运营成本少，而使其价格较传统酒店更低。这种情况也使得传统的酒店业在住房共享迅速发展的情况下，遭遇到巨大的竞争压力。在美国，全美最大的公寓业主和运营商 Aimco 公司便因此将 Airbnb 告上法庭。而更为极端的情况则是，美国纽约在 2016 年 10 月签署短租禁令，规定房屋出租 30 天以下将被视为非法，首次违反该法规的房主将被罚款 1000 美元，最高罚款金额可达到 7500 美元；新加坡政府更是通过一项针对短租的立法，这项禁令禁止房屋拥有者提供低于 6 个月的短租行为，而违者不但将被处以高额的罚款，甚至可能面临牢狱之灾。上述事例说明，在任何共享经济领域，都会存在传统经济形态与新兴的共享经济之间如何保护与平衡的问题，此问题的解决需要充分的考量与平衡。但如果任由住房共享领域不加规制地发展，则必然会扰乱正常的市场价格体系，对于经济的长远发展是不利的。

（三）关于住房共享发展的相关建议

住房共享是近年来共享经济发展的一个重要表现，其给住房供给市场带来的变化是不容忽视的。但由于住房的共享需要在一个相对较长的时间内完成，而不会像网约车或者共享单车一样较为迅速地完成交易，似乎正是此种商业模式方面的原因，以及资本在整合住房资源上具有一定的难度，住房共享领域的发展才显得相对较为"迟缓"。也正因此，社会和公众对共享经济的注意力主要集中在交通出行、金融以及知识技能等领域，也使得住房共享领域的发展仍主要依靠市场和企业的推动，监管机关尚未提出有效的规制措施。

正如前文所提到的案例，住房共享的出租者和使用者之间在交易的过程中会出现一些纠纷，而对于这些纠纷的解决，网络平台处于第一线，其对于交易过程的控制、资金往来的保障以及双方身份信息的掌握对于纠纷的解决都具有重要的作用。正是基于平台的此种作用，应当尊重共享平台在纠纷解决领域的各项探索，促进其出台各类监管措施，而此类设施应当包括以下几点。

平台的风险控制。共享平台通过对房源信息进行验真服务，确保房源真实存在并与描述相符，并对房东的照片、手机、身份证、支付信息等进行审核，以确保信息的真实性。在其后的交易过程中，如果某一方出现违约或者侵权行为，平台可以根据相应的程序进行核实和确认，此后，有过错的一方将会获得差评，甚至被平台取消账号。

平台的损害赔偿。共享平台可以设立一定数额的房东保障金，以对房东的损害进行赔偿。由此，一旦出现了类似"上戏事件"的问题，房东可以通过官方平台申请"房东保障金"，平台根据一定程序调查后，可以向房东退款或通过保险来补偿房东的损失。例如，小猪短租为房客提供最高数额10万元的住宿意外险，为房东提供最高数额88万元的家庭财产综合保险，而途家网则提供了高达1000万的"安心租"先行赔付保障基金。

信用记录的建立。信用在确保住房共享交易顺利进行的过程中有着越来越重要的作用，信用无论是对住房共享平台还是供需双方来讲，都具有基础性作用。可以说，住房共享与一般的租房以及宾馆酒店业最重要的区别，就是在交易各方之间所确立的信任关系。为此，共享平台要建立基于自身交易信息的评级系统，通过打分、点评等方式，将信用记录与房客的信誉、房东的评级、房源的推荐度挂钩；此外，共享房屋平台还与第三方信用机构合作，对于达到一定水平的用户，可以享受免收押金、闪订等服务。

除了基于共享交易平台的规制以外，监管部门在考虑对住房共享领域进行规制时，应当尽量听取各方面的意见，尤其是适当平衡住房共享与传统的宾馆、酒店业之间的关系，正确对住房共享的性质进行定位，既不使传统行业受到过分的挤压，也能让新兴经济得到发展空间。为此，需要慎重推出行政许可或者与之类似的行政监管，更多地运用市场化的方式调控；同时减少行政权力对经济的干预，降低地方性立法与上位法之间冲突的概率。

B.18
《上海市网络预约出租汽车经营服务管理若干规定》评析

黄锫*

摘　要： 本文叙述了《上海市网络预约出租汽车经营服务管理若干规定》出台的立法背景，并从网约车准入许可制度、网约车平台的法律责任、相关个人信息保护体系等几个主要方面对该规章中确立的网约车法律规制体系进行了总结归纳。此外还指出该规章中存在网约车行政许可的法律属性不明、与《上海市出租汽车管理条例》的关系不清与《行政许可法》的规定不一致等三个方面的缺陷，同时提出了改善的建议。

关键词： 网约车　行政许可设定　共享经济

2016年12月21日，上海市政府公布生效了《上海市网络预约出租汽车经营服务管理若干规定》（以下简称《网约车若干规定》），对上海市范围内网络预约出租汽车（以下简称"网约车"）的经营服务进行了全面规范。以此为起点，上海市范围内的网约车经营活动有了本地的政府规章依据，正式被纳入了法治的轨道。网约车是当前日益勃兴的共享经济的典型形态，它与广大市民的日常生活息息相关，是城市交通系统中的重要组成部分，其运作的好坏直接关系城市交通系统运作的状态与市民们的出行感受。而作为本地规范网约车经营活动最重要的法律依据之一，《网约车若干规定》的生效实施必将会对上海市范围内网约车行业的发展产生重要的影响。

---

* 黄锫，同济大学法学院副教授。

一 《网约车若干规定》的立法背景

网约车的出现可以追溯到2012年8月,当时杭州快智科技有限公司推出了快的打车软件。同年9月,北京小桔科技有限公司推出了滴滴打车软件。这两个手机打车软件的推出宣告了通过手机互联网打车时代的开始。上海作为超大型城市,理所当然成为手机打车软件推广的重点区域。这两个打车软件推出之初,主要是与传统的巡游出租车相结合,为使用者提供通过手机预约巡游出租车的服务,属于传统路边扬招出租车和电话预约出租车两种打车方式的补充。这种打车方式为出租车司机提供了更多的客源,降低了出租车的空驶率,因此受到了出租车司机的迅速接纳。同时这种打车方式也便利了乘客随时随地预约出租车,降低了乘客寻找与等待出租车的时间成本,因此也很快获得了乘客们的认同。经过初期打车软件公司艰难的推广,也得益于同时期我国智能手机的迅速普及,打车软件在2013年迎来用户量的爆发式增长。

打车软件的普及缓解了城市出行需求与出租车数量限制之间的矛盾,然而同时也带来了两个新的问题。一个问题是出租车的加价问题。在当时滴滴打车与快的打车的软件设置中,都存在乘客加价预约出租车的功能,使乘客在交通拥堵的高峰期(如上下班期间)可以通过加价的方式竞争预约出租车。这一软件设置导致在交通高峰期,许多出租车司机倾向于接受通过打车软件出价较高者的预约申请,这就忽略了传统路边扬招的乘客。结果,在城市交通高峰期间,许多路边扬招出租车的乘客,明明看到许多亮着空车灯的出租车,却怎么也打不到车。这种现象随着滴滴公司与快的公司通过对出租车司机与乘客的高额补贴来抢占市场的竞争方式的出现而愈演愈烈。另一个问题是通过手机打车软件预约到黑车的现象。所谓黑车是指没有获得出租车营运许可证而从事出租车营运的私家车,它是上海市出租车领域中长期存在的现象,交通执法部门对黑车一直维持着严格执法的态度。传统上黑车一般都集中在郊区地铁站等人流较集中的地带,然而在打车软件的普及过程中,黑车也开始借助打车软件的信息开始蔓延。

这两个问题的发生有着一个先后的过程。在打车软件普及的初期,出租车加价的问题更为突出①。2013年上半年打车软件在全国不同城市开始使用,由于人口基数大,出租车需求量高,上海市区范围内乘客通过手机打车软件进行的加价竞争率先开始出现问题,特别是在上下班交通高峰期,如果不通过打车软件进行加价预约,几乎就很难叫到出租车,许多尚未习惯使用打车软件的乘客对此十分不满并不断投诉,这就凸显了政府实施规制的必要性。2013年7月5日,上海市交通运输和港口管理局制定发布了《关于规范本市出租汽车预约服务管理的通知》(沪交客〔2013〕437号),其中明确规定:"禁止出租汽车驾驶员使用具有价外加价、显示乘客目的地、乘客详细信息等功能的技术产品承接预约服务。"其中的"技术产品"指的就是滴滴打车、快的打车一类的打车软件。之后加价竞争的问题蔓延到全国每个使用打车软件的城市,到了2014年7月9日,交通运输部发布《关于促进手机软件召车等出租汽车电召服务有序发展的通知》,其中明确规定出租汽车电召收费应当符合当地出租车运价管理相关规定,不得违反规定加价。这意味着当时出租车加价竞争的问题已经成为全国性的普遍问题。上海市交通委员会②依据交通运输部的这一通知在2014年9月下发《关于规范出租汽车手机软件召车等网络预约服务管理的通知》,其中明确要求第三方打车软件公司在当年9月19日取消加价功能。

手机软件预约到黑车的问题则是在2014年初在上海出现并逐步泛化的。由于多次接到乘客通过打车软件预约到黑车的投诉,上海市交通委员会于当年5月曾与滴滴公司和快的公司协商,希望两家公司能提交黑车异常交易的数据,但是当时上海市交通委员会与两家公司的沟通并不顺畅③。同时,上海市政府开始着手制定《上海市查处车辆非法客运办法》,并于2014年8月1日正

---

① 2013年2月21日,交通运输部发布的《交通运输部关于规范发展出租汽车电召服务的通知》(交运发〔2013〕144号)中并没有对出租车的加价问题进行规范,只是要求"加强对第三方电召服务平台的监管与规范",在价格方面则提出"探索根据交通高低峰实行分时段差别化价格,引导社会公众合理选择出行方式"。交通运输部这一行政规范性文件的内容说明当时出租车加价竞争问题尚未成为全国普遍性的问题。

② 在2014年上海市的政府机构改革中,成立了上海市交通委员会,继受了原上海市交通运输和港口管理局的行政职权。

③ 2014年5月27日,上海市政府新闻办公室官微上发布一条题为"滴滴、快的拒交黑车数据"的微博,其中指出与滴滴和快的两大打车软件公司合作的车辆并非都是正规出租车,而是存在一定数量的黑车。参见《北京青年报》2014年5月26日。

式生效。这一地方政府规章制定的缘由之一就是在上海市区域范围内发现"个别打车软件等网络工具提供非法客运的信息",因此在该规章中明确禁止提供召车信息的服务商通过网站、手机软件等工具提供黑车信息。之后,上海市交通委员会在2014年9月发布的《关于规范出租汽车手机软件召车等网络预约服务管理的通知》中,再次强调了网约车平台公司应在规定时间内向行政管理部门提供已注册的驾驶员和车辆信息,且不得为不具备客运许可的个人和车辆提供预约信息。

但是,上海市制定的这些规范性法律文件似乎并没有遏止黑车通过打车软件蔓延的势头。特别是在2014年6月,优步(Uber)公司宣布进入中国市场,推出了旨在占领高端出行市场的专车服务。滴滴公司和快的公司迅速跟进,分别推出了"滴滴专车"和"一号专车"服务。同年8月,三家公司分别推出了定位中低端的"人民优步"、"滴滴快车"和"一号快车"专车服务。这些所谓的专车服务中包含了许多不被相应行政许可的私家车的接入,为了规避法律的禁止性规定,打车软件平台公司采用了复杂的"四方协议"模式,即由打车软件平台公司、汽车租赁公司、私家车司机和劳务派遣公司分别签订协议,从而使打车软件平台公司提供私家车出租服务中的法律关系变成了:打车软件平台公司撮合汽车租赁公司出租的汽车与劳务派遣公司派遣的司机,提供出租车服务的法律关系。通过这种表面上合法的协议方式,在2014年下半年至2015年上半年间,大量私家车接入打车软件公司平台,与传统巡游出租车产生了直接的冲突,导致传统出租车行业的强烈反对,在全国一些地方甚至出现了巡游出租车司机集体罢运的事件。而各地交通执法人员处罚专车司机的执法活动也随之引发了专车司机们的不满,甚至也同样演化为群体性事件。

在这一社会背景下,上海市地方政府体现了锐意改革的勇气。2015年10月8日,上海市交通委员会向滴滴快的专车平台(此时滴滴公司和快的公司已经合并)颁发了全国首份"网络约租车平台经营资格许可证",这使上海成为第一个网约车平台合法化的地域。2015年10月10日,交通运输部公布了《网络预约出租汽车经营服务管理暂行办法》的征求意见稿,其中将打车软件平台公司正式定名为"网约车平台公司",并初步构建了法律规制框架。交通运输部的征求意见稿出台后,由于争议过大,直到近一年后的2016年7月28日才发布了由交通运输部等七部委联合制定的《网络预约出租汽车经营服

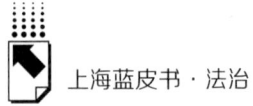

管理暂行办法》（以下简称《网约车暂行办法》），并于2016年11月1日起正式生效。这一部门规章首次从国家层面承认了网约车的合法性，对于共享经济的发展具有里程碑式的意义。在这一部门规章生效的同时，交通运输部发文要求各城市交通运输部门在当地政府的领导下，制订网约车的具体实施方案。

就此，上海市交通委员会于2016年10月8日在其网站发布了《上海市网络预约出租汽车经营服务管理若干规定（草案）》公开征求意见。同年12月21日，上海市政府公布地方政府规章——《上海市网络预约出租汽车经营服务管理若干规定》（沪府令48号），并于公布之日起生效。

二 《网约车若干规定》确立的法律规制框架

《网约车若干规定》出台之后，成了上海市区域范围内规制网约车经营活动最主要的规范性法律文件，它主要从以下几个方面确立了对网约车的基本法律规制框架。

（一）准入许可制度的建立

网约车的准入制度是对网约车经营活动进行法律规制的最重要途径之一。在交通运输部等七部委联合发布的《网约车暂行办法》中对网约车平台公司、网约车车辆和网约车驾驶员分别设定了"网络预约出租汽车经营许可证""网络预约出租汽车运输证""网络预约出租汽车驾驶员证"三种行政许可，构建了网约车准入许可制度的基本框架。而上海市政府制定的《网约车若干规定》中则对这三个网约车准入许可条件进行了细化规定。

1. 网约车平台公司的准入许可条件

在《网约车暂行办法》中，交通运输部等七部委构建了网约车平台公司的基本准入条件，包括网约车平台公司具备线上线下服务能力，具备企业法人资格，具备从事网约车经营必要的互联网信息数据交互处理能力，服从相关部门的信息监管与建立必要的网络安全管理制度，具备必要的电子支付能力，在服务地建立相应的服务机构等。

上海市政府的《网约车若干规定》在《网约车暂行办法》规定条件的基础上，结合本地的实际情况，细化规定了网约车平台公司应当具备的四个条件,包括非上海市注册的网约车平台公司应当在上海市设立分支机构,网约车平台公司的平台数据应当接入管理部门的行业监管平台,网约车平台公司在上海市应有与注册车辆数和驾驶员人数相适应的办公场所、服务网点和管理人员,网约车平台公司应当投保承运人责任险。《网约车若干规定》中的这四个条件是对《网约车暂行办法》中设定的网约车平台公司行政许可条件的细化规定,确保了上海市区域范围内的网约车平台公司具备必要网约车经营能力,以便为乘坐网约车的乘客提供安全、周到的服务。

2. 网约车车辆的准入许可条件

在《网约车暂行办法》中,对从事网约车的车辆许可条件进行了限定,包括:①网约车车辆必须是7座及以下乘用车。这一许可条件使得只有普通的小汽车才能从事网约车服务,超过7座的客货车则不能从事网约车服务。②网约车车辆必须安装具有行驶记录功能的车辆卫星定位装置、应急报警装置。③车辆技术性能符合运营安全相关标准要求。这两个许可条件旨在提高网约车的安全性,确保网约车车辆的安全行驶。同时,考虑到各地具体情况不一,《网约车暂行办法》中在规定了网约车车辆的基本条件后,还授权各地的出租汽车行政主管部门,按照"高品质服务、差异化经营"的发展原则,结合本地实际情况确定适合本地的网约车车辆的具体标准和营运要求。

于是,上海市政府在《网约车若干规定》中对在上海市从事网约车服务的车辆进一步规定了必须符合的准入许可条件,其中最重要的两个新增条件是:①车辆必须在上海市注册登记。这一许可条件意味着只有上海市的沪牌车辆才能在本地从事网约车经营活动,外地车牌的车辆不允许在上海市从事网约车经营活动,这就大幅度减少了可以从事网约车经营的车辆数量。②要求车辆的轴距必须在2600毫米以上。这一规定改变了之前在《上海市网络预约出租汽车经营服务管理若干规定(草案)》中所规定"燃油车辆轴距达到2700毫米以上,新能源车辆轴距达到2650毫米以上"的许可条件,在一定程度上增加了可以从事网约车经营的车辆数量,同时也能大体满足网约车提供高品质服务的车辆硬件要求。

3. 网约车驾驶员的准入许可条件

在《网约车暂行办法》中,对网约车驾驶员的准入许可条件包括:①取

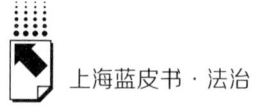

得相应准驾车型机动车驾驶证并具有3年以上驾驶经历；②无交通肇事犯罪、危险驾驶犯罪记录，无吸毒记录，无饮酒后驾驶记录，最近连续3个记分周期内没有记满12分记录；③无暴力犯罪记录。这三个准入许可条件提高了网约车驾驶员的可靠程度，能够增强乘客对于网约车的信任感。另外出于因地制宜的考虑，《网约车暂行办法》中还规定各个地方城市的人民政府可以结合本地的实际情况规定网约车驾驶员需要具备的其他条件。

于是，上海市政府在《网约车若干规定》中进一步限定了在上海市区域范围内从事网约车经营活动的驾驶员的准入许可条件，包括：①网约车驾驶员必须具有上海市户籍；②网约车驾驶员自申请之日前1年内，无驾驶机动车发生5次以上道路交通安全违法行为；③网约车驾驶员自申请之日前5年内，无被吊销出租汽车从业资格证的记录；④网约车驾驶员截至申请之日，无5起以上道路交通违法行为逾期尚未接受处理的情形。在这四个新增的条件中，第一个户籍条件严格限制了能够在上海市区域范围内从事网约车经营活动的驾驶员的数量，也引起了一些争议。后三个条件则进一步提高了对驾驶员驾驶能力和品行的要求，有利于增强乘客对网约车的信任。

（二）网约车平台法律责任的理清

在网约车运营过程中，安全问题是人们关注的重要问题之一。一旦发生了交通安全事故，如何分清各方的责任、保护网约车乘客的权益一直是网约车发展中的争论问题。在上海市的《网约车若干规定》中，首次明确了网约车平台公司在网约车发生安全事故时，应当对网约车的乘客承担先行赔付责任，这样就确保网约车的乘客能够在安全事故发生的第一时间获得赔偿，充分保护其权益。同时，网约车驾驶员的合法权益也是《网约车若干规定》中重点关注的对象，其中要求网约车平台公司必须与驾驶员签订劳动合同或者协议，如建立劳动关系，应依法订立书面劳动合同，缴纳社保费。如签订其他协议的，协议中应当包含网约车营运期间驾驶员意外伤害保障条款。

从这些法律责任的规定来看，《网约车若干规定》侧重于保护网约车驾驶员和乘客的合法权益，对网约车平台公司设置了比较严格的法律责任承担要求。网约车平台公司相对于驾驶员及乘客，在事实上处于强势地位，因此这种法律责任的配置方式具有现实的必要性与合理性。

(三)个人信息保护体系的构造

网约车经营活动是通过移动互联网进行的,在此过程中会收集相关主体的大量个人信息,如手机号码、出行目的地、出行规律、支付账号等,这些个人信息如果得不到保护就有可能会危害到乘客的个人隐私权,因此在《网约车若干规定》中对于个人信息的保护也专门做出规范,主要包括以下三点。

(1)《网约车若干规定》中要求网约车平台公司应当通过其服务平台以显著方式将驾驶员、约车人和乘客等个人信息的采集和使用的目的、方式和范围进行告知。未经信息主体明示同意,网约车平台公司不得使用前述个人信息用于开展其他业务。这一规定重申了个人信息保护法领域中最基本的"知情同意原则",要求作为信息控制者的网约车平台公司事先告知信息主体关于收集、使用个人信息的情况,确保信息主体的知情权。

(2)《网约车若干规定》中要求网约车平台公司采集驾驶员、约车人和乘客的个人信息,不得超越提供网约车业务所必需的范围。这一规定旨在防止网约车平台公司超越必要的范围收集相关人员的个人信息,减少对个体隐私权侵害的风险。同时,《网约车若干规定》中还要求,除配合国家机关依法行使监督检查权或者刑事侦查权外,网约车平台公司不得向任何第三方提供驾驶员、约车人和乘客的姓名、联系方式、家庭住址、银行账户或者支付账户、地理位置、出行线路等个人信息,不得泄露地理坐标、地理标志物等涉及国家安全的敏感信息。这一规定旨在减少个人信息的泄露风险。同时还强调万一发生信息泄露后,网约车平台公司应当及时向相关主管部门报告,并采取及时有效的补救措施。

(3)《网约车若干规定》中还对个人信息的跨境流动进行了限制,要求网约车平台公司采集的个人信息和生成的业务数据,必须在中国内地存储和使用,保存期限不少于2年,并且规定这些个人信息和数据不得外流。

(四)其他重要的制度性规定

除了以上主要的网约车规制措施外,《网约车若干规定》中还对其他一些网约车经营活动的重要内容进行了规范,包括:上海市网约车运价实行市场调节价;与网约车相关的三个行政许可证的有效期是3年;个人只能为其所有的一辆车辆申请从事网约车经营;交通行政管理部门的监管职责以及对网约车平台和驾驶员的处罚方式等内容。这些制度性的规定构建了上海市网约车法律规制的基本框架。

三 《网约车若干规定》存在的缺陷及改善途径

《网约车若干规定》的出台对于规范上海市区域范围内的网约车经营活动起到了重要的作用。在网约车日益成为市民交通出行重要组成部分的社会环境中,将网约车及时纳入法律规制的轨道,构建起基本的法律规制框架,这为网约车的健康发展提供了必要的制度支撑,也为市民交通出行的安全与便捷提供了法律保障。然而与此同时,也应当看到《网约车若干规定》中还存在这一些有待完善的缺陷之处,对这些缺陷的分析有助于今后进一步改善网约车的法律规制框架。

(一)《网约车若干规定》存在的缺陷

总体而言,《网约车若干规定》中的主要缺陷包括以下几个方面。

1.《网约车若干规定》中三个网约车行政许可的法律属性不明

如上所述,在《网约车若干规定》中设定了"网络预约出租汽车经营许可证""网络预约出租汽车运输证""网络预约出租汽车驾驶员证"三种行政许可。《网约车若干规定》的法律属性是省级地方政府制定的地方政府规章。在我国《行政许可法》第15条中,规定省级地方政府规章只能设定临时性的行政许可,且该临时性的行政许可的实施期限最长为1年。因此,如果将《网约车若干规定》中对三种网约车行政许可的设定视为《行政许可法》第15条中规范的行政许可设定行为,那么意味着上海市政府通过《网约车若干规定》设定的只是实施有效期只有1年的临时性许可。从实际情况来看,这是难以令人接受的,毕竟网约车并不是一种只会在短时期存在的社会经济现象,需要形成一个长期的法律规制框架予以规制。

于是,只能将《网约车若干规定》中的三个网约车行政许可归为《行政许可法》第16条中对上位法已经设定行政许可的细化规定行为。但是如果这样理解三个网约车行政许可,那么就会发现很难找到这三个网约车行政许可的上位法依据。这是因为，交通运输部等七部委发布的《网约车暂行办法》中虽然设定了三个网约车行政许可，但是《网约车暂行办法》的法律属性是部门规章。依据我国《立法法》第 91 条的规定，省级地方政府规章与部门规章的法律效力并没有高低之分，也即《网约车暂行办法》并非《网约车若干规定》的上位法依据。即使《网约车暂行办法》中设定了三个网约车的行政许可，也不能作为《网约车若干规定》中三个网约车行政许可的上位法依据。

还有一种观点认为《网约车若干规定》中三个行政许可的上位法依据是国务院在 2004 年制定的《国务院对确需保留的行政审批设定行政许可的决定》（国务院第 412 号令，简称"国务院 2004 年 412 号令"）。因为在国务院制定的这一决定中，通过表格的形式设定了 500 项行政许可，其中第 112 项设定了与出租汽车相关的出租汽车经营资格证、车辆运营证和驾驶员客运资格证三个行政许可[①]。然而这种观点是值得商榷的，在"国务院 2004 年 412 号令"中，明确授权"国务院有关部门"对决定中所设定的行政许可的条件进行具体规定，而并没有授权省级地方政府可以对其设定行政许可的条件进行具体规定。也就是说即使"国务院 2004 年 412 号令"中设定的三个出租车相关行政许可能够作为三个网约车行政许可的上位法依据，那么对于这三个行政许可的具体条件也只能由交通运输部来规定，而不能由地方省级政府来规定。虽然在《网约车暂行办法》中授权地方政府可以对网约车行政许可的具体条件进行规定，但是部门规章这种对行政许可条件设定权力的再授权事实上与《行政许可法》中规定的许可设定权限分配存在冲突，其合法性是存在争议的[②]。

可见，《网约车若干规定》中设定的三个网约车行政许可究竟属于行政许可的创设性的设定，还是属于对上位法已经设定的行政许可的细化规定，这一点并不清晰，存在含糊之处。这也就导致《网约车若干规定》中的这三个网约车行政许可的合法性仍然存在疑问。

[①] 依据《行政许可法》第 14 条的规定，国务院决定只能在必要时设定行政许可，且应当"及时"提请全国人民代表大会及其常委会制定法律或自行制定行政法规。也就是说国务院决定设定的行政许可在法律性质上属于临时性的行政许可，不能长期存在，而应当及时转化为法律或行政法规的规定。但是从 2004 年到 2017 年的十数年间，"国务院 2004 年 412 号令"中设定的出租车相关三个行政许可并没有上升为法律或行政法规中的规定。

[②] 沈福俊：《网络预约出租车经营服务行政许可设定权分析——以国务院令第 412 号附件第 112 项为分析视角》，《上海财经大学学报》2016 年第 6 期。

2.《网约车若干规定》与《上海市出租汽车管理条例》的关系不清

《上海市出租汽车管理条例》是上海市人民代表大会常委会制定的地方性法规,在其中的第 9 条、第 10 条、第 11 条和第 14 条中分别设定了提供出租汽车客运服务的企业与个人的行政许可、出租汽车驾驶员的行政许可和出租汽车车辆的行政许可。这几种由地方性法规设定的行政许可是符合《行政许可法》第 15 条所规定的地方性法规的许可设定权限,因此是具有法律效力的。这意味着它与《网约车若干规定》中设定的三个网约车行政许可并存。那么,这几种由地方性法规设定的出租车相关行政许可与三个网约车行政许可之间的关系是并列关系还是包含关系呢?

从国家层面而言,2016 年《国务院办公厅关于深化改革推进出租汽车行业健康发展的指导意见》(国办发〔2016〕58 号)中已经将出租车明确区分为巡游出租汽车和网约出租汽车两大类型。交通运输部 2016 年也将原先的《出租汽车经营服务管理规定》修改为《巡游出租汽车经营服务管理规定》,与《网络预约出租汽车经营服务管理暂行办法》并列,分别规制巡游出租汽车和网约出租汽车,也就是说将巡游出租汽车与网约出租汽车中设定的行政许可作为并列关系。但是上海市层面目前尚未对《上海市出租汽车管理条例》进行修订,与《网约车若干规定》呈现同时生效的状态,且上海市层面也没有明确两份规范性法律文件中各自设定的行政许可之间是什么关系。不过,从目前两份规范性法律文件规定的内容观察,《上海市出租汽车管理条例》中设定出租车行政许可与《网约车若干规定》中设定的网约车行政许可至少不应当是包含关系。因为《网约车若干规定》属于省级地方政府规章,从法律效力级别上低于作为地方性法规的《上海市出租汽车管理条例》,而《网约车若干规定》中的许多规定与《上海市出租汽车管理条例》中的规定不同(例如前者要求从事网约车的车辆轴距在 2600 毫米以上,后者则无此规定)。如果两者是包含关系,那么就会导致《网约车若干规定》中的许多内容可能会与《上海市出租汽车管理条例》中的规定相违背而无效。因此两者更有可能是并列关系,但目前并无权威的解释。

3.《网约车若干规定》中的部分内容与《行政许可法》的规定不一致

我国《行政许可法》中对于地方政府规章设定行政许可的权限进行了严格的限制,其中第 15 条第 2 款规定:"地方性法规和省、自治区、直辖市人民政府规章，……其设定的行政许可，不得限制其他地区的个人或者企业到本地区从事生产经营和提供服务，不得限制其他地区的商品进入本地区市场。"这一条文旨在防止地方性的规范性法律文件通过设定行政许可的方式来实施地方保护主义。而在《网约车若干规定》第8条中却明确要求在上海市区域范围内从事网约车的车辆必须在上海市注册登记，同时第9条中要求在上海市区域范围内从事网约车经营的驾驶员必须具有上海市的户籍。这两个规定事实上限制了外地车牌的车辆和外地户籍的驾驶员在上海市范围内从事网约车的可能性，与上述《行政许可法》的规定不一致。虽然对于上海这样一个超大型城市来说，这样的限制对于维护网约车的日常行政管理活动具有一定的现实合理性，但是这是以可能违反《行政许可法》的规定为代价，其间的利弊权衡值得立法者再思考。

（二）《网约车若干规定》缺陷的改善途径

分析《网约车若干规定》中存在的缺陷是为了能够提供改善的途径。基于以上三方面缺陷的分析，我们可以进一步提出相应的改善途径。

（1）如果国家层面关于网约车的法律规范暂时无法调整，那么将作为地方政府规章的《网约车若干规定》上升为地方性法规会解决上海市区域范围目前存在的网约车相关法律依据的合法性争议①。因为依据《行政许可法》第15条的规定，地方性法规有权在法律、行政法规没有设定行政许可时，创设性地设定行政许可。一旦将《网约车若干规定》上升为地方性法规，那么其中设定的三种网约车行政许可就成为由地方性法规创设性设定的行政许可，并且依据《行政许可法》的规定，由地方性法规设定的行政许可可以长期存在，这样就避免三个网约车行政许可成为实施有效期只有1年的临时性行政许可。

此外，可以同时将《上海市出租汽车管理条例》略作修订，将其作为专门规制巡游出租车的地方性法规。这样《网约车若干规定》与《上海市出租汽车管理条例》就分别规制网约出租汽车和巡游出租汽车，和国家层面目前

---

① 有学者也提出了类似的建议，参见沈福俊《网络预约出租车经营服务行政许可设定权分析——以国务院令第412号附件第112项为分析视角》，《上海财经大学学报》2016年第6期。

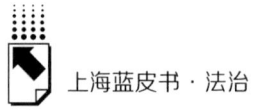

对出租车的规制思路相一致，同时也避免了《网约车若干规定》因违反《上海市出租汽车管理条例》的规定而无效。

（2）《网约车若干规定》中限制了只有上海户籍的驾驶员和上海本地注册的车辆才能在本地从事网约车经营活动，这一规定与《行政许可法》之间的不一致比较明显。如上所言，虽然从实际的行政管理角度而言，这一规定具有其存在的现实合理性。但是如何协调其与《行政许可法》之间的关系仍然是无法回避的问题。笔者提出的立法建议思路是取消对网约车车辆和网约车驾驶员的地域限制，同时为了防止外地网约车和驾驶员在上海市区域范围的爆发式增长，可以相应提高对网约车车辆档次的要求。例如要求在上海市区域范围内从事网约车的车辆必须满足评估价在40万元以上，且将该车辆从事网约车的期限限定为3年，期满后必须另行购买满足条件的车辆才能继续从事网约车经营。这种方式一方面可以回应目前对户籍限制和车牌注册地限制的批评，另一方面也可以通过经济杠杆调解网约车的数量，并确保网约车能够满足提供高品质服务的车辆硬件条件，与国家层面对网约车的应然定位保持一致。

结　语

《网约车若干规定》的实施是上海市政府对共享经济进行法律规制的重要一步，不但会对作为共享经济重要组成部分的网约车经营活动产生重要影响，同时也会为随之而来的共享经济浪潮的法律规制提供借鉴，今后共享单车、共享住宿等类似的经济形态的法律规制方式都会从这一政府规章中获取参照。《网约车若干规定》迄今已经实施数月，也已经出现了以上新的问题[①]，今后我们应对《网约车若干规定》的实施情况进行持续的观察，对其实施效果进行适时评估，以便不断改进网约车的法律规制方式，同时也为对其他共享经济的法律规制提供经验借鉴。

[①] 在2017年春节前后出现了滴滴打车难的现象，通过滴滴打车软件如果不加价几乎就预约不到出租车。2017年1月24日上海市交通委员会紧急约谈滴滴公司，要求取消打车软件中的出租车加价功能。2017年2月1日起，滴滴打车软件在上海区域范围内正式取消加价功能。

案例篇

Report of Case Studies

B.19 闵行区住宅小区平安建设评估报告

彭 辉[*]

摘 要： 通过调研，闵行区住宅小区平安建设属于较高层次，但也存在受访者对平安小区建设的关注度较高，但参与度较低；受访者对技防物防的关注程度要高于人防；受访者对居委会、业委会、物业公司、结对律师、居民志愿者、社区民警、其他相关社区管理主体等在平安小区中功能作用的满意度不一致等问题。不同背景的受访者对平安小区建设的满意度、感受度差异明显。本报告认为对于问题与短板应共同商讨解决和补齐，把握工作重点；夯实基础，抓紧抓牢基础工作；注重引导，营造全民参与氛围。

关键词： 闵行 住宅小区 平安建设 协同治理

---

[*] 彭辉，上海社会科学院法学研究所副研究员。

深入推进平安小区协同治理模式是闵行区委、区政府"创新社会治理，加强基层建设"的一项重要举措，也是2016年区委、区政府的重点工作之一。住宅小区平安建设的内涵就是以小区治理权责法定为依据，以小区物业安保为抓手，由公安机关启动，物业企业响应实施，房管、司法等职能部门和居民委员会、业主委员会等社会组织多方联动的小区治安防控体系。在这一背景下，适时对闵行区住宅小区平安建设整体情况进行全面、中立、科学的评估具有重大意义。为此，本课题组组建跨学科、跨部门、跨单位的专业评估小组，对闵行区住宅小区平安建设的形势、任务及重点开展独立、客观的第三方评估工作。

一 评估指标体系构建

构建闵行住宅小区平安建设评估指标体系，并对闵行区住宅小区平安建设进行客观的测量，不仅是各类理论研究的前提条件，也可以从中发现闵行住宅小区平安建设中的优势所在和不足之处。经过3轮评估组"设计—修改"指标体系过程，以及2轮专家论证指标体系过程，最终形成"闵行区住宅小区平安建设评估指标体系"，用以衡量闵行住宅小区平安建设工作综合水平。

1. 小区治安管理 A1

小区居住人口结构发生变化，使得社区治安更加复杂化。这几年，随着流动人口急剧增加，给居民小区治安管理带来新的问题。社会中的一些无业闲散人员增加了社会不稳定因素，使得三车盗窃情况、入室盗窃案件、划伤汽车案件时有发生，危害群众，破坏社会稳定。本课题将从小区出入管理C1、物业保安巡逻C2、保安工作面貌C3、小区治安变化C4、三车盗窃情况C5、入室盗窃案件C6、划伤汽车案件C7、小区治安标识C8、居民之间矛盾纠纷化解C9、业主与物业企业矛盾纠纷化解C10、业主与业主委员会矛盾纠纷化解C11等11个角度对闵行住宅小区平安建设之小区治安管理工作指标开展评估。

2. 小区技防物防 A2

技术防范是住宅小区安全防范的重要组成部分，也是遏制入室盗窃案高发的有效手段。闵行有的居民住宅小区安防系统远未达到合格标准，有些居民住宅小区的技防设施维护、保养资金未能得到保障，致使一些技防设施未能得到及时维护、保养，不能正常运转，部分住宅小区监控探头变成"瞎子"，报警系统无法正常工作。技防系统"全残""半残"，不能发挥效应，存在较大的安全隐患。本课题将从小区维修资金关注度C12、定期公开维修资金C13、维修资金公开内容C14、维修资金公开频率C15、维修资金公开方式C16、技防物防设施运作情况C17、技防物防设施维护情况C18等7个维度对闵行住宅小区平安建设之小区技防物防工作指标开展评估。

3. 小区建设关注参与度A3

公众参与是平安小区的内在动力，人既是平安小区建设的客体，又是平安小区建设的主体。没有人，就没有发展；同样，没有居民的广泛参与，也就无所谓平安小区工作的开展。从这个意义上说，居民对平安小区建设关注度、参与度状况决定着平安小区建设的效果。平安小区建设是现代化进程中社会发展的必然选择，我们要利用小区资源，特别是小区丰富的人力资源，调动小区的一切积极因素，共创小区美好的明天。本课题将从居民对平安建设信息关注度C19、居民对居委微信公众号关注度C20、居委微信公众号内容C21、参与平安小区建设意愿C22、对业委会组成人员了解程度C23、对业委会工作情况了解程度C24、更新或新增技防设施意愿C25、增加物业费标准意愿C26、增加小区物业费C27等9个维度对闵行住宅小区平安建设之居民关注度、参与度工作指标开展评估。

二 评估基本流程

围绕"闵行住宅小区平安建设评估指标体系"的内容，本次第三方评估通过科学的调查与统计方法，运用问卷调查方式，收集社区公众对闵行住宅小区平安建设现状的意见和态度倾向等民意调查主观评价数据。问卷调查主要采用多阶抽样的概率抽样方法，结合使用配额抽样，按闵行中心区:闵行近郊区:闵行远郊区＝2:2:1比例抽取，即抽取2个闵行中心区住宅小区、抽取2个闵行近郊区住宅小区、抽取1个闵行远郊区住宅小区，共发放问卷300份，有效回收259份，有效回收率为86.3%。本研究运用SPSS统计软件对受访群体进行描述性分析，样本数据来源与分布特征参见表1。

表 1　社会公众问卷调查样本构成

类别	基本指标	频数	百分比(%)	类别	基本指标	频数	百分比(%)
年龄	90后	22	8.49	职业	商业或服务业员工	11	4.25
	80后	121	46.72		工人	6	2.32
	70后	68	26.25		农民	0	0
	60后	24	9.27		办事人员(党政机关、事业单位、企业基层管理人员和非专业性办事人员)	85	32.82
	50后	18	6.95		学生	2	0.77
	40后	6	2.32		离退休人员	23	8.88
在困行区居住的时间	1年以下	13	5.02		其他	24	9.27
	1~3年	22	8.49	收入	6万元以下	77	29.73
	3~5年	17	6.56		6万~12万元	97	37.45
	5~7年	18	6.95		12万~24万元	58	22.39
	7~10年	23	8.88		24万元以上	27	10.42
	10~15年	47	18.15	物业费每平方米	0.5元以下(不含0.5元)	23	8.88
	15年以上	119	45.95		0.5元~1元(不含1元)	74	28.57
学历	初中及以下	10	3.86		1元~2元(不含2元)	127	49.03
	高中及中专	19	7.34		2元~3元(不含3元)	29	11.2
	本科及大专	190	73.36		3元以上	6	2.32
	硕士研究生	36	13.9	居住小区性质	商品房小区	114	44.02
	博士研究生	4	1.54		动迁房小区	68	26.25
职业	党政、事业和社会团体负责人	10	3.86		农民自建房小区	5	1.93
	企业中高层管理人员	32	12.36		商品房和动迁房混合型小区	66	25.48
	私营企业主	3	1.16		单位自建房小区	6	2.32
	专业技术人员(科研工作者、教师、医生、会计、工程技术人员等具有技术职称)	55	21.24	小区成立时间	5年以下	56	2.62
					5~10年	78	30.12
	个体工商户	4	1.54		10~15年	66	25.48
	下岗失业人员或无业者	4	1.54		15~20年	36	13.9
	军人	0	0		20年以上	23	8.88

三 总体评估结果与分析

1. 评估总得分

评价指标的计算公式如下：

$$A = \sum_{i=1}^{27} W_i D_i$$

式中：A——表示闵行住宅小区平安建设评估总指数

W_i——表示第 i 个指标的组合权重

D_i——表示第 i 个指标的分数

根据问卷调查的主观评价数据，以及闵行住宅小区平安建设客观工作数据，评估组综合评估发现：运作三年来，闵行住宅小区平安建设水平达到良好程度，闵行住宅小区平安建设评估得分为3.4010分，闵行住宅小区平安建设水平属于较高层次。

2. 一级指标评估得分

从指标评估得分看，小区治安管理A1得分为3.4612分，小区技防物防A2得分为3.2616分，小区建设关注参与度A3得分为3.4802分。

（1）在小区治安管理A1指标方面，积极打造党委领导、政府主导、社会协同、公众参与、法治保障的基层社区创安工作平台和工作机制。2015年3月至2016年11月底，小区居民、物业、街镇共投入约1.2597亿元（其中维修资金、公共收益投入和开发商资助7140.92万元，街镇投入5456.32万元）用于修复、新增16875个视频探头、9974扇防盗门和134个电子围栏。

（2）在小区技防物防A2方面，按照《关于印发〈推广和深化平安小区协同治理模式（平安家园工程）操作指导手册〉的通知》（闵综治办〔2015〕7号）等文件要求，指导小区公共部位新增、更新技（物）防设施；公安部门会同建设行政主管部门对于新建交付使用3年内即发生故障、不能正常使用的技防设施就其损坏的责任归属出具明确意见，并督促责任单位落实整改。目前981个小区已配备到位，全区所有小区均建成平安建设公示栏；以居委会为单位建成平安建设微信公众号469个，覆盖1028个居民小区。公示栏和微信公众号定期公布社区警情通报，社区人防、物防和技防检查情况，隐患漏洞整改措施等内容。

（3）在小区建设关注参与度 A3 方面，平安小区建设就是要让群众把社区内的安全防范工作当作自己的事情来关心、落实，用同理心处理公共事务，更能把公共空间当作自己的家来看待。通过田园模式的开展，一方面让群众参与到小区建设的方方面面，比如组织平安志愿者参与烟花爆竹管制、道路交通整治、小区治安巡逻等工作，入户发放禁毒、防范电信诈骗等宣传资料，形成群防群治的工作格局；探索开展"补短板"社区实事服务项目，居民们通过居民议事会提出想法，经过讨论后形成一个项目。在项目被确立之后，通过互联网平台"点赞网"进行大众投票，达到票数之后，项目就能通过并开始实施，街道给予一定的资金扶持，通过此举提高居民的参与度和知晓率。另一方面提升了群众的安全感。通过推进"田园模式"，一些街道小区治安状况总体良好，如浦锦路街道，实现了 6 个百分百，即大联动 + 小区综治台账系统的 100% 应用，GPS 定位巡逻 100% 全覆盖，社区民警每月对小区三防隐患漏洞检查率 100%，小区平安建设信息 100% 发布（通过公示栏和微信公众号），分级分色预警、响应机制和警情动态分析通报机制在小区层面的 100% 覆盖，法律顾问覆盖居委会 100%。通过安装电子围栏、监控探头，完善技防设施，通过定期公布平安建设信息、分级分色预警等情况，让群众及时了解小区的治安状况，提升群众的安全感。

3. 二级指标评估得分

从二级指标得分统计来看，得分依次为：小区建设信息关注度 B6（3.6583 分）＞小区管理 B1（3.4788 分）＞小区技防物防设施 B5（3.4923 分）＞小区矛盾纠纷化解 B3（3.4633 分）＞小区治安 B2（3.4415 分）＞小区建设参与度 B7（3.3021 分）＞小区维修资金 B4（3.0309 分）。

4. 三级指标评估得分

从三级指标得分统计来看，得分依次为：更新或新增技防设施意愿 C25（4.7297 分）＞居民对平安建设信息关注度 C19（4.2277 分）＞增加物业费标准意愿 C26（4.1216 分）＞增加小区物业费 C27（3.9768 分）＞居民之间矛盾纠纷化解 C9（3.6911 分）＞三车盗窃情况 C5（3.6255 分）＞小区治安变化 C4（3.5792 分）＞业主与业主委员会矛盾纠纷化解 C11（3.5637 分）＞入室盗窃案件 C6（3.5444 分）＞小区出入管理 C1（3.5251 分）＞保安工作面貌 C3（3.5174 分）＞技防物防设施运作情况 C17（3.5097 分）＞划伤汽车案件 C7（3.4981 分）＞技防物防设施维护情况 C18（3.4749 分）＞物业保安巡逻 C2（3.3938 分）＞业主与物业企业矛盾纠纷化解 C10（3.1351 分）＞居民对居委微信公众号关注度 C20（3.0888 分）＞小区维修资金关注度 C12（3.0309 分）＞小区治安标识 C8（2.9602 分）＞对业委会组成人员了解程度 C23（2.6448 分）＞参与平安小区建设意愿 C22（2.3475 分）＞对业委会工作情况了解程度 C24（1.9923 分）。

四 各指标评估结果与分析

1. 对于"平安小区模式"的了解程度指标

闵行区自 2015 年 3 月开始在全区范围内推广平安小区模式，旨在以小区治理权责法定为依据，以小区安保为抓手，搭建起由属地政府、职能部门、企业和社区自治组织多方联动的小区治安防控体系。对于"平安小区模式"的了解程度，各参与主体并不一致：①从户籍角度而言，闵行户籍的居民普遍比非户籍居民了解程度更深，闵行户籍居民"非常了解"比例为 30.39%，"较为了解"为 20.59%；非闵行户籍居民"非常了解"比例为 8.36%，"较为了解"为 14.55%。②从职业背景角度而言，党政、事业和社会团体负责人以及办事人员（党政机关、事业单位、企业基层管理人员和非专业性办事人员）会对此项活动更加关注，非常了解的人群分别占比 70% 和 47.06%。③从年收入角度而言，12 万元以下的收入人群对此项活动给予了更多关注，非常了解占比 66.71%，而之后随着收入增加，了解程度越低。

2. 业主与物业企业之间的矛盾纠纷指标

根据调查数据分析，有 24.32% 的受访者认为居民之间的矛盾纠纷仍然非常突出，13.51% 的受访者认为较为突出，24.71% 的受访者认为一般，16.6% 的认为不太突出，3.47% 的认为非常不突出，而还有 17.37% 的受访者对状况不太清楚。①从受访者年龄角度而言，"70 后"到"80 后"受访者认为业主与物业矛盾非常突出比例较大，分别占 17.65% 和 35.54%。②从在闵行居住时间角度而言，在闵行居住 1~15 年的受访者表示业主与物业之间的矛盾非常突出，其中居住时间 1~3 年受访者认为矛盾突出比例为 59.09%，3~5 年为

41.18%，5~7年为22.22%，7~10年为39.13%，10~15年为29.79%，1年以下为7.69%，15年以上为12.61%。③从年收入角度而言，收入越高的人群越认为业主与物业矛盾尖锐，24万元收入以上人群占比59.26%。④从小区物业费角度而言，物业费在2元~3元每平方米的小区觉得自身小区业主与物业矛盾问题情况较好（认为矛盾突出比例仅为10.34%），其他小区问题较为严重。⑤从小区类型角度而言，农民自建房小区和商品房动迁房混合型小区矛盾非常突出（51.52%），其中单位自建房小区矛盾最低（0）。

3. "三车"盗窃案件发生频率指标

根据调查分析，8.88%的受访者认为自身小区"三车"（助动车、摩托车、车内物品）盗窃案件发生频率非常低，22.39%的受访者认为较低，20.85%的受访者认为一般，16.22%的受访者认为较高，8.49%的受访者认为非常高，另有23.17%的受访者对情况不太清楚。①从年收入角度而言，年收入6万~12万元的受访者发生"三车"盗窃最多，年收入24万元以上的受访者发生"三车"盗窃最少。②从物业费标准角度而言，物业费每平方米1元~2元（不含2元）小区发生"三车"盗窃最多，每平方米3元以上小区发生"三车"盗窃最少。③从小区性质角度而言，商品房小区发生"三车"盗窃最多，农民自建房和单位自建房小区发生"三车"盗窃最少。④从小区成立时间角度而言，小区成立5~10年的发生"三车"盗窃最多，20年以上小区发生"三车"盗窃最少。

4. "参与小区平安建设"意愿度指标

根据调研，29.34%的居民受访者表示非常愿意作为志愿者参与运营居委公众号、小区巡逻等活动，还有30.89%的人表示较为愿意，26.25%的人表示一般，只有7.72%的人表示不太愿意，0.77%的人表示非常不愿意，5.02%的人对此说不清。由此可见，小区居民在自身小区创建活动中还是比较有意愿参与的。①从年收入角度而言，6万元以下群体参与小区平安建设意愿度为48.57%，6万~12万元群体意愿度为47.41%，12万~24万元群体意愿度为55.17%，24万元以上群体意愿度为58.53%。可见，年收入越高的受访者对小区平安建设的参与度越高，越具有自治、公治意识。②从物业费标准角度而言，每平方米0.5元以下物业费小区受访者参与小区平安建设意愿最强为43.48%，其次为每平方米2元~3元物业费群体意愿度为31.03%，物业费每平方米 1 元~2 元意愿度为 29.92%，物业费每平方米 0.5 元~1 元意愿度为 24.32%，物业费每平方米 3 元以上意愿度为 16.67%。③从小区成立时间角度而言，小区成立时间 5 年以下的受访者参与小区平安建设意愿度为 54%、5~10 年受访者意愿度为 49.6%、10~15 年受访者意愿度为 51%、15~20 年受访者意愿度为 48.2%、20 年以上受访者意愿度为 55.8%，可见小区成立时间越长，受访者参与小区平安建设意愿越强。

5. "小区改造、新增技防物防设施"改造方式指标

在小区准备改造、新增技防物防设施时，77.22%的受访者认为应在该业委会公布多家承包方及其承办方案后由业主做选择投票，14.29%的人认为应该业委会选定一家承包方后由业主做判断投票，8.49%的受访者对此表示无所谓的态度。这一情况说明大部分居民还是希望在选择改造、新增技防物防设施时，能够有更多的选择。①从年收入角度而言，调查显示，年收入 6 万元以下选择多家态度比例为 70.13%，6 万~12 万元选择多家态度比例为 74.23%，12 万~24 万元选择多家态度比例为 86.21%，24 万元以上选择多家态度比例为 88.89%。可见，收入越高的人群在选择小区改造新增技（物）防设施时，越倾向于业委会公布多家承包方及其承办方案后由业主做选择投票（88.89%）。而低收入的人群则多选择业委会选定一家承包方后由业主做判断投票，甚至对此持无所谓的态度。②从物业费标准角度而言，小区物业费每平方米 3 元以下的小区随着物业费越高，业主同意业委会选定一家承包方后由业主做判断投票的比例越高，而每平方米 3 元以上的小区则无人同意选定一家承包方的模式。③从小区类型角度而言，一般情况下，单位自建房小区几乎所有人同意业委会公布多家承包方及其承办方案后由业主做选择投票，而其他类型小区则趋势不明显。④从小区成立时间角度而言，以 5 年以下（89%）和 20 年以上（83%）的小区最为明显，业主希望业委会公布多家承包方及其承办方案后由业主做选择投票，而小区在 15~20 年的业主选择这一项比例最低（69%）。

6. "小区物业费定期增加"意愿度指标

上海市最低收入标准逐年增长，物业企业主要投入又在人力成本上，如果小区物业费标准参照上海市最低收入标准增长水平定期增加，74.9%的业主表示能够接受，9.27%的业主表示不接受，15.83%的业主表示还需考虑。①从

在闵行居住时间角度分析，在闵行居住时间10~15年（89.36%）的人群更能接受小区物业费标准参照上海市最低收入标准增长水平定期增加，而居住时间在1~3年（59.09%）和5~7年（55.56%）的人群接受程度较低。②从年收入角度而言，年收入6万元以下受访者接受小区物业费提升比例为67.53%，6万~12万元受访者为76.29%，12万~24万元受访者为79.31%，24万元以上为81.48%，可见收入越高的人群越能接受小区物业费标准参照上海市最低收入标准增长水平定期增加。③从物业费角度而言，物业费每平方米3元以上的小区只有一半的人群（50%）接受小区物业费标准参照上海市最低收入标准增长水平定期增加，说明每平方米3元以上的小区物业费对大家来讲已经是较高的情况了；而每平方米1元~2元的物业费业主对于这一问题支持率最多（84.25%），说明他们愿意花再多一点的物业费来提高人力成本。④从小区类型角度而言，商品房小区为75%、动迁房小区为74%、农民自建房为80%、商品房和动迁房混合型小区为74%、单位自建房小区为83%。可见，各类型小区对接受物业费标准参照上海市最低收入标准增长水平定期增加的意愿都差不多。

五 现有问题与短板

1. 受访者对平安小区建设的关注度较高，但参与度较低

俗话说远亲不如近邻，邻里关系是重要的社会公共关系之一。然而，随着城市化进程的加快，如今高楼越建越多，让城市成了一片钢筋丛林，邻里关系也被一栋栋高楼、一道道坚固的防盗门阻隔，小区也逐渐成为"陌生人"社会。在部分老小区中还保留着浓浓的邻里之情，大部分新小区尤其是高层小区，邻里关系冷淡的情况十分普遍，可谓"比邻而居，内心遥远"。受访者对平安小区建设的关注度很高，希望有一个安全的居住环境，但是如果让其参与平安小区建设，却存在本能的心理排斥感，多以"时间太紧张无暇抽身"为由搪塞。

2. 受访者对技防物防的关注程度要高于人防

如何保证小区平安，保障小区住户生命及财产的安全是平安小区建设的重点，人防、物防和技防的三者协调统一是平安小区建设的重要手段，人防和物防是传统的防范手段构筑了安全防范的基础。人防是指利用人们自身的传感器（眼、手、耳等）进行探测，发现妨害或破坏安全的目标，做出反应，现在人防的主要措施是物业保安和平安制原则；物防是指实体防范，主要作用在于推迟危险的发生，为"反应"提供足够的时间，主要措施有电子防盗门和物理周界防范设施；技防则是通过现代科学技术进行安全防范，主要措施有视频探头、楼宇对讲、周界报警、住户报警、门禁智能卡等技术手段。可见，物防和技防的实现只需要加大投入力度，增加评估得分较为便利，而人防的相关措施的实现则有一个相对漫长过程，受访者的感受度并不能够得到立竿见影体现，除了上述三防之外，更为重要的是居民自己做好防范，比如对平安小区的参与意识、对小区安全提示标识的掌握、对居委会机构及其运作的了解程度等。

3. 满意度并不一致

人防、物防和技防背后涉及小区警情跟踪、保安队伍监管、安保服务指导、三防隐患检查、物业企业、业主委员会、业主大会和业主委员会日常活动、物业矛盾纠纷排查与化解、顾问律师法律服务等，这些活动与居委会、业委会、物业公司、结对律师、居民志愿者、社区民警功能作用的发挥密不可分，与公安、房管、司法三大职能部门的组织协调作用、行政监管、行政指导紧密结合。从这个角度而言，受访者对三级指标的满意度存在一定的差异性，反映出对公安、房管、司法三大职能部门在平安小区治理工作的满意度是有差异的，三大职能部门都有管辖工作指标排名靠后的现象，对此，亟须针对薄弱环节和工作短板加强改进工作。当然，短板同时是被长板反衬出来的，是平安小区建设过程中管理工作暂时滞后造成的。而受访者对闵行城市管理的服务水平的更高期待，是闵行真正成为让广大市民满意的干净、有序、安全的新型区域的动力。

4. 背景不同差异明显

①从小区类型而言，商品房和动迁房混合型的小区居民认为居民之间的矛盾纠纷突出，商品房小区的视频探头、防盗门等技防物防设施能否及时更新、新增最差（7.02%），商品房小区"小区门岗保安存在脱岗、睡觉等情况，对出入的陌生人员很少盘问，什么人都可以自由出入小区"发生频率最高，单位自建房对"小区维修资金、公共收益"关注度最低（33%）。②从收入类型角度而言，越高收入的人对于解决是否及时解决居民之间的矛盾纠纷持否定态

度的比例越大，24万元收入以上人群认为能够较为及时解决仅为3.7%；收入越高的人群认为业主与物业矛盾越尖锐，24万元收入以上人群占比为59.26%；6万~12万元受访者发生"入室盗窃案件"频率最高，24万元以上受访者发生"入室盗窃案件"频率最低；年收入24万元以上受访者对小区定期公开维修资金、公共收益的"详细明细"的意愿最强；年收入越高的受访者对小区平安建设参与度越高，越具有自治、公治意识；收入越高的人群在选择小区改造新增技防物防设施时，越倾向于业委会公布多家承包方及其承办方案后由业主做选择投票（88.89%）。③从年龄角度而言，年龄越长者对居委微信公众号的关注热情也越高，"50后"受访者对居委微信公众号关注度最高（77.78%），青年白领的关注度过低；④从物业费标准而言，每平方米1元~2元（不含2元）小区发生"三车"盗窃最多，每平方米3元以上小区发生"三车"盗窃最少；每平方米1元~2元（不含2元）的小区发生"划伤汽车案件"发生频率最多，每平方米3元以上的小区发生"划伤汽车案件"发生频率最少；每平方米物业费0.5元~1元小区受访者对业委会人员全部认识比率最高（17.57%）；每平方米1元~2元的小区业主更新或新增技防设施的意愿最强（97.64%）。⑤从在闵行居住时间角度而言，在闵行居住1年以下的人群更少的愿意增加物业费标准来保证安保服务标准（69.23%），而随着居住时间越长，则更愿意增加物业费保证安保服务。

六 进一步工作建议

1. 群策群力，把握工作重点

闵行在平安小区建设中要牢牢把握平安小区协同治理的内涵：以小区平安为抓手，以小区治理权责法定为依据，以社区党建为引领，搭建公安、房管、司法等政府部门依法行政，物业服务企业等行业主体充分履职，居民群众在居委会、业委会组织下广泛参与的社区合作治理的平台。牢牢抓住建立健全"四位一体"组织架构和推进"三防"升级改造两个重点，强调社区党支部书记作为社区"四位一体"的领头羊的作用，必须在各项工作中都起到引领作用，牵头居委会、业委会、物业企业做好三防增补，补齐小区短板，明确表示技防物防改造必须由小区居民共同表决，通过小区维修基金、公共收益承担，让老百姓树立自治观念,强化社区自治功能。

2. 夯实基础,抓紧抓牢基础工作

做实责任,细化分工,切实将基础工作做细、做实。从以下八个方面抓紧抓牢基础工作:①要提升"大联动+小区综治"台账系统应用率,各居委定期上报维护小区三防检查情况;②各居委要申请开通微信公众号,及时公布平安小区建设相关信息;③社区民警要加强对三防隐患漏洞检查,定期将检查情况张贴在小区平安建设公示栏内;④小区层面平安信息依托微信群、公众号、公示栏等平台,要做到及时、准确发布;⑤启动分色预警的小区,及时分析警情动态,制定相应措施,做到及时响应;⑥提升新版小区物业管理规约签署率;⑦加强对小区业委会运行情况指导、提高培训覆盖率,切实提高业委会主任专业知识;⑧强化小区法律顾问覆盖率,及时提供法律咨询,化解各类矛盾纠纷。

3. 注重引导、营造全民参与氛围

除了技防、物防硬件设施到位、无漏洞外,居民、居委会、物业等相互支持、群防群治则更好地体现了平安小区协同治理的本质。对此,亟待加强群众的"两度一感"。一是要提升群众感受度,通过推进平安小区建设,着力切实增强群众的感受度。比如通过街道采取政府购买法律服务的方式,广大群众在家门口就能够得到法律帮助,小区矛盾纠纷及其化解得到较好解决,受访者普遍尝到甜头、得到实惠,增强获得感,从而加强对这项民心工程的感受度;二是要提升群众参与度,通过推进平安小区建设,让群众参与小区建设的方方面面。比如组织平安志愿者参与烟花爆竹管制、道路交通整治、小区治安巡逻等工作,入户发放禁毒、防范电信诈骗等宣传资料,形成群防群治的工作格局,通过此举提高居民对平安小区建设的参与度和知晓率。三是要提升群众的安全感。通过定期公布平安建设信息、分级分色预警等情况,让群众及时了解小区的治安状况,提升群众安全感,提升总体治安状况。

B.20
法官因履职遭受侵害的维权路径设计
——以上海为例

上海市虹口区人民法院课题组*

摘　要： 法官在其履职过程中遭受侵害的事件时有发生，反映了日益增长的司法需求和司法资源间的矛盾。这类侵害，在侵权类型上涉及多项人身权和财产权，在侵害对象上涉及法院各部门的审判人员。维护法官权益，要确立法官履职维权机制的构建原则，坚持谦抑性原则、依法保护原则和利益平衡原则；在理念层面注重法官职业尊荣与崇法尚德理念的双向培养，在操作层面注重主动作为与协调保护互补提升效果，在立法层面注重刑事违法制裁与民事损害赔偿的双重保护。

关键词： 法官　侵害　维权机制　司法权威　上海

法官，既是职业也是身份。身为法官，理应捍卫权利、维护公平、彰显正义；法官正当履职，不应受到不必要的干扰和过问，更不应招致基本权利的侵害。而现实中，法官在其履职过程中，因其履职行为而遭受来自当事人和其他人殴打、跟踪、谩骂、威胁、侵害隐私、影响履职的事件屡见不鲜。与之形成对比的，是法官在遭受履职侵害时，除了法官无力的自救和法院微弱的呼吁外，却鲜有有效的维权方式[①]。

---

* 课题组成员：席建林、李春娟、叶琦、孙正君、宋爱琴、张莹骅。
① 本文所指法官履职权利，是指因法官为合法、有效地履行职务所享有的、受法律保护的权利和利益。

课题组根据前期整理的法官履职侵权事件情况,设计了"法官履职维权工作现状及维权机制构建调查问卷",面向法官、法律职业群体、当事人及其他群众发放600余份,回收有效问卷478份(法官、法律职业群体、当事人及其他群众分别为186份、163份和129份[①]),使本文的研究更具有说服力。

一 现状描摹:法官职业危险性陡增

(一)侵权事件频发,恶性案件频现

早在2001年,全国法院共遭遇暴力抗法事件760余起,800余名法官和其他工作人员被殴打致伤,多名法官被杀害[②]。例如,2015年2月6日,因审理一起婚姻纠纷案时,双方当事人发生冲突,河南一法官在法院门口被打成重伤[③]。2015年9月9日上午,湖北十堰市中级人民法院办公楼内,一男子因对劳动争议判决不满,将4名法官捅伤[④]。2016年2月26日,北京昌平区回龙观法庭马彩云法官在其住所楼下遭其审理的一起案件原告及其同伙枪击,经抢救无效死亡[⑤]。

而在法治化进程领先全国的上海,2014年1月至2015年12月,上海市法院系统共受理了155起法官权益受侵案件,其中侵害法官人身安全的案例为62起,占40%。

法治意识的淡漠、司法权威的不足、违法成本的低廉、维权措施的乏力,都使得法官遭受履职侵害的事件屡禁不止,法官履职维权工作已亟待启动并迅速完善。

[①] 本文引用数据除特别说明外,均出自"法官履职维权工作现状及维权机制构建调查问卷"所回收的478份有效问卷的统计数据。
[②] 2002年3月11日在第九届全国人民代表大会第五次会议上的《最高人民法院工作报告》。
[③] 《河南一法官在法院门口被打成重伤6天未脱离危险》,http://news.163.com/15/0212/17/AI95UAB300014SEH.html,最后访问日期:2015年9月19日。
[④] 《十堰法官被刺事件调查:嫌犯告状多次败诉》,http://news.sohu.com/20150917/n421363258.shtml,最后访问日期:2015年9月19日。
[⑤] 《北京女法官遭枪击殉职》,http://news.ifeng.com/a/20160229/47620847_0.shtml,最后访问日期:2016年5月27日。

（二）侵权类型多样，侵害对象广泛

1. 侵权类型：涉及多项人身权和财产权

以上海法院系统为例，法官权益遭受侵害的形式主要表现为侵害法官人身安全、侵犯个人隐私、诋毁个人名誉、干扰审判工作等。根据统计数据显示，侵害法官人身安全、侵害法官名誉权的情况最为突出，均超过侵害事件总数的30%[①]。例如，2000年6月，山东聊城张某某与妻子因感情不和，经当地法院副庭长李法官审理后判决离婚，张某某对此不满，蓄意报复，由其同伙用电话冒充他人将李法官骗出后绑架，用铁棍、菜刀击打致法官当场死亡，并焚尸灭迹[②]，这属于侵害人身权的情况。再如，2014年12月，贵州省大方县法院审理一起同居关系财产分割纠纷案，一方当事人亲友旁听时，偷拍了庭审法官、书记员及原告的照片，随后用微信发到朋友圈，并附有侮辱和威胁审判人员的文字[③]，这属于侵害名誉权的情况。

2. 侵害对象：法院各部门的审判人员

上海法院法官权益保障平台的统计数据显示，首先遭受侵害的是民事、执行法官，行政、刑事及立案部门，法官紧随其后，书记员、司法辅助人员，甚至上述人员的家属也可能牵涉其中。

对象一：民事法官。民事案件直接关系到当事人的切身利益，尤其是涉及婚姻、继承、房产等案件的当事双方或各执一词，互不相让，或积怨颇深，化解不易，且矛盾最易激化，而对裁判结果不满意的一方易采取过激行为，不仅对方当事人容易成为受害者，法官往往也成为报复和泄愤的对象。例如，2005年5月19日，江苏无锡惠山区法院一离婚案件当事人邓某某，因对离婚判决不服，事先将一把菜刀藏在文件夹里混进法院，将民事庭一庭庭长砍伤，所幸该庭长因同事及时赶到而获救[④]。

[①] 李欢：《上海法院开通法官权益保障信息化平台法官要维权，须"事事有反馈"》，《上海法治报》2016年5月24日。

[②] 朱旭光：《关于当前法官维权情况的调查报告》，《山东审判》2007年第2期。

[③] 吕良成、刘平：《微信群里恶意攻击法官 大方县女子被行政拘留3日》，《贵州都市报》2015年1月30日。

[④] 庄亦正、赵正辉：《无锡女法官遭当事人无辜砍杀事件调查》，《人民法院报》2005年7月26日。

对象二：执行法官。执行法官的执行行为往往直接影响被执行人的物质利益，因此经常处于人身危险之中，个别被执行人为一己私利，不惜暴力抗法，围攻、殴打执行人员，抗拒执行①。例如，2000年11月23日，郑州市管城回族区法院执行干警赴濮阳市经济开发区对被执行人实行强制执行。在此期间，遭被执行人等数十人暴力殴打，执法证件及警服、手机、扣押财产被抢走，并导致一名执行干警颅外挫裂伤等②。

对象三：涉诉信访部门法官。在统计数据中，虽然此类法官不是遭受侵害最多的，但其面对的确是情绪最激动的当事人和最容易激化的矛盾。部分上访老户存在着信"访"不信"法"的观念，试图通过信访得到额外的补偿，甚至以此为业，不断缠访、闹访，并做出侵害法院工作人员权益的极端行为。例如，2004年8月，周某某携带硫酸到江苏高院上访被收缴，同年9月，周某某又至该院，将事先准备的硫酸泼向途经此地的法院干警，致两人面部、臂部等处不同程度灼伤，经鉴定，构成四级伤残③。

（三）社会关注不高，制裁手段疲软

长期以来，法官履职维权工作不容乐观，既没有行之有效的法律法规对侵害行为进行打击，也未建立系统可行的工作机制对法官的正当履职加以保护。实践中，各地区之间的实践状况也存在较为明显的差异。除极少数地区已开始将法官履职维权作为一项专门的、系统性工作以外，绝大部分地区因主观不重视或客观条件所限，尚未开展法官履职维权工作。即便是已经开始实践摸索的地区，也因囿于现有制裁措施难以起到应有的威慑和惩戒作用。例如，2015年1月，陈某为向承办法官施压，携带一个装有汽油桶的无纺布袋，前往上海市普陀区某法官住所示威，并以快递名义骗得法官开门，后陈某拎着汽油桶欲直闯法官家中，遭拦阻后叫嚣要与法官同归于尽。2016年10月11日，法院以犯寻衅滋事罪判处陈某有期徒刑一年缓刑一年④。

---

① 《人民法院执行工作报告》，http://www.chinacourt.org/article/detail/2016/03/id/1821999.shtml，最后访问日期：2016年6月30日。
② 赵小联、陈春阳、曹永：《法官"告状无门"》，《人大建设》2001年第7期。
③ 徐育、庄亦正、赵正辉：《法官缘何成了"高危人群"》，《江苏法制报》2005年8月19日。
④ 《震惊！当事人竟携汽油桶恐吓法官》，《人民法院报》2016年10月15日。

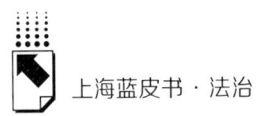

二 现状剖析：日益增长的司法需求和司法资源间存在矛盾

司法实践中，法官遭受侵害的原因具有多样性和复杂性，从中又折射出在当代中国历史演进和社会变革中司法所面临的诸多深层次的矛盾，也反映出当前法院工作的现实困境。

（一）社会矛盾化解能力不足，法院工作已超负荷

法院审判理应是化解社会矛盾的最后一道防线，只有在当事人自我协商、社会调节等途径都走不通的情况下才会成为选项。但随着社会转型和民众维权意识从觉醒急速走向迫切，特别是立案登记制的改革带来诉讼便捷和成本下降，各种社会矛盾纠纷以诉讼的形式涌入法院，法院被推向了解决社会矛盾的最前沿，矛盾的聚集必然使法院、法官处在社会发展的风口浪尖，出现针对法官的侵权事件也就不足为奇。

（二）法官过劳工作，无暇充当全天候"法律服务者"

2016年，上海法院结案数达到71.09万件，同比增长15.7%，法官人均办案数达228件，同比上升21.9%，法官超负荷办案，压力不断增大[①]。在不断增长的案件数量和短暂的审限矛盾间，法官不得不将有限的精力都用在对案件事实的查明和法律规范的准确适用上，对细节问题的疏忽、对当事人释法说理的不足，在客观上导致当事人对法官和法院产生不满的可能性增加，给法官遭受侵害埋下隐患。

（三）预期过高，意识偏差，法律并非万能

尽管人们的法律素养有了很大提高，但仍有少数群众对法律的认知存在偏

[①] 2017年1月17日在上海市第十四届人民代表大会第五次会议上的《2016年上海高级人民法院工作报告》。

差，而司法机关受职能所限亦并非如群众预期般"包治百病"。有的当事人法律知识缺乏，只考虑自身利益，狭隘地以己方胜诉与否来评定法官的工作；有的当事人诉讼中不能依法定程序行使权利或及时提供证据，败诉后却归咎于法官；有的当事人对司法人员进行无端猜测，将败诉原因归于法官对对方的偏袒，从而迁怒于法官。

（四）司法公信力不足，法官职业尊荣感欠缺

在法制健全的国家，法律应当是必须遵守的行为底线，法官应当是人人敬重的职业。但在我国，"法律"只是当事人实现自身权利的一种选择和工具，而非必须遵守和尊重的规则；法官也只是当事人寻求自身利益最大化的"法律服务者"，而非定纷止争、决断利益分配的裁判者。在这种情况下，一旦权利的实现不如预期，就很容易将对裁判的不满转嫁到他们眼中的"法律服务者"——法官身上。法官似乎成了可以任由"欺负"的角色。

（五）制裁手段疲软，违法成本过低

统计数据显示，有极少数受访者对裁判不如预期的法官采取打击报复（见图1）。虽然当事人对法官的侵害一般被认为是激情之下的非理性行为，但在其做出侵害行为前，必然会对行为的后果得失进行权衡，只有当其确信其违法收益大于或可能大于违法成本时，才选择违法，否则会服从法律[①]。对比我国现有立法，《法官法》对法官的履职保护缺乏必要的法律支持，其他立法针对法官履职侵害的惩戒手段也十分有限，轻微的教育和训诫并不足以震慑侵害人，侵权成本低廉，制裁效果不佳，维权更是无从谈起。

三 路径构建：维护法官权益，守护司法尊严

预防和惩戒，应是贯穿全部法官维权工作的两条主线，缺一不可。必须指出

[①] 加里·贝克尔：《人类行为的经济分析》，王业宇、陈琪译，上海三联书店，1995，第63页。
违法成本（c）＝国家检控违法行为的概率（p）×惩罚强度（f），违法收益（x）＝违法成功可获收益（b）×成功概率（n），$x>c$，即违法收益大于违法成本。

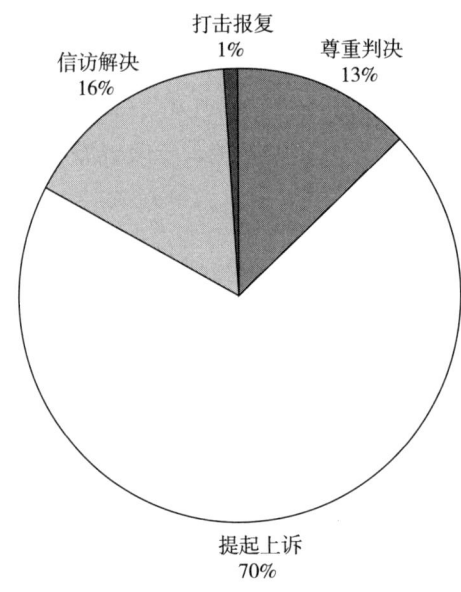

图 1　对裁判不如预期时采取的态度

的是,长期以来单纯依靠加强法院和法官自我防护,避免引发矛盾、激化冲突的工作方式已无法应对法官履职的现状。因此,需要在法院和法官自力救济之外,突出部门联动的广泛性,权益保障的全面性,以及惩戒措施的威慑力。2016年7月,中共中央办公厅、国务院办公厅印发的《保护司法人员依法履行法定职责规定》以及2017年初最高院印发的《人民法院落实〈保护司法人员依法履行法定职责规定〉的实施办法》都充分体现了这一思路的转变。

(一)法官履职维权机制的构建原则

1. 谦抑性原则——法官本应克制

构建法官履职维权机制,一方面要强调惩处的力度、保护的效果;另一方面,还必须采取谦抑思维,审慎保障。即法官履职维权的措施应该是内缩的,而不是外张的,如果有其他方法手段同样能够达到维护法官履职权益之目的,则应放弃使用强制手段,防止从"过度防守"转为"过度开放"。

2. 依法保护原则——法官不享特权

依法保护原则,指法官履职维权工作必须严格按照法律进行,法律没有明文规定的，不能对侵害人进行处罚。法官履职维权的目的在于保护法官免受履职行为所招致的额外风险，确保其职权的正常行使，而非赋予法官群体超越普通公民的特殊优待。因此，法官履职维权工作中各项机制的确立和实施都应当有充分的法律依据。

3. 利益平衡原则——社会利益最大化

利益平衡，是指通过法律的权威协调各方面的冲突因素，使得冲突各方在利益关系中处于平衡状态①。正如罗斯柯·庞德所说："最好的法律应该是能够在取得最大社会效益的同时又能最大限度避免浪费。"具体到法官履职维权中，就是要处理好保护法官权益与避免损害当事人权益两者之间的关系。必须明确，维权过程中错用或滥用维权措施，会对侵权行为人构成侵权，造成反向损害；此外，利益失衡的维权措施，也会引起社会其他群体的逆反心理和不满情绪，损害司法权威。

（二）法官履职维权机制的具体措施

上海的法官权益保护工作起步较早，早在2013年，上海高院就在全国率先成立了维护司法公正、依法保障干警合法权益委员会（以下简称"委员会"），负责法官权益保障的具体工作，及时处理法官权益受侵案件，并严惩严重侵害法官权益的非法行为②。2013年年底出台《上海市高级人民法院关于维护司法公正、依法保障干警合法权益的意见（试行）》，确保相关工作的开展不断规范化和制度化。2016年，上海司法体制改革将法官权益保障工作正式列为重点工作，开通法官权益保障信息化平台③……在多年实践中，上海法院已经摸索出一套相对完备的工作机制，形成可推广、可借鉴的"上海模式"。

1. 理念层面：职业尊荣与法治信仰理念双向培养

（1）以职业神圣提高法官尊荣。调查显示，理念塑造在各项措施中占比较高。首先，树立法官自身职业神圣的理念，从加强法官自身理念做起，信仰法律、坚持正义，增强法官的职业尊荣感和使命感，同时强化自我保护意

---

① 苗连营、郑磊：《立法的偏颇及其矫正》，《学习与探索》2010年第3期。
② 《上海高院与上海律协联合倡议保障法官合法权益，共同维护司法权威》，http://www.chinacourt.org/article/detail/2016/10/id/2315463.shtml，最后访问时间：2017年3月19日。
③ 《上海开通法官权益保障信息平台》，http://legal.people.com.cn/n1/2016/0524/c42510-28373494.html，最后访问时间：2017年3月19日。

识。其次，提高全民崇法敬法的理念，通过普法教育、法制宣传等方式，使民众认识到法律是国家意志的体现，法官则是法律的运用和实施者；对法律的漠视和违反，对法官的不尊和侵害，无助于自身权利的获取和实现，只能招致法律的严惩和权利的进一步限缩，从而使其逐渐认识到司法的神圣与不容侵犯。

（2）以审判独立促进法治信仰。我国宪法规定，法院依照法律规定独立行使审判权，不受行政机关、社会团体或个人的干涉。本轮司法体制改革的重要基石就是推进审判权力运行机制改革，落实司法责任制，让审理者裁判，由裁判者负责，确保人民法院依法独立公正行使审判权。因此，依法独立公正行使审判权，既不受任何外部的支配与干预，同时也不受法院内部非法定程序的干预，对于提高法官司法能力，促进司法公正，维护司法权威，在全社会形成尊法学法守法用法的良好氛围具有重要意义。

2. 操作层面：主动作为与协调保护互补提升效果

（1）设立维权机构，提升自我救济能力。除上海的委员会外，中国法官协会法官权益保障委员会也已于2017年2月7日正式成立，负责统筹协调法官权益保障工作[1]，但在全国大部分地区，相关工作尚未全面铺开。

法官履职维权机构专项研究和处理涉及侵害法官合法权益的问题和事件，使法官在遭受侵害时"维权有门"，确保人民法院的正常工作不因假举报、真诬陷等事件而受影响，保持司法工作的正常运转[2]。

为确保法官维权工作的即时性、及时性、常态化等工作要求，可参照上海模式，在省级层面成立专门的法官履职维权机构，负责所辖法院的法官履职维权工作，下级法院相应成立专门的法官履职维权部门，负责本院法官履职维权的具体工作，从而明晰权责，提升维权效果。

（2）建立协调机制，提升维权处置能力。从现有实践看，单一依靠法院主导的自力救济机构，维权力量过于单薄，尤其对于侵害人数多、侵害行为恶劣、社会影响较大的侵害案件，可能涉及多部门职权范围的事项，仅靠法官履

---

[1]《中国法官协会法官权益保障委员会正式成立》，http://www.court.gov.cn/zixun-xiangqing-35642.html，最后访问时间：2017年3月19日。

[2] 陈有根：《保障法官权益需要制度创新》，《人民法院报》2011年2月12日。

职维权机构出面解决难度较大。故建议法官履职维权机构与人大、政协、政法委、公安等部门建立多层次、多维度的法官履职维权协调机制（见图2）。

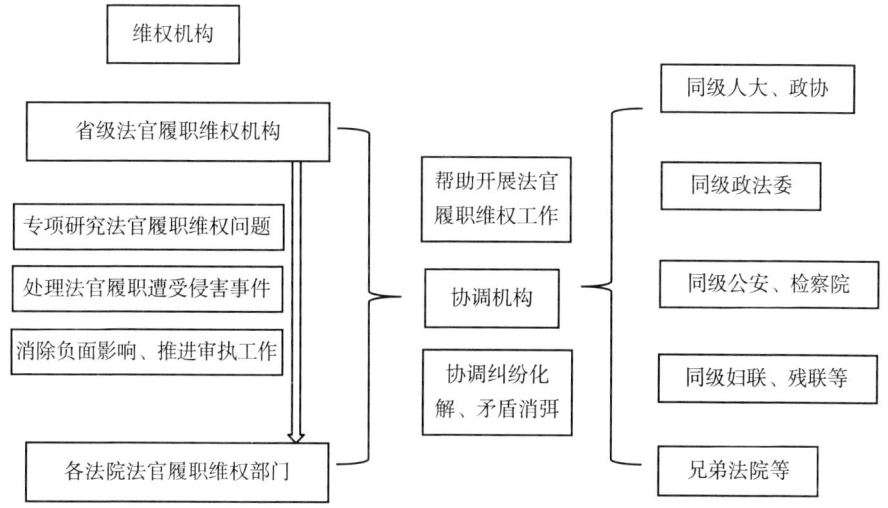

图2　维权机构和协调机制关系

对于需要依靠多部门协调处理的侵害事件，申请由同级政法委牵头或派员参与，协调公安等部门对侵害事件及时进行处置，必要时，可邀请人大代表、政协委员共同参与，协同推进事件处置和矛盾化解；对法官因履职遭受侵害且无法摆脱和制止的极端事件，商请公安对法官及家属给予必要的安全保障；对法官赴异地进行审判、查封、扣押或执行等的公务行为，应事先进行风险预判，并提前与当地法院联系和申请协助，借助地缘优势避免冲突。

3. 立法层面：刑事违法制裁与民事损害赔偿双重保护

缺少明确的法律规范是当前法官履职维权的主要瓶颈之一。因此，法官履职维权的立法工作应从整合、遵循并完善现有法律规范着手，有限制地保护法官名誉权，同时构建法官维权自诉程序。

（1）构建法官履职维权制裁体系。根据现行法律对"法官履职"的专门规定，法官履职维权的制裁体系如下。

处罚的依据：①《治安管理处罚法》第二十三条、第五十条；②《民事诉讼法》第一百一十条、第一百一十一条，《民事诉讼法司法解释》第一百八十七条；③《刑事诉讼法》第一百九十四条；④《刑法》第二百七十七条、第三百零九条。

处罚的行为：《刑事诉讼法》第一百九十四条和《民事诉讼法》第一百一十一条第一款第四项、第五项的规定，作为原则性规定在实际操作中并不理想。2015年2月实施的《民事诉讼法司法解释》第一百八十七条的解释，相较之前的原则性规定已有较大突破，行为界定比较全面，对于相关涉及阻碍法官职权行使、侵害法官权益的行为的规制已有较为全面的依据。

处罚的措施：依据《刑事诉讼法》《民事诉讼法》《民事诉讼法司法解释》相关规定，对当事人阻碍法官职权行使、侵害法官权益的行为的惩处大致分为由法官及时加以制止、训诫，并可由法警强行带出法庭；如仍继续扰乱法庭秩序或采取哄闹、冲击法庭，侮辱、诽谤、威胁、殴打审判人员，严重扰乱法庭秩序的，可经院长批准后依法采取罚款、拘留措施；情况紧急的，亦可先行采取拘留措施再立刻报院长补办批准手续；严重扰乱法庭秩序，构成犯罪的，法院应依照妨碍公务罪的规定，依法追究刑事责任等由轻至重几个层次（见图3）。

存在的问题：一是相关法律规范仍需完善，现有的法规仅涉及与诉讼活动相关的禁止性行为规定，但在八小时工作之外基于法官履行职权而受到的侵害及保护没有涉及；二是相关法律规范比较杂乱，分散在不同法律规定中，系统性较差；三是在实践中操作性不强，对认定"侮辱、诽谤"的标准没有明确，对"严重"的标准难以量化等。

（2）对是否增设"藐视法庭罪"的探讨。一直以来，理论界和实务界对是否设立"藐视法庭罪"有不同观点。从"藐视法庭罪"的历史沿革看，可以分为"刑事藐视法庭罪"和"民事藐视法庭罪"，设立"藐视法庭罪"的初衷并不是要保护法官的个人权利，而是要维护司法的整体尊严和秩序①。而且，经《刑法修正案（九）》的增补，"扰乱法庭秩序罪"的内涵明显丰富，并与相关诉讼法调整的行为模式进行对接。至此，对侵害法官庭审期间履职行为的刑罚制裁已相对完善。

对于法官在庭审之外因履职遭受的侵害，《刑法》在第二百七十七条已设定了"妨碍公务罪"。需要指出的，《刑法修正案（九）》明确将暴力袭击警

---

① 何帆：《藐视法庭罪的前世今生》，《人民法院报》2015年8月28日。

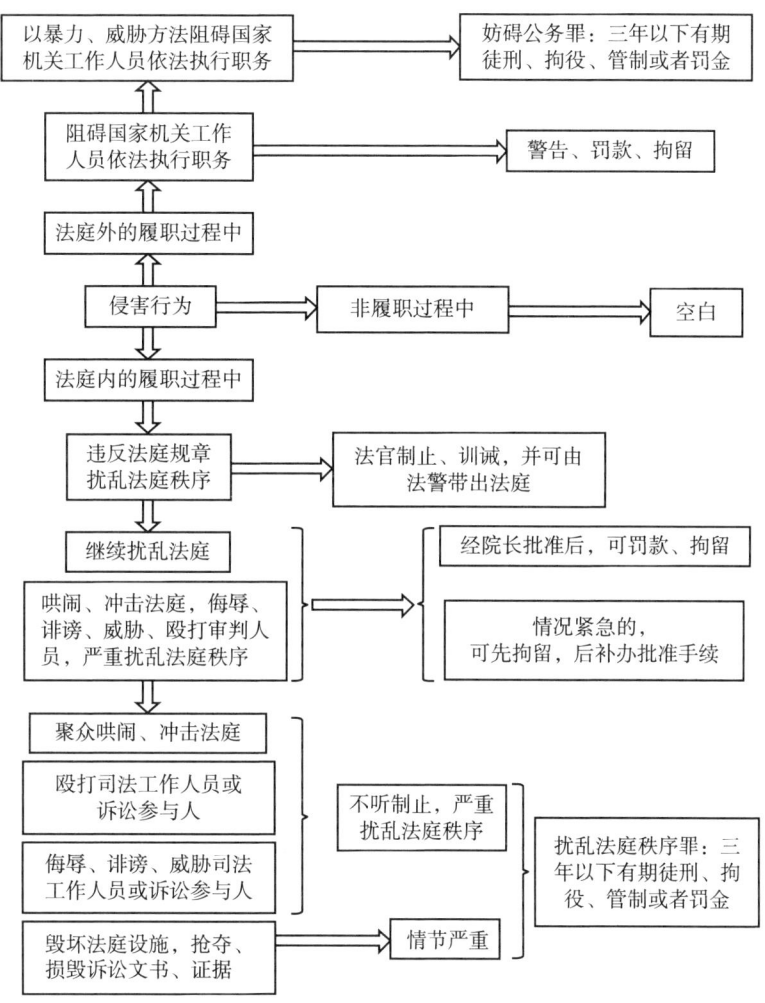

图3 法官履职维权制裁体系构建

察、侵害警察履职作为"妨碍公务罪"的从重情节。在司法实践中,司法人员送达法律文书、调查取证、执行生效文书等公务行为同样紧迫和严肃,以暴力袭击司法人员,其犯罪客体并非简单意义上的国家机关的公务活动及国家对社会的管理制度,更侵害了司法的权威和尊严,其社会危害性远大于普通情况下的妨碍公务。比照袭警加重情节,建议将"暴力袭击正在依法执行职务的法官及其他司法工作人员"也作为妨碍公务罪的从重情节予以处罚。由此,严格执行关于扰乱法庭秩序罪的规定,并在现有妨碍公务罪中增设袭击法官及司法人员的从重情节,"藐视法庭罪"的内涵即可基本涵盖,无须再增设新罪名。

(3)关于设置法官名誉权保护"负面清单"。需要注意,法官因职业的特殊性,难免受到来自当事人及社会的评价、议论甚至批评,这是可以理解也难以避免的。近七成的受访者认为,法官应对社会评价有必要的容忍。因此,对法官名誉权的保护应当受到一定限制,即对于当事人及社会非恶意性的评判且未造成重大恶劣影响的,法官及法院应当有一定的容忍义务,不因当事人的言论刚刚危害到法官名誉就认为是侵权。

因此,可以考虑设置法官名誉权保护"负面清单",划定法官应当容忍的具体范围。对于负面清单列举的内容,即便与客观情况并不完全一致,考虑到无主观恶意及概念理解偏差,例如将瑕疵案件视为枉法裁判、将审限的延长视作怠于履职等,不宜认定是对法官名誉权的侵害。具体的法官名誉权保护"负面清单"的范围可以进一步探讨(见表1)。

表1 法官名誉权"负面清单"

以书面、口头或网络等形式对法官审判、执行等职务行为的客观评价、意见、建议
以书面、口头或网络等形式对裁判结果的客观评价、发表异议、提出疑问等
媒体对法官审判、执行等履职行为、裁判结果的客观报道和评价
因误解、误读等非恶意发表的涉及法官履职行为的负面言论
……

(4)关于诉讼维权的制度设计。建议从以下几方面尝试建立法官维权民事诉讼救济制度。

诉讼主体方面。由于诉讼主体必须为"自然人、法人或者其他组织",而当前法官履职维权机构的设置及定位尚未明确,故暂不适宜代表法官进行诉讼。而在"法官履职维权"语境下,直接遭受权益侵害的受害方是法官个体,而非法院,因此,在民事诉讼中,可由遭受侵害的法官个人作为原告提起诉讼,而该法官所在法院及法官履职维权委员会应协助法官收集必要的证据,并提供其他智力支持。

诉讼程序方面。考虑到法官身份的特殊性,为消弭公众认为法官有胜诉优势的疑虑，一方面，可以设定特定管辖法院，对因法官履职而遭受的民事损害，法官有权依《民法通则》《物权法》《侵权责任法》及《刑法》等相关法律规定进行维权，此类案件，可由受侵害法官所在法院的上一级法院审理或指定其他法院进行管辖，并充分保障当事人申请回避的权利。另一方面，设置特别的诉讼程序，对发生在法官履行职务过程中的扰乱法庭秩序、妨碍法官履职的罪行确凿的犯罪行为，赋予法院直判权，即不必经过公安机关侦查和检察院起诉，直接由该法官判决。考虑到我国控审分离制度，可参照做出罚款、拘留措施的程序，对可以通知检察机关的，立即通知检察机关，对庭审过程进行监督；对情况紧急，无法通知检察机关的，可即行做出裁判或处罚，同时将相关审判资料交检察机关监督。最后，对于涉及妨碍公务罪的侵害案件，应及时向公安机关报案，并向院庭领导及法官维权组织报告，对构成犯罪的，应按照刑法和刑事诉讼法的规定追究刑事责任（见图4）。

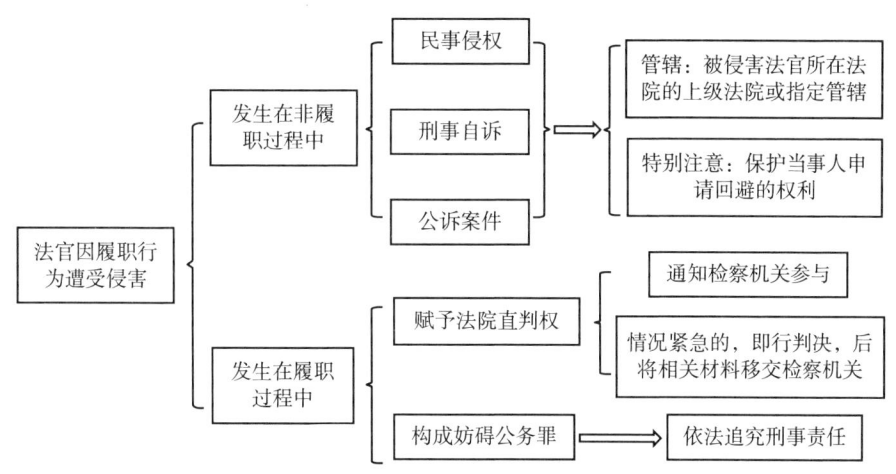

图4 法官履职维权的程序设计

综上可见，法官履职维权是一项系统而庞杂的工作，除了需要法院和法官自身不断规范司法行为，提升审判质效，加强自我防范外，更需要社会的尊重、机制的完善及法律的健全。社会需要法官，因为他们是法治的维护者，是合法权利的守夜人，更是公平正义的最终守护者，他们履职的安全性和维权的可实现性决定着法治运行的顺畅程度，需要全社会共同维护。

B.21
多元化纠纷解决机制视野下专业性人民调解工作的浦东实践与探索

上海市浦东新区司法局课题组[*]

摘 要: 本文简要综述了多元化纠纷解决机制的发展历程和重大事件，分析思考了在多元化纠纷解决机制视野下人民调解工作面临的挑战与机遇，提出了大力发展行业性、专业性人民调解组织是顺应新形势的不二选择，总结了浦东新区专业性人民调解工作的实践与探索，提出了利用自贸区优势发展专业性人民调解工作的探索性思路。

关键词: 人民调解 多元化纠纷 司法改革

一 浦东多元化纠纷解决机制发展的历程回顾

（一）试点探索建立多元化纠纷解决机制

2004年，中央下发司法体制改革意见，最高人民法院在《人民法院第二个五年改革纲要》中首次提出"建立多元化的纠纷解决机制"。2007年下半年，最高人民法院在全国法院系统确定了包括上海浦东新区法院等在内的第一批9家改革试点法院，正式拉开了多元化纠纷解决机制改革的序幕。

在此阶段，浦东新区开展了一些积极探索。一是建立联调委。浦东新区司法

---

[*] 课题组组长：李宝令；副组长：黄爱武、包蕾；成员：陈道友、涂建设、王康琼、王静、张婧；主要执笔人：王康琼、王静、张婧。

局于 2005 年与浦东新区法院开始协商建立较为常态的联系联动机制,并在 2006 年下半年正式与浦东新区法院签订组建协议,成立了联合人民调解委员会。调委会首批成员是新区司法局选派的 26 名专兼职人民调解员,他们进驻新区法院的诉前调解窗口,受理和调解法院委托调解的民事纠纷。二是发展专业人民调解组织。2006 年,浦东新区成立医患纠纷人民调解委员会,后来又相继成立了劳动仲裁调解委员会、消费者权益保护人民调解委员会,并成立了全国首家知识产权调委会。三是开展"两个委托"。2007 年,全面推进轻伤害案件和治安案件委托人民调解工作。四是推进访调对接。2007 年,《关于试行基层信访代理工作的意见》经区委常委会、区政府常务会讨论通过并在全区推开。

(二)积极推动发展多元化纠纷解决机制

2009 年,最高人民法院发布《关于建立诉讼与非诉讼相衔接的矛盾纠纷解决机制的若干意见》,允许当事人申请确认和执行调解协议。2010 年 8 月 28 日,《人民调解法》以立法形式确定了调解协议的司法确认制度;2012 年 8 月,新修订的《民事诉讼法》规定了司法确认、先行调解等制度,为多元化纠纷解决机制的建设和发展改革提供了法律保障。

在此阶段,浦东新区以"三不"工作为抓手,构建了以人民调解为基础的大调解工作格局。一是"三调联动"基本形成。在区层面,将综治、信访、法院、公安、建交、民政、教育等 16 个部门的矛盾纠纷化解力量进行整合,以委托调解为手段衔接互动。二是培育模式初步建立。在街镇层面,通过"市场化招聘、社会化管理、职业化运作"模式,大力引导专业人才组建第三方调解类社会组织。三是民间非诉讼组织蓬勃发展。2009 年,浦东新区第一家民间非诉讼组织调解工作室——周亚英工作室经民政部门登记正式成立,随后,以冯红梅、董怡娴、裴蓁等为代表的优秀人民调解员相继发起成立调解工作室。四是调解领域不断延伸。新区搭建了涉及医疗纠纷、知识产权争议、交通事故争议、劳动争议、工伤纠纷、消费者权益争议、涉校纠纷等领域的专业或行业调解组织。

(三)全面深化部署多元化纠纷解决机制

2014 年 10 月,《中共中央关于全面推进依法治国若干重大问题的决定》对完善多元化纠纷解决机制改革提出了新的战略部署。2015 年 12 月,中央深

改组正式出台《关于完善矛盾纠纷多元化化解机制的意见》,提出要着力完善制度、健全机制、搭建平台、强化保障,推动各种矛盾纠纷化解方式的衔接配合,建立健全有机衔接、协调联动、高效便捷的矛盾纠纷多元化解机制,这为深化多元化纠纷解决机制改革指明了目标和方向。

浦东新区积极贯彻落实中央精神和要求,一是培育符合自贸区需求的专业调解组织。重点建立了金融消费纠纷人民调解委员会、版权纠纷人民调解委员会、计算机协会人民调解委员会等调解组织。二是搭建集成式专业调解平台。2015年底,率先成立了全国第一家专业人民调解中心。三是强化联动工作机制建设。与浦东新区法院签订《协同推进浦东新区矛盾纠纷化解机制合作框架协议》,与浦东新区人保局、工会、建交委等单位联合出台《关于建立浦东新区劳动人事争议裁前调解机制的工作意见》《关于进一步加强物业管理纠纷人民调解工作的实施意见》等。

二 多元化纠纷解决机制视野下人民调解工作的新思考

经过多年的培育扶持,目前浦东新区共有专业性、行业性人民调解组织35家,已注册的工作室有11家,尚未正式注册的工作室近10家,初步形成了分工明确、功能齐全、专群结合、各有所长的人民调解组织网络。对照中央提出完善多元化纠纷解决机制,并将其提到国家治理体系和治理能力现代化的高度来衡量,浦东新区的人民调解工作还面临职能部门对调解组织的指导管理、调解组织自身的发展运作、调解员执业的标准建设、调解业务的能级提升等四大挑战。

(一)调解促进主体多元化,需进一步强化以司法行政部门指导推动人民调解的工作格局

从2004年最高人民法院"二五改革纲要"首次提出完善多元化纠纷解决机制建设,到2015年中央深改组通过《关于完善矛盾纠纷多元化解机制的意见》,法院推动多元化纠纷解决机制改革已经有十多年的历程。正如蒋惠岭先生在第三届沪港商事调解论坛上所言:"在纠纷解决机制发展初期和培育阶段,总要有先行者,有引领者。"法院借助其司法专业优势,在前期多元化纠纷解决机制改革任务中发挥了牵头推动的主要作用。但是,随着司法体制改革

各项措施的落实，法院将逐步全面回归规则之治的司法属性，而作为多元化纠纷解决机制中最为重要的调解，其制度的发展完善及与其他解纷方式的衔接配合，应当由司法行政部门负责指导和管理。

（二）调解主体多样化，需进一步巩固人民调解在解纷中的基础性作用

随着政府职能转变和社会组织的发展，出现各类调解组织，包括民间的和官方的、司法主导的和行政主导的，各种纠纷解决机制分属不同领域、不同行业，基本处于各自为政、各自发展的状况。传统意义上的人民调解基础性地位备受挑战，应当从社会治理和民众需求的实际出发，对人民调解的概念进行重新修正完善。人民调解的内涵外延必须随着社会经济生活的快速发展不断扩展，如原来的民间纠纷多出现在婚姻家庭、邻里、债权债务等方面，而现在已扩展到包括婚姻家庭纠纷、生产经营性纠纷、财产性纠纷、侵权性纠纷等各个领域，基于这种认识，部分调解组织以不成立人民调解委员会来规避《人民调解法》。司法行政部门应视具体情况对其进行重构和整合，巩固人民调解在社会治理和纠纷解决中的基础性地位。

（三）调解员队伍专业化，需进一步提升人民调解员的专业水平和职业形象

经济快速发展，矛盾纠纷日益复杂，社会不断进步，民众法治意识不断提高。当事人对纠纷解决的需求，已不再停留于简单的思想工作，或者被"和稀泥"，这也是法院调解组织、行业调解组织、商事调解组织、专业调解组织如雨后春笋般出现的主要原因。一支专业化、职业化的高水平调解队伍是人民调解事业迎来新发展的重要基础，人民调解员需要从经验型向职业型转变，这当然离不开包括如准入、培训、资格评定、业绩考核等一系列的职业标准的设计。

（四）调解组织发展市场化，需进一步破解人民调解在商事领域的发展瓶颈

人民调解组织的发展一直受困于调解免费的规定而无法实现华丽转身，虽然《人民调解法》要求"地方人民政府对人民调解工作所需经费应当给予必要的支持和保障",但是仅仅依靠政府拨款来发展人民调解事业,从制度设计上就已经决定了人民调解无法与商事调解相匹敌。商事调解在多元化纠纷解决机制中已经是独立的一个分支,且其收费在一定程度上已获得了法律认可。浦东新区已迈入"自贸区时代",司法行政部门无法避开人民调解在商事领域的发展要求,需要突破瓶颈、先行先试,破解因人民调解不收费而难以在投资、金融、房地产、工程承包、技术转让、知识产权、国际贸易等领域发展的难题。

三 人民调解专业化是多元化纠纷解决机制视野下的不二选择——浦东新区的探索与实践

(一)专业性人民调解的浦东探索历程概况及成效

2011年浦东新区重组医调委开始探索专业性人民调解工作,到2015年先后建立物调委、交调委,建立专业人民调解中心,浦东始终致力于培育具有较高专业素质、独立第三方地位、依法规范运作的专业人民调解组织,化解社会上高发频发的新型专业矛盾纠纷。从2013~2015年全区调解数据来看,浦东专业性、行业性纠纷调解数量已超过了调解总量的一半,2015年更是达到了62.1%,说明行业性专业性调委会在人民调解工作中发挥着越来越重要的作用。从实际效果来看,专业人民调解不仅能为法院、行政机关大幅减负,还具有效率高、成本低、便民利民等特点,日益受到民众的青睐。

浦东近五年来探索人民调解专业化的实践表明,专业性人民调解必须具备"两性"基础:一是规范性,二是职业性。其中,规范性是首要基础,主要是指调解流程的规范化。人民调解区别于诉讼的关键在于调解方案只要矛盾双方认可、不违背法律法规和社会公序良俗即可,调解过程具有一定的弹性和可操作的空间;而专业性人民调解区别于普通人民调解的关键则在于调解流程的规范,并且在规范化的流程下运用专业知识对事实进行调查判断,所以,规范性是人民调解得以成为专业性人民调解的核心要素。职业性是人才保障,调解员必须是全日制、拿薪酬、有职业规划。调解员作为一类职业,像其他任何一个正规职业一样,按照国家规定上下班并以此为生计,其薪酬不应低于同等情况下的社会标准水平，并有完整的考核评价、等级晋升等远期规划，如此才能确保有合适的人来匹配专业性人民调解这项要求相对较高的工作。

（二）打造了全国第一家专业性人民调解平台——浦东新区专业人民调解中心

2015年12月，浦东新区人民政府第75次常务会议审议通过了浦东新区司法局《关于建立浦东新区专业人民调解中心的实施意见》，建立了全国第一家专业性人民调解中心（以下简称"专调中心"），浦东新区医患纠纷人民调解工作办公室增加推动、指导管理，保障区级行业性、专业性人民调解工作职能，增挂浦东新区专业人民调解工作办公室牌子。专调中心作为区级专业性、行业性人民调解组织工作平台，是推动专业人民调解组织规范发展的有力支撑。专调中心的专业性不仅体现在统一的办公场地、调解标识等，还有规范的调解流程、窗口服务；同时注重开展分级分类的指导培训，在提升调解队伍素质的同时，进一步保证专业人民调解组织的规范运作。专调中心将全区现有行业性、专业性人民调解组织、基层调解组织等资源集中起来，实现专业人民调解的"一站式"服务，为群众解决纠纷提供便利。专调中心通过入驻、代办、加盟三种方式为行业性、专业性人民调解组织提供服务。目前，中心有医调委、物调委、交调委3个专业性人民调解组织入驻，有34名专职人民调解员、3名调解秘书，另有10家专业性人民调解组织将加盟中心。

（三）形成了一支职业化的调解员队伍

司法局对常驻专调中心的调委会，采取政府购买服务的形式，对调委会的专职调解员以每人每年6万元经费额度予以保障。专职调解员均为全职工作人员，这支队伍平均年龄36岁，74%的调解员具有本科学历。调解员根据工作表现分为12个职级，涉及助理、初级、中级、高级四个等级，并根据工作年限分为13档，职级、档级与薪酬直接挂钩，每半年进行考核奖励和淘汰，实现了调解员队伍的职业化管理，有效促进了专业调解领域调解员的年轻化、专业化。

（四）制定了标准化的调解工作流程

专调中心通过制定《浦东新区专业人民调解工作规程》对常驻调委会开

展调解工作进行共性规范,从咨询接待、申请和受理、调查、专家咨询、调解、调解协议、调解终止、回访等八大环节明确调解操作流程指引,并严格要求调解员遵从业道德准则,建立保密回避制度,保护调解当事人权益。开发使用"浦东新区专业纠纷排查调处系统",对专调中心登记受理的每一起纠纷独立成档,并由调解秘书录入各环节信息和文书,以备倒查、归档和统计。

(五)建立了专家级的智库队伍

为应对专业调解的"专业性"、提升调解过程的"权威性",专调中心推动各调委会分别建立了各自的专家智库,以专家咨询提升调解实效。医调委从2011年成立以来已启动专家咨询323起,年平均咨询量100起,涉及128名264人次的医学、法律专家。物调委会同建交委组建了由法律、物业管理等34名专家组成的物调专家咨询库,聘用了大学教授、专业律师在内的12名兼职人民调解员。交通事故调解的每起案件由交警进行责任认定后,涉保案件再由保险同业公会进行专业理赔测算。

(六)实现了无缝对接的"三调联动"

与卫计委、建交委、公安分局等联合印发指导文件,畅通与行政部门的对接,合力推进相关行业的人民调解工作。如在交警支队事故组试点设立3个交调委工作室,交警做出《事故责任认定书》后,即刻移交交调委进行调解。会同人民法院联合就医患纠纷诉讼、物业纠纷诉讼与调解建立对接工作机制形成会议纪要,畅通诉调对接,明确调解协议书的司法确认由法院到专调中心进行现场受理和指导;物调委的调解员每周有三个工作日到法院诉调对接中心蹲点受理和调解,目前已受理法院移送的620起物业纠纷。

四 多元化纠纷解决机制视野下浦东人民调解专业化的发展方向

(一)积极履行法律赋予司法行政部门的法定职权

纠纷解决不仅直接关系每个个体的利益,更关系社会和谐和国家秩序,国家对其必须要有所管控、规划和发展。社会上各类解纷资源已呈现出多样化发展的格局，调解组织各自为政，调解员的调解水平参差不齐，司法行政部门应从广义的范畴去理解新时期的人民调解工作，对由各类社会力量发起成立的调解组织主动对接、"收编"指导、统一规划标准、优化配置资源，使各类解纷主体各就其位、各取所长、各尽其能。会同有关行业组织对调解员的选任设置准入门槛，规范调解员资质取得，建立科学化调解员名册制度，制定相应的职业行为准则和系统的职业培训计划，保证调解人员的素质和职业水准。让当事人能够选择最合适的纠纷解决方式乃是中国建立多元化纠纷解决机制体系之真谛。

（二）推动民生类领域的专业化人民调解组织建设

以浦东新区专业人民调解中心为工作平台，通过统一规范、集中办公、统一保障，为更多的专业调解组织提供孵化服务。坚持调解优先的原则，与法院及相关部门、机构共同打造多层次的矛盾纠纷化解网络，形成调解、仲裁、诉讼相互协调的多元化纠纷解决机制，实现调解、仲裁与诉讼的协同配合以及司法调解、行政调解与人民调解的有机联动，更大程度地发挥专业人民调解在社会自治能力偏弱但纠纷高发频发的医疗纠纷、交通事故纠纷、物业纠纷、劳资纠纷、产品质量纠纷、知识产权纠纷、保险证券纠纷等领域的作用和价值。

（三）尝试在自贸区范围内推行调解市场化试点

借鉴香港特区的调解经验，与上海现代服务业联合会、上海经贸商事调解中心加强沟通合作，成立自贸区商事纠纷人民调解委员会，采取调解员"认证+外聘"的方式推进商事领域的人民调解工作。设立浦东（自贸区）商事调解资质评审委员会，通过制定调解员准入条件、招录流程、资质审定、考核评定等程序，会集优秀的律师、专家等资源，遴选商事调解员并统一发布"认证调解员"名册。商事纠纷人民调解委员会根据市场规则制定相应的弹性收费标准，入册调解员经过专业调解培训后，分门别类纳入商事调解指导目录并附服务价格标示，纠纷当事人可根据需要自主选择适合的调解员，也可由委员会推荐。支持国际知名商事争议解决机构开展跨境业务，探索在现有法律框架内仲裁、调解机构入驻的形式。

（四）为浦东构建多元化纠纷解决机制争取法律支撑

浦东纠纷解决机制之所以能够顺利推进多元化探索、大胆尝试市场化破冰，既得益于自贸区的开放环境，也得益于综合配套改革先行先试的政策支持。然而，探索试点终究需要用法律的形式进行认可并固定，建议上海市制定地方性法规或政府规章，或由浦东新区人大根据市人大的授权立法，通过人大决议的形式，为浦东人民调解工作的深入开展提供更具体的法律依据，以适应人民调解工作形势变化的新要求。如经费保障方面，可以建立以政府支持为主，纠纷解决行业收费为辅，公益性和社会化市场化运作相结合的发展方式；针对不涉及基础民生的专业领域纠纷如复杂的商事、金融证券、知识产权等，专业性调解组织可向市场化方向发展，实行收费调解。

（五）开发立体化、全覆盖的专业调解网络

推动网络信息技术在多元化纠纷解决机制中的运用，开发建设融矛盾纠纷排查、调处、分析、评估等功能于一体的人民调解信息管理平台（调解APP），打造纵向贯通、横向集成、共享共用、高效便捷的在线纠纷解决平台（ODR），形成线上线下调解格局。通过网络打破时空局限，创新整合各类解纷资源，为群众提供及时、高效的解纷服务，不断拓展人民调解服务社会经济生活的时空领域。

B.22 后　记

《上海法治发展报告（2017）》又与读者见面了。立足于资讯类年度报告的图书定位，本书所选报告力求全面、客观、真实地反映上海在2016年法治建设各方面所取得的成绩，对上海在司法改革先行先试的实践中所取得成就进行阶段性总结，并对2017年法制建设情况做了展望。内容或许挂一漏万，但蓝皮书对上海法治年度记载、真实反映的目标清晰，因此，我们有信心在依法治国的大潮中砥砺前行。

在本书编撰过程中，对选题、资料收集、问卷设计及发放、主题论证、结构设计、报告撰写、初稿编审等各个环节，上海市依法治市领导小组办公室、上海市人大法制委员会、上海市人大内司委、上海市政府法制办、上海市法学会、上海市司法局、上海市高级人民法院研究室、上海市第一中级人民法院研究室、上海市人民检察院办公室及研究室、上海市公安局研究室、上海市律师协会、上海市立法研究所、上海行政法制研究所等单位的领导和工作人员给予了极大地支持、指导和帮助。在此我们谨致以诚挚的谢意。

上海司法改革的成效已逐步显现，司法改革的举措也进入一个中期评估阶段，为此，我们专门成立了司法体制改革调研评估小组，对上海司法体制改革从法官、检察官和律师三个维度进行评估，并从整体上对上海司法体制改革进行了阶段性评估与总结。蓝皮书的部分专项报告得到了上海社会科学院法学研究所的科研人员的大力支持，他们积极参加报告的撰写工作，该所硕士研究生刘恋、刘锋、李雪红、金梦婕、陈瑶、王玺、李茉、韩君蕊、王艺超、孙波、林红鹤、谢佳文、孔雪、陈晓燕等参与了本书部分内容的讨论、撰写和校对工作。主编、副主编和所有编委对本书架构、内容等进行了认真讨论，通过统稿会完成本书的编撰工作。法学所彭辉副研究员翻译了摘要和目录的英文部分，王海峰研究员对这些内容进行了校对。编委会对全书进行了审稿、定稿与校对。上海社会科学院智库研究中心的领导对本书的完成提供了大力帮助。社会科学文献出版社的编辑对本书质量的保证起了重要作用。没有上述单位和人员的积极参与和辛劳付出,本书难以顺利面世,我们由衷地对他们表示感谢。

上海法治发展报告专家咨询委员会的专家、学者参加了本书编委会组织的座谈会、论证会,对本书的架构、内容等提出了很多建设性意见。对他们的宝贵建议表示衷心的感谢。

本书在立项、选题、调研和撰写的过程中,得到上海社会科学院院长王战、党委书记于信汇的关心和支持,在此一并向他们表示诚挚谢意。

上海社会科学院正在大力开展国家高端智库建设,法学所也在为建设国家高端法治智库而努力,学科建设和智库建设双轮互动。上海法治发展报告蓝皮书不改初心地坚守与前行,期盼为上海社会科学院建设国家高端智库建言献策,为建设平安上海、法治上海尽绵薄之力。

编撰蓝皮书的工作虽有些年头,但总有力所不逮之感,从宏观筹划、中观布局到微观遣词造句等诸多方面都需要进一步改进和完善,书中疏漏、纰漏之处难免存在,敬祈读者批评指正。

上海社会科学院法学研究所
上海法治发展报告编委会

皮书系列

❖ 皮书起源 ❖

"皮书"起源于十七、十八世纪的英国,主要指官方或社会组织正式发表的重要文件或报告,多以"白皮书"命名。在中国,"皮书"这一概念被社会广泛接受,并被成功运作、发展成为一种全新的出版形态,则源于中国社会科学院社会科学文献出版社。

❖ 皮书定义 ❖

皮书是对中国与世界发展状况和热点问题进行年度监测,以专业的角度、专家的视野和实证研究方法,针对某一领域或区域现状与发展态势展开分析和预测,具备原创性、实证性、专业性、连续性、前沿性、时效性等特点的公开出版物,由一系列权威研究报告组成。

❖ 皮书作者 ❖

皮书系列的作者以中国社会科学院、著名高校、地方社会科学院的研究人员为主,多为国内一流研究机构的权威专家学者,他们的看法和观点代表了学界对中国与世界的现实和未来最高水平的解读与分析。

❖ 皮书荣誉 ❖

皮书系列已成为社会科学文献出版社的著名图书品牌和中国社会科学院的知名学术品牌。2016年,皮书系列正式列入"十三五"国家重点出版规划项目;2012~2016年,重点皮书列入中国社会科学院承担的国家哲学社会科学创新工程项目;2017年,55种院外皮书使用"中国社会科学院创新工程学术出版项目"标识。

中国皮书网

发布皮书研创资讯，传播皮书精彩内容
引领皮书出版潮流，打造皮书服务平台

栏目设置

关于皮书：何谓皮书、皮书分类、皮书大事记、皮书荣誉、
皮书出版第一人、皮书编辑部

最新资讯：通知公告、新闻动态、媒体聚焦、网站专题、视频直播、下载专区

皮书研创：皮书规范、皮书选题、皮书出版、皮书研究、研创团队

皮书评奖评价：指标体系、皮书评价、皮书评奖

互动专区：皮书说、皮书智库、皮书微博、数据库微博

所获荣誉

2008年、2011年，中国皮书网均在全国新闻出版业网站荣誉评选中获得"最具商业价值网站"称号；

2012年，获得"出版业网站百强"称号。

网库合一

2014年，中国皮书网与皮书数据库端口合一，实现资源共享。更多详情请登录www.pishu.cn。

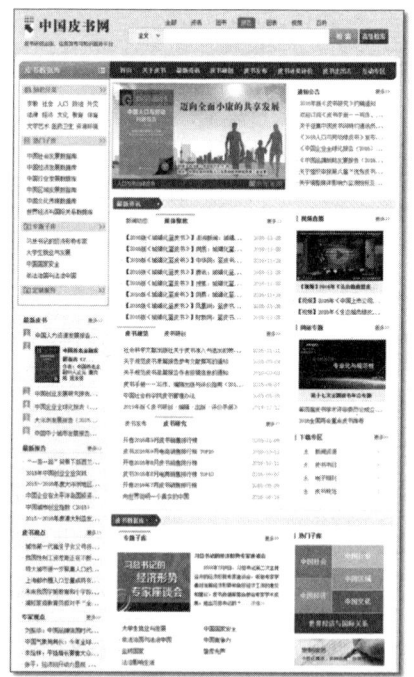

权威报告·热点资讯·特色资源

皮书数据库

ANNUAL REPORT(YEARBOOK) DATABASE

当代中国与世界发展高端智库平台

所获荣誉

- 2016年，入选"国家'十三五'电子出版物出版规划骨干工程"
- 2015年，荣获"搜索中国正能量 点赞2015""创新中国科技创新奖"
- 2013年，荣获"中国出版政府奖·网络出版物奖"提名奖
- 连续多年荣获中国数字出版博览会"数字出版·优秀品牌"奖

成为会员

通过网址www.pishu.com.cn或使用手机扫描二维码进入皮书数据库网站，进行手机号码验证或邮箱验证即可成为皮书数据库会员（建议通过手机号码快速验证注册）。

会员福利

- 使用手机号码首次注册会员可直接获得100元体验金，不需充值即可购买和查看数据库内容（仅限使用手机号码快速注册）。
- 已注册用户购书后可免费获赠100元皮书数据库充值卡。刮开充值卡涂层获取充值密码，登录并进入"会员中心"—"在线充值"—"充值卡充值"，充值成功后即可购买和查看数据库内容。

数据库服务热线：400-008-6695
数据库服务QQ：2475522410
数据库服务邮箱：database@ssap.cn
图书销售热线：010-59367070/7028
图书服务QQ：1265056568
图书服务邮箱：duzhe@ssap.cn

卡号：685793791123
密码：

子库介绍
Sub-Database Introduction

中国经济发展数据库

涵盖宏观经济、农业经济、工业经济、产业经济、财政金融、交通旅游、商业贸易、劳动经济、企业经济、房地产经济、城市经济、区域经济等领域，为用户实时了解经济运行态势、把握经济发展规律、洞察经济形势、做出经济决策提供参考和依据。

中国社会发展数据库

全面整合国内外有关中国社会发展的统计数据、深度分析报告、专家解读和热点资讯构建而成的专业学术数据库。涉及宗教、社会、人口、政治、外交、法律、文化、教育、体育、文学艺术、医药卫生、资源环境等多个领域。

中国行业发展数据库

以中国国民经济行业分类为依据，跟踪分析国民经济各行业市场运行状况和政策导向，提供行业发展最前沿的资讯，为用户投资、从业及各种经济决策提供理论基础和实践指导。内容涵盖农业，能源与矿产业，交通运输业，制造业，金融业，房地产业，租赁和商务服务业，科学研究，环境和公共设施管理，居民服务业，教育，卫生和社会保障，文化、体育和娱乐业等100余个行业。

中国区域发展数据库

对特定区域内的经济、社会、文化、法治、资源环境等领域的现状与发展情况进行分析和预测。涵盖中部、西部、东北、西北等地区，长三角、珠三角、黄三角、京津冀、环渤海、合肥经济圈、长株潭城市群、关中—天水经济区、海峡经济区等区域经济体和城市圈，北京、上海、浙江、河南、陕西等34个省份及中国台湾地区。

中国文化传媒数据库

包括文化事业、文化产业、宗教、群众文化、图书馆事业、博物馆事业、档案事业、语言文字、文学、历史地理、新闻传播、广播电视、出版事业、艺术、电影、娱乐等多个子库。

世界经济与国际关系数据库

以皮书系列中涉及世界经济与国际关系的研究成果为基础，全面整合国内外有关世界经济与国际关系的统计数据、深度分析报告、专家解读和热点资讯构建而成的专业学术数据库。包括世界经济、国际政治、世界文化与科技、全球性问题、国际组织与国际法、区域研究等多个子库。

法律声明

"皮书系列"(含蓝皮书、绿皮书、黄皮书)之品牌由社会科学文献出版社最早使用并持续至今,现已被中国图书市场所熟知。"皮书系列"的LOGO( )与"经济蓝皮书""社会蓝皮书"均已在中华人民共和国国家工商行政管理总局商标局登记注册。"皮书系列"图书的注册商标专用权及封面设计、版式设计的著作权均为社会科学文献出版社所有。未经社会科学文献出版社书面授权许可,任何使用与"皮书系列"图书注册商标、封面设计、版式设计相同或者近似的文字、图形或其组合的行为均系侵权行为。

经作者授权,本书的专有出版权及信息网络传播权为社会科学文献出版社享有。未经社会科学文献出版社书面授权许可,任何就本书内容的复制、发行或以数字形式进行网络传播的行为均系侵权行为。

社会科学文献出版社将通过法律途径追究上述侵权行为的法律责任,维护自身合法权益。

欢迎社会各界人士对侵犯社会科学文献出版社上述权利的侵权行为进行举报。电话:010-59367121,电子邮箱:fawubu@ssap.cn。

社会科学文献出版社